普通高等教育“十一五”国家级规划教材
辽宁省“十二五”普通高等教育本科省级规划教
省级精品课程教材
东北财经大学财政学系列教材

PUBLIC FINANCE
财政学教程

（第五版）

寇铁军 张晓红 主编

东北财经大学出版社
Dongbei University of Finance & Economics Press
大连

图书在版编目（CIP）数据

财政学教程 / 寇铁军，张晓红主编. —5版. —大连：东北财经大学出版社，2018.8（2019.12重印）

（东北财经大学财政学系列教材）

ISBN 978-7-5654-3313-9

Ⅰ. 财… Ⅱ. ①寇… ②张… Ⅲ. 财政学-高等学校-教材 Ⅳ. F810

中国版本图书馆CIP数据核字（2018）第194037号

东北财经大学出版社出版

（大连市黑石礁尖山街217号　邮政编码　116025）

网　　址：http：//www.dufep.cn

读者信箱：dufep@dufe.edu.cn

大连东泰彩印技术开发有限公司印刷　东北财经大学出版社发行

幅面尺寸：170mm×240mm　字数：435千字　印张：21.25　插页：1

2018年8月第5版　2019年12月第20次印刷

责任编辑：时　博　周　慧　责任校对：尚　楠

封面设计：潘　凯　版式设计：钟福建

定价：42.00元

教学支持　售后服务　联系电话：（0411）84710309

如有印装质量问题，请联系营销部：（0411）84710711

东北财经大学财政学系列教材
编审委员会

第五版前言

财政是政府的经济行为，财政学是研究政府收支活动及其效应的经济学分支。“财政学”是经济学学科的核心课程，在经济类学科基础课和财政学专业课之间具有承上启下的作用，既是理论经济学在财政学专业的延伸，也是财政学其他专业课的理论基础。学好财政学，对于认识和探讨现代经济社会中政府收支活动的运行，对于制定公共政策，都是必不可少的。

本书按照现代财政学的体系和思路，立足于我国财税改革的现实基础，本着理论联系实际的原则，系统全面地阐述了财政基本理论，广泛吸收和反映了当今国内外的最新研究成果，及时反映了我国公共财政改革的进程和内容。

全书共设置十三章，分为五个部分：

第一部分为财政理论部分（第一章、第二章），介绍财政的基本概念、财政和财政学说的产生与发展以及财政学的研究对象和方法，并以市场失灵为切入点，阐释公共产品理论和财政职能问题。

第二部分为财政支出部分（第三章至第五章），阐述财政支出的基本理论，分析财政支出规模、结构和效益，并将财政支出项目按购买性支出和转移性支出的分类分别进行具体分析。

第三部分为财政收入部分（第六章至第九章），首先介绍财政收入的形式、规模和结构，然后重点分析税收原理与税收制度、国债原理和国债制度以及非税收入的相关内容等。

第四部分为财政管理与监督部分（第十章、第十一章、第十三章），阐述政府预算的概念、分类、原则和程序等问题，论述政府间事权与支出的划分、税收的划分以及转移支付制度，介绍财政监督的基本内涵、原则、形式和内容。

第五部分为财政政策部分（第十二章），阐述财政政策原理及财政政策在中西方国家的主要实施状态与实现方式等。

本书第四版具体编写分工如下：许慧撰写第一章；周波撰写第二章；张晓红撰写第三章和第六章；金双华撰写第四章和第五章；赵颖撰写第七章；孙克竞撰写第八章；崔惠玉撰写第九章和第十章；彭健撰写第十一章；丁兆君撰写第十二章；孙哲撰写第十三章。

本书是在第四版的基础上修订的，全书由寇铁军教授和张晓红副教授负责主编与总纂，博士研究生胡望舒协助主编进行全书的统稿工作。

本书是辽宁省精品课程教材，并被评为普通高等教育“十一五”国家级规划教材及辽宁省首批“十二五”普通高等教育本科省级规划教材。

本书适用于财经类院校本科生、研究生教学，也可以作为公务员开设公共财政学课程的培训教材，以及政府各经济管理部门和有关科研机构进一步研究财政理论问题的参考书。

本书在编写过程中，参考、借鉴并引用了有关财政学教材及学术杂志发表的研究成果，特此说明，并表示感谢。同时，感谢东北财经大学出版社多年来对本书出版给予的大力支持。

限于作者理论水平和实践经验，本书难免有疏漏或错误之处，恳请读者批评指正。

编　者

2018 年 6 月

目录

第一章

导　论

本章要点

◇ 现代市场经济中的财政

◇ 财政的一般概念

◇ 财政的产生与发展

◇ 财政学说的形成与发展

◇ 财政学的研究对象和研究方法

财政学是研究政府收支活动及其对经济运行所产生的影响的经济学分支学科。由于财政活动是政府从事各种经济、社会和政治活动的基础，因此，在更为广泛的意义上，财政学是研究政府经济活动及其对经济运行所产生的影响的经济学分支，也被称为公共部门经济学或公共经济学。

第一节　现代市场经济中的财政与财政一般概念

在现实经济社会活动中，财政作为政府分配体现出其基本特征。因此，描述财政与经济社会的相互关系，有助于科学界定与理解财政的一般概念。

一、现代市场经济中的财政

在现代市场经济条件下，财政作为政府的收支活动，是经济系统的一个重要组成部分，对整个社会经济的运行有着极为重要的影响。现代市场经济运行是由社会中的无数个人、家庭、企业、团体以及政府部门围绕着经济利益及相关的其他各种利益而形成的交互作用、相互影响的运作过程。在经济学中，通常对经济运行系统进行简化处理，以描述现代市场经济运行的基本轮廓和总体面貌。

我们先考察仅由家庭和企业组成的私人部门经济的运行（如图 1–1 所示）。在这个经济系统中，基本决策单位只有两个：家庭和企业。家庭和企业通过两个有着不同性质的市场——产品市场和要素市场，从事各种交易活动。在产品市场上，家庭为消费而购买各种产品和服务，企业为获得利润而向家庭提供相应的产品和服务，并获得由家庭支付的费用。而在要素市场上，企业利用从产品市场上得到的收入，购买生产所需的各种资源投入，如劳动、资本、土地等，并通过各种资源的组合生产出市场所需的产品；而家庭也需要向企业出售他们所拥有的各种资源，并获得相应的回报，如工资、利润、租金等。

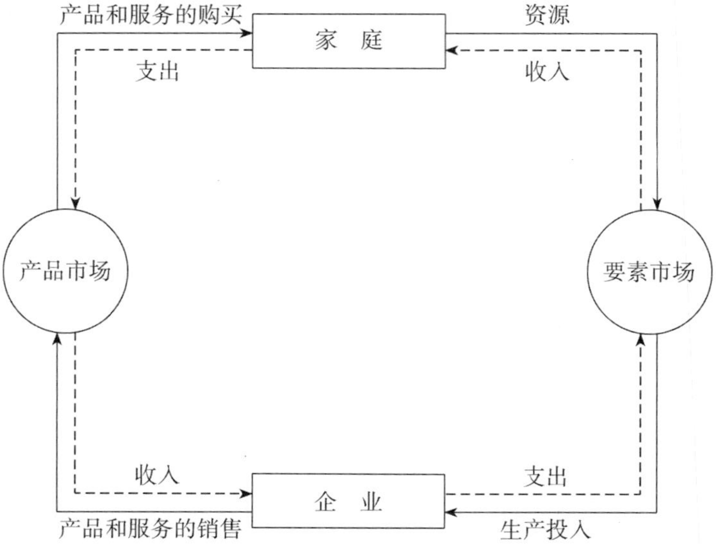

图 1-1 两部门经济运行图[①]

可以看出，纯粹私人部门经济的运行由两方面的运动构成：产品运动和货币运动。首先，家庭借助要素市场向企业提供各种资源，企业通过产品市场向家庭提供产品和服务，这是产品运动的过程（图 1-1 中的实线部分）。其次，在家庭通过要素市场向企业提供各种资源时，企业需要向家庭支付相应的报酬，而企业通过产品市场向家庭提供各种产品和服务时，家庭需要向企业支付货币，这是货币运动的过程（图 1-1 中的虚线部分）。对于两部门经济来说，产品运动和货币运动的过程是周而复始、循环往复的。

从现实生活中可以发现，私人经济部门不是满足人们需要的唯一系统，它不能包揽人们的一切需要。社会公共需要的产品和服务，私人企业和家庭往往不愿提供、无力提供或无法有效提供，需要政府承担起此方面的责任。在现代市场经济条件下，政府作为一个决策单位，在经济运行中扮演着愈益重要的角色，不仅为社会公众提供了相当数量的产品和服务，而且还对私人经济活动进行一定程度的干预和管理。为了把握现实经济的运作，我们有必要了解私人部门和公共部门共同起作用的经济运行循环图（如图 1-2 所示）。

① 邓子基，林致远. 财政学［M］. 北京：清华大学出版社，2005.

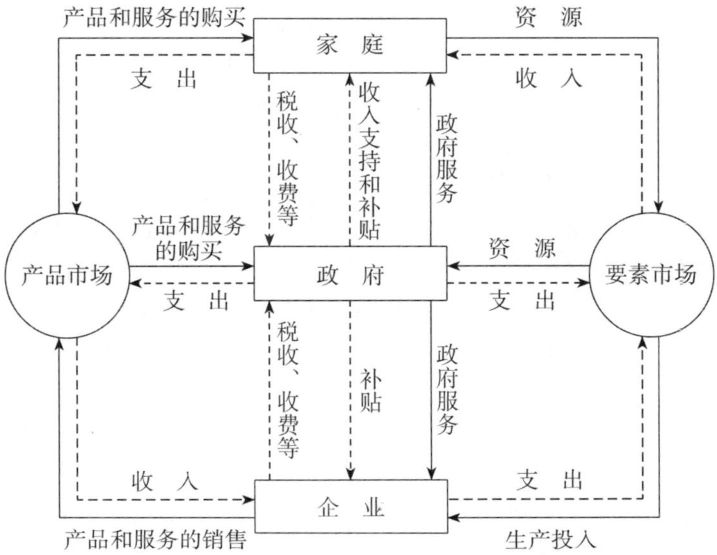

图 1-2　三部门经济运行循环图①

图 1-2 的中心部分代表政府及其财政活动。政府的财政活动主要包括：

（1）政府在要素市场和产品市场上，向家庭和企业购买各种资源与产品，然后利用这些资源与产品向家庭和企业提供各种政府服务，如国防、社会秩序、基础教育、基础研究、公共卫生、公共设施等，以满足家庭和企业的社会公共需要。

（2）为了调节收入分配或达到特定的经济、社会目的，政府还会向某些家庭和企业提供一定的收入支持或补贴。

（3）为了维持政府部门的正常运转和弥补购买各种产品和资源的开支，政府会通过税费及国有企业收益等形式从家庭和企业那里取得财政收入。如果引入资本市场的话，政府还可以采用公债的形式从私人部门筹集财政收入。

（4）现代经济活动还经常伴随着经济波动、失业、通货膨胀或通货紧缩、国际收支不平衡等影响整个国民经济活动正常运行的宏观经济现象，这些通常需要由政府采取相应的政策手段来加以调节，而财政政策（即通过政府收支活动的调整以实现宏观经济目标的决策）则是最常用的政策手段之一。

二、财政的一般概念

（一）“财政”一词的来历

从人类社会发展史来考察，财政是一个古老的经济范畴，财政活动自古有之，但“财政”一词属于外来语。我国古代虽然没有“财政”这个词，却有属于财政范畴或接近于财政范畴的术语。文献中说“乘其财用之出入”，在这里“乘”是计算的意思，“财用”是指货物和货币，“出入”实际上就是指财政收入与支出。除此之外，诸如“国用”“国计”“邦计”“理财”“度支”“计政”等也都不同程度地表达

① 邓子基，林致远. 财政学［M］. 北京：清华大学出版社，2005.

了财政的思想。还有“大农令”“大司农”“户部”一类用词，都指的是古代的财政管理部门。但是，同现代术语相比，上述各种用语都没有较全面、恰当地概括财政的含义和当时的财政活动。

现代术语“财政”一词的英译词通常是 public finance。据考证，“finance”一词在公元 13～15 世纪起源于拉丁语 finis，意思为货币支付，表示当时一切货币关系的总和。后来，伴随着社会经济和文化的发展，finis 又演变为 finare，有支付货款、裁定款项等含义。16 世纪末期，法国政治家布丹在其所著的《共和国六讲》一书的第六讲中，论及财政问题。布丹在书中使用了“财政”一词，并且将它由拉丁文的 finare 写成法文 finances，专指财政收入和公共理财活动。到了 18 世纪，英国著名的古典政治经济学代表人物亚当·斯密发表了他的代表作《国民财富之性质与原因的研究》（《国富论》），其中的第五篇专门论述了财政问题，也提出了许多财政方面的术语，其中就有“finance”这个词。

日本在 1868 年的明治维新以后，实行所谓门户开放政策，自然科学与社会科学有了较大的发展。关于“财政”一词，其采用了法国的“finances”这个词，在翻译和使用时，吸收了我国汉字所固有的“财”与“政”这两个字，将它们合并起来创造了“财政”这个术语。日本在 1882 年官方文件《财政议》中，第一次使用了“财政”这个术语。

在我国，“财政”一词的使用，是当时维新派在引进的西洋文化思想指导下，间接从日本“进口”的。在政府文献中最初启用“财政”一词是在清朝光绪二十四年（1898）。在戊戌变法《定国是诏》中有“改革财政，实行国家预算”的条文。孙中山在辛亥革命时期宣传“三民主义”，曾多次应用“财政”一词强调财政改革，民国政府成立时，主管国家收支的机构被命名为财政部。

20 世纪 40 年代中华书局出版的《辞海》对“财政”一词作如下解释：“财政谓理财之政，即国家或公共团体以维持其生存发达之目的，而获得收入、支出经费之经济行为也。”目前，“财政”一词在中文词汇中的应用已经有百余年历史，虽然其含义在学术研究上还有不同的理解，但在日常生活中已经是一个没有什么疑义的十分确定的词语。例如，管理国家收支的工作称为财政工作，管理机关称为财政部、财政厅、财政局等，已经约定俗成，为社会所公认。

（二）财政的一般概念

简单地说，财政是以国家（或政府）为主体的经济（或分配）活动。也可以将财政的一般概念表述为：财政是国家或政府为了满足社会公共需要，以国家或政府为主体对一部分社会产品的分配活动。财政的一般特征可以从以下几个方面进行分析：

1. 财政分配的主体是国家或政府

从经济学上看，财政体现的是一种分配关系，这个分配关系的主体是政府，没有政府作为主体的分配，就不能将其称为财政。一般经济分配的主体是投入要素的单位和个人，而财政分配的主体只能是国家或政府，这是财政分配区别于其他分配的基本特征。所谓国家为主体，是指国家在财政分配中居于主导地位，并形成国家与其他分配主体之间的分配关系。当然，这并不表明国家对经济运行可以为所欲为，从根本上讲，财政由经济决定。在现代市场经济条件下，市场机制应在经济运行中起决定性作用，财政应该尊重市场的活动范围，能够由市场解决的经济活动，政府应该让位于市场，在市场存在失灵的领域，财政则应该发挥积极的作用。

2. 财政分配的对象是部分社会产品与服务

财政分配的对象是一部分社会产品与服务，即一部分国民收入。国民收入指的是一个国家在一定时期内（通常是一年）所生产的最终产品与所提供的全部服务的市场价值的总和，它是国家取得财政收入的基本源泉。政府通过税收、国有资产收益、收费和公债等收入形式，将一部分社会资源从私人部门转移到公共部门，形成财政收入。

3. 财政分配的目的是满足社会公共需要

人类社会的需要虽然五花八门，但从最终需要来看，无非是两类需要：一类是私人的个别需要；另一类是社会的公共需要。社会公共需要是相对于私人需要和微观主体需要而言的。所谓社会公共需要是指向社会提供安全、秩序、公民基本权利和经济发展的社会条件等方面的需要。属于社会公共需要的事例很多，诸如政府的行政管理、国防、文化教育、公共卫生、生态环境保护的需要，也包括基础设施、基础产业、支柱产业和风险产业的投资。从广义上讲，还包括为调节市场经济运行而采取各种措施和各项政策提供的服务等。

社会公共需要具有如下基本特征：一是总体性，社会公共需要就社会总体而言，是为了维持一定的政治经济生活，维持社会再生产的正常运行，必须满足由社会集中、执行和组织的社会职能的需要；二是共同性，为满足社会公共需要提供的产品和服务，其效用具有“不可分割性”，即它是向社会公众共同提供的，是社会共同享用的，而不是某个人或集团单独享用的；三是不对称性，与满足私人需要的等价交换相比，社会成员享用为满足社会公共需要的产品和服务，不需付出任何代价或只支付少量的费用。

在现代市场经济条件下，一般说来，私人个别需要的满足可以经由市场的活动，凭借价格机制的运作来获得圆满的解决；而社会公共需要所具有的特征，决定了其满足很难借助市场机制的运作来完成，它一般需要通过政府的收支活动来实现，而这正是财政学的研究核心。

第二节 财政的产生和发展

一般地说，财政属于历史范畴，也属于经济范畴。因此，财政的产生与发展同经济发展阶段、社会公共需要的满足程度有着密切联系。

一、财政的产生

财政是人类社会发展到一定历史阶段的产物。马克思主义认为，物质资料的生产是人类社会存在和发展的基础，当社会生产的产品超过了劳动者直接的个人消费需要而形成剩余产品，国家参与剩余产品分配的时候，就产生了财政。

财政是一个历史的范畴，它的产生以社会生产力发展到一定历史阶段为基础，以国家的产生为前提。

原始社会初期，社会生产力水平极其低下，由此决定了原始社会生产关系的基础是生产资料的原始氏族公有制。在一个原始氏族公社里人们用原始的、简单的劳动手段共同劳动，劳动所得归公社全体成员共同占有，以维持他们最低限度的生活需要。当时，没有剩余产品，没有私有财产，没有剥削，没有阶级和国家，也没有财政。

到了原始社会末期，随着社会生产力的发展、剩余产品的出现，以及社会分工和产品交换的产生、发展，在原始公社内部开始出现了财产的私人占有。随着社会生产力和生产关系的进一步发展，私有制逐渐代替原始氏族公有制而成为整个社会的经济基础。私有制的产生与发展，将人类社会分裂为两个在经济利益上根本对立的阶级——奴隶主阶级和奴隶阶级，形成了奴隶占有制生产方式。与此相适应，分配关系也发生了变化，产生了带有剥削性质的分配关系，结果必然产生阶级利益的冲突，占统治地位的奴隶主阶级为了维护他们的既得利益，实现和巩固他们的统治，就需要掌握一种拥有暴力的阶级统治工具，这样就产生了国家。正如列宁所说："国家是阶级矛盾不可调和的产物和表现，在阶级矛盾客观上达到不能调和的地方、时候和程度，便产生了国家。"

国家不同于氏族组织的重要特征之一就是"公共权力"的设立。而构成这种权力的，不仅要有武装的人，而且还要有物质的附属物，如监狱和各种强制机关，这些东西都是以前的社会所没有的。这就是说，国家的产生，使社会上出现了一种脱离物质生产、专门从事阶级统治的机构人员。国家为了维持其存在并执行其职能，就需要消费一定的物质资料，但是国家本身并不从事物质资料生产，其物质资料的消费就只能凭借国家的权力，强制地、无偿地把一部分社会产品占为己有，以满足国家的需要。这样，在整个社会产品分配领域中就出现了一种由国家直接参与的社会产品分配，这就是财政分配。正如恩格斯所指出的："为了维持这种公共权力，就需要公民缴纳费用——捐税。"这里所说的捐税是国家财政分配活动的最初形式之一，是最早出现的财政范畴，也是一种最典型的财政范畴，它是国家凭借其政治权力对社会产品的强制征收，是国家赖以存在的物质基础。

二、财政的发展

随着社会生产方式的变革和不同性质国家的更替，财政也得到了发展。从人类社会历史的发展来看，到目前为止，除原始公社制度外，各种不同社会形态的国家都有与其相适应的国家财政。

奴隶社会生产关系的基本特征是奴隶主不仅占有一切生产资料，还直接占有奴隶本身和奴隶的劳动。国王既是至高无上的政治统治者，又是最大的土地所有者和奴隶主。由此决定了奴隶制国家财政的特征：财政的基本目的是维持统治；分配对象和方式是直接占有奴隶的劳动和产品，财政关系与一般经济分配关系没有完全分开；财政分配与直接占有奴隶劳动过程混为一体，税租贡合一，没有纯粹意义上的税收；在管理上国王个人收支与财政收支不分；财政收支采取实物与劳役形式。

封建社会的生产关系的基础是封建地主占有生产资料——土地，但不完全占有生产劳动者——农奴。与此同时，社会上还存在以个体经济为主体的小私有制经济。财政随着领主经济向地主经济的发展而变化。封建社会财政的特点为：财政的基本动因依然是维持统治；国家财政收入由官产收入为主转为税收为主，税收与地租逐渐分开，成为纯粹意义上的税收，财政关系与一般的经济分配关系逐渐分开；随着产品经济的发展，封建财政收支由主要是劳役、实物转为日益增多的货币形式；随着经济发展和国家政治制度的某些变化，国王个人收支与国家财政收支逐渐分离；封建社会后期萌生和发展了相互联系的两个财政范畴：国债和国家预算。

在以资本主义私有制为基础的社会经济制度下，商品经济充分发展，生产社会化程度日益提高。随着资本主义由自由竞争走向垄断，国家对经济的管理由自由放任发展到全面干预。从而，资本主义财政与历史上已出现的财政相比，具有以下特征：一是税收成为国家财政的主要收入形式；二是国家还充分运用税收、公债、财政支出等手段干预经济；三是由于商品经济的高度发展，财政分配高度货币化，国家财政收支全部采取价值形式。

我国作为社会主义国家，财政的发展有着自己的特色。在高度集中的计划经济体制下，经济资源的配置服从于国家计划，市场的作用受到排斥和禁止，财政属于生产建设型。改革开放后，我国开始努力探索和构建与社会主义市场经济体制要求相适应的公共财政体制。20 世纪 80 年代，两步“利改税”和财政包干制破除了计划经济体制下的统收统支财政体制，增强了中央和地方活力。1994 年，中国全面实施分税制改革，初步建立了与社会主义市场经济体制相适应的财政体制框架，规范了中央和地方之间的分配关系。1998 年我国提出建立公共财政框架，在此基础上，2003 年中共十六届三中全会要求“健全公共财政”，2007 年中共十七大提出“完善公共财政体系”，这一突破传统财政理念的重大转变旨在由政府提供公共产品来满足人民的需求并逐步使其均等化，同时使财政体制更加公平、公开、透明。

经过多年来有意识的公共财政改革努力，我国公共财政框架的构建已取得了明显成效。财政支出结构开始向公共财政方向调整。财政资金逐步退出一般性、竞争性领域，着重保障政府履行经济调节、市场监管、社会管理和公共服务等职能。与社会主义市场经济体制相适应的财政宏观调控体系也不断健全完善，财政部门应充分运用税收、预算、国债、转移支付、贴息、政府采购等政策工具，加强和改善财政宏观调控，促进经济又好又快发展。

第三节 财政学说的形成与发展

财政学作为经济学的一个重要分支，从早期对政府收支活动的简单描述，发展到完整的学科体系，经历了漫长的历史过程。

一、早期的财政思想

财政是伴随着国家的产生而产生的，财政活动已有了数千年的历史，而成为一门独立学科，则始于1776年亚当·斯密《国富论》的出版。但是，在财政学诞生之前，众多理财家早已在探讨财政问题，并提出了许多精辟的财政思想。

古希腊的色诺芬在《雅典的收入》一书中讨论了希腊雅典的财政收入问题，并建议由国家购买奴隶，并将他们出租以增加国家的收入。在柏拉图和亚里士多德的一些著作中，也有过关于财产与收益之间应如何确定课税标准，以及税收的征收应该公平之类的论述。在罗马，有关于罗马税制以及专门讨论赋税负担的著作。17世纪的法国财政大臣柯尔伯特认为："征税的艺术就在于拔最多的鹅毛，听最少的鹅叫。"①威廉·配第的《赋税论》(1663)广泛地论述了各种公共经费、税收理论、征税方法等，为财政学的创立奠定了基础。

曾为人类社会创造光辉灿烂文化的中国古代社会，也有不少理财家提出了许多精辟的财政思想。这些财政思想可以概括为以下几个方面：

（1）藏富于民，培养财源，发展经济以增加财政收入的理财思想。春秋时期齐国的管仲，以"治国之道，必先富民"的原理管理财政。北宋的王安石明确指出："因天下之功，以生天下之财，取天下之财，以供天下之用。"明代的丘浚更是提出了"理财之道，以生财之道为本"的治财哲理。

（2）量入为出与量出为入的财政收支原则。早在西周周公建立税制时，就提出和实施了量入为出的原则，主张每年年底根据国家大小、收成好坏和国家储备的需要等进行通盘打算，按预计的收入来安排支出。唐代后期为增加财政收入、巩固统治地位，唐德宗接受宰相杨炎的建议，实行量出为入的原则。

（3）运用财政手段调控经济，特别是调节市场供求的思想，平抑经济波动。西汉的桑弘羊制定"均输""平准"两法。"均输"是指在各郡设均输官，由其负责将各地上缴国库的实物形式的贡赋，或者廉价收购的土特产品，从中选择出高质量的上缴国库，将其他产品运往其他地区高价出卖，然后将出售收入上缴国库。这样既能使国家增加财政收入，也能沟通各地的物资交流、调节物价。"平准"是一种保持粮价平衡的方法，在京城设置官方机构，负责物价下跌时买进商品、物价上涨时抛售商品，以平抑物价，达到供求平衡。

① 罗森．财政学［M］．赵志耘，译．6版．北京：中国人民大学出版社，2003：236．

二、西方财政学说的发展

财政学理论的形成虽然只有200余年的历史，但其发展却十分迅速，变化很大。如果以政府在经济运行中所起的作用为基本线索，可以大致将其划分为三个时期：

（一）第一个时期：古典学派的财政理论（1776年—20世纪30年代）

英国古典经济学派的代表人物亚当·斯密于1776年出版了经济学的奠基之作《国富论》。该书第五章“论君主或国家的收入”从支出、收入和公债三个方面对财政问题进行了深入系统的研究，标志着财政学体系的创立。在《国富论》中，亚当·斯密宣扬了“自由放任”的经济思想，他认为人是“经济人”，有一只看不见的手操纵着经济的运行，使得人人都为自己的经济而活动，最终产生一个大家都获利的社会结果。市场经济既然有如此神妙的作用，对它的任何干预就都是不可取的。因此，政府不要过多地干预经济，政府的职能越少越好。他认为，政府职能只限定于防止外来侵略、维持国内治安和建设公共设施等方面。在财政支出方面，亚当·斯密主张厉行节约、量入为出。在税收方面，亚当·斯密提出了公平、确定、简便和征收费用最小四个原则。亚当·斯密对公债的发行持反对态度，认为公债的发行会妨碍生产资本的积蓄，会加重子孙后代的负担，公债是腐败、堕落、贫困的根源。总体而言，亚当·斯密的财政理论主张可以概括为“廉价政府、夜警国家”，这成为古典学派财政理论所要追求的最高目标。后来的古典学派经济学家，如李嘉图、萨伊、穆勒和庇古等，基本上都是在亚当·斯密的理论框架中发展与深化的。

19世纪80年代以后，奥、意学者潘塔莱奥尼、马佐拉、马尔科、萨克斯等将边际效用理论应用于公共产品问题的研究。瑞典学者维克塞尔把公共部门的决策看作是一个集体决策的过程，提出了关于税收和公共支出的自愿交换理论。林达尔继承和发展了维克塞尔的自愿交换理论，提出了著名的林达尔均衡。这一时期的财政理论为解释政府公共服务的性质、公共经济和政府活动对市场活动的积极作用、公共产品分析与私人产品分析所共有的基础等诸多问题提供了理论依据，为财政理论的发展做出了重大贡献，并成为现代财政学发展的重要基石。

（二）第二个时期：凯恩斯学派的财政理论（20世纪30年代—60年代）

一直到1929年的经济大危机时为止，由亚当·斯密创立的自由经济思想在经济学界和政治生活中占据着统治地位。从经济实践来看，在一个多世纪的时期里，资本主义社会创造了巨大的财富，生产力快速上升，市场机制运行得那么和谐完美。除了描述和赞美市场经济之外，人们简直不知道还需要经济学家们做些什么。但是，以1929年10月29日美国股市崩溃为导火线，西方资本主义世界在1929—1933年爆发了一场历史上从未有过的深刻、持久、广泛的世界性的经济危机。这场震撼世界的经济危机给传统的经济理论以沉重的打击，传统的经济学对于这一现象无法给出一个理性的、合理的、全面的解释。在这种情况下，以宏观经济分析为主要特色的凯恩斯主义经济学应运而生。

凯恩斯的理论主张主要体现在他1936年出版的《就业、利息和货币通论》（以下简称《通论》）一书当中。凯恩斯从宏观经济的角度，以整个国民经济活动作为考察对象，通过对有关国民经济的各种总量之间关系的分析，得出“有效需求不足”是产生危机的根本原因这一结论。凯恩斯认为，单凭市场经济的自发调节，无法解决社会有效需求不足和严重的失业问题，要保证充分就业和经济繁荣，政府必须对经济进行全面干预，而其中重要的一项措施就是扩大政府的财政支出。财政支出直接就可以形成社会有效需求，可以完全弥补私人部分需求的不足，使得经济达到充分就业与均衡。此外，凯恩斯还首次系统地论证了财政赤字和公债发行的经济合理性。

凯恩斯的理论在西方财政学界乃至经济学界引起了一场革命。《通论》的发表标志着宏观经济学的创立，并开始了经济学的凯恩斯时代。他的著作出版以后，一大批追随者致力于阐释和发展工作。以萨缪尔森为代表的一些西方经济学者经过补充和发展，逐步形成曾显赫一时的新古典综合派，后来又吸收反对凯恩斯主义的各学派的观点，在第二次世界大战以后长期居于统治地位。凯恩斯主义经济学主要以宏观经济分析为特色，对财政理论的发展产生了至关重要的影响：（1）凯恩斯在分析资本主义经济危机和失业问题及其产生原因的基础上，为政府干预经济和充分发挥以财政政策为重点的经济政策的作用提供了理论依据。（2）随着宏观经济学的产生和发展，经济学家对财政政策的研究不再囿于以自由市场经济为基础的单一的预算平衡或盈余的范围，出现了对财政政策功能和效应、财政政策随国民经济运行的不同情况的政策选择、财政政策和货币政策的搭配等政策理论和应用的研究。财政政策成为现代市场经济国家实现宏观经济稳定的重要政策工具。（3）马斯格雷夫在凯恩斯主义经济学的影响下，将财政职能概括为资源配置、收入分配和经济稳定，标志着现代公共财政理论的框架基本形成。马斯格雷夫对财政职能的概括不仅突破了以往经济学家对财政的认识，使财政学的主题从传统的收支管理上升到实现政府公共经济职能，而且为政府运用财政政策干预经济提供了更为规范的理论基础。①

（三）第三个时期：新自由主义学派的财政理论（20世纪70年代以后）

第二次世界大战后，西方发达国家的经济出现了持续稳定的高速发展，凯恩斯理论在经济学界被奉为“圣经”。随着时间的推移，西方发达国家又出现了一些新的经济问题，特别是进入20世纪70年代之后，普遍发生了滞胀。凯恩斯理论对此缺乏诊治的良药，人们对凯恩斯的理论产生了怀疑。在经济学界，开始涌现出一大批流派，如货币主义、供给学派、公共选择学派等，纷纷对凯恩斯理论进行挑战。财政学理论研究进入了第三个阶段。这一阶段中较为重要

① 边明社. 西方经济学不同流派对财政学学科发展的贡献［J］. 云南社会科学，2008（4）.

的理论有：

（1）货币学派。货币学派是美国在20世纪50年代开始出现、于70年代蓬勃兴起的一个经济理论学派，该学派以反对凯恩斯主义著称。弗里德曼是货币学派的创始人和主要代表人物。他承袭了古典学派的观点，主张自由放任，认为凯恩斯的财政扩张政策是导致通货膨胀和经济低速增长的原因。弗里德曼非常强调货币的重要性，认为货币供应量是影响经济总水平最有力的手段，将货币供应量作为最重要的政策工具，主张实行单一规则的货币政策和经济自由主义政策。

（2）供给学派。供给学派是20世纪70年代后期，在美国形成的又一个反凯恩斯主义的经济学流派。阿瑟·拉弗是供给学派的著名代表。减税是供给学派政策主张的核心和基本环节。该学派认为，美国经济的主要问题是供给不足，而降低税率可以促进个人和企业增加消费和投资，因此，减税便是促进供给增加的基本手段。此外，供给学派极力主张减少社会福利支出，将其作为促进供给增长的又一重要措施。他们认为，政府庞大的社会福利支出，不仅不能使穷人摆脱贫困，反而会使失业增加，降低劳动力的供给，因为在庞大的失业队伍中，有很大一部分是因为失业成本太低而自愿失业的。

（3）公共选择学派。20世纪60年代，以詹姆斯·布坎南和戈登·图洛克为代表的公共选择学派成为西方经济学发展中的一个新的学派。该学派从经济学角度研究非市场决策，把人类社会分成经济市场和政治市场，无论在经济市场活动中还是在政治市场活动中，人都是理性的经济人，追求效用最大化。在经济市场上活动的主体是消费者和厂商，他们之间交易的对象是私人产品，人们通过货币来选择能够满足其偏好的私人产品。在政治市场上活动的主体是选民、利益集团和政治家、官员，他们交易的对象是公共产品，选民通过选票来选择能够满足其偏好的公共产品。与市场失灵相对应，该学派提出了政府失效的概念，并主张慎重选择政府行为或基本放弃政府干预。公共选择学派的理论不仅丰富了公共财政理论，而且大大扩展了人们进行公共财政研究的眼界和思路。

需要指出的是，由于20世纪80年代美国里根总统和布什总统实行以减税为核心的财政政策效果不佳，1993年民主党人克林顿入主白宫后，凯恩斯主义又以新的面貌“复兴”。新凯恩斯主义继承了凯恩斯主义的国家干预主义，但对传统凯恩斯主义的理论和政策主张进行了修正。新凯恩斯主义更加强调宏观经济学的微观基础，建立起有微观基础的新凯恩斯主义宏观经济学；提出新型政府-市场观，认为当代经济是一种混合经济，政府与市场是互补关系而不是替代关系；更加重视市场机制的作用，主张政府进行“粗调”；主张财政政策的调节要深入到经济运行的内部，强调增加人力资本、研究开发等具有创新性的投资等。总体而言，新凯恩斯主义者仍然主张政府干预经济，但他们所主张的干预与原先的凯恩斯主义者所主张的不同，其更加强调“适度”的国家干预，而非频繁的过度干预。与原先的凯恩斯主义注重对经济进行“数量”上的调节相比，其更关注财政政策调节经济的质量。

除了对凯恩斯理论的争论外，在这一时期，西方财政理论对公共产品的最佳供应问题、最优课税问题、财政分权等一些具体问题的分析也更加深入。大量运用新发展起来的经济学分析工具来分析财政问题，也是最近西方财政学发展的重要特征。

三、我国财政学说的发展

1949 年以前，我国基本上处于引入西方公共财政学的阶段。我国学者从 20 世纪 20 年代开始编写财政学，但基本上是对西方财政学的编译，并不具有中国特色。如 1924 年陈启修的《财政学总论》认为："财政者，公共团体之经济或经济经理也。"[①]对于"财政"概念的概括，以 1935 年尹文敬的《财政学》最具代表性。他指出，财政即"国家或地方政府，当其欲满足共同需要时，关于所需经济的财货之取得、管理及使用等各种行为之总称也"[②]。

1949 年后，我国先是以学习借鉴苏联财政理论为主，20 世纪 60 年代开始才注重结合我国实际进行财政理论研究。我国学术界经过长期对财政概念的探讨与争鸣，形成具有中国特色的不同学说，主要有国家分配说、社会再生产说、剩余产品说、社会共同需要说、价值分配说等。各种学说从不同角度探索了财政的内涵与外延，各自有鲜明的中心论点，但各种理论之间并不是绝对排斥的，有差异也有共同之处，对某些具体问题的看法也有交叉。20 世纪 90 年代后，随着党的十四大提出建立社会主义市场经济体制，我国财政学界开始注重对源于西方的"公共财政论"的认识与辨析，一度引起许多关于"国家分配论"和"公共财政论"的理论争论。然而，究其根本，"国家分配论"主要探讨在财政本质观上的基本理论，而"公共财政论"研究的则是财政运行形态的相关认识，学术界越来越倾向于两者不是直接对立的关系，而是兼容的甚至是相辅相成的关系，如有的研究者概括为"公共财政，是国家分配论的本质，是市场经济条件下的具体化体现"。因此，在争论中，不仅关于以市场经济为背景的"公共财政论"的认识得到清晰化和具体化，而且对"国家分配论"等基础理论的认识也有所深化，逐步形成从财政一般到财政特殊、从财政本质到财政运行的财政理论演进，并反映我国财政模式正在适应建立社会主义市场经济新体制的客观要求，在改革探索中寻求理论阐释。[③]党的十八届三中全会《中共中央关于全面深化改革若干重大问题的决定》中提到，财政是国家治理的基础和重要支柱，科学的财税体制是优化资源配置、维护市场统一、促进社会公平、实现国家长治久安的制度保障。这是对财政地位的全新定位，也开启了我国学者对财政学基础理论构建的新契机。

---

① 陈启修. 财政学总论［M］. 北京：商务印书馆，1924：4.
② 尹文敬. 财政学［M］. 北京：商务印书馆，1935：1.
③ 贾康. 关于财政理论发展源流的概要回顾及我的"公共财政"观［J］. 经济学动态，2008（5）.

第四节 财政学研究的主要内容与研究方法

一、财政学研究的主要内容

财政学是经济学的一个分支学科，集中研究的是与政府收支相关的经济活动。具体而言，财政学的研究内容主要有：

（一）财政基本运行规律

财政学的任务是阐明财政的基本知识和基本理论。在现实经济生活中，人们经常接触的总是各种各样的财政现象，财政学自然不能不研究财政现象。但是，作为应用理论学科，其视野不能只局限于现象层次，而是要透过现象，探索本质，揭示支配这些现象的规律。

（二）财政收支活动

财政活动主要具体化为财政的收入和支出。财政收支均由若干项目构成，各收支项目得以成立的根据为何、各有何特点、它们如何影响国民经济的运行、财政收支总量上的平衡或不平衡怎样影响总供给和总需求的平衡关系等，都是财政学要研究的主要内容。

（三）财政制度

政府在自己的收入和支出活动中，必须制定某些规则，并依据这些规则做出某些制度上的安排。比如，税收制度、公债制度、政府预算制度、财政管理体制、转移支付制度和财政监督制度等，这些也是财政学研究的重要内容。

（四）财政政策

财政学还研究财政政策，但是，它关心的不是财政部门已经做了什么和正在做什么，也不研究供具体操作的政策设计。财政学研究政策的逻辑，是关注那些深藏在形形色色的财政政策背后的稳定的规律性的东西。诸如，财政政策的目标是什么，为什么确定这些目标，可以采用哪些手段来实现这些目标，政策效力的传导机制是什么，政策效果如何，怎样评价，财政政策如何同其他经济政策相配合等。简言之，财政政策的目标、手段、传导机制、效果，以及同其他政策手段的配合等是财政学的重要研究内容。

二、研究方法

（一）实证分析与规范分析相结合

在分析政府经济活动的过程中，财政学不仅要解释实际政策对经济运行的影响，而且还要尽可能为政府决策提供指南。为完成这两项任务，财政学经常采用经济分析的两种基本方法：一是实证分析法；二是规范分析法。所谓实证分析，就是依据事物的本来面目描述事物，说明研究对象是什么，它着重刻画经济现象的来龙去脉。实证分析法运用于财政学，就是要按照财政活动的原貌，勾勒出从财政取得收入直到安排支出的全过程及其产生或可能产生的经济影响，财政活动同整个国民经济活动的相互作用，以及组织财政活动所建立的机构、制度和各种政策安排。规范分析要回答的问题是应当是什么，即确定若干准则，并据以判断研究对象目前所具有的状态是否符合这些准则，如果存在偏离，应当如何调整。规范分析法运用于财政学，就是要根据社会主义市场经济这一制度前提，根据公平与效率这两大基本社会准则，来判断目前的财政制度是否与上述前提和准则相一致，并探讨财政制度的改革问题。

（二）定量分析与定性分析相结合

财政关系量变到一定程度，才会引起质变，因而只有研究了量的变化程度，才能对质有确切的把握。财政学的研究不仅要注意财政分配性质的分析，还要关注财政收支比例变化的规律分析。

□ 本章小结

* 财政学是研究政府收支活动及其对经济运行所产生影响的经济学分支学科，也被称为公共部门经济学或公共经济学。

* 财政是以国家或政府为主体的分配活动，其基本特征可以概括为三个方面：财政分配的主体是国家或政府；财政分配的对象是部分社会产品与服务；财政分配的目的是满足社会公共需要。

* 财政是伴随着国家的产生而产生的，财政活动已有数千年的历史，而成为一门独立学科，则始于 1776 年亚当·斯密《国富论》的出版。如果以政府在经济运行中所起的作用为基本线索，西方财政学说的发展至今经历了古典学派时期、凯恩斯学派时期和以货币学派、供给学派、公共选择学派等为代表的新自由主义学派三个时期。

* 财政学的研究内容主要包括财政基本理论、财政收支活动、财政制度和财政政策。在财政学的研究当中，需要采取实证分析与规范分析相结合、定性分析与定量分析相结合的研究方法。

□ 关键概念

财政　社会公共需要　实证分析　规范分析

□ 复习题

1. 简述财政的一般概念。
2. 社会公共需要和私人个别需要相比，有哪些不同特征？
3. 简述西方财政学说的形成与发展。

□ 讨论及思考题

1. 请借助图形分析描述财政在现代市场经济当中所发挥的作用。
2. 请联系实际，举出一些现实生活中的财政现象与财政问题。

第二章

市场、政府与财政

本章要点

◇ 市场失灵及其主要表现

◇ 公共产品的特征

◇ 公共产品的分类

◇ 公共产品的提供

◇ 财政的资源配置职能、收入分配职能和稳定与增长职能

市场是一种结构精巧而且具有效率的经济运行机制，这已为几百年的市场经济实践所证实。但市场并不是万能的，市场经济运行中所产生的无效率以及不公平要求政府从多方面介入社会经济运行。其中，财政手段，即通过政府本身的收支活动来纠正市场失灵，是相当重要、不可或缺的手段之一。与市场失灵的主要表现相对应，财政具有资源配置、收入分配和稳定与增长三大职能。

第一节　市场与政府的职能边界

将政府和市场关系置于经济社会发展长河中考察，市场机制和政府干预都是重要的资源配置方式。尽管经济发展程度以及社会和政治制度存在差异，但总体而言，从资源配置角度来看，政府和市场机制都有其作用边界，市场机制和政府干预都不可能完全替代另一种机制。这是因为，尽管理论和实践都表明，市场机制是有效率的资源配置方式，但是，市场机制在资源配置、收入分配和宏观经济稳定方面会存在失灵，而政府调控也会存在失败的情况。这就意味着，政府和市场关系，一定是结合经济社会发展水平以及社会制度乃至政治体制的分工合作关系。

从经济史的角度来看，“经济自由主义”和“国家干预主义”标签基本上概括了市场和政府两者的相对关系。伴随着20世纪30年代经济自由主义向国家干预主义的转换以及20世纪70—80年代向经济自由主义的回归，理论研究者和经济管理

当局对政府和市场关系的认识日益深入，并且政府和市场在资源配置和宏观经济调控中的相互协作分工方式也在不断发展变化。

一、市场机制与市场失灵

（一）市场效率的基本逻辑及衡量

1. 经济自由主义

古典经济学家以及后来各个时期的自由主义经济学家，都崇尚自主市场的自发调节作用，对政府的行为动机和作用表示出极大的怀疑。以“经济人”假设为基础，古典经济学认为千百万人（各经济主体）的自愿行动可以通过价格体系来协调，而不需要指导中心。亚当·斯密（1776）曾提出“自私的动机、私有的企业、竞争的市场”——自由经济制度的三大要素，他认为不断增加国民财富的最好办法，就是给经济活动完全的自由，发挥市场的自由竞争、自由调节的作用，国家少过问经济，只当好一个“看门犬”或“守夜人”足矣，即国家只需保卫国防，“建立一个严正的司法行政机构”“建立并维持便利社会商业、促进人民教育的公共设施和工程”。从这个意义上讲，政府就是那种功能只局限于提供法律和秩序以及保护产权的最小国家。经马歇尔、瓦尔拉斯、萨缪尔森、阿罗和德布鲁的发展和技术化努力，在明确的产权界定、完备的信息和无摩擦交易的暗含假设以及对生产和效用函数的古典化假设下，“经济自由主义”的论证日臻完善。亚当·斯密当然不否认政府的调节作用，其本意是政府不应该直接插手经济，而应做出制度上的安排，从人们的动机和争取利益的活动中来体现这些制度安排的意义。

2. 帕累托效率

人类的生存和发展离不开各种资源，而社会资源的数量是相对有限的，即资源存在着稀缺性。正是由于稀缺性的存在，人们不得不考虑如何能够利用有限的资源来满足人类无穷的欲望。因此，效率问题成为人类社会的一个永恒主题。我们用帕累托效率来衡量资源配置的最佳状态。经济学家帕累托认为，如果有某种资源配置状态，任何可行的调整都无法使得调整之后的一些人的境况变好，而其他任何人的至少不变坏，这种状态就是最好的。我们把这种资源配置状态称为帕累托效率或者帕累托最优。如果有某种资源配置状态，通过一定的调整能使一些人的境况得到改善，而其他人的境况至少不变坏，我们就可以肯定地说，调整后的状态优于调整前的状态。我们把符合这一性质的调整称为帕累托改进。能够进行帕累托改进的状态肯定不符合帕累托效率，而帕累托效率是无法进行帕累托改进的资源配置状态。

要衡量资源配置是否达到帕累托效率，我们通常采用一般均衡分析和局部均衡分析的方法。在一般均衡分析中，我们使用三个标准，即是否同时满足生产效率、交换效率和产品组合效率。其中，生产效率是指在现有资源和技术条件的限制下，如何将各种资源用于不同产品的生产才能使产出最大；交换效率是指在产出给定的条件下，不同的产品应怎样被每个人所利用才最为理想；产品组合效率是指在产出给定的条件下，什么样的产品组合才能最大限度地满足社会的要求和愿望。从局部均衡分析的角度考察，实现资源配置的帕累托效率的条件是每一种产品的社会边际收益等于其社会边际成本。

（二）市场机制的有效性

市场经济长期运行的效果表明，市场机制在以下方面具有有效性：

（1）传递信息。市场传递信息的及时性、客观性和分散性，可以节省经济当事人在搜集、加工、整理和使用信息等各环节的成本费用。

（2）利益刺激和竞争激励。对生产者和投资者的利润刺激、对消费者选择最有效的消费方式和消费结构的效用最大化刺激以及对劳动者谋求更好的职业和报酬的刺激，为经济发展提供内在动力。

（3）调整和优化经济结构。通过价格杠杆的调节实现商品供求结构协调，通过市场竞争机制和风险机制实现企业效率结构和企业组织结构优化，通过价格机制优化产业结构。

（4）促进技术进步。在市场竞争的外在强制力下，经济当事人要不断地、积极主动地在科技投入、研究开发、引进和消化吸收先进的技术设备等方面努力进取，以便在竞争中使性能好、质量优、价格廉、成本低的商品扩大市场占有份额，获取更多的利润。同时，技术自身的商品化或市场化以及劳动力市场竞争迫使劳动者和管理者不断地自觉接受培训，学习、掌握和运用现代科技知识等，也有助于推进科技进步。

（5）促进效率提高。市场通过竞争机制和价格机制引导资源的合理流动和充分有效利用，为生产者和消费者提供及时、客观的信息和充分的利益刺激，使经济当事人能对个别情况的千变万化做出迅速的反应。在市场经济国家中，所谓“市场解决效率问题，政府解决公平问题”的大致分工，在一定程度上说明市场机制具有促进经济效率不断提高的功能。

（三）市场机制有效性的前提条件

市场机制配置资源有效性基于完全竞争市场的严苛假设。完全竞争市场是指一种竞争不受任何阻碍和干扰的市场结构，在市场中，每一个人，不论是消费者还是生产者，都谋求自身利益的最大化。完全竞争市场需要具备的基本条件有：

（1）有大量的买者和卖者。市场上有大量的买者和卖者，因此，经济权力是分散的，每个买者的需求数量和每个厂商的供给数量都只占很小的市场份额，任何一个买者或卖者都无法单独影响价格。

（2）产品同质无差异。所有厂商都只向消费者提供一种标准化的产品，任何厂商如果把价格提高到市场价格之上，就必然丧失市场。

（3）要素自由流动。厂商可以自由地进入市场，也可以无障碍地退出市场，要素具有完全的流动性。

（4）信息完备充分。参与市场活动的双方都可以自由地得到相关信息，买者和卖者对偏好、收入、产品的价格、质量、性能、成本和技术等相关信息完全了解和清楚。

（5）生产者和消费者的行为是理性的。在完全竞争市场中，消费者和生产者都一致追求效用的最大化，各个经济主体的行为都是理性的。

（6）经济利益可分，所有权确定。产品可以分为许多能够购买的单位，物品的所有权具有确定性，从而保证产品的经济利益和成本能以价格来计算。

在市场上拥有众多的买者和卖者、各种资源具有完全的流动性、信息充分对称以及产品是同质的四个基本条件下，无数带有自身利益的理性的买卖双方，借助于价格机制、供求机制、竞争机制以及理性人之间的利益互动机制，将各种经济活动予以有序化，社会经济系统得到有效运作，社会资源配置达到最优状态。更进一步地，从经济分析角度来看，可以通过对完全竞争市场进行一般均衡分析和局部均衡分析，以考察资源配置效率是否达到了帕累托最优。通过分析可以发现，完全竞争市场体系中的产品生产和资源配置满足生产效率、交换效率和产品组合效率，社会从某种产品消费中得到的边际收益与产出这种产品所付出的边际成本相等，即这种市场体系符合帕累托最优的标准。因此，完全竞争市场是一种理想的市场，在这个体系中，市场机制这只“看不见的手”可以发挥出完美的作用。

（四）市场失灵的主要表现

市场调节是一种有效率的资源配置机制，但现实的市场经济运行中，市场调节机制本身存在着固有的缺陷和不足。这固然是因为市场机制所依存的严格完全竞争市场条件在现实中难以满足，但更重要的是，即便满足了完全竞争市场条件，奠定了市场机制能够实现帕累托最优的基础，市场调节机制也不能解决诸如收入和财富分配不公、自发竞争导致的经济波动等问题。与市场有效一样，市场失灵也是一种客观存在。经济学上把现实市场中不符合完全竞争假定条件，以及市场运行结果被认为不令人满意的方面称为市场失灵。

20 世纪 20—30 年代，世界性的资本主义经济危机使市场失灵得以验证，经济危机的空前严重性和持久性动摇了以经济自由主义为中心的资本主义经济理论的统治地位，主张实行政府对经济干预的凯恩斯主义应运而生。凯恩斯（1936）主张政府是市场的合理调节者，认为没有政府调节的市场，不可能自动达到和谐与均衡发展。虽然凯恩斯承认市场配置资源的基础性作用，总体上认为自由市场制度是有效的，但他又认为，市场本身存在不足，只有扩大政府机能才能纠正市场缺陷，以维护市场的正常运转。他认为，由于资本主义社会存在着边际消费倾向下降、流动性偏好、资本预期收益率下降三大心理因素，使有效需求成为经常性现象，矛盾积累到一定程度就会导致经济萧条、失业人员增加。如果政府不对经济运行加以干预，就会使有效需求不足的状态继续下去，形成严重的经济和社会危机。政府必须采取积极的干预措施刺激消费和增加投资，弥补自由市场的有效需求不足。凯恩斯的政府干预理论从宏观分析的角度证明了市场缺陷的存在，构成了西方正统经济学的理论核心，经济学和经济政策进入了凯恩斯主义时代。凯恩斯提出的政府干预经济的政策主张在西方主要资本主义国家大行其道，其经济理论被奉为 20 世纪最伟大的科学成就，是广泛用于消除资本主义缺陷和矛盾——生产过剩的经济危机、失业、经济增长缓慢、生产能力使用不足等——的灵丹妙药。

在西方经济学中，引发资源无效率配置的因素（包括市场过少以及非完全竞争）被概括进“market failure”一词当中，这可以说是与假想的“市场效率”概念相对立的范畴。我国对“market failure”一词并无统一的译法，常见的有市场失灵、市场失败、市场缺陷等，但在使用时，往往用这个词概括市场的资源配置失效、分配不公以及宏观经济不稳定这三种现象。从这个意义上说，所谓市场失灵指的是在市场充分发挥其资源配置基础性作用的基础上，由于市场天然无法有效配置所有资源，而引起的收入分配不公平及经济社会不稳定的态势。市场失灵的主要表现可以概括为：

1. 资源配置失效

（1）信息不充分也不对称

完全竞争市场要求消费者和厂商享有充分的信息，但是现实生活中信息不对称现象在产品市场、劳动力市场以及资本市场中普遍存在。在信息稀缺的情况下，投机的冲动使信息垄断者不会按竞争规则行事，市场参与者也不可能做出符合实际的最大化决策，因此资源不能被最有效地利用。为了保证竞争规则不被违反，政府也只能根据事后的判断，利用法律措施对违反规则者进行惩罚，规范信息市场，以信息公开来扩大其来源，但也不可能完全消除这个市场的不完全性。因此，信息问题是阻碍现实经济生活中实现资源最优配置的根本性原因之一。

（2）竞争失灵

现实市场中的每一种商品都是有差异的，所以每一个厂商都具有某些垄断因素。在规模报酬递增而扩大生产经营规模受到阻碍的情况下，市场竞争者减少。如果市场上无论卖者或买者只有一家，则产生卖方或买方的完全垄断；如果市场上仍然存在多家卖者或买者，这种市场被称为垄断竞争市场。在现实生活中，多数市场接近于这种类型，即市场竞争是不充分的，市场是不完全竞争的市场。

垄断与不完全竞争存在以下几方面的效率损失：一是产量受到限制，产品使用者的福利受到额外损失；二是垄断行业由于存在垄断利润，缺乏尽可能降低成本的竞争压力；三是垄断者可能不那么积极地推动技术进步；四是垄断者追求超额收益的寻租活动本身会造成资源浪费。

对不完全竞争造成的市场失灵，政府可以根据不同的原因来采取相应的对策，如对自然垄断行业实行国有化、管制和定价措施等；对于垄断竞争行业则实行反托拉斯政策，利用《反垄断法》来提高竞争的程度；为了鼓励技术创新，政府颁布《专利法》等，这些也是西方许多国家长期以来采用的措施。

（3）外部性

外部性是指某一个体的经济行为影响了其他个体，却没有为之承担应有的成本或没有获得应有的报酬的现象。换言之，外部性是指某一个体的经济行为以市场价格以外的方式影响他人的福利的情形。外部性的存在，使得人们进行经济决策时所依据的价格，无法准确反映经济交易的全部的边际社会收益或边际社会成本，由此将导致价格信号失真。依据失真的价格信号所做出的经济决策，将使资源配置无法达到有效状态。

外部性有正外部性和负外部性之分。产生正外部性的经济活动对他人产生积极的影响，无偿给他人带来利益。比如，对某种传染病的免疫接种产生了正外部性，那些接受免疫接种的人由于降低了感染传染病的概率，他们也为那些没有接受免疫接种的人群带来了收益，减少了后者感染疾病的可能性。相反，产生负外部性的经济活动则给他人带来消极的影响，对他人施加了成本，但并没有因此而付出代价。例如，化工厂释放的污染物给附近居民的生活带来了负面的影响，但这些居民却未获得任何补偿。

如何纠正外部性问题，一般来说有三种设想：一是通过重新分配产权，由私人交易自行解决，其根据是科斯定理：只要财产权的交易费用为零，那么不论财产权开始时分配格局是怎样的，市场机制所导致的均衡都会最终符合最有效率的状态。但这一过程受到两方面的局限：一方面，交易费用为零的假设不大符合现实，财产权的重新分配会大大增加交易费用；另一方面，即使交易费用为零，由于制度、心理以及信息方面的原因，也并不一定会产生竞争性均衡。二是合并与外部性影响有关的企业，由这个大企业来规划总产出，使外部效应内部化。三是使用税收和补贴计划，对造成外部负效应的企业，国家对其征税，其数额等于该企业所造成的损害，以便使私人成本等于社会成本。不难看出上述设想的后面，都有政府行为以及计划调节的色彩。

（4）偏好不合理

个人偏好的合理性是保证市场竞争结果合理的前提。但在现实的市场中，人们的各种愿望和要求并非在任何场合都是合理的。即使在信息完全的情况下，人们也会由于疏忽或缺乏远见等原因做出不明智的选择。某种东西能给人带来较大的利益，但消费者本人却没有意识到这一点，只给予它较低的评价，例如教育、高雅的艺术等；而某些东西给人们带来的好处并不大，甚至是有害无益的，但消费者却给予较高的评价，例如香烟、毒品等。我们把消费者的评价低于合理评价的产品称为优值品，把消费者的评价高于合理评价的产品称为劣值品。显然，“优值”或“劣值”都不是对产品本身自然属性的评价，它只是表明消费者的偏好存在问题，需要加以纠正。

2. 收入分配不公平

在完全竞争的市场经济中，厂商应用各种生产要素，必须使其边际产品价值在所有用途上都相等，才能使资源达到最优配置，此时的要素收入由最优状态下的要素价格决定，因此，个人的收入分配取决于初始的要素禀赋分配，而这种初始禀赋的分配状况并不公平，长期累积的结果则更不公平。而且在现实经济中，不完全竞争和垄断的存在，以及家庭关系、社会地位、性别种族差异等因素，使得个人收入并不完全取决于完全竞争条件下的要素价格。因此，政府必须担当起收入再分配的重任，从一定的合理的社会公平准则出发，通过较大规模的收入与支出途径来实现再分配政策。

3. 市场经济的宏观不稳定性

20 世纪 30 年代的大萧条以前，主流经济学家相信完全竞争相当完善地描述了经济运行状态，因此，古典经济学家的政策处方可以归结为“laissez faire”，这句法文的意思是“自由放任”，即政府干预应尽量予以避免，市场力量会引导经济正常运行。

然而，经济周期的变化是不以人们的意志为转移的，大萧条的深度、广度及时间上的长度，动摇了人们对古典经济学理论观点的信心。事实说明，市场不是万能的。在边际消费倾向递减、资本的边际效率递减和流动性陷阱的共同作用下，将产生有效需求不足，使总需求小于充分就业状态下的总供给，导致存货积压、价格下降、产出减少。

通过对市场失灵的三个主要表现的分析可以看出，在理论上承认市场机制有效性的同时，也必须承认市场缺陷普遍存在，所以，政府的经济职能仅仅是市场缺陷的逻辑延伸。从一定意义上说，为了弥补市场缺陷和纠正市场失灵，现代市场经济国家的政府在社会经济生活中扮演着公共产品的提供者、负的外在效应的消除者、收入和财富的再分配者、市场秩序的维护者和宏观经济的调控者等角色。

二、政府干预与政府失败

现代市场经济条件下，政府对经济的宏观调控或者说干预，主要是出于三个方面的考虑：一是力图矫正市场失灵，以提高效率；二是规划利用政府税收和财政支出，向特殊群体进行收入再分配，以促进公平；三是依靠税收、支出和货币量进行调控，以支持宏观经济的稳定发展，包括减少失业、抑制通货膨胀、促进经济增长。这不仅阐明了政府调控经济的必要性，而且还揭示了政府干预经济的主要目标和基本职能所在。

通常，政府干预经济主要使用如下几类手段：其一，行政法律手段，如市场法规、经济政策和直接管制等；其二，由政府组织公共生产和提供公共产品；其三，包括财政收支在内的财政手段。

但如市场失灵一样，政府干预也会存在缺陷，即政府失败问题。20 世纪下半叶出现的公共选择理论加深了对政府失败的理论认识。更准确地说，政府失败是依据政府活动的最终结果判断的政府活动过程的低效性和活动结果的非理性。易言之，作为一种外部力量，政府对市场运行的调节作用会失灵甚至存在负面作用。作为一种客观存在，政府失败在成熟市场经济国家和发展中国家都不同程度地存在。

（一）政府决策失误

古典经济学派和新古典综合学派在分析政府时，都假定政府是谋求社会福利最大化的理性人。对应地，前者认为，政府的主要职能是维持市场秩序、提供公共设施服务，而后者则认为政府是市场机制的合理调节者和干预者，采取“福利经济学”的处方可以实现社会公众利益，民主政府通过利益集团竞争能合理反映社会意志。

20 世纪 60 年代兴起的公共选择理论将理性人假设和经济学分析方法应用到政治领域，并主要分析民主制度下的选民、政治家和官僚行为。作为理性人，选民、政治家和官僚都受到各自的短期利益动机支配：一方面，选民可能选择不投票，因而使得特殊利益集团在投票表决中的权重大为增加；另一方面，政治家为迎合选民的利益诉求，会提出符合中间投票人意愿的竞选目标以增加获胜的可能性，而作为少数派的选民几乎无法真正自主选择。而且，从投票过程来看，投票人很可能通过互投赞成票使各自议案获得通过。如上分析表明，政府活动并非简单地以社会利益最大化为目标。

（二）政府行为失效

政府行为失效有两个方面的原因：一是政府活动的成本和收入分离，缺乏降低成本的激励。由于维持政府活动的收入产生和这种收入的成本无关，由此，维持一个给定的政府干预或调控行为时，就会使用较多的资源而非必要的资源，即支出较多的实施成本，或者是为了弥补一定的市场失灵而相对实施更多的干预、调控行为；二是政府的活动和行为缺乏提高效率的激励。政府部门及其工作人员所提供的服务具有垄断性，有可能出现强调程序合规性而忽略政府活动效率的情况。

（三）政府职能失效

政府职能失效可以从以下两个方面考察：一是政府可能任意扩大自己的职能范围，滥用政府权力，尤其是在官本位以及对政府有较高诉求的传统文化背景下的国家内，这不仅损害市场机制正常运行的机理，甚至非但不能起到弥补市场失灵的作用，反而成为市场运行混乱的根源，加剧资源配置失衡和失效，出现“越位”和“错位”状况；二是政府机构缺乏市场组织那样的直接约束，必然产生一些脱离履行公共职能的组织目标，如追求政府工作人员的非货币收入最大化、追求机构规模的最大化以及政府预算支出的最大化。

（四）政府作用失效

政府作用失效至少存在三种情况：一是政府干预经济运行的措施可能产生无法预料的副作用。新自由主义认为，20 世纪 70 年代西方国家出现的“滞胀”困境，很大程度上就是因为凯恩斯主义过度实施的结果；二是政府干预市场的政策工具和手段之间存在相互牵制、作用相反的关系，难以有效实现预期目标；三是政府在纠正市场分配不公平时，其自身的活动有意或无意地发挥着产生新的分配不公平的作用，这一方面表现在财富或收入的再分配上，另一方面表现在政府权力和特权的行使上。

三、政府与市场的定位

概括起来，从 1776 年亚当·斯密著就《国富论》倡导“经济自由主义”，到 20 世纪 30 年代凯恩斯完成《就业、利息和货币通论》，及至 20 世纪 70—80 年代弗里德曼和卢卡斯各自提出现代货币数量理论和理性预期理论对凯恩斯主义猛烈批评并提出相应政策建议，就政府和市场的相对强弱动态关系而言，主要经历了强调市场机制、强调政府宏观调控和强调市场机制为基础的政府有限干预三个阶段。三阶段的最大差别或侧重点的不同在于市场机制这只“看不见的手”和国家干预这一“有形之手”之间的抉择上，何者为主，何者为辅。第一阶段与市场经济发展早期市场机制弊端尚未充分暴露出来相适应，第二阶段则与集中体现在20世纪30年代经济危机的市场失灵和缺陷需要政府强力介入经济社会生活相契合。第三阶段则与反思长期施行凯恩斯主义扩张性宏观经济政策的影响和结果相滋生。弗里德曼现代货币主义学说通过论证货币需求取决于恒久性收入从而具有稳定性和可预测性，倡导保持固定货币供给增长率的“单一规则”，批判了凯恩斯主义倡导的通过扩张性财政和货币政策“相机抉择”或“逆风而行”地干预经济的政策措施。以卢卡斯为代表的理性预期学派，论证了经济行为人在理性地预期到政府采取扩张性财政货币政策的影响后会采取相应的应对措施，抵消扩张性财政货币政策效应，从而得出宏观经济政策无效的结论。这样就为20世纪80年代以来世界范围内的经济自由主义回归奠定了坚实的理论基础。尤其是20世纪90年代以来，伴随着“知识经济”时代的到来和全世界范围内宏观经济形势的持续乐观预期，经济自由主义日益在理论和实践中得到论证和贯彻。

当然，发挥政府职能作用有效地弥补市场机制的局限性、校正市场机制偏差并不意味着市场失灵是政府介入社会经济生活的唯一动力，也不是说若市场不失灵就不需要政府介入社会经济生活了。从根本上说，社会经济生活离不开人及社会组织的参与。在这种社会经济活动中，人们不仅能够认识自然、适应自然，而且还能够通过人类的劳动利用自然、改造自然。人类的经济活动是通过运用一定的手段进行的、旨在达到一定目的的创造性活动。人不是仅仅能够被动地适应自然和自然规律，经济发展史已经证明：经济发展本身已不单纯地表现为各客观经济要素相互作用的自然过程，同时还意味着一种为人们所自觉探求和指导的经济与社会变革。看不到前一点，就不能正确认识经济和自然规律的客观性，就现代经济而言，就会忽视市场机制在资源配置中的决定性作用；而看不到后一点，就不能正确认识经济活动中人的主动性和积极性。这是国家或政府介入经济生活的内在动力。社会化大生产的发展，产生了对社会经济有计划地组织和调节的客观要求，尤其是新型工业化国家、发展中国家又往往更强烈地意识到组织和调节社会生产的历史责任和使命。因而，国家或政府总是较积极主动地介入社会经济生活，以促进社会经济的较快发展。这是国家或政府介入社会经济生活的外在动力。

在市场失灵的条件下，若没有来自市场以外的力量加以干预，市场经济将无法解决它自身存在的各种矛盾，这就为政府进入社会经济生活提供了原动力。政府在维持竞争与限制垄断、提供经济信息、矫正外部效应、提供公共产品、调节收入分配、治理“滞胀”方面，能发挥其优势作用。从这种意义上说，市场与政府的作用是互补的。当然，市场机制和政府干预的组合达到最佳状态只是理论上的。各个国家只有在不断地试错的过程中进行调整，西方国家在20世纪70年代的金融自由化、20 世纪 80 年代末的苏联解体和东欧剧变、自 20 世纪 70 年代始的中国经济体制改革都是各国在市场机制和政府干预之间进行的不同程度的调整试验。

尽管政府和市场的相对关系仍处于不断调整的过程中，但基本上，政府和市场分工存在如下共识：从作用范围上看，政府活动的界限应在市场失灵领域，而市场机制的调节作用应在政府失效领域；从作用层次上看，政府活动应主要在宏观经济层面，而市场机制主要在微观经济层面；从公平和效率准则实现上看，政府主要致力于社会公平，而市场主要致力于效率。

第二节　公共产品

公共产品理论是当代财政学和公共经济学的基础，其适应国家干预经济的需要，并从理论上说明政府行为与市场经济活动是融为一体的。因而，公共产品理论在财政学中占有相当重要的地位，对公共产品问题的研究，是现代财政理论的核心内容之一。

一、公共产品理论

（一）公共产品理论的起源和发展

公共产品理论最早因讨论公共性问题而开始。英国学者霍布斯（1657）主张的社会契约论奠定了公共产品理论的政治思想基础，并强调政府本身就是一件最重要的为个人提供公共服务的公共产品，而政府收支就是公共收支。休谟（1739）在《人性论》中使用“草地排水”的例子对公共性问题进行分析。斯密（1776）在《国富论》中从政府职能的角度分析公共产品。通过对灯塔问题的分析，穆勒基于干预对象充分信息的基础，分析了增进普遍便利的国家干预的必要性。而历史学派则从哲学的角度来考察国家。在古典经济学框架内，由于劳动价值论不能证明政府活动的生产性，加之市场机制进行资源配置尚处于建立并逐步发展的过程中，市场失灵还没有充分显现，从而不具有建立系统公共产品理论的现实经济基础。随着市场机制弊端的逐步暴露以及边际价值论的有限资源合理配置思想在财政学上的应用，奥意财政学派在 19 世纪 80 年代最终建立了系统公共产品理论。此后，公共产品理论分析框架在公共产品界定和规范理论、公共产品供应范围、公共产品供给层次、公共产品价格的确定、公共产品供给主体、政治程序、公共选择和伦理标准对公共产品供给的影响等方面得到丰富和发展。

（二）公共产品的特征

我们日常生活中所消费的服装、食品等一般性商品，只有获取这些商品的人才能消费这种产品，这种产品通常被称作私人产品。对于私人产品的生产者来说，只有当全部边际成本得到补偿之后，才会向支付生产费用的人提供私人产品并使之受益。因此，私人产品具有两个基本特征：一是排他性，私人产品的产权所有者拥有享用该产品的权利，并且能够将他人排除在享用该产品之外；二是竞争性，随着消费私人产品的人数的增加，生产该私人产品的边际成本也相应增加。正是由于私人产品具备了排他性和竞争性的特征，私人产品的生产往往可以通过市场机制的引导，由追逐利润最大化的企业自主生产，实现资源的最优配置。

在市场经济中，人们活动的对象并不仅限于私人产品。在私人产品之外，还存在另一类型的产品，即公共产品。所谓公共产品，是指具有社会共同需要性质的产品和服务，与私人产品具有排他性和竞争性的特征相对应，公共产品具有非排他性和非竞争性。

（1）非排他性。非排他性是指在产品消费中，很难将其他消费者排斥在该产品的消费利益之外。公共产品具有非排他性，即无法排除他人从公共产品获得利益。公共产品的非排他性主要是由两个方面的原因决定的：一是公共产品大都是在技术上不易排斥众多受益者的产品，即意味着所有的消费者都可以不费任何代价、不受任何限制地获得该产品的消费权，如国防、防洪堤坝等；二是某些公共产品虽然在技术上可以排他，但排他的成本十分昂贵，以致在经济上不可行。

（2）非竞争性。非竞争性是指消费者消费某产品时并不影响其他消费者从该产品中获得利益。每一个消费者均可以从该产品中获得利益，在自己获得利益的同时，并不妨碍他人从中获得利益，消费者之间不存在利益上的冲突。也就是说，消费者的增加不引起生产成本的增加，即多一个消费者引起的社会边际成本为零，或者说，一定量的公共产品按零边际成本为消费者提供利益或服务。公共产品的非竞争性主要是由两个方面的原因决定的：一是公共产品一般都具有不可分割性，因而在其产生拥挤之前，每增加一个消费者的边际成本等于零。当一种公共产品还未达到充分消费之前，每增加一个消费者不必相应增加生产的可变成本。二是当一种公共产品产生消费竞争时，就必须采取某种限制消费人数的措施。例如收费，当公路上有很多的汽车行驶时，就会产生拥挤，即在消费上发生竞争关系，从而该公路就不再是一种纯公共产品，而是变成了一种拥挤情形下需要限制使用的公共产品。

我们在理解公共产品的特征时，需要注意以下两点：（1）一种产品的非排他性不是绝对的。随着科学的进步、技术的变革，在过去不可排他的产品，在今天或在未来某个时期可能是可排他的。（2）不同的个人消费等量的公共产品并不一定获得等量的利益。不同的消费者虽然消费同一种公共产品，但是，由于个人的偏好不同，因而对公共产品的评价可能会有所不同。

二、公共产品的分类

根据公共产品的定义，典型意义上的公共产品具有非排他性与非竞争性，而现实生活中还有诸多产品介于典型意义上的公共产品与私人产品之间，这些产品可以称为准公共产品或混合产品。

识别公共产品与私人产品、纯公共产品与准公共产品的标准可以用图 2-1 说明。

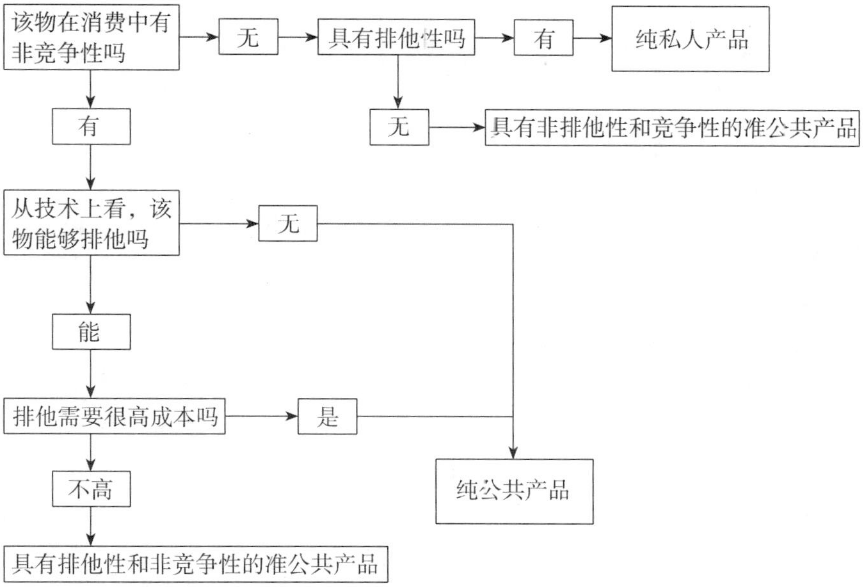

图 2-1 纯私人产品、纯公共产品与准公共产品的识别标准

从图 2-1 中可以看出，识别公共产品的第一个步骤是看产品在消费中是否存在竞争性，有竞争性就肯定不属于纯公共产品的范畴，反之则相反。

对公共产品的进一步识别则要看该产品在消费中是否能够排他，如不能排他，或虽可排他但排他成本很高，则有可能成为公共产品，反之，则成为私人产品。

根据以上两步识别，我们大致可以区分出以下四种不同类型的产品：

一是同时具有排他性与竞争性的纯私人产品。

二是同时具有非排他性与非竞争性的纯公共产品。

三是具有非排他性与竞争性的准公共产品，如森林、渔场、草原等公共资源。这类准公共产品的共同特点是具有较强的非排他性，同时，在消费上具有一定的竞争性。当然，其消费竞争性弱于私人产品。

四是具有排他性与非竞争性的准公共产品，如收费的公园、博物馆、图书馆、学校、不拥挤的收费道路等。这类准公共产品的共同特点是具有消费上的非竞争性，同时，具有一定的消费排他性，即以较低的排他成本不让某些消费者消费这种产品，从技术上说是完全可行的。这类产品都有一个饱和界限，在产品还未达到饱和状态时，产品的消费具有非竞争性，增加一个消费者并不会减少其他消费者从该产品中获得的利益，不会因此而增加产品的成本。但是，当产品趋于饱和状态时，再增加消费者就会影响其他消费者对该产品的消费，因而，这类产品的非竞争性是局限在一定范围之内的。

三、公共产品的提供

一般来说，私人产品主要由市场来提供，而公共产品主要由政府来提供。这是由市场运行机制和政府运行机制的不同决定的。就私人产品而言，市场机制是通过买卖提供产品和服务的。为满足私人产品需求，货币持有者根据等价交换原则在市场上可以购买商品或享用服务，钱多多买，钱少少买，无钱就不能买。总之，市场买卖要求利益边界的精确性。

就公共产品提供而言，由于公共产品可以分为纯公共产品和准公共产品，所以公共产品的提供方式也是有区别的。一方面，要依据公共产品的非竞争性和非排他性程度不同，判定政府和市场机制在供给公共产品和服务中的作用；另一方面，要处理好政府供给公共产品过程中的政府提供与生产的关系。

（一）纯公共产品完全由政府供给

纯公共产品是完全用于满足社会公众公共需求的，具有鲜明的完全非排他性和非竞争性，这就决定了纯公共产品应完全由政府提供。具体而言：

（1）完全非排他性意味着无法排斥他人消费同一个商品，这或是因为无必要排斥他人消费，或是因为技术上不易排斥众多受益者，或是因为排他成本过高，经济上不可行。与纯公共产品的完全非排他性对应，纯公共产品的需要或消费是公共的或集合的，如果由市场提供，每个消费者都不会自愿掏钱去购买，而是等着他人去购买，自己顺便享用它所带来的利益，这就是经济学上所说的“免费搭车”现象。从这个意义上说，由于“免费搭车”现象的存在，因此需要政府来提供公共产品。

（2）纯公共产品的非竞争性意味着，增加纯公共产品消费者，不降低其他消费者消费水平，而增加消费者的边际成本为零。由此，市场均衡定价方法所依赖的边际收益等于边际成本条件无法发挥作用。继而，这表明，由市场机制提供纯公共产品，追求利润最大化的私人企业无法在公共产品提供中获得成本补偿机制和价格形成机制。

因此，必须由政府解决市场提供公共产品的难题，这是政府的责任，也是其有能力完成的。之所以这样说，是因为政府主要是通过无偿征税来提供公共产品的。但是，征税是可以精确计量的，如按率征收或定额征收，而公共产品的享用一般是不可以分割的，无法量化，因而每个人的纳税额与他对公共产品的享用量是不对称的。不能说多纳税就可以多享用，少纳税就可以少享用，不纳税就不能享用。也就是说，相对于市场买卖中利益边界的精确性而言，纳税人负担与公共产品享用之间的关系缺乏精确的经济依据。

（二）准公共产品由政府和市场合作提供

纯公共产品一般同时具备非排他性和非竞争性，其主要提供者应为政府；而对于介于纯私人产品和纯公共产品之间的准公共产品，非排他性和非竞争性的不完全也导致了采用市场提供的方式会存在一定的效率损失。因此，准公共产品也应该成为财政支出的一个组成部分。当然，与纯公共产品不同，准公共产品由于具有排他性或具有较大的内部效益，对于部分准公共产品，可考虑采用市场提供与政府提供相结合的方式（即部分公共提供的方式）。其中，政府提供的份额应该建立在成本-效益分析的基础之上，从而既能较好地避免市场提供可能造成的消费不足的效率损失，又能有效地防止公共提供可能造成的消费过度而带来的效率损失。具体地说，可以从如下两个方面进行分析：

（1）对于具有非竞争性同时具有排他性的准公共产品，可供选择的提供方式包括：①在政府财力充裕的情况下，可以采取政府公共提供方式，由政府免费提供使用，财力来源于政府税收；②完全由市场机制提供，付费有偿使用，通过索取收费等价格方式予以补偿；③采取政府提供与市场提供相结合的混合提供方式。

（2）对于具有外部效应的准公共产品，可以依据准公共产品所具有的外部效应大小决定提供方式。①在政府财力充裕的情况下，可以采取政府公共提供方式，由政府免费提供使用，财力来源于政府税收；②采取政府提供与市场提供相结合的混合提供方式，对应地，经费来源主要由一定程度的收费以及一定程度的政府补贴构成，比如医疗卫生服务以及高等教育等准公共产品，都可以采取如上提供方式。

（三）准公共产品提供和生产的区别

应该注意到，准公共产品的公共提供不等于公共生产。为满足社会需求和公共安全的需要，政府供给公共产品应符合效率目标的要求，但这并不意味着市场提供公共产品是无效率的。

公共产品的生产方式与提供方式，包括准公共产品的公共提供与公共生产、公共提供与私人生产、混合提供与公共生产以及混合提供与私人生产等几种方式。

总体上，政府不仅是公共产品的直接生产者，更应该是公共产品生产的组织、协调和提供者，特别是在市场经济条件下，政府应该注重引入市场的力量，组织、协调社会上各类主体生产社会公众所迫切需要的公共产品。国防、法律秩序、环境保护等纯公共产品，虽然原则上也主要由政府来生产，但在某些环节比如国防中的军购、法律秩序中的监狱管理等在某些西方国家却是由市场来完成的。实际上，即使在具有完全非排他性和非竞争性的纯公共产品生产的某些环节，比如部分生产环节，市场机制仍然可以发挥作用，环境保护中的排污权交易也是一个在很多国家都被广泛运用的市场机制。

就准公共产品而言，由于不具有完全的非排他性和非竞争性，一般来说，政府的主要角色就应该是提供者或安排者而不应该是生产者。市场力量的介入不仅丰富公共产品数量，为不同消费群体提供更多可供选择的公共产品，更重要的是市场可以利用市场机制本身所具有的活力来改变政府的官僚习气，全面提高公共产品供给的质量和效率，以满足公民日益增加的公共产品质量和数量需求。

自然垄断性产品通常应该由政府安排、市场生产，而且要使市场在竞争环境中生产，否则，由于垄断而导致的质量低下和价格高昂就是必然的结果，这对公共资源的所有者——普通公民——来说就是不公正的。因此，自然垄断性准公共产品的生产可以选择特许经营方式。

基础教育、医疗保健、社会保障等准公共产品，比较有效的生产方式是政府与市场合作生产，因为单靠政府或市场一般来说都很难完全满足所有公民的消费需求；政府与市场合作生产，以市场力量打破原有的政府垄断地位，以市场力量弥补政府供给的不足，由政府负责为那些购买力有限的中低收入者提供免费或廉价公共产品，如廉租房或基础的公立教育和医疗，以维持基本的生存需要，由市场根据某些购买力较高的消费者的消费偏好为他们提供符合他们偏好的公共产品，如质量更高服务更好的私立教育或医疗等。

第三节　财政职能

现代市场经济条件下的财政职能与市场失灵有着直接联系。正是由于市场机制存在着种种失灵的现象，才使得政府通过本身的收支活动介入经济生活具有必要性，因此，财政职能可以看作是市场失灵的逻辑延伸。与市场失灵的主要表现相对应，财政具有资源配置、收入分配和经济稳定与增长三大职能。在资源配置方面，政府必须从私人部门将部分资源转移出来提供公共产品，运用税收或补贴纠正外部效应；在收入分配方面，政府必须运用税收和支出对市场的初次分配进行再调节；在经济稳定与增长方面，政府必须采用财政手段来控制宏观经济的周期性波动，保证经济的稳定与持续增长。

一、财政职能的基本界定

职能是指某事物客观具有的功能。财政职能，即财政经济职能，是指财政作为国家政府分配社会产品、调节经济活动的重要手段所具有的职责和功能。财政职能是由财政本质决定的，它是不以人的意志为转移而客观存在的。财政职能的定位取决于政府职能的定位。在市场经济条件下，政府职能的基本领域是满足通过市场机制满足不了或满足不好的社会公共需要。财政作为一种政府分配行为，应以市场经济下资源配置的市场方式与财政方式合理分工为依据，以维护市场合理性和纠正市场偏差、克服市场消极作用为前提，为满足社会公共需要和促进市场体系完善服务，重点是克服市场失灵，凡是市场机制能够发挥作用的领域，财政应该尽量少介入。而与市场失灵的主要表现相对应，财政职能可以归结为三个方面：资源配置职能、收入分配职能、经济稳定与增长职能。

所谓资源配置职能，是指通过财政收支活动以及相应财政政策、税收政策的制定、调整和实施，可以实现对社会现有人力、物力、财力等社会资源结构与流向进行调整与选择。政府通过财政资源配置职能的运用，可以达到合理配置社会资源、实现资源结构合理化、资源运用效率较高、经济与社会效益最大化的目标。资源配置问题是经济学中的核心问题。经济学所要讨论的问题归结起来就是资源的使用效率问题。资源的使用效率有两个方面：一是资源的充分利用。能否做到资源充分利用决定了一国的实际产出和物质福利。二是被充分利用的资源是否真正被用得恰到好处，即是否达到最优配置。在社会主义市场经济体制下，市场在资源配置中起决定性作用，具备充分竞争条件的市场，会通过价格与产量的均衡自发地形成一种资源配置最佳状态。但由于存在市场失灵，市场自发形成的配置，不可能实现最优的效率状态，因而需要政府介入和干预。财政资源配置职能的作用是通过财政收支活动引导资源的流向，弥补市场的资源配置失效，最终实现全社会资源配置的最优效率状态。

所谓收入分配职能，是指财政的经济职能中对参与收入分配的各主体利益关系的调节，达到收入公平合理分配的目标。分配形成流量的收入分配格局和存量的财富分配格局。无论一个国家的经济体制如何，其国民收入分配都必须经过初次分配和若干次再分配等层次，简称国民收入的初次分配与再分配。其中，国民收入初次分配通常是指在直接参与物质生产的各社会集团和社会成员之间进行的分配；而再次分配则是指在国民收入初次分配的基础上所进行的各种分配。政府必须行使财政分配职能的主要原因是社会经济在没有政府参与的情况下，不能实现收入与财富的公平合理分配。收入分配的目标是实现公平分配，而对公平的理解包括经济公平和社会公平。经济公平是市场经济的内在要求，强调的是要素投入和要素收入相对称，它是在公平竞争的环境下由等价交换来实现的。在个人消费品的分配上，按劳分配，即个人的劳动投入与劳动报酬相对称，既是效率原则，又是公平原则。但在市场经济条件下，由于个人所提供的生产要素不同、资源的稀缺程度不同以及各种非竞争因素的干扰，各经济主体获得的收入会出现较大的差距，甚至和要素投入不对称，而过分的悬殊将影响社会公平。社会公平是指将收入差距维持在现阶段社会各阶层居民所能接受的合理范围内。而财政关注的主要是社会公平，将社会公平作为收入分配的目标。

所谓经济稳定与增长职能，是指通过财政政策的制定、实施与调整，使整个社会保持较高的就业率，实现物价稳定、国际收支平衡以及经济持续增长等政策目标。经济学意义上的稳定通常包括多方面的含义：(1) 充分就业。所谓充分就业，是指一个国家中有能力工作、愿意工作的劳动人口都能找到工作。由于经济结构不断调整，就业结构也在不断变化，在任一时点上，总会有一部分人暂时脱离工作岗位处于待业状态，因而，许多经济学家认为，95% 左右的就业率就应当属于理想的就业率。(2) 物价稳定。物价稳定的理想指标为物价涨幅为零。然而，在绝大多数国家中，这个指标是可望而不可即的。因此，经济学家们一般认为，稳定物价水平就是指在一个时期内，社会可以忍受的物价波动水平。许多人认为 3% ~ 5% 的年度物价上涨幅度一般来说是可以忍受的，因而被视为物价水平稳定的一个界线。(3) 国际收支平衡。国际收支平衡是指一国在国际经济往来中维持经常性项目收支（进出口收支、劳务收支和无偿转移收支）的大体平衡。(4) 保持经济持续增长。保持经济持续增长也是财政需要实现的重要宏观经济目标。一国的经济实力和经济成就最终是以国民产出水平和增长速度为标志的。实际国民产出的高水平和稳定增长是一国在经济产出方面追求的宏观经济目标。财政稳定职能的客观必要性也是主要来自于市场机制的缺陷。在市场经济中，充分就业和物价稳定不能自动出现，客观上，需要政府通过运用财政手段调节社会需求水平，以实现经济稳定增长的目标。

二、财政职能的基本内容

（一）资源配置职能的内容

由于市场难以独立地实现对资源的最佳配置，因此要求政府必须担负起相应的配置资源的任务，通过政府分配以及其他各种财政政策措施直接分配或引导资源投向，从而实现对资源的最佳配置。具体而言，资源配置职能的主要内容有：

1. 调节资源在产业部门之间的配置

资源在部门之间配置状态如何直接关系到产业结构是否合理及其合理化程度。部门之间的资源配置及其调整，主要依靠两个途径：一是调整投资结构；二是调整资产存量结构及资源使用结构。财政对资源在产业部门之间的配置和调节，也是通过两个相应的途径、采取两个相应的手段来实现的：一方面通过调整政府预算支出中的投资结构，如增加对基础产业和基础设施投资，达到合理配置资源的目的；另一方面，则是通过制定财政、税收政策和投资政策，来引导和协调社会资源的流动与分配，达到调节现行资源配置结构的目的。

2. 调节生产要素在区域间的合理流动

在市场经济中，生产要素在价格机制调节下，往往由利润低的地区流向利润高的地区，从落后地区向发达地区流动。这造成一些地区资源过剩，而另外一些地区资源短缺。由于边际效益递减，在其他条件相同的情况下，这些过剩资源在发达地区的边际产出水平和社会效益，低于在落后地区的边际产出水平和社会效益。对此，财政可以采取相应措施，完善落后地区的基础设施，为落后地区提供信息服务，引导生产要素从发达地区向落后地区流动，使一部分地区的经济得到政策倾斜而加快发展，实现经济协调发展的目标。政府还可以通过加强制度建设，消除地方封锁和地方保护，促进生产要素在全社会合理流动，实现资源配置的优化。

3. 调节社会资源在政府与非政府部门之间的配置

政府部门是指分配与使用财政资金的部门，凡不在这个范围之内的，均称为非政府部门。财政在这方面的职能主要是通过财政支出在国民生产总值中集中的比重实现的，这个比重又取决于必须由政府通过财政提供的社会共同需要的规模的大小。而社会共同需要的规模并不是一成不变的，它随着社会经济制度和经济发展阶段、社会政治、文化条件的变化而发生相应变化，与此同时，政府部门所支配的资源，即财政资金规模也发生相应的变化。确定政府支配的资源规模以后，财政还将把这些资源在政府部门内部进行分配，财政支出项目的安排也就是配置资源的过程。在政府内部配置资源，亦即确定财政支出项目的优先次序问题，需要在保证政府活动必要开支的基础上，把更多的资金用于发展经济和提高人民的物质文化生活水平。

（二）收入分配职能的基本内容

财政的收入分配职能是对市场分配结果的调节和修正。其内容主要包括：

1. 调节个人之间的收入分配关系

在市场经济条件下，尽管市场机制对个人收入的分配能体现效率准则的要求，但却难以兼顾社会公平。由于人们所拥有的财产不同、劳动能力不同，并且在就业机会、竞争条件方面存在差异，市场分配的结果会形成投资者与劳动者之间、劳动者相互之间，以及就业者与失业者、有劳动能力者与无劳动能力者之间收入份额的悬殊。这种悬殊差异不利于社会经济的稳步发展，市场机制本身又难以克服，因而需要政府财政来协调，从而使对个人收入分配关系的协调成为财政调节收入分配职能的首要内容。

2. 调节企业之间的收入分配关系

一是企业的税收负担。在市场经济条件下，合理的税收负担应当是：既能满足政府实现其职能的财力需要，又要使作为经济活动主体的企业具有自我积累、自我发展和自我改造的能力。二是企业的利润水平要能反映企业的经营管理水平和主观努力状况，即要为企业的利润水平创造一个公平竞争的外部环境，一个重要的办法就是通过税收剔除客观原因对企业利润水平的影响，使企业在大致相同的条件下获得大致相同的利润。

3. 调节地区间的收入分配关系

地区间的共同发展是经济发展和社会进步的重要标志。在市场经济条件下，按照要素投入与要素报酬对等的原则，在经济条件不同的地区之间会形成收入分配不均等的情况，进而导致居住在不同地区的社会成员所享受的个人福利和社会公共服务差距悬殊。这种差距的存在不符合社会共同进步、人类福利普遍提高的要求。缩小差距的要求单靠市场机制难以满足，因而必须借助于政府的力量，通过财政的收入分配职能来实现。

（三）经济稳定与增长职能的基本内容

1. 调节社会总需求，实现供求总量的大体平衡

在现代社会中，经济稳定与否与政府财政活动有着密切联系。一般地，经济稳定与否首先是同总供给与总需求之间的平衡状态直接联系在一起的。供求相对平衡，则经济相对稳定，反之则相反。而财政活动通常是同社会总供求，尤其是同总需求联系在一起的：一方面，财政收支规模的伸缩，直接构成了社会总需求规模伸缩的一个重要组成部分；另一方面，财政收支规模的变化、财政收支结构的调整以及税种、税率的变化，都会不同程度地影响到社会总需求的规模和结构。因此，可以通过财政手段实现社会总需求与总供给的大体平衡。

2. 调节社会供求结构上的平衡

从客观上说，社会总供求结构包括供求的地区间结构、部门结构、产业结构。通过财政收支调节社会总供求结构，使之大体平衡，是财政稳定经济职能的另一个重要内容。

三、财政职能的主要执行工具

为实现资源的有效配置、收入分配的社会公平和经济的稳定与增长等财政职能，现代政府主要运用财政支出、税收、公债、财政转移支付诸工具及其恰当组合。

（一）财政支出

财政支出是政府执行资源配置职能的重要工具。一是对于某些市场供给不足的产品，如公共产品、部分准公共产品、私人经营容易产生垄断的产品、优值品等，政府可通过财政支出直接提供。二是对于具有正的外部性、市场供给不足的产品，政府可以通过财政补贴的方式鼓励该类产品的生产，以达到对于全社会而言最优的产量。

（二）税收

税收可以作为政府执行资源配置职能的工具。这主要表现在：其一，现代政府主要是通过税收筹集财政收入，税收成为政府提供各种公共产品和服务的重要资金来源；其二，政府可通过调整税率来鼓励或限制某些产品的生产，从而解决外部性问题。比如，如果某些产品与劳务具有正外部性，那么政府对这些产品和劳务实行优惠的税收政策，可使其供应达到更有效的数量；如果某些产品与劳务发生负的外部效应，那么政府可对这些产品或劳务课征较重的税收，以增加其生产成本，减少其供给，使该产品生产维持在一个合理、有效的水平。

税收也是政府执行收入分配职能的主要工具之一，通过税收可以在相当大的范围内实现对收入的调节。如通过征收个人所得税，把资金从那些较富裕的人们手里征集起来，缩小个人收入之间的差距；通过征收财产税、遗产税和赠与税调节财产分配状态；通过资源税，调节部门、地区由于资源条件和地理环境不同而形成的级差收入等等。

（三）政府转移支付

政府对居民个人的转移支付和政府间的转移支付都能够起到调节收入分配的目的。转移支付是以政府为中介的资源转移与支付活动。政府对居民个人的转移支付包括养老保险支出、失业救济支出、生活困难补助、医疗保险支出等。通过这些支出，可以实现收入在全社会范围内的转移分配，从而使每一个社会成员得以维持基本的生活水平和福利水平。政府间的转移支付又进一步分为中央政府对地方政府的转移支付和地方上级政府对于下级政府的转移支付两部分。政府间的转移支付是平衡政府间财政收入水平和各地区公共服务水平的重要手段。

四、财政三大职能之间的关系

现代财政具有资源配置、收入分配和经济稳定与增长的职能。这三大职能之间的关系是以稳定与增长职能为核心，以资源配置职能和收入分配职能为两翼，进而促进经济增长与社会发展，处理好公平与效率之间的矛盾。财政政策包含不同的目标，在实践中它们互相重叠，要同时发挥财政的资源配置、收入分配和经济稳定与增长职能是存在实际困难的。这样，要制定有效的政策，就要协调好不同职能目标的关系。一个职能目标的实现往往会牺牲另一个职能目标，它们彼此之间都存在着客观执行结果的冲突。如何权衡利弊、协调运用、充分实施财政职能，统筹考虑各职能目标的相互作用，使之同时满足配置、分配和稳定发展目标，是财政政策实施的重要问题，也是财政体制改革的核心问题。

综合观察财政各职能的矛盾与协调，最终归结为公平与效率的冲突与权衡。公平与效率有内在统一性，只有依靠效率不断提高，才能提供出个性发展的物质条件，有利于实现社会公平；社会公平不仅有利于劳动积极性的提高，有利于每个人聪明才智的发挥，而且还可以促进效率的提高。但是，效率与公平毕竟是两个不同的问题。片面强调效率就可能产生不公平，同样，片面强调公平就可能损害效率。因此，政府应在基于公平与效率相辅相成关系的基础上，恪守市场效率规则，改善收入分配状态，在不损害经济效率的前提下，提高社会总体的交换效率，促进国民经济的健康发展。

一般地说，配置资源职能主要是解决效率问题，而收入分配职能主要是解决社会公平问题。就发达国家与发展中国家而言，发达国家比较注重收入分配职能的实现，以促进社会公平；而发展中国家则比较注重资源配置职能的实现，以刺激社会经济效率。对于一个国家而言，在经济起飞以前，一般比较注重资源配置职能的作用；在经济起飞以后，就转向比较注重收入分配职能的作用了。

五、财政职能与政府职能的关系

现代政府基本职能有不同层次的表述，从表 2-1 中可以看出，财政的三大职能与政府职能的关系密切。首先，财政职能与政府职能是从属关系。财政作为政府的经济行为，政府职能就决定了财政职能的属性及作用范围。其次，财政职能与政府职能是相互依存的关系。政府职能的实现要靠财政职能发挥积极的作用，以完成政府最基本的职能，即提供公共产品与服务，实现社会产品中公共产品与私人产品的配置优化。最后，财政职能与政府职能有共同作用的基础，这就是现代市场经济条件下存在着市场失灵，需要在一定程度上和一定范围内实施政府干预。

六、财政职能与市场调节功能之间的关系

在市场经济运行中，主要有两个调节体系在发挥作用，这就是市场调节机制和政府调节机制。在政府调节机制中，财政职能又发挥着重要的作用。

应该说，经济稳定与增长的职能是政府所独有的职能，这一功能又主要靠财政职能的履行来体现，在发展中国家更是如此。一般来说，政府对经济的调节，主要靠财政政策与货币政策来实施，而货币政策实施的程度、范围及效果与市场经济发展阶段的关系密切。在市场经济不发达阶段，货币政策的调控作用会受到多种因素的影响，使其作用大打折扣，这时更应该发挥财政职能的作用。

表 2-1 **政府的职能**

职能	解决市场失灵问题			促进社会公平
小型职能	提供纯粹的公共产品： 国防 法律与秩序 财产所有权 宏观经济管理 公共医疗卫生			保护穷人： 反贫穷计划 消除疾病
中型职能	解决外部效应： 基础教育 环境保护	规范垄断企业： 公用事业法规 反垄断政策	克服信息不完全问题： 保险（医疗卫生、寿命、养老金） 金融法规 消费者保护	提供社会保险： 再分配性养老金 家庭津贴 失业保险
积极职能	协调私人活动： 促进市场发展 集中各种举措			再分配： 资产再分配

从广义上讲，资源配置职能和收入分配职能应是市场调节机制和政府调节机制共有的职能。政府收入分配的职能和资源配置的职能是建立在充分发挥市场调节机制作用基础上的，但两者作用层次和作用点均有不同。在作用层次上，政府活动主要作用在宏观经济层面上，而市场机制主要作用在微观经济层面上。在公平与效率准则的实现上，政府主要致力于社会公平，市场主要致力于经济效率。

第四节　财政的地位与作用

到目前为止，我们可以得到财政的资源配置、收入分配和宏观经济稳定职能是矫正市场失灵的客观需要的基本结论。但实际上，财政不仅是一个经济范畴，更是一个政治范畴，事关治国安邦。正是基于此认识，中共十八届三中全会通过的《中共中央关于全面深化改革若干重大问题的决定》提出财政是国家治理的基础和重要支柱这一重大命题。这不仅是财政理论的突破、发展与完善，也是关于财政地位和作用的深刻认识。

一、财政在经济社会发展中的地位和作用

人类经济社会的协调可持续发展，要求在实现经济快速规模增长的同时，应立足于提高经济增长质量，促进经济和社会等维度的协调发展。在此过程中，遵循市场和政府的基本分工，在厘清市场和政府职能边界的前提下恰当发挥财政作用，将

会大有裨益。而且，如果说，市场机制更加侧重效率追求的话，则政府应在注重社会公平的原则下，处理好公平与效率的关系，尤其是要不断改革和完善我国的体制和制度安排，发挥政府对社会公平和效率的促进作用。从财政角度来看，至少可以在如下方面有所作为：

（一）支持教科文卫事业的发展

在成熟市场经济国家，尤其是高福利国家，在强大的可控政府财力支持下，教育、科学技术、文化和卫生事业，由政府全额财政支持，或至少由政府承担主要财政支出责任。但在发展中国家，经济发展程度相对较低，政府财政收支规模有限，政府财政支出结构存在重投资、轻教科文卫的倾向。在此情况下，增加教育、科学技术、文化和卫生事业支出，不仅是公共财政乃至中国语境下的民生财政的本质要求，而且，也具有提高经济增长质量、改善公共生活、提高社会福利，使社会公众共享经济发展成果的政策意图。

（二）助推新型城镇化进程

在我国，新型城镇化至少承载了缓解城乡二元结构矛盾、扩大内需、推动经济社会协调发展等政策意图。按照世界各国城市化规律和有益经验，可以发现，现今城市化率相对较高的很多国家，其实都是在经济发展达到一定水平后，基于成熟的产业集聚自然演进的过程。我国的城镇化进程存在着政府急迫推进的痕迹，尤其是在人口城镇化滞后于土地城镇化的情况下，如何建立城镇化推进进程中的政府财政方面的成本分担机制，分步骤、渐进地实现市民化，值得深思。

（三）保障社会弱势群体利益

在经济发展水平相对较低、社会收入分配差距较大的情况下，为确保经济社会成果为社会公众共享，政府应将有限的财政资金用于保障社会弱势群体利益。这不仅具有重要的社会公平效果，而且是政府对于弱势群体切身利益关切的有力回应，反映了社会文明和进步程度。

二、财政在分配中的地位和作用

收入分配差距是一定历史阶段的产物，从传统社会到现代社会都存在着收入差距。基尼系数是衡量收入分配差距的重要指标。目前达成共识的是基尼系数的国际警戒线为0.4，超过这个值则说明收入分配差距比较大。我国正处于工业化与城市化的重要阶段，加之又处在经济体制转轨的特殊时期，一方面，由于体制转换释放出的生产力，使经济发展规模有了较大的增长，蛋糕越做越大；另一方面，由于分配体制机制的不完善，收入分配不公的现象越来越严重，如在初次分配上按要素进行分配，使企业职工工资占总收入的比重逐步减少；再分配环节上财政税收协调机制尚不健全；第三次分配规模小且不规范。在收入分配不公已经成为影响我国经济社会持续发展稳定重要因素的情况下，有必要进一步健全分配机制，实行个人所得税与财产税联动机制、税收与财政支出联动机制及再分配与初次分配、第三次分配联动机制，从而系统地规范收入分配秩序，逐步实现社会公平。

（一）建立健全个人所得税制与财产税制联动机制

首先，在稳定目前国家、企业和个人三者构成的初次分配关系的基础上，适度向个人倾斜。因此，应提高初次分配中劳动报酬所占的比重，建立劳动报酬正常增长机制，制定或提高最低工资标准，逐步规范初次分配。其中，关键在于深化市场体制改革，加快垄断行业改革，缓解行业收入分配不公平状况。其次，建立健全财产税制，尽快开征房地产税，择机开设遗产税，尤其注重逐步完善开征财产税的法律环境和征管基础，建立完善收入申报、财产登记、财产评估等制度。

（二）建立健全税收制度与财政支出制度联动机制

尽快缩小分配差距，规范收入分配秩序，不能一味地依靠税收手段进行调节，而必须发挥财政支出手段的作用。因为税收与财政支出工具在解决分配不公态势的过程中，二者所担负的任务是不同的。税收与财政支出手段既有共性，又有个性，两者在收入再分配中是互补的。

如果说两者的共性主要体现在同是缓解收入分配不公的不可或缺的工具，那么税收与财政支出在形式特征、各自职能与作用范围上均有明显差别。形象地说，税收手段主要就是用来“抽肥”，而财政支出手段主要是用来“补瘦”。也可以说，用税收手段对高收入者做“减法”，用财政支出手段对低收入者做“加法”。在政府财政收入规模扩大的状态下，做“加法”相对容易，而做“减法”则相当困难。一般地，通过个人所得税对高收入者进行调节，而财政支出则重在用增加财政用于民生方面的支出来减轻低收入者的支出负担；加大财政转移性支出以便直接加大弱势群体的收入，如提高城乡最低生活保障线，同时提供城乡的基本公共服务并使其逐步达到均等化，以达到提高低收入阶层的实际生活水平的目标。

（三）建立健全初次分配、再分配和第三次分配制度的联动机制

在规范初次分配的基础上，作为再分配的主要工具，财政与税收都发挥了重要作用。但财政和税收手段不是万能的，具有很大的局限性，应注重建立初次分配、再分配和第三次分配制度的联动机制，更好地发挥慈善这个被称为“社会财富第三次分配”的有力工具的积极作用。因此，应加强与规范社会捐赠的立法与相关的制度安排，实施普惠的慈善捐赠税收优惠政策与制度，通过财政预算列支与转移支付对慈善从业人员的专业化提供必要的资金支持，从我国体育彩票和福利彩票公益金中提取一定比例的资金用于扶持慈善事业发展，尤其是支持建立民间慈善组织，逐步改变我国现存的慈善机构基本上是官办的局面。

三、财政在国家治理中的地位和作用

现代财政制度的特征是预算透明和法制健全，最终目标是经济效率和社会福利最大化，而深化财税体制的一系列中间目标，明确事权、改革税制、稳定税负，可以清晰地看到贯穿其中的内在逻辑、操作步骤、务实态度和人本思想。

（一）财政为政府有效履行职能、满足社会公共需要提供财力保障

任何国家都把维护国家机构正常运转作为财政的首要任务。诸如公共秩序和安全、司法、行政管理、国防和外交等国家政权方面的社会公共需要，靠市场机制是无法满足的，只能由政府财政通过税收筹集资金并采用预算安排方式予以解决，这是所有国家财政所共有的基本职能任务。从这个意义上说，以税收为主体的财政收入是整个政府部门运转的基础和生命线。

为了让市场在资源配置中发挥决定性作用，应该大幅度削减政府对资源的直接配置，即使纯公共产品的提供，也应该在更多的流程中采用外包形式，普遍推广政府购买服务，包括公共服务，由此，政府地位将更加突出。

（二）财政对于合理确定政府规模、界定政府活动范围与活动方向及政策取向有约束作用

政府部门活动范围的方向、深度和广度，都受制于财政经济承受能力。以财政收入或者财政支出占当年国内生产总值或国民生产总值的比例进行衡量，政府部门的收缩和扩张直接引发企业和个人在国民财富初次分配中的相对比重，从而在财政收入端产生政府公权力与企业和个人私有财产权的矛盾利益关系。从财政支出端来看，政府预算规定了整个政府活动的范围、方向和政策重点，奠定了政府活动基调，实际上暗含着“法无授权不可为”的财政预算政治逻辑。

（三）规范的财政体制将促进多层级政府治理

规范的中央与地方财政分配关系是财政体系运行的框架性基础，具有确保中央和地方政府履行职能、推进有限责任政府治理和政治改革进步等多重意涵和指向。从理论逻辑和财政管理实践来看，中央和地方财政分配关系主要处理中央和地方财政管理主体之间分配财政管理职责、权限、利益，以财政体制规范财政管理责、权、利分配框架体系及其运行范式，形成相互分工、制衡的财政关系。

中央和地方财政分配关系形式上是中央和地方事权、财权划分和财力配置的财政问题，深层次则是以政府公权力确认、协调和实现中央和地方政府共同利益和利益矛盾的政治问题。因此，划分中央和地方政府间的事权、支出责任、财权并辅以规范的政府间转移支付制度，由此形成各层级政府财力，事实上就能更好地促进政府与市场，以及不同层级政府的分工合作关系，促进政府治理现代化。

□ 本章小结

* 市场存在着固有的缺陷，即市场失灵。市场失灵是指在市场充分发挥其资源配置基础性作用的基础上，市场天然无法有效配置所有资源，并引起收入分配不公、经济乃至社会不稳定的态势。

* 公共产品是指具有社会共同需要性质的产品和服务。纯公共产品具有非排他性与非竞争性。

* 市场只适于提供私人产品和服务，对提供公共产品是失效的，而提供公共产品恰恰是政府活动的领域，是政府的首要职责。纯公共产品的提供者应为政府，而准公共产品通常要由私人部门和政府部门合作提供。

* 与市场失灵的主要表现相对应，财政具有资源配置、收入分配和经济稳定与

增长三大职能。所谓资源配置职能，是指通过财政收支活动以及相应财政政策、税收政策的制定、调整和实施，可以实现对社会现有人力、物力、财力等社会资源结构与流向进行调整与选择。所谓收入分配职能，是指通过对参与收入分配的各主体利益关系的调节，以达到收入公平合理分配的目标。所谓经济稳定与增长职能，是指通过财政政策的制定、实施与调整，使整个社会保持较高的就业率，以达到充分就业，实现物价稳定、经济稳定增长以及国际收支平衡等政策目标。

□ 关键概念

帕累托效率　帕累托改进　市场失灵　外部性　优值品　劣值品　公共产品　财政职能　资源配置职能　收入分配职能　经济稳定与增长职能

□ 复习题

1. 市场失灵和市场缺陷主要表现在哪些方面？
2. 什么是纯公共产品？为什么必须由政府提供？
3. 政府干预一定有效吗？为什么？
4. 财政三职能的含义和目标是什么？实现各职能的机制和手段有哪些？

□ 讨论及思考题

如何理解财政是国家治理的基础和重要支柱？

第三章

财政支出总论

本章要点

◇ 财政支出的分类

◇ 衡量财政支出规模的指标

◇ 西方财政支出增长理论的主要观点

◇ 制约财政支出规模的主要因素

◇ 影响财政支出结构的主要因素

◇ 财政支出的公共产品属性

◇ 财政支出效益与绩效评价

财政支出是以国家为主体、以财政的事权为依据进行的一种财政资金分配活动，集中反映了国家的职能活动范围及其所造成的耗费。就其实质而言，财政支出就是满足社会公共需要的社会资源配置活动，是国家通过财政收入将集中起来的财政资金进行有计划的分配，以满足社会公共需要和社会再生产的资金需要，从而为实现国家的各种职能服务。公共支出是财政分配运动的重要环节，它反映了国家的政策，规定了政府活动的范围和方向，鲜明地表现出不同社会形态下国家财政的特殊性质。从满足现代国家职能需要的角度来看，财政支出的目的不外乎有三点：(1) 政治目的，即维护国家机器的正常运转，保障国家法律的实施和社会秩序的安定，保障国家的安全。(2) 社会目的，即满足社会文化教育、医疗卫生、社会福利等方面的公共需要。(3) 经济目的，即利用财政支出以调节国家经济，促进国民经济的稳定与发展。本章首先阐述按不同标准对财政支出的分类；其次探讨财政支出的规模及财政支出的结构；最后分析财政支出效益与绩效评价。

第一节　财政支出的分类

财政支出的分类就是按照一定的标准将财政支出进行划分和归类。对财政支出进行分类的必要性在于：(1) 随着经济与社会的不断发展，财政支出规模不断扩大，内容不断增加，对财政支出进行分类，有利于合理有效地使用财政资金，加强对财政资金的管理和监督。(2) 分类标准的多样性决定了财政支出内容有多种子要素组合，对每一种组合内容的财政支出进行研究，有利于全面综合地分析财政支出的真实情况，从整体上分析财政支出存在的问题及成因，多视角、多层面探讨实现财政支出合理化的途径。(3) 财政支出分类有利于政府预算的编制。政府预算作为政府财政收支的基本计划，是指导财政工作的重要工具。预算编制的目的之一是反映政府各项目的实施进程和支持力度，而适当的财政支出分类可以将各类支出按一定的方式分列出来，体现在预算中，使预算显得层次分明。(4) 科学明了的财政支出分类可以促进社会公众对政府财政状况的了解。由于财政支出的资金是来自社会公众，因而政府有必要、有义务使全体社会公众清楚地了解其财政支出状况。

我国自改革开放以后，长期沿用计划经济时期的财政收支分类，已经不能适应社会主义市场经济体制和政府职能转变的要求，不能适应我国财政收支结构和预算管理改革的要求，不利于财政管理和财政监督；同时我国国民经济核算体系以及金融统计指标体系已经按国际通用标准做了调整，因此，我国政府于 2007 年按照公开透明、便于操作和参照国际经验的原则对《政府收支分类科目》进行了全面改革。为了便于了解我国财政支出分类的历史全貌，本章在阐述财政支出分类时仍包括了传统的财政支出分类方法。

一、按支出用途分类

按财政支出用途分类是我国财政支出的传统分类方法，也是出现比较早的分类方法。它的理论依据是马克思的社会产品价值构成理论。

根据马克思主义政治经济理论，社会总产品反映社会在一定时期内的生产成果，社会总产品在价值构成上分为 C、V 和 M 三个部分：(1) 生产过程中已经消耗掉的生产资料的价值 (C)；(2) 物质生产部门的劳动者所创造的必要产品的价值 (V)；(3) 物质生产部门的劳动者所创造的剩余产品的价值 (M)。经过初次分配之后，社会总产品相应地转化为补偿基金、积累基金和消费基金。剩余产品并非都转化为积累基金，有一部分转化为社会消费基金，用于扩大再生产和提高人们的物质文化生活水平。但在扩大再生产条件下，社会总产品总价值中 M 的一部分不用于消费，而是通过一个投资的过程形成积累。显然，从上期生产的结果来看的社会总产品的价值构成，同从最终使用亦即从下期生产的起点来看的社会总产品的价值构成是不相对应的。具体地说，从最终使用来看，C 的价值并非全部用于补偿消耗掉的生产资料，因为，在固定资产规模不断扩大的情况下，从全社会来看的固定资产折旧价值，有一部分可以用于积累性的投资。V 的价值也不等于全部消费，因为：(1) 作为总消费的构成部分的社会消费主要来自 M；(2) 作为劳动者个人收入的 V，有一部分也会以储蓄的形式沉淀下来，再通过各种渠道转化为投资。同样，M 的价值也不等于积累，因为社会消费基金要取自 M，剩余部分才能用于积累。可见，在一个动态的发展的经济社会里，社会总产品的价值构成同社会总产品的最终使用构成是不相同的，产生这个差别的动力是社会经济不断扩大再生产亦即不断发展的需要，使这个过程得以实现的机制便是社会总产品的分配和再分配。

在任何经济社会里，财政活动都是对社会总产品的分配，而财政参与社会产品分配的过程与财政收支的形成有密切关系。财政支出首先用于满足社会消费，剩余部分用于扩大再生产的积累，即用于新增投资（净投资）。应当说，中华人民共和国成立以来，我国传统的财政支出安排就是按照马克思的这种社会再生产理论设计的。我国财政支出按用途分类，主要有基本建设支出、流动资金支出、挖潜改造资金和科技三项费用（新产品试制费、中间试验费、重要科学研究补助费）、地质勘探费、工交商部门事业费、支援农村生产支出和各项农业事业费、文教科学卫生事业费、抚恤和社会救济费、国防费、行政管理费、价格补贴支出等13大项。

若按社会总产品的价值构成来归类，其中挖潜改造资金属于补偿性支出；基本建设支出、流动资金支出、国家物资储备以及新产品试制、地质勘探、支农、各项经济建设事业、城市公用事业等支出中增加固定资产的部分，属于积累性支出；文教科学卫生事业费、抚恤和社会救济费、行政管理费、国防战备费等等，则属消费性支出。

若从动态的再生产的角度来进行归类，可分为投资性支出与消费性支出，投资性支出包括：挖潜改造支出（重置投资）、基本建设支出、流动资金支出、国家物资储备以及新产品试制、地质勘探、支农、各项经济建设事业、城市公用事业等支出中增加固定资产的部分；消费性支出包括文教科学卫生事业费、抚恤和社会救济费、行政管理费、国防战备费等。

由此，财政支出的分类，从静态的价值构成上，可以分为补偿性支出、积累性支出和消费性支出；而从动态的再生产的角度考察，则可以分为投资性支出与消费性支出。

从 2007 年开始，我国实行财政收支分类改革，对财政支出提出新的分类方法，即按照政府支出的经济性质和具体用途进行分类，主要反映政府支出的经济性质和具体用途。按照《2018 年政府收支分类科目》，支出经济分类科目设类、款两级，具体科目设置情况如下：

（1）机关工资福利支出。分设 4 款：工资奖金津贴补贴、社会保障缴费、住房公积金、其他工资福利支出。

（2）机关商品和服务支出。分设 10 款：办公费、会议费、培训费、专用材料购置费、委托业务费、公务接待费、因公出国（境）费用、公务用车运行维护费、维修（护）费、其他商品和服务支出。

（3）机关资本性支出（一）。分设 7 款：房屋建筑物构建、基础设施建设、公务用车购置、土地征迁补偿和安置支出、设备购置、大型修缮、其他资本性支出。

（4）机关资本性支出（二）。分设 6 款：房屋建筑物构建、基础设施建设、公务用车购置、设备购置、大型修缮、其他资本性支出。

（5）对事业单位经常性补助。分设3款：工资福利支出、商品和福利支出、其他对事业单位的补助。

（6）对事业单位资本性补助。分设2款：资本性支持（一）、资本性支持（二）。

（7）对企业补助。分设3款：费用补贴、利息补贴、其他对企业补助。

（8）对企业资本性补助。分设2款：对企业资本性支持（一）、对企业资本性支持（二）。

（9）对个人和家庭的补助。分设5款：社会福利和救助、助学金、个人农业生产补贴、离退休费、其他对个人和家庭的补助支出。

（10）对社会保障基金补助。分2款：对社会保险基金补助、补充全国社会保障基金。

（11）债务利息及费用支出。分4款：国内债务付息、国外债务付息、国内债务发行费用、国外债务发行费用。

（12）债务还本支出。分2款：国内债务还本、国外债务还本。

（13）转移性支出。分设4款：上下级政府间转移性支出、援助其他地区支出、债务转贷、调出资金。

（14）预备费及预留。分设2款：预备费、预留。

（15）其他支出。分设4款：赠与、国家赔偿费用支出、对民间非营利组织和群众性自治组织补贴、其他支出。

二、按政府功能（职能）分类

财政支出的直接目的是满足政府执行其职能的物质需要。以政府职能为标准对财政支出进行分类，实际上就是按照政府执行其职能的物质需要分类。物质需要可以理解为政府履行其职能的费用，所以按政府职能对财政支出分类，过去也称之为按照费用类别分类。按政府职能对财政支出进行分类，可以表明财政支出的用途及整个财政支出在主要职能之间的配置，还可以表明各类支出在整个财政支出中的相对地位以及在不同时期的变动情况。对若干国家在同一时期的支出结构作横向分析，则可以揭示各国国家职能的差别。

（一）2007年以前我国财政支出按政府职能的分类

我国依据政府职能对财政支出的分类与国际货币基金组织的分类法比较接近，我国将财政支出区分为经济建设费、社会文教费、国防费、行政管理费和其他支出五类。

1. 经济建设费

本项目包括基本建设拨款支出，国有企业挖潜改造资金，科学技术三项费用（新产品试制费、中间试验费、重要科学研究补助费），简易建筑费支出，地质勘探费，增拨国有企业流动资金，支援农村生产支出等。

2. 社会文教费

本项目包括用于文化、教育、科学、卫生、出版、通讯、广播、文物、体育、地震、海洋、计划生育等方面的经费、研究费和补助费等。

3. 国防费

本项目包括各种武器和军事设备支出，军事人员给养支出，有关军事的科研支出，对外军事援助支出，民兵建设事业费支出，用于实行兵役制的公安、边防、武装警察部队和消防队伍的各种经费，防空经费等。

4. 行政管理费

本项目包括用于国家行政机关、事业单位、公安机关、司法机关、检察机关、驻外机构的各种经费、业务费、干部培训费等。

5. 其他支出。除上述支出以外的支出为其他支出。

（二）2007年以后我国财政支出按功能分类

2007年以后，我国实行政府收支分类改革，新的《政府收支分类科目》在财政支出分类改革中设置新的支出功能分类体系。功能分类体系更为清楚地反映政府各项功能活动，这是财政收支分类改革的核心。从分类结构来看，不再按基建费、事业费等经费性质设置科目，而是根据政府管理和部门预算的要求，按支出功能设置类、款、项三级科目。类级科目综合反映政府的职能活动，如国防、外交、科技、社会保障、环境保护等；款级科目反映为完成政府某项活动的某一方面的工作，如“教育”类下的“普通教育”；项级科目反映为完成某一方面工作所发生的具体事项，如“水利”款下的“抗旱”“水土保持”等。

根据社会主义市场经济条件下政府职能活动情况及国际通行做法，将政府支出分为类、款、项三级。其中，按照《2018年政府收支分类科目》支出功能分类的类、款两级科目设置现行规定有27类，包括：

（1）一般公共服务支出。分设28款：人大事务、政协事务、政府办公厅（室）及相关机构事务、发展与改革事务、统计信息事务、财政事务、税收事务、审计事务、海关事务、人力资源事务、纪检监察事务、商贸事务、知识产权事务、工商行政管理事务、质量技术监督与检验检疫事务、民族事务、宗教事务、港澳台侨事务、档案事务、民主党派及工商联事务、群众团体事务、党委办公厅（室）及相关机构事务、组织事务、宣传事务、统战事务、对外联络事务、其他共产党事务支出、其他一般公共服务支出。

（2）外交支出。分设8款：外交管理事务、驻外机构、对外援助、国际组织、对外合作与交流、对外宣传、边界勘界联检、其他外交支出。

（3）国防支出。分设5款：现役部队、国防科研事业、专项工程、国防动员、其他国防支出。

（4）公共安全支出。分设12款：武装警察、公安、国家安全、检察、法院、司法、监狱、强制隔离戒毒、国家保密、缉私警察、海警、其他公共安全支出。

（5）教育支出。分设10款：教育管理事务、普通教育、职业教育、成人教育、广播电视教育、留学教育、特殊教育、进修及教育、教育附加安排的支出、其他教育支出。

（6）科学技术支出。分设11款：科学技术管理事务、基础研究、应用研究、技术研究与开发、科技条件与服务、社会科学、科学技术普及、科技交流与合作、科技重大专项、核电站乏燃料处理处置基金支出、其他科学技术支出。

（7）文化体育与传媒支出。分设6款：文化、文物、体育、新闻出版和广播影视、国家电影事业发展专项资金支出及专项对应债务收入安排的支出、其他文化体育与传媒支出。

（8）社会保障和就业支出。分设24款：人力资源和社会保障管理事务、民政管理事务、补充全国社会保障基金、行政事业单位离退休、对机关事业单位基本养老保险基金的补助、企业改革补助、就业补助、抚恤、退役安置、社会福利、残疾人事业、机关服务、自然灾害生活救助、红十字事业、最低生活保障、临时救助、特困人员救助供养、大中型水库移民后期扶助基金支出、小型水库移民扶持基金及对应专项债务收入安排的支出、补充道路交通事故社会救助基金、其他生活救助、财政对基本养老保险基金的补助、财政对其他保险基金的补助、其他社会保障和就业支出。

（9）社会保险基金支出。分设12款：企业职工基本养老保险基金支出、失业保险基金支出、职工基本医疗保险基金支出、工伤保险基金支出、生育保险基金支出、新型农村合作医疗基金支出、城镇居民基本医疗保险基金支出、城乡居民养老保险基金支出、基础养老金支出、机关事业单位基本养老保险基金支出、城乡居民基本医疗保险基金支出、其他社会保险基金支出。

（10）医疗卫生与计划生育支出。分设13款：医疗卫生和计划生育管理事务、公立医院、基层医疗卫生机构、公共卫生、其他专业公共卫生机构、中医药、计划生育事务、食品和药品监督管理事务、行政事业单位医疗、财政对基本医疗保险基金的补助、医疗救助、优抚对象医疗、其他医疗卫生和计划生育支出。

（11）节能环保支付。分设17款：环境保护管理事务、环境监测与监察、污染防治、自然生态保护、天然林保护、退耕还林、风沙荒漠治理、退牧还草、已垦草原退耕还草、能源节约利用、污染减排、可再生能源、环境经济、能源管理事务、可再生能源电价附加收入安排的支出、废气电器电子产品处理基金支出、其他节能环保支出。

（12）城乡社区支出。分设11款：城乡社区管理事务、城乡社区规划与管理、城乡社区公共设施、城乡社区环境卫生、建设市场管理与监督、国有土地使用权出让收入和对应专项债务收入安排的支出、国有土地收益基金及对应专项债务收入安排的支出、农业土地开发资金及对应专项债务收入安排的支出、城市基础设施配套费及对应专项债务收入安排的支出、污水处理费及对应专项债务收入安排的支出、其他城乡社区支出。

（13）农林水支出。分设15款：农业、林业、水利、南水北调、扶贫、农业综合开发、农村综合改革、国有农村办社会职能改革补助、普惠金融发展支出、目标价格补贴、新菜地建设开发基金及对应专项债务收入安排的支出、大中型水库库区基金及对应专项债务收入安排的支出、三峡水库库区基金支出、国家重大水利工程建设基金及对应专项债务收入安排的支出、其他农林水事务支出。

（14）交通运输支出。分设13款：公路水路运输、铁路运输、民用航空运输、成品油价格改革对交通运输的补贴、邮政业支出、车辆购置税支出、海南省高等级公路车辆通行附加费及对应专项债务收入安排的支出、车辆通行费及对应专项债务收入安排的支出、港口建设费及对应专项债务收入安排的支出、铁路建设基金支出、船舶油污损害赔偿基金支出、民航发展基金支出、其他交通运输支出。

（15）资源勘探信息等支出。分设10款：资源勘探开发、制造业、建筑业、工业和信息产业监管、安全生产监管、国有资产监管、支持中小企业发展和管理支出、散装水泥专项资金及对应专项债务收入安排的支出、农网还贷资金支出、其他资源勘探信息等支出。

（16）商业服务业等支出。分设5款：商业流通事务、旅游业管理与服务支出、涉外发展服务支出、旅游发展基金支出、其他商业服务业等支出。

（17）金融支出。分设5款：金融部门行政支出、金融部门监管支出、金融发展支出、金融调控支出、其他金融支出。

（18）援助其他地区支出。分设9款：一般公共服务、教育、文化体育与传媒、医疗卫生、节能环保、农业、交通运输、住房保障、其他支出。

（19）国土海洋气象等支出。分设6款：国土资源事务、海洋管理事务、测绘事务、地震事务、气象事务、其他国土海洋气象等支出。

（20）住房保障支出。分设3款：保障性安居工程支出、住房改革支出、城乡社区住宅。

（21）粮油物资储备支出。分设5款：粮油事务、物资事务、能源储备、粮油储备、重要商品储备。

（22）国有资本经营预算支出。分设5款：解决历史遗留问题和改革成本支出、国有企业资本金注入、国有企业政策性补贴、金融国有资本经营预算支出、其他国有资本经营预算支出。

（23）预备费其他支出。分设5款：年初预留、其他政府性基金及对应专项债务收入安排的支出、彩票发行销售机构业务费安排的支出、彩票公益金及对应专项债务收入安排的支出、其他支出。

（24）转移性支出。分设11款：返还性支出、一般性转移支付、专项转移支付、政府性基金转移支付、国有资本经营预算转移支付、上解支出、调出资金、年终结余、债券转贷支出、援助其他地区支出、社会保险基金上解下拨支出。

（25）债务还本支出。分设4款：中央政府国内债务还本支出、中央政府国外债务还本支出、地方政府一般债务还本支出、地方政府专项债务还本支出。

（26）债务付息支出。分设4款：中央政府国内债务付息支出、中央政府国外债务付息支出、地方政府一般债务付息支出、地方政府专项债务付息支出。

（27）债务发行费用支出。分设4款：中央政府国内债务发行费用支出、中央政府国外债务发行费用支出、地方政府一般债务发行费用支出、地方政府专项债务发行费用支出。

2018 年政府收支分类与 2007 年改革伊始相比，其支出功能分类由原来的 17 类增加到目前的 27 类，款级科目分类也更加科学和细化，为预算的细化编制、支出的精细化管理、预算公开等奠定了良好的基础。

（三）财政支出的国际标准分类

从统计核算角度看，国际货币基金组织（简称 IMF）采用了职能分类法和经济性质分类法对政府财政支出进行分类，这也是各国普遍的做法。按职能分类，政府财政支出包括一般公共服务支出、国防支出、教育支出、保健支出、社会保障和福利支出、住房和社区生活设施支出、其他社区和社会服务支出、经济服务支出以及无法归类的其他支出。按经济性质分类，政府财政支出包括经常性支出（current expenditure）、资本性支出（capital expenditure）和净贷款（net lending）。表 3-1 简要介绍了 IMF 的分类方法。

表 3-1 **国际货币基金组织的政府支出分类**

职能分类	经济性质分类
1. 一般公共服务	1. 经常性支出
2. 国防	（1）商品和服务支出
3. 教育	①工资、薪金以及其他有关项目
4. 保健	②商品和服务的其他购买
5. 社会保障和福利	（2）利息支付
6. 住房和社区生活设施	（3）补贴和其他经常性转让
7. 其他社区和社会服务	①对公共企业
8. 经济服务	②对下级政府
（1）农业	③对家庭
（2）采矿业	④对其他居民
（3）制造业	⑤国外转让
（4）电业	2. 资本性支出
（5）道路	（1）现存的和新的固定资产的购置
（6）水输送	（2）存货购买
（7）铁路	（3）土地和无形资产购买
（8）通信	（4）资本转让
（9）其他经济服务	3. 净贷款
9. 无法归类的其他支出	
（1）公债利息	
（2）其他	

三、按财政支出与经济活动的关系分类

按财政支出经济性质的不同，即以财政支出是否与商品和服务相交换为标准，将全部财政支出分为购买性支出和转移性支出两大类。

购买性支出直接表现为政府购买商品和服务的活动，包括购买进行日常政务活动所需的或用于国家投资所需的商品和服务的支出。前者如政府各部门的事业费；

后者如政府各部门的投资拨款。这些支出的目的和用途虽然有所不同，但却具有一个共同点：政府支出获得了等价性补偿，即财政一手付出了资金，另一手相应地购得了商品与服务，并运用这些商品和服务来实现国家的职能。在这种性质的支出安排中，政府如同其他经济主体一样，在从事等价交换的活动，体现出来的是政府的市场性再分配活动。

转移性支出则与此不同，它直接表现为资金的无偿的、单方面的转移，政府不能从中获取相应的物品和服务。这类支出主要有补助支出、捐赠支出和债务利息支出。这些支出的目的和用途不同，但也有一个共同点：政府支出未获得等价性补偿，即政府付出了资金，却无任何所得，这里不存在任何交换，它所体现的是政府的非市场性再分配活动。

按经济性质分类有较强的经济分析意义：

（1）购买性支出对社会生产和就业有直接影响，对收入分配只有间接影响，而转移性支出恰好相反。因为在购买性支出安排中，政府掌握的资金与微观经济主体提供的商品与服务相交换，政府直接以商品和服务的购买者身份出现在市场上，从事等价交换的活动，从而对社会的生产和就业产生直接的影响。此类支出当然也影响分配，但这种影响是间接的。在转移性支出安排中，政府所有的资金转移到领受者手中，它只是资金使用权的转移，对分配产生直接影响。微观经济主体获得这笔资金以后，究竟是否用于购买商品和服务，以及购买哪些商品和服务，已不在政府的控制范围之内，因此，在转移性支出中，财政对生产和就业的影响是间接的。

（2）购买性支出体现出的财政活动对政府形成较强的效益约束，转移性支出对政府的效益约束相对较软。因为在安排购买性支出时，政府必须遵循等价交换的原则；而在安排转移性支出时，政府并没有十分明确和一以贯之的原则可以遵循，而且，财政支出的效益也极难换算。所以转移性支出的规模及其结构在相当大的程度上只能根据政府与微观经济主体、中央政府与地方政府的谈判情况而定，显然，通过转移性支出体现出的财政分配活动对政府的效益约束是软的。

（3）购买性支出对微观经济主体的预算约束较强，转移性支出对微观经济主体的预算约束较软。这是因为微观经济主体在同政府的购买性支出发生联系时，也必须遵循等价交换原则。对于向政府提供商品和服务的企业来说，它们收益的大小，唯一地取决于市场供求情况以及销售收入同生产成本的对比关系，所以，对微观经济主体的预算约束是硬的。微观经济主体在同政府的转移性支出发生联系时，并无交换发生，因而，它们的收入的高低在很大程度上并不取决于自己的能力（对于个人）和生产努力（对于企业），而取决于同政府讨价还价的能力。显然，对微观经济主体的预算约束是软的。

通过以上分析，可以得到这样的认识：在财政支出总额中，购买性支出所占的比重大些，财政活动对生产和就业的直接影响就大些，通过财政所配置的资源的规模就大些；反之，转移性支出所占的比重大些，财政活动对收入分配的直接影响就大些。联系财政的职能来看，购买性支出占较大比重的财政活动，执行配置资源的职能较强；转移性支出占较大比重的财政活动，执行收入分配的职能较强。

四、按支出方式分类

财政支出的方式是指采用什么方式来分配和使用财政资金。目前，我国财政支出的基本方式有财政无偿拨款和财政性贷款。

财政无偿拨款是财政部门根据权力机关批准的年度支出预算，按照支出的计划用途和方向、数额和程序，及时、足额地将财政资金无偿拨付给用款单位。财政无偿拨款是我国财政支出中采用的主要形式，是政府实现其各项职能的前提和物质保证，它主要用于保证文教科卫等事业费、行政管理费、国防支出等。国家机关、团体、部队和事业单位都是满足社会公共需要的部门和非营利性单位，它们活动所需要的经费，只能通过财政无偿拨款来解决。财政无偿拨款形式体现了财政无偿性的基本特征。但是，需要加强对财政无偿拨款的财政管理，努力提高财政资金的使用效益。

财政性贷款是指财政部门以信贷方式向使用单位有偿让渡财政资金的方式。它是我国经济体制改革过程中，为适应社会主义市场经济体制的建立，加强用款单位的经济责任，提高财政资金使用效果而采用的一种财政支出形式。它主要适用于从事生产经营活动的生产部门、单位所需要的基本建设投资贷款及农业长期贷款。实行有偿贷款形式：一方面可以使使用单位服从政府对社会经济进行宏观调控的需要；另一方面可以促进使用单位的用款数量与其物质利益结合起来，加强经济核算和经营管理，提高经济效益。

研究财政支出的方式，其意义在于可以根据不同性质的支出采取适当的方式，以期充分提高财政资金的支出效益。一般来说，作为国家行政机关和国防等一般管理机关，作为文教科卫等满足社会公共需要的部门，本身不从事生产，无收入来源或较少收入来源，这些部门又是社会发展和经济发展所必需的，这些非营利部门的资金来源只能由财政无偿拨款来提供。一些微利或无利的并且单个企业或个人无法承担的基础设施建设，如城市公共基础设施、邮政、公共事业等也需要由财政拨款提供资金来源。而作为从事生产经营、有收入来源并获得盈利的企业投资，因有偿还能力，所以可采取有偿贷款方式解决资金的暂时不足。但无论采取哪种方式，都存在提高财政支出效益的问题。

五、按支出级次分类

现代世界各国均依照国家政权的级次设置相应级次的财政支出。基本上每个级次的财政都有其本级次的支出范围，从事本级次的相对独立的财政活动。根据支出级次对支出进行分类也是一种重要的分类方法。例如，美国是一个联邦制国家，其政权大体上由联邦政府、州政府和地方政府组成，与之相适应，财政支出也由联邦财政支出、州财政支出和地方财政支出三个级次构成。日本是单一制国家，政府机构分为中央、都道府县和市町村三级。相应地，其支出由中央支出、都道府县支出和市町村支出组成，后两项也称为地方支出。

我国政权级次由中央、省（自治区、直辖市）、市（自治州、地区行署）、县（不设区的县级市、自治县）和乡（镇）五级构成。与之相对应，我国财政支出由中央支出、省级支出、市级支出、县级支出和乡级支出五个级次组成。其中，省级及省级以下的财政支出统称为地方财政支出。

财政支出按支出级次分类，反映了中央和地方在政府财政资源配置中的地位和相互关系。从我国历年的改革实践来看，在财政体制中，中央与地方之间的财政分配关系，一直是财政体制的核心问题，这一问题的焦点，又主要表现在中央与地方支出关系的处理上。因此，按支出级次对财政支出进行分类，不仅具有重要的理论意义，而且也具有十分重要的现实意义。

第二节　财政支出的规模分析

财政支出作为社会总资源配置的有机组成部分，其支出总量占社会总资源配置的比重是否适当，不仅直接影响着政府职能的实现情况，更直接制约着社会资源配置的优化程度，关系到社会再生产能否持续高效发展。因此，财政支出的规模研究，乃是财政支出研究的首要任务。

一、衡量财政支出的指标

（一）衡量财政支出规模的指标

财政支出规模是指政府在一定时期安排的财政支出的数量。财政支出规模通常表现为财政支出的总量，衡量财政支出规模的指标通常为绝对指标和相对指标。

绝对指标是指以一国货币单位表示的财政支出的实际数额。使用绝对指标可以直观地反映某一财政年度内政府支配的社会资源的总量，但是，这一指标不能反映政府支配的社会资源在社会资源总量中所占的比重，因而不能充分反映政府在整个社会经济发展中的地位。绝对指标是以本国货币为单位，也不便于进行国际比较。此外，由于这一指标是以现价反映财政支出的数额，没有考虑通货膨胀因素对支出总量的影响，因而所反映的只是名义上的财政支出规模，与以前年度，特别是在币值变化比较大的年份的财政支出绝对额缺少可比性。

相对指标是指财政支出占 GDP（或 GNP）的比重。相对指标反映了一定时期内在全社会创造的财富中由政府直接支配和使用的数额，可以通过该指标全面衡量政府经济活动在整个国民经济活动中的重要性。由于是相对指标，因此便于进行国际比较，而且由于这种方法是通过计算财政支出占 GDP 的比重来衡量财政支出规模的，剔除了通货膨胀因素的影响，反映的是财政支出的实际规模，与以前年度的财政支出规模进行比较也具有可比性。两个指标各有所长，各有所短，一般是根据实际需要，采用不同的标准。在分析、研究财政支出规模时，通常是以相对指标作为衡量财政支出规模的主要指标。

需要注意的是，在衡量财政支出规模时，无论是绝对指标还是相对指标，都存在一个针对物价变化进行调整的问题。对于绝对指标，这一点是显而易见的；但对于相对指标，则需要稍稍加以解释。从表面上看，分子分母同时受物价变动的影响，从而二者的比值与物价变化没有关系。但问题在于，分子分母往往并不采用同一物价指数进行调整。比如，由于购买劳务的支出在总支出中总是占相当的比重，而劳务价格的变动一般被认为要比物价总水平的变动更快，其结果是，与按照物价总水平变动进行的调整相比，总支出对 GDP 的比例将会更低。

（二）衡量财政支出增长的指标

财政支出增长是财政支出规模扩大的另外一种表述，衡量财政支出增长通常用政府财政支出规模变化的动态指标来分析。与财政支出规模的衡量指标类似，衡量财政支出增长的指标也可以分为绝对量指标和相对量指标。同样，由于绝对量指标是以现价反映财政支出的数额，没有考虑通货膨胀因素对支出总量的影响，只有消除币值变动的影响，才能如实反映财政支出增长变化的情况，这里不再赘述。在相对量指标中，目前世界各国主要采用政府支出占 GDP（或 GNP）的比重以及政府财政支出对 GNP 的弹性等指标来衡量财政支出增长变化情况。

1. 财政支出增长率

财政支出增长率是报告期财政支出总额与基期财政支出总额的增长情况的比较，是反映一定时期财政支出水平变化程度的动态指标。其计算公式为：

财政支出增长率=（报告期财政支出-基期财政支出）÷基期财政支出×100%

2. 财政支出弹性

财政支出弹性是财政支出对国民生产总值的弹性指标，表示由国民生产总值的增长所引起的财政支出增长幅度的大小，表现为财政支出增长幅度对国民生产总值增长幅度的比例。其计算公式为：

财政支出弹性=财政支出增长率÷国民生产总值增长率

该公式计算结果的含义是：如果财政支出弹性大于 1，则说明财政支出增长幅度大于国民生产总值的增长幅度；反之，则说明财政支出增长幅度小于国民生产总值的增长幅度；如果财政支出弹性等于 1，则说明财政支出与国民生产总值处于同步增长状态。表 3-2 是若干年份中我国政府财政支出的弹性状况。

3. 边际财政支出倾向

边际财政支出倾向是指财政支出增长额与 GDP 增长额之间的比例关系，说明 GDP 的增长额中用于增加财政支出的大小，在一定程度上也反映了 GDP 变化与财政支出变化之间的关系。其计算公式为：

边际财政支出倾向=财政支出增长额÷国民生产总值增长额

表 3-2 1979—2016 年我国财政支出的弹性状况

年份	国民生产总值年递增率（%）	财政支出年递增率（%）	财政支出弹性
1979	7.6	14.2	1.9
1980	7.8	-4.1	-0.5
1985	13.2	17.8	1.3
1990	4.1	9.2	2.2
1993	13.6	24.1	1.8
1994	13.1	24.8	1.9
1995	9.4	17.8	1.9
1996	10.1	16.3	1.6
1997	9.6	16.3	1.7
1998	7.3	16.9	2.3
1999	8.0	22.1	2.8
2000	8.6	20.5	2.4
2001	8.1	19.0	2.3
2002	9.6	16.7	1.7
2003	10.5	11.8	1.1
2004	10.5	15.6	1.5
2005	10.9	19.1	1.8
2006	13.3	19.1	1.4
2007	14.7	23.2	1.6
2008	10.1	25.7	2.5
2009	8.5	21.9	2.6
2010	10.3	17.8	1.7
2011	9.0	21.6	2.4
2012	8.6	15.3	1.8
2013	7.1	11.3	1.6
2014	8.3	8.3	1.0
2015	6.4	13.2	2.1
2016	6.7	6.3	0.9

二、财政支出规模的变动趋势

从世界各国财政支出的历史进程的演变来看，财政支出规模总体上呈现出不断扩大的趋势。

（一）西方财政支出增长理论的主要观点

1. 瓦格纳的“财政支出不断增长法则”

德国经济学家阿道夫·瓦格纳于1882年提出了“财政支出不断增长法则”，又称瓦格纳法则。他认为，一国政府的支出与其经济增长之间，即政府职能的扩大与国家所得的增加之间存在着一种函数关系，随着国家职能的扩大和经济的发展，就要求保证行使这些国家职能的财政支出不断增加。但瓦格纳关于财政支出增长的含义究竟是指财政支出占GDP的比重上升，还是指它的绝对额增长，在当时还并不清楚。根据马斯格雷夫的解释，认为是指公共部门的相对增长。于是，瓦格纳法则可以表述为：随着人均收入的提高，财政支出的相对规模也随之提高。

瓦格纳的结论是建立在经验分析基础之上的，他对19世纪的许多欧洲国家以及日本和英国的公共部门的增长情况做了考察。他认为，现代工业的发展会引起社会进步的要求，社会进步必然导致国家活动的增长。他把导致政府支出增长的因素分为政治因素和经济因素。所谓政治因素是指随着经济的工业化，正在扩张的市场与这些市场中的当事人之间的关系会更加复杂，市场关系的复杂化引起了对商业法律和契约的需要，并要求建立司法组织执行这些法律，这样就需要把更多的资源用于提供治安和法律设施。所谓经济因素则是指工业的发展推动了都市化的进程，人口的居住将密集化，由此将产生拥挤等外部性问题，这样也就需要政府进行管理与调节工作。此外，瓦格纳把对于教育、娱乐、文化、保健与福利服务的财政支出的增长归因于需求的收入弹性，即随着实际收入的上升，这些项目的财政支出的增长将会快于GDP的增长。

2. 皮考克和威斯曼的“梯度渐进增长理论”

梯度渐进增长理论是英国经济学家皮考克和威斯曼在瓦格纳分析的基础上，根据他们对1890—1955年间英国的公共部门增长情况的研究提出来的。该理论的前提假设是，政府喜欢多开支，公民不愿意多纳税。因此，当政府决定预算支出规模时，应该密切关注公民关于赋税承受能力的反应，公民所能容忍的税收水平是政府公共支出的约束条件。以这个假设为基础，他们做出了如下推论：随着经济的发展，收入水平上升，以不变的税率征收的税收会上升，于是政府支出的上升会与国民生产总值的上升呈线性关系，这是公共支出增长的内在原因；但在非常时期，如战争、饥荒等，公共支出上升的压力骤然增大，政府被迫提高税率，而公众在危机时期也会接受提高了的税率，但在危机时期过去以后，财政支出并不会退回到先前的水平，一般情况是，一个国家在结束战争之后，总有大量的公债，财政支出会保持高位运行状态，这是公共支出增长的外在原因。内在因素和外在因素共同推动财政支出的增长。内在因素有：经济增长，收入增加，在比例、累进税率下，税收增长。财政支出的增长呈渐进的增长态势。外在因素有：突发事件，公共支出上升，增税，“替代效应”。财政支出的增长呈梯度增长态势。突发事件结束后，公共支出并没有退回到原有水平，原因有：①战后事务。典型的是还债。②检查效应。突发事件暴露了社会存在的许多问题。③新的“容税”程度。政府发现居民可以承受更高的税收负担。政府财政支出梯状发展趋势（和平与战争时期的模型）如图 3-1 所示。

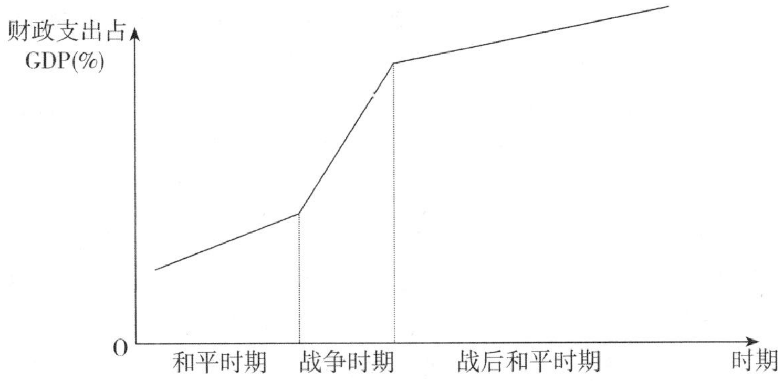

图 3-1　财政支出梯状发展趋势图

皮考克和威斯曼的“财政支出梯度渐进增长理论”，主要是通过财政支出增长趋势中具有特定意义的时间形态，从这些特定的时间形态中寻找政府支出增长的根本原因，这一研究手法是继瓦格纳考察财政支出长期增长趋势之后的又一进步，就其理论包含的基本内容来看，已经初步融入公共选择学派的思想。例如，他们认为财政支出增长要受到纳税人对税收容忍水平的制约，因为在西方的民主政体中，纳税人的选票可以影响政治制度的投票结果。从某种意义上说，他们所认定的财政支出水平也是由政治制度中的多数同意原则所决定的水平，这一点与公共选择论的观点具有相似之处，从而在一定程度上把财政支出与政治过程结合起来了。

3. 马斯格雷夫和罗斯托的财政支出增长发展模型

马斯格雷夫（Musgrave）和罗斯托（Rostow）则用经济发展阶段论来解释财政支出增长的原因。马斯格雷夫和罗斯托同样赞成公共支出不断增长趋势的一般规律，并且，他们更进一步地用经济发展不同阶段所产生的对公共支出的不同要求，来解释和论证政府财政支出增长的具体原因。根据马斯格雷夫和罗斯托的经济成长阶段理论，公共支出不断增长的原因和增长结构表现为三个阶段的三种不同的特点：（1）在经济发展的早期阶段，为了启动经济、促进经济的尽快成长，政府往往会大力增加投资，用于改善交通、城市基础设施、教育、卫生和健康、法律和社会秩序等方面，以便为经济发展、为私人投资者提供良好的外部环境。政府大量增加基础设施投资的结果，一方面本身成为扩张社会总需求的重要因素；另一方面在扩张社会总需求的同时，往往提高了社会总投资中政府投资的比重，使得政府投资的地位大大强化，社会对公共投资的依赖程度提高。（2）在经济发展的中期阶段，私人产业部门业已兴旺，资本存量不断扩增，私人企业和农业的资本份额增大，那些需由政府提供的具有较大外部经济效益的基础设施已基本建成，对其的增加也逐渐变缓了，此时私人资本积累开始上升，公共积累支出的增长率就会下降，从而公共投资支出占 GNP 的比重也下降。经济发展的中期阶段是人们生活水平不断提高的时期，人们在满足基本生存需要的同时，开始关注其他方面的需要，因而对政府所提供的消费性支出的需求就会增加，换言之，政府用于教育、卫生和安全等方面的消费性支出也就会相应增加，其在整个公共支出中的比重也会相应上升。同时，伴随着经济的发展，贫富分化开始加剧，逐渐成为一个社会问题，要求政府着手解决这一问题，因而用于解决收入分配问题的转移性支出也开始增加。（3）在经济发展的成熟阶段，与中期阶段相比，这一时期的政府公共性投资支出又呈增长势头。在成熟阶段，随着人均收入进一步增长，人们对生活的质量提出了更高的要求，私人消费形式将发生变化，从而预算支出也要发生变化。比如，汽车的普及需要更为发达的交通设施，这需要政府来参与进行。此外，对生活质量要求的提高，也迫使政府进行更大规模的人力投资。因此，这一时期公共性投资的特点表现为一种对私人消费品的补偿性公共投资。随着生活水准的提高，人均收入的增加，基本需要满足之后，私人对基本需要的支出比例将减少，对提高生活层次的消费性支出将增加，资源更多地被用于满足发展性需要，如教育、卫生、安全等，由于这些消费项目都需要较大的公共消费支出作补充，因此，消费性支出占社会总支出的比重相应地就要提高。此外，伴随着经济的增长，将会出现日益复杂的社会经济组织，要求政府提供各种管理服务来协调和处理增长所引起的各种矛盾和问题，如交通、警力、控制污染、反托拉斯等需求，这将引起政府各种管理费支出的增加，从而导致整个社会公共支出的迅速增长。另外，在这一阶段，生产力发展水平已经很高，在效率与公平之间，政府必须更加强调对社会分配方面的作用，因而用于解决社会公平的转移性支出将会大幅度增加，从而又带来整个支出的增长。

总之，马斯格雷夫和罗斯托的财政支出增长的经济发展理论，是建立在对大量经济发展史料进行实证分析，以及对整个经济发展过程中的公共支出增长形势进行深入研究的基础之上的。这一理论与以往的财政支出增长理论的区别在于，它更加强调作为社会基础设施提供者的政府在经济发展中的作用，强调在不同的经济发展阶段，政府作用发挥的不同强度。因此，这一理论根据经济发展阶段的不同需要，解释了财政支出增长的原因，为我们认识不同经济社会发展阶段上财政支出的增长变化趋势，提供了有益的参考和借鉴。

（二）世界各国财政支出规模的发展趋势

西方经济学者揭示的政府支出不断增长的发展趋势是符合财政实际的。从绝对规模上看，无论是在瓦格纳时代，还是此前和以后，世界各国政府财政支出几乎无一例外地不断增长着。以美国为例，在 1980—2017 年的 38 年间，美国联邦政府支出从 6 199 亿美元增加到 42 525 亿美元，增长了 5.86 倍（见表 3-3 和图 3-2）。

表 3-3　**1980—2017 年美国联邦政府支出情况**　单位：亿美元

年份	美国
1980	6 199
1990	12 885
1993	15 428
1994	15 830
1995	16 582
1996	17 148
1997	17 585
1998	17 870
1999	18 388
2000	19 117
2001	20 174
2002	21 411
2003	22 979
2004	24 266
2005	26 082
2006	27 648
2007	29 328
2008	32 135
2009	34 872
2010	37 720
2011	38 183
2012	37 891
2013	37 822
2014	39 014
2015	40 280
2016	41 494
2017	42 525

资料来源：中华人民共和国国家统计局．国际统计年鉴（2018）［M］．北京：中国统计出版社，2018.

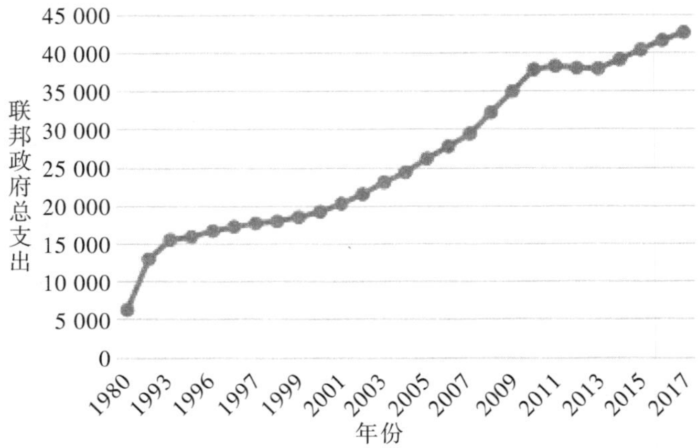

图 3-2　1980—2017 年美国联邦政府支出变化图（单位：亿美元）

资料来源：中华人民共和国国家统计局. 国际统计年鉴（2018）[M]. 北京：中国统计出版社，2018.

2009 年代表性国家财政总支出情况见表 3-4。

表 3-4　**2009 年代表性国家财政总支出情况**

年份	法国（亿欧元）	德国（亿欧元）	意大利（亿欧元）	俄罗斯联邦（亿卢布）	英国（亿英镑）	澳大利亚（亿澳元）
2009	9 086	7 605	6 686	120 633	6 472	3 341

资料来源：中华人民共和国国家统计局. 国际统计年鉴（2012）[M]. 北京：中国统计出版社，2012.

从相对规模来看，美国联邦政府支出占国内生产总值的比重也呈逐年提高的态势，从 1929 年的 2.77% 提高到 2017 年的 21.93%（见表 3-5）。

表 3-5　**美国联邦政府支出占 GDP 变动趋势**

年份	政府支出占 GDP 的比重（%）
1929	2.77
1980	21.66
1990	21.55
1993	22.43
1994	21.66
1995	21.64
1996	21.17

续表

年份	政府支出占GDP的比重（%）
1997	20.43
1998	19.66
1999	19.03
2000	18.59
2001	18.99
2002	19.50
2003	19.96
2004	19.77
2005	19.92
2006	19.95
2007	20.26
2008	21.83
2009	24.19
2010	25.21
2011	24.61
2012	23.45
2013	22.66
2014	22.39
2015	22.23
2016	22.28
2017	21.93

资料来源：中华人民共和国国家统计局．国际统计年鉴（2018）[M]．北京：中国统计出版社，2018.

图 3-3 是 1977 年至今，美国联邦政府支出占 GDP 比重的历年数据。有些年份这一比重低于 20%，但平均值大约在 22%，2010 年更是高达 25%。

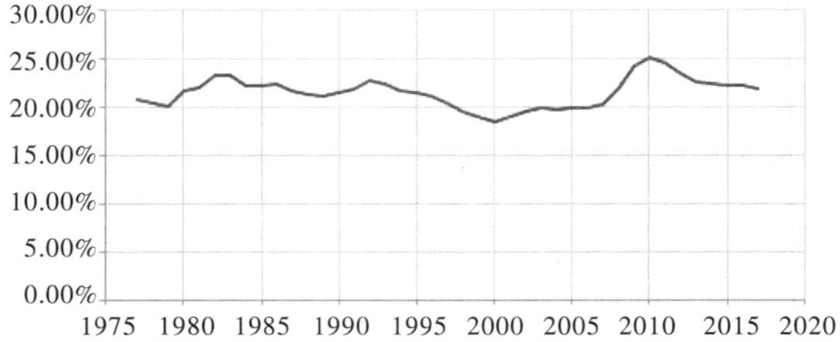

图 3-3 美国联邦政府过去 40 多年间的收支趋势

财政支出规模不断扩大是各国普遍存在的现象。但由于各国国情不同，政府财政支出规模扩大的幅度也有所不同。根据 1997 年世界发展报告的统计资料，OECD 国家的政府支出占 GDP 的比重，1870 年为 9% 左右，到 1995 年上升到 48% 左右。发展中国家政府支出占 GDP 的比重也呈较快的增长趋势，1960 年，发展中国家中央政府支出占 GDP 的比重为 15% 左右，1990 年这一比重已提高到 28% 左右。

需要说明的是，虽然从较长时期观察，各国的财政支出规模呈现出不断扩大的趋势，但这并不表明，各国财政支出的规模将不断地扩大，无论从理论上分析还是从实践来观察，都是不可能的。从一些国家压缩财政赤字、减少债务支出和一些福利国家控制了福利支出后，公共开支规模不再扩大，而保持在一个比较稳定的水平上，甚至有所下降的情况来看，财政支出在达到一定水平后，会基本稳定下来。

（三）我国财政支出规模变化的趋势

与世界其他国家相反，自 1952 年以来，我国的财政支出占国内生产总值的比重在波动中呈先下降后稳步回升的趋势（见表 3-6）。

由表 3-6 可以看出，从 1952 年到 1978 年，财政支出占国内生产总值的比重从 25.30% 提高到 30.96%。原因在于这一时期我国实行的是高度集中的计划经济，财政基本上是统收统支，加之实行的是“高就业、低收入”的分配政策，在财政支出的安排上坚持“以收定支、收支平衡”的原则，财政支出的刚性较弱，财政支出规模增长较为缓慢。改革开放以后，我国财政支出在经济发展的基础上出现了较快的增长，但是由于受到财政收入总体规模的制约，财政支出占 GDP 的比重呈现出逐年下降的趋势，但近年来又有所回升。具体体现在以下几个方面：

1. 财政支出绝对数快速增长

改革开放以来，随着经济发展和财政收入水平的提高，财政支出的绝对数增长较快，2004 年达到 28 486.89 亿元，比 1978 年的 1 122.09 亿元增加了 27 364.80 亿元，增长了 24.39 倍。2007 年我国财政支出达到 49 781.35 亿元，比 1978 年增加了 48 659.26 亿元，增长了 43.36 倍。2017 年我国财政支出达到 203 330 亿元，比 1978 年增长了 180.21 倍。

表 3-6　　我国财政支出占 GDP 的比重

年份	财政支出占GDP的比重（%）
1952	25.30
1978	30.96
1980	27.20
1985	24.59
1990	16.63
1995	11.67
1996	11.69
1997	12.40
1998	13.60
1999	16.00
2000	17.76
2001	19.70
2002	20.97
2003	21.09
2004	20.80
2005	18.53
2006	19.17
2007	19.95
2008	20.82
2009	22.41
2010	22.40
2011	23.10
2012	24.20
2013	24.57
2014	23.57
2015	25.52
2016	25.25

2. 财政支出占国内生产总值的比重先下降后有所回升

在财政支出绝对数量不断增加的同时，财政支出占 GDP 的比重呈现下降—上升—下降—上升的趋势，从 1978 年的 30.96%，下降到 1997 年的 12.40%。这一比重不仅低于发达国家，而且还低于发展中国家。这说明我国在经济快速发展的同时，政府控制的财政资源却相对减少。但从 1998 年起，这一情况有所好转，财政支出占 GDP 的比重从 1998 年的 13.60% 回升到 2016 年的 25.25%。这说明，一方面，在市场化进程中，传统的在国家财政范围内履行的政府职能正逐步削弱；另一方面，在原有的国家财政范围之外的新的政府职能，如社会保障职能、社区建设职能等又得到了大幅度的加强。这种变化与市场经济在中国的发展是相适应的。2004 年以来，我国财政支出占 GDP 的比重由 20.80% 回落到 18%~20%，这与 2005 年以来我国财政政策由积极财政政策向中性财政政策转型有密切关系。2007 年以来，受全球经济危机的影响，我国开始实施积极财政政策，我国财政支出占 GDP 的比重由 19.95% 回升至 2016 年的 25.25%。

三、影响财政支出规模的主要因素

财政支出规模是由多种因素决定的，社会经济发展水平、经济体制、政府职能的变化、财政支出涉及领域或范围的调整、财政支出效率的高低等都会对支出规模产生重要影响。

（一）经济因素

经济因素对财政支出规模的影响体现在由于经济发展水平的提高引起的财政支出规模的增长。经济的发展，为支出增长提供了可能性。从总体上说，随着经济的发展，社会财富不断增加，人们维持最低生活需要的部分在社会财富中所占比重下降，可以由政府集中更多的社会财富用于满足社会公共需要的可能性不断提高。从具体情况来说，一是经济的发展，国内生产总值不断增加，从而使税基不断扩大，财政收入增加，为支出规模不断扩大提供了可能；二是由于作为政府取得财政收入主要手段的税收中的一些税种尤其是所得税具有累进性，因此在其他条件保持不变的情况下，政府通过税收取得的财政收入增长具有累进性，即政府财政收入的增长速度要快于经济发展增长速度，也使财政支出规模不断扩大成为可能；三是随着经济的发展和社会财富的增加，私人财富增多，使政府通过发行公债方式筹资扩大支出成为可能。

（二）政治因素

政治因素对财政支出规模的影响主要体现在几个方面：

1. 政府职能的扩大

政府职能不断扩大是导致各国政府财政支出不断增长的重要原因。在自由市场经济条件下，政府只履行“守夜人”的角色，政府职能主要集中在维持政权机器运转、维护国家安全、防御外来入侵和维护司法公正等方面，对私人生产和私营企业的经营活动不加干涉。资本主义基本矛盾的激化和经济危机的周期性爆发，使人们认识到市场失灵的存在，认识到政府干预的重要性。20 世纪 30 年代在资本主义世界普遍发生的经济危机更强化了人们关于政府应该干预经济的意识，政府逐渐加强了对经济的宏观调控。在第二次世界大战后，为了防止社会动荡，缓解社会矛盾，政府又不得不设法提高人民的生活水平并提供基本的社会保障，政府职能的扩大，导致了财政支出规模的扩大。随着社会的发展和人民生活水平的提高，社会对公共产品的需求越来越多，对其质量要求也越来越高。公共产品的社会需求不断提高，从而使政府提供的社会产品的范围扩大，又进一步推动了财政支出规模的不断增长。

2. 不同的经济体制和制度对财政支出规模产生较大影响

经济体制对财政支出的影响，集中表现在“计划经济”和“市场经济”国家的财政支出规模的不同上。计划经济国家向经济建设领域延伸过多，政府职能范围也比市场经济国家政府的职能范围宽，因而财政支出占 GDP（GNP）的比重也比较高。即使经济体制相同，但由于实行不同的福利制度，也对财政支出规模产生影响。例如，同是市场经济体制的美国和瑞典，由于瑞典实行高福利政策，所以其政府支出占 GDP 的比重远远高于美国。

3. 政局是否稳定和是否存在非正常事件

当一国政局不稳定，出现内乱或外部冲突等突发性事件时，财政支出的规模必然会超乎寻常的扩大。如美国联邦政府支出，在南北战争时期，第一次突破 10 亿美元，在第一次世界大战的 1919 年，美国联邦政府财政支出高达 185 亿美元，在第二次世界大战期间的 1944—1945 年，美国联邦政府支出超过 1 000 亿美元。第二次世界大战后，美国联邦政府支出在 1947—1948 年下降到 360 亿美元。

4. 政府机构设置及其工作效率的高低

政府工作的效率对财政支出规模也有很大的影响，政府工作效率高，则设置较少的政府职能机构就能完成政府职能，较少的支出就能办较多的事，因而财政支出的规模也就相对小一些；如果政府工作效率低下，机构臃肿，人浮于事，则办同样的事就需较多的支出，因而会加大财政支出的规模。

（三）社会与历史因素

1. 人口与环境保护压力

人口增长给财政支出带来的压力，表现在四个方面：第一，人口总量的增加必然要求政府增加各种最基本的社会公共需求，否则将降低国民享有的公共服务及社会福利水平；第二，人口素质提高的压力要求政府必须扩大学校、医疗卫生机构、福利设施等的规模，增加行政管理、立法司法、军队警察、治安保障等公共服务；第三，人口增长带来的老龄化趋势会增加财政支出中养老金、退休金等的支出压力，扩大财政支出规模；第四，人口增长还会增加对资源的消耗，产生环境问题，从而要求政府加大环保投入。

2. 社会福利的改善

社会福利程度的提高是缓解社会矛盾的润滑剂。我国社会经济的发展以提高人民的物质文化生活水平为出发点，以有效提高社会公众的福利水准为核心内容。在西方国家，社会矛盾的日益突出要求政府必须改善民众福利。更进一步地讲，在经济竞争和科技竞争日趋激烈的现代社会，改善社会福利已经成为人力投资的一种手段。因此，各国政府都在努力通过财政支出结构的调整和规模的扩大来提高社会福利水平。

3. 社会分工的复杂化

随着社会活动的复杂化，社会经济活动的分工更加细化，政府必须增设必要的职能机构以满足由分工细化带来的新型公共需求，由此必须增加财政支出。

第三节 财政支出的结构分析

财政支出的结构是指政府财政支出总额中各类支出的组合，依据不同的标准对财政支出进行分类，结果会形成不同的支出组合形式或者不同的政府支出结构类型。分析政府支出结构的重要意义在于：通过政府财政支出结构了解政府支出的基本内容和各类支出的相对重要性，从而了解特定时期内政府财政支出结构的变化及影响财政支出结构的主要因素。

一、我国财政支出结构的一般分析

财政支出结构划分的标准，就是财政支出分类的标准。按照传统的支出分类，我国分别按支出用途分类，支出组合为补偿性支出、积累性支出和消费性支出；按经济性质划分，财政支出由购买性支出和转移性支出构成；按支出层次划分，支出组合由中央支出和地方支出构成；按政府职能分类，支出组合由经济建设费、社会文教费、国防费、行政管理费和其他支出五大类构成。自 2007 年政府收支科目改革以来，我国逐渐摒弃传统的按支出用途分类和政府职能分类，而分别改为按支出经济分类和支出功能分类。

（一）财政支出的用途结构分析

从中华人民共和国成立以后到 20 世纪末期，按财政支出的最终用途划分，补偿性支出与积累性支出在财政支出总额中呈下降趋势，而消费性支出呈明显的上升趋势。其中，消费性支出与积累性支出在改革开放以前所占比例大体相当，如积累性支出所占比例在 1975 年为 39.80%，同期消费性支出比例为 42%。改革开放以后，两者的差距逐渐拉大。到 1992 年，积累性支出所占比重已经降为 17.40%，而消费性支出所占比重则扩大到 64.70%，是前者的 3.7 倍。补偿性支出所占比例变化也是较大的，如补偿性支出比例最小的年份（1990 年）比最大的年份（1980 年）缩小 50.5%，比改革开放前的 1975 年缩小 46.1%。

上述分析表明，我国经济体制改革导致政府财政支出用途结构的变化，政府财政由直接参与社会再生产过程、承担经济生活中的积累职责与维持简单再生产的责任，转变为以间接参与社会再生产过程为主、逐步退出社会直接生产领域。

（二）财政支出的职能结构分析

1. 按照职能分类，2007 年支出分类改革前我国财政支出结构见表 3-7，从表中可以看出我国财政支出职能结构的发展变化趋势。

（1）经济建设支出是最大的支出项目。

1980 年以前，绝大部分年份经济建设支出占全部财政支出的比重都高于 55%。这主要还是经济体制的原因，计划经济体制是特定历史时期的产物，在那个时期经济建设支出比较大，也是完全正常的。改革开放以来，随着社会主义市场经济的发展，经济建设支出在财政支出中所占的比重逐渐下降，目前这个比例已降到 30%以下，这说明，随着我国经济的市场化进程，政府正逐步退出竞争性领域。但从建立公共财政的要求来看，我国的经济建设支出比重仍然偏高。

表 3-7 **中国财政支出职能结构**

项目 / 年份	经济建设（%）	社会文教（%）	国防支出（%）	行政管理（%）	其他支出（%）
1970	60.5	8.0	22.4	4.9	4.2
1975	58.7	12.6	18.4	2.0	8.3
1980	58.2	16.2	15.8	6.1	3.7
1985	56.3	20.4	9.6	8.5	5.2
1990	44.4	23.9	9.4	13.4	8.9
1995	41.9	25.7	9.3	14.6	8.5
2000	36.2	27.6	7.6	17.4	11.2
2005	27.5	26.4	7.3	19.2	19.6

资料来源：中华人民共和国财政部. 中国财政年鉴（2007）[M]. 北京：中国财政经济出版社，2007.

（2）社会文教事业支出是财政支出中的重要项目。

自改革开放以来，社会文教事业支出占财政支出的比重有了较大的提高，体现了我国政府对社会文教事业的重视。今后随着公共财政体系的建立，以及科教兴国战略的实施，国家财政将越来越重视该财政支出领域，因此，社会文教事业支出将呈现稳中有升的态势。

（3）国防支出受国际、国内政治经济形势变化的影响较大，不同历史时期呈现不同的特点。

从根本上说，国防支出受制于国家经济发展水平和财力水平，但在特定的情况下，如当国家主权受到严重威胁、受到外来侵略时，国防支出必然增长较快，因为维护国家主权始终是一个国家的首要任务。中华人民共和国成立初期，国防支出比重相对较高，但随着抗美援朝战争的结束，国家转入正常的经济建设，特别是改革开放以后，国防支出在财政支出中的比重呈下降趋势，近些年来呈现稳定态势。

（4）行政管理支出在财政支出中占有相当的比重。

按照经济学的基本原理和行政管理支出的性质，行政管理支出应尽可能维持在一个较低的水平。长期以来，我国对行政管理支出也奉行“保障供给、厉行节约、从严控制”的方针，但从我国行政管理支出的发展趋势上看，从 20 世纪 80 年代到现在，行政管理支出占财政支出的比重在不断增长，其直接原因是机构和人员的急剧膨胀。这在客观上说明，20 世纪 80 年代以来先后进行的几次大规模机构精简改革运动的实际成效并不明显，各级行政人员过多，机构继续膨胀，行政费用持续增长的问题远未得到有效解决，机构改革陷入“膨胀—精简—再膨胀”的恶性循环。同时，行政管理支出在财政支出中比重居高不下的另外一个重要原因是：由于近年来我国财政支出预算管理的加强，原来不包含在行政管理支出预算当中的一些支出也纳入到行政管理支出中来，例如，近年来在全国各地普遍推广的“阳光津贴”等，也扩大了行政管理费用的规模。

2. 我国财政支出分类从 2007 年起，按新的财政支出功能性质分类的财政支出结构发生了较大变化。

2016 年按新的财政支出功能性质分类的财政支出结构如图 3-4 所示。

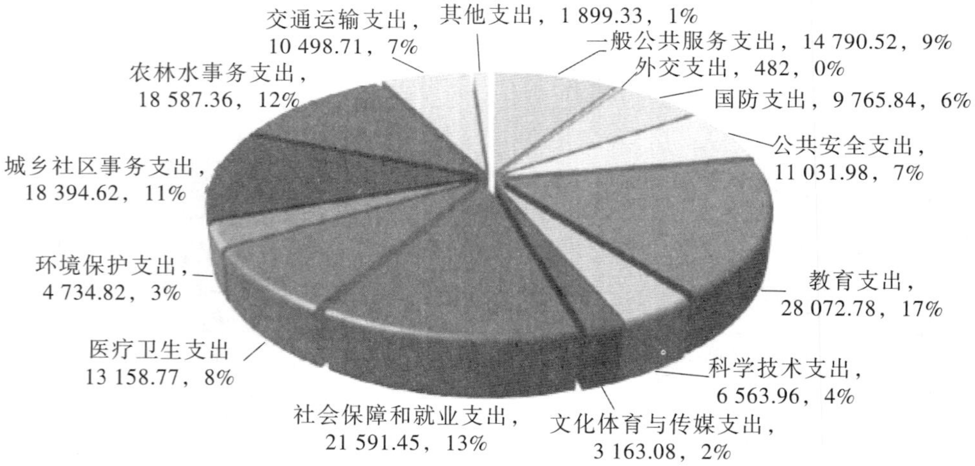

图 3-4　2016 年财政支出结构图（单位：亿元）

（三）财政支出的经济性质结构分析

购买性支出与转移性支出在总支出中的比重，各个国家不同。一般来说，经济发达国家和实行市场经济体制的国家，政府较少直接参与社会生产活动，同时财政收入也比较宽裕，转移性支出（或相当于转移性支出的部分）占财政总支出的比重相对较大，而购买性支出所占比重相对小些。财政主要执行调节收入分配的职能。而发展中国家和实行计划经济体制的国家，政府较多地直接参与社会生产活动，财政收入又相对匮乏，购买性支出（或相当于购买性支出的部分）占总支出的比重明显较高，而转移性支出所占比重很低。

表 3-8 列出了一些国家中央政府 2009 年的购买性支出和转移性支出及其他支出在财政支出中所占比重，这些数据反映了上述规律。

表 3-8 购买性支出和转移性支出及其他支出在财政支出中所占比重

国 家	购买性支出所占比重（%）	转移性支出所占比重（%）	其他支出所占比重（%）
美国	27	69	4
英国	32	57	11
加拿大	20	78	2
澳大利亚	20	76	4
马来西亚	45	55	0
印度尼西亚	23	65	12
约旦	61	38	1
科威特	26	58	16

资料来源：世界银行. 世界发展指标（2011）[M]. 北京：中国财政经济出版社，2011.

（四）财政支出的级次结构分析

在政府职能范围确定以及中央与地方政府职能划分明确以后，各级政府在履行其职能时就必须有相应的财力相支持，财政支出必须在中央与地方之间进行合理的划分，使得财政支出既能满足各级政府履行其职能的需要，又要满足中央政府进行宏观调控的需要。近年来，我国中央政府对地方政府实施转移支付后，地方政府支出占全国财政支出的比重越来越高（见表 3-9）。

二、影响财政支出结构的主要因素分析

财政支出结构受多种因素的影响，其中主要有政府职能及财政资金供给范围、经济发展水平、政府在一定时期的社会经济发展政策、国际政治经济形势等。

（一）政府职能及财政资金供给范围

财政支出结构与政府职能及财政资金的供给范围有着直接的关系。在计划经济体制下，政府职能及财政资金的供给范围比较宽，既承担了社会共同需要方面的事务，也承担了大量竞争性、经营性等方面的事务。所以，在财政支出结构上必然体现出浓厚的计划经济体制的特点，如经济建设支出投入的比重较大，增加了一些本应由市场去办的事务性支出。而在市场经济体制下，政府主要涉足市场不能办的事情或办不好的事情，着力于经济的宏观调控。所以，在财政支出卢经济建设支出的比重就相对较小，同时在经济建设中用于基础设施、公用设施等投入的比重较大，而几乎没有用于竞争性、营利性领域的支出。

表 3-9 我国中央和地方财政支出比重

年　份	中央财政支出所占比重（%）	地方财政支出所占比重（%）
1991	32.2	67.8
1992	31.3	68.7
1993	28.3	71.7
1994	30.3	69.7
1995	29.2	70.8
1996	27.1	72.9
1997	27.4	72.6
1998	28.9	71.1
1999	31.5	68.5
2000	34.7	65.3
2001	30.5	69.5
2002	30.7	69.3
2003	30.1	69.9
2004	27.7	72.3
2005	25.9	74.1
2006	24.7	75.3
2007	23.0	77.0
2008	21.3	78.7
2009	20.0	80.0
2010	17.8	82.2
2011	15.1	84.9
2012	14.9	85.1
2013	14.6	85.4
2014	14.9	85.1
2015	14.5	85.5
2016	14.6	85.4

（二）经济发展水平

经济是财政的基础，一方面经济发展的水平决定财政收入及其供给水平，另一方面财政支出的结构也受到经济发展水平的影响，因为一定时期的经济发展水平决定着当时的社会需要水平及社会需要结构。按照马克思主义的观点，人们首先要解决的是衣食住行这些人类生存的基本需要，而后才能考虑其他更高层次的需要。在经济发展水平不高的情况下，财政供给水平和保障能力也必然不高，财政支出结构也会相应体现出这一时期的特点。以我国为例，我国要建立和发展市场经济迫切需要建立完备的社会保障制度，但限于国家财力，我国社会保障程度和范围十分有限，国家的社会保障支出还不能做到像西方国家那样在财政支出中占有那么大的比重，这只能随着国家经济发展水平和财力水平的提高逐步解决。因而，财政支出结构比较明显地反映出一个国家的经济发展水平。

（三）政府在一定时期的社会经济发展政策

财政支出反映着政府的活动范围和方向，反映着政府的政策取向。政府发展什么、控制什么、支持什么、限制什么，在财政支出结构中反映得十分清楚。因此，政府在一定时期的社会经济发展政策直接会影响到财政支出结构的状况。如为实施"科教兴国"战略，国家规定每年财政对科技、教育投入的增幅要高于财政经常性收入的增幅；在中央级支出中规定，从1998年起连续5年中央级财政教育经费占中央本级支出的比重要比上年提高一个百分点。这些政策的实施使我国财政支出结构相应地发生了变化。

（四）国际政治经济形势

在当前世界政治多极化、经济一体化大趋势的形势下，一国政治经济及其政府政策受国际形势和环境的影响越来越大，几乎没有任何一个国家可以孤立地存在和发展，都必须通过不同形式与国际社会发生这样或那样的联系和交往，经济一体化既使各国经济形成了紧密的联系，也形成了相互的依赖。因此，各国经济发展不能不受到国际经济形势和政治形势的影响，各国制定本国经济政策也必须充分考虑到国际形势的因素，从而对财政支出的结构产生显著的影响。

第四节　财政支出的公共产品属性分析

通过前面对私人产品供给上的排他性和消费上的竞争性分析，可以看出，私人产品可以由企业自主生产和提供，而无须政府的过多干预，更不需要政府的直接生产和经营。这在很大程度上是由于在市场经济条件下，私人产品的这种供给实际上已经与帕累托效率状态联系起来了。我们已经知道，公共产品不具有排他性，因为每个社会成员均拥有享受它的权利，即使排他在技术上可行，也会由于排他费用太高而无法实现；公共产品也不具有消费上的竞争性，因为每增加一个消费者并不会减少他人对该公共产品的消费。分析公共产品学说的意义并不仅仅局限于认识和了解公共产品的特征。对其分析还会引申出深层次的思考，尤其是关于公共产品的政府提供、公共财政的支出范围、税收与公共产品之间的关系以及公共产品的层次性等诸多问题的思考。

一、财政支出与公共产品提供

将社会产品分为私人产品、公共产品和准公共产品（混合产品）的思路，对于界定社会主义市场经济条件下财政支出的范围具有一定的借鉴意义。重新认识政府的职能范围，实际上就是从资源配置方式的转变上重新认识公共财政的职能范围和财政支出范围。

在市场经济条件下，市场和包括财政在内的公共部门是两种特点不同、功能各异、分工明确的配置方式。市场通过均衡价格实现资源的配置，而财政是一种公共部门的经济行为，根据政府的政策通过财政收支实现资源配置。市场与包括财政在内的公共部门作为同一社会下的两种不同配置方式，其目标具有共同性，即都是为了满足社会成员的需要。但由于机制和作用的不同又有所分工，相互配合，共同实现兼顾公平与效率的目标。在配置方式上，主要是通过市场满足个人需要，通过财政满足社会公共需要。

公共经济学的理论通常将公共支出分为两大类：一是消耗性支出（亦称购买性支出）；二是转移性支出。其中，消耗性支出主要包括国防、基础设施、行政、教育等方面的开支；而转移性支出主要由社会福利、社会救济等方面的开支构成。在美国，关于财政支出的范围，可以通过对政府事权范围的划分来进行分析。通常，与国家经济社会发展关系重大的事务是集中在联邦政府的，而区域性和地方性极强的事务则主要由州和地方政府承担。美国的联邦政府支出通常划分为国防、人力资源、物力资源、净利息和其他五大类；州和地方政府的财政支出主要包括教育、公路建设、公共福利、卫生和保健、公共基础设施等支出。在政府内部事权划分问题上，日本是以所谓“大地方政府”而小有名气的。大约 70% 的政府公共支出是通过地方预算安排的。从总体上讲，立法、司法、国防、外交、货币发行、物价指数控制、平衡国际收支和制定产业政策等是中央政府的职责，而基础设施、治安、教育、社会福利等事务则由地方政府承担。在法国，其中央政府财政主要负担外交支出、国防支出、重大的经济建设投资（包括铁路、公路、航运和国有企业投资）、中央级行政事业经费、社会安全费、国家宏观调控支出、对地方的转移支付支出以及国债的还本付息支出等。法国地方政府财政主要负担社会福利事业支出、地方治安支出、公用事业支出、地方行政机构支出、地方公共设施支出及债务支出等。从对上述发达国家资金供给范围的分析来看，各个国家之间在公共支出范围上存在着一定的差异，因而并未形成一个统一的模式。但是在具体做法上，仍然可以找出具有下述几个方面的共性：

（1）财政支出范围的划分与政府职能密切结合。当代公共经济学是从分析公共产品入手的，这种分析的意义，并不仅仅在于引申出了公共部门经济活动的必要性，同时也为进一步科学地划分政府职责和协调利益分配关系提供了方便，并且极大地影响了财政支出实践，使得各级政府的财政支出与其职责范围之间形成了紧密的对应关系，进而有助于提高支出效果，满足具有不同消费和投资偏好的社会成员对各种层次公共产品的需求。

（2）确定适度的财政支出范围。当代西方国家，其资源配置的基础是市场，只有在存在市场缺陷的领域，政府才介入。如前所述，除国防和重大的基础设施等开支外，各级政府一般只负担政府机关、义务教育、社会保障及重大科学研究等方面的开支，对国家认为有价值的其他非营利性事业项目，视产业政策和财力状况适当给予资助。即使这样，财政的负担仍很沉重，赤字越来越大，债务越滚越多。近几年来，西方主要债务国已经充分认识到“越位”的危害，为取悦民心，多数国家的政党都以压缩财政供给范围、削减政府开支、减少财政赤字为竞选口号。当选政党也将此作为重要的任期目标，采取了一系列措施。如美国联邦政府正在大刀阔斧地精简机构、裁减雇员。号称“福利国家”的北欧诸国政府，不惜冒着失去选民支持的巨大政治风险，削减不堪重负的社会福利支出，以减轻政府负担，减少财政赤字。这说明，明确财政供给范围，规范财政收支，已成为一种国际潮流。

（3）注重财政支出结构的合理性。从许多国家的情况来看，尽管支出规模各异，却大都确立了较为合理的支出结构。在各种支出中，有调节性支出，如社会保障支出、补贴支出等；有行政管理性支出，如公共部门的消费性支出；还有基础设施方面的支出等。各个国家的财政均以保证政府行政管理、基础设施和社会保障等开支为己任，使财政在充分发挥政府职能方面产生了积极的作用。

（4）财政支出划分的法制化和规范化。许多国家的情况表明，虽然支出数额巨大、支出范围较为广泛、支出结构相当复杂，但在财政支出的安排和执行过程中都是有章可循的，有健全的法律体系加以保障。这样，就有助于避免支出安排中的随意性和盲目性，减少人为因素的干扰和影响，从而使支出安排的透明度加大，增加了财政支出的效率，提高了财政资金的使用效果。

二、纯公共产品的提供方式

如上所述，提供公共产品来满足公共需要有两个系统：一是市场；二是政府。一般而言，纯公共产品只能由政府来提供而不能由市场来提供，这是由市场运行机制决定的。市场是通过买卖提供产品和服务的，在市场上，谁有钱谁就可以购买产品或享用服务，钱多多买，钱少少买，无钱就不能买。总之，市场交易要求利益边界的精确性。公共产品的非竞争性和非排他性，决定了竞争性的市场机制不适于提供纯公共产品。一方面，从公共产品提供的角度看，非竞争性是指新增一个消费者的边际成本等于零，这就意味着，如果公共产品按边际成本定价，那么，由私人部门提供就得不到他所期望的最大利润，所以私人投资者不会自愿提供纯公共产品；另一方面，从公共产品消费的角度看，非排他性意味着一个人使用公共产品，并不排除其他人同时使用，即使从技术上可以排他，但成本太大，这样，消费者不会自愿花钱消费这种物品，而是期望他人购买，自已从中受益，即所谓免费搭车。免费搭车现象使公共产品也不适于通过市场方式提供，否则，每个人都会花钱去购买私人物品，而等着他人购买公共产品，自己免费搭车从中受益。

相对于市场机制而言，政府的运行机制是迥然不同的。政府的性质和运行机制决定了它可以解决市场提供公共产品所存在的难题。一方面，政府具有社会职能，因而满足全体社会成员的公共需要，追求社会目标，是政府本来应当承担的职责；另一方面，政府是一个公共权力机构，政府拥有向社会成员征税的权力，税收是保证纯公共产品供给成本得到补偿的最好途径。从这个意义上说，“天下没有免费的午餐”，表面上，纯公共产品免费享用，事实上也是以纳税为代价的。

政府主要是通过强制征税来提供纯公共产品，但是，征税是可以精确计量的，如按率征收或定额征收，而公共产品的享用一般是不可分割的，无法量化。如前所述，每个人的纳税额与他对公共产品的享用量是不对称的，不能多纳税就多享用，少纳税就少享用，不纳税就不享用。尽管财政学界对税收合理负担问题有能力说、利益说，但不可否认的事实是，相对于市场交易中利益边界的精确性而言，纳税人负担与公共产品享用之间的关系缺乏精确的经济依据。

由以上分析可知，市场主要适于提供私人物品，对提供纯公共产品是失效的，而提供纯公共产品恰恰是政府配置资源的领域，是政府的首要职责。财政学关心的问题是，政府提供公共产品与市场提供私人产品之间的恰当组合，以及政府提供公共产品所花费的成本和代价。

三、准公共产品的提供方式

前面说的是纯公共产品的提供方式，而公共产品有纯公共产品和准公共产品（或称混合公共产品）两类。准公共产品的特征是兼具公共产品和私人产品的性质，不言而喻，可以采取公共提供方式或市场提供方式，也可以采取混合提供方式。如前所述，准公共产品有两种不同类型：一类是具有非竞争性同时具有排他性；另一类是由外部效应引起的。

先看具有非竞争性又具有排他性的第一类准公共产品。以桥梁为例，桥梁成本可以通过两种方式来弥补：一是通过征税弥补，免费使用，这是公共提供方式；二是由过桥车辆收费弥补，如同一般商品买卖一样，谁过桥谁交费购买使用权，这是市场提供方式。政府要考虑的问题是，从社会角度出发比较两种提供方式何者为优，而比较的依据主要是效益和成本。不论采取哪种提供方式，该桥梁提供的社会效益和建筑成本是相同的，不同的是无论征税还是收费都会产生的成本及可能带来的一定的效率损失。征税成本是指征管成本和缴纳成本。税收的效率损失是指因征税而带来的社会福利损失，亦称税收超额负担（这个问题将在税收有关章节中加以说明)。收费要设置管理设施和管理人员，也要花费成本。另外，由于收费会在一定程度上限制过桥的车流量，在不过分拥挤的情况下，对社会而言产生一部分消费损失，这是收费的效率损失。最终选取何种提供方式，取决于税收成本和税收效率损失同收费成本和收费效率损失的对比。

再分析主要具有外部效应的第二类准公共产品。选取这类准公共产品的提供方式，在于判断外部效应的大小。当外部效应很大时，可视为纯公共产品，采取公共提供方式。例如，基础科研成果是一种典型的外部效应产品，而且政府的政策是鼓励基础科研成果付诸应用，一般是采取公共提供方式。其实，多数公共产品都具有较大的外部效应，不过为了提高公共产品的使用效率，并为了适当减轻政府负担，对多数准公共产品采取混合提供方式是一种较佳的选择。例如，医疗保健，一部分由政府提供，一部分向就医者收费，采取混合提供方式，既可以保障职工和居民的医疗需要，又可以避免病床过分拥挤和药品的浪费。当采取收费方式时，政府所要关心的问题是合理制定收费标准，同时严格管理，避免利用垄断地位滥收费，或提高收费标准，加重居民负担，甚至造成严重的社会问题。

从各国的实践来看，准公共产品的有效提供主要有如下几种方式：(1) 政府授权经营。对于具有规模经济效益的自然垄断行业，政府部门通过公开招标形式选择民间企业，通过签订合同的方式委托中标的民间企业经营，但政府部门对这一领域实行政府管制，一方面禁止其他企业自由进入，另一方面又禁止中标企业制定垄断价格。(2) 政府参股。对于那些初始投资量较大的基础设施项目，如道路、桥梁、高速公路、铁路、港口、机场等，由政府通过控股参与建设。(3) 政府补助。对于那些提供教育服务、卫生服务的民间机构及从事高新技术产品开发的民间企业，政府给予一定补助。这是因为教育服务、卫生服务、高新技术的开发都具有正外部效应。补助的方式包括补贴、贷款贴息、减免税等。

四、公共生产的提供方式

(一) 公共生产的地位和类型

公共产品的提供方式涉及公共产品的生产方式问题。因为公共产品可以由政府直接组织生产，即所谓公共生产，也可以由私人生产，政府购买。所谓公共生产，是指由政府出资（即由预算拨款）兴办的所有权归政府所有的工商企业和单位进行生产。广义的生产部门，既包括生产有形产品和提供服务的工商企业，也包括提供无形产品和服务的学校、医院、文艺团体，以及政府机关、公安、司法、国防和准国家机关的事业单位等部门。按狭义生产概念理解的公共生产部门，在我国就是国有工商企业，包括垄断性国有企业。公共产品由国家机关和公共部门来提供并不表明这些公共产品必须由国家机关和公共部门来生产，即公共提供不等于公共生产。公共提供无非是强调这种产品要通过预算程序来供给，消费者通常可以免费获得。但是产品的生产可由公共部门来承担，也可以由私人部门来承担。同理，私人提供也不等于私人生产，私人在市场上提供的产品也可以由公共部门来生产。

值得注意的是，公共产品的生产方式和提供方式并不是一回事，两者可以形成多种相互交错的组合：有些公共产品是公共提供、公共生产，如政府机关、国防等部门提供的服务以及这些部门从国有企业购置的办公用品和设备，就属于这一类，还有垄断性国有企业提供的物品，也属于这一类；有些公共产品是公共提供、私人生产，如政府部门从私人企业采购设备和购置办公用品，私人企业承包政府工程等，属于这一类；至于公共生产部分收费或私人生产由政府给予补贴的混合物品，则属于公共生产、混合提供或私人生产、混合提供等。

为了进一步分析公共产品的生产问题，有必要对我国国有企业的地位、性质及其和财政的关系略作分析。我国现在处于并将长期处于社会主义初级阶段，以公有制为主体、多种所有制经济共同发展，是社会主义初级阶段的基本经济制度。公有制经济不仅包括国有经济和集体经济，还包括混合所有制经济中的国有成分和集体成分。国有经济在整个国民经济中以及在公有制经济主体中具有特殊的地位，社会主义市场经济是以社会化、现代化大生产为基础的，而国有经济是社会化、现代化大生产体系中的核心部分，它控制着国民经济命脉，对经济发展起主导作用。

我国社会主义建设特别是经济体制改革的实践证明，单纯从形式上和数量上追求全面国有化，并不符合社会主义初级阶段生产力发展的要求，也不利于国民经济的全面、协调、可持续发展。国有经济的主导作用，不在于其数量和比重的大小，主要表现在它的控制力上，要从战略上调整国有企业的布局。目前我国国有企业的覆盖面过宽，整体素质不高，资源配置不尽合理，必须着力加以解决。国有企业需要控制的行业和领域主要包括涉及国家安全行业、自然垄断行业、提供公共产品和服务的行业以及支柱产业和高新技术产业中的重要骨干企业，而不同类型的国有企业在国民经济中的地位、作用及同市场的关系是不同的。从和市场的关系来看，国有企业可分为竞争性与非完全竞争性两类，非完全竞争性企业又存在提供公共产品的非竞争性和处于基础产业及主导性产业的垄断性的差别。从改革的性质上看，有的企业改革是保持公有制不变，只涉及经营机制的转换，而有的企业改革则涉及所有制结构的调整，即将那些不适于实行国有的企业转变为集体、个人以及合资企业等非公有制企业。因而国有企业改革不应采取以完全市场化和竞争化为目标的单一模式，而应是分门别类，采取不同形式，分类改革，分类管理。

（二）提供纯公共产品和某些提供准公共产品的国有部门和单位，应采取国有国营模式

在国有部门和单位中，有一类是提供纯公共产品的，典型的有国防、公安、司法、政府行政管理部门，还包括城镇建设中的排水、绿化以及基础教育等。这些部门、单位，不能靠向居民收费或通过市场化维持和发展，基本上是由国家预算拨款，免费向公民提供服务，它的资金来源主要是国家税收。另一类是提供准公共产品的企业和单位，如高校、医院、文化团体、公共交通、自来水供应和煤气供应等，这些部门、单位，凡是由国家预算拨款创办的，自然应由政府直接控制和管理。但这些企业和单位运行中的资金可以有两种来源：一是国家预算拨款；二是按政府规定的项目和标准向公众收费，因而可以根据不同情况采取不同的管理方式。

（三）垄断性国有企业应采取国有国控模式

垄断性企业主要集中在邮电、铁路、交通运输、能源以及原材料工业等基础设施和基础工业部门，还包括支柱产业和高新技术产业。基础设施和基础产业属于“上游”生产部门，为其他生产部门（包括本部门）提供投入品，它们的价格构成其他部门产品成本的组成部分。基础产业和支柱产业以及高新技术产业都是国民经济的命脉，在整个经济发展中具有高度连锁效应和带动作用。我国作为一个发展中国家，政府必须在这些部门中占据支配地位，以便实现资源的优化配置，调节收入分配，保证国民经济的快速稳定增长。显然，这些部门不适于完全按照市场化原则进行改造，应选择国有国控模式，所以垄断性国有企业提供的物品可视为一种具有特殊性质和特殊意义的公共产品。国有国控并不意味着由政府直接经营，而是通过有法律效力的契约关系明确政府与企业间的责权利关系。为了发挥规模效益，应以资本为纽带，通过市场形成具有竞争力的跨地区、跨行业、跨所有制的大企业集团。但是，即使那些适合股份制改造的企业也必须保持国有资本的控制力，尤其要避免外国资本在这些部门拥有控制权。

（四）竞争性的大中型国有企业应采取公司制改造模式

竞争性国有企业是指那些由国家投资建成、基本上不存在进入和退出限制、竞争充分、以营利为经营目的的国有企业，这些企业主要集中在加工工业、建筑业、商业和服务业，应按“产权清晰，权责明确，政企分开，管理科学”的原则，分别改造为上市公司、不上市公司和有限责任公司，使企业成为以营利为目的、自主经营、自负盈亏的市场竞争主体和法人实体。国有企业改革面临着观念转变、机制转变、运作转变的问题，基础是观念转变，核心是机制转变，最终要实现运作转变。大中型国有企业的公司改制，是指我国对国有企业从产权制度入手进行的改革，是多年来国企改革迈出的最大一步，也是十分艰难的一步，这里需要政府特别是财政给予大力支持。如支持社会负担的分离，安排下岗职工的再就业，完善社会保障体系等。

（五）中小型国有企业的改革方向是放开搞活

对国有企业改革必须把握战略性改组的策略，抓大放小，集中力量搞好大中型企业改革，尽快把小型国有企业推向市场，使其在市场竞争中求生存、求发展。放活小型企业的形式可以是多样的，如以大带小，实行资产重组，鼓励兼并、合资、联合、托管，实行股份合作制或改造为有限责任公司，承包租赁和拍卖出售等。

第五节 财政支出效益与绩效评价

在现代市场经济社会，作为政府财政支出必须讲求经济效益。而为了衡量财政支出效益，就应该探讨衡量财政支出效益的主要方法，进而对财政支出进行客观、科学的绩效评价。

一、衡量财政支出效益的一般方法

（一）财政支出效益的内涵

不论何种社会制度、何种所有制形式，其政府在配置资源的过程中都力求以最少的耗费取得最满意的效果，即都讲求财政支出的效益最大化。所谓效益，从经济学的一般意义上讲，就是人们在有目的的实践活动中“所费”和“所得”的对比关系。所谓提高经济效益，就是“少花钱、多办事”，少投入，多产出。从原则上说，公共支出的效益与微观经济主体的支出效益是一样的，但是，由于政府处于宏观调控主体的地位上，支出项目在性质上也千差万别，同微观经济主体支出的效益又存在着重大差别，主要表现在：

首先，二者计算所费与所得的范围不同。微观经济组织在分析其生产经营支出的效益时，只计算其自身直接投入的各项费用和自身实际获得的所得，所费与所得相比较，所得大于所费，即可以说其生产经营活动是有效益的。而政府在分析公共支出的效益时，计算所费与所得的范围较微观经济组织宽得多。政府不仅要计算直接的、有形的所费与所得，而且还需要计算间接的、无形的所费与所得。不仅要分析政府本身在某项支出上的投入及所得到的效益，还需分析社会为该项支出所付出的代价和所获得的利益。

其次，二者衡量效益的标准不同。微观经济组织在进行效益分析时其标准十分明确，且易于把握。其标准即单纯的经济效益。而对于财政来讲，其衡量效益的标准无法像微观经济主体那么简单。因为公共支出的用途十分广泛，有些公共支出项目可以带来直接的、可以用货币单位来表示的经济效益，而有些公共支出项目，其资金的使用只会带来无法用货币单位来衡量的社会效益，很难对这些支出项目的效益做出评估。而在财政的实践中，能够带来直接经济效益的支出项目又比较少，更多的支出项目只产生社会效益，这也就在客观上决定了公共支出的效益分析中不能单纯地以经济效益为衡量标准，而必须确定经济效益与社会效益双重的效益标准。

最后，择优的标准不同。对支出活动进行效益分析的目的，是要通过效益比较，选择出最优的支出方案。在这一点上，微观经济组织与政府财政的择优标准也是不同的。前者择优的标准很简单，其目标一般是追求利润，因而自身直接所费最少、所得最多的支出方案即为最优方案。而后者则不同，政府追求的是整个社会的效益最大化，因此，某些关系整个国民经济发展、社会总体效益很大而对于政府财政却无经济效益可言甚至带来局部亏损的支出项目，仍是政府安排支出时的选择目标。

（二）衡量财政支出效益的一般方法

衡量公共支出的效益是个复杂的问题。公共支出的项目繁多、不同支出项目的效益所表现的形式也不尽相同，比如，有些支出项目有直接的经济效益，有些支出项目只有社会效益而没有直接的经济效益，还有些支出项目既有经济效益又有社会效益等等。因此，在衡量公共支出的效益时，一方面对支出费用不仅要看直接费用，还要看间接费用，另一方面，在效益上不但要看到它的直接效益，还要看到它的间接效益。这也就决定了公共支出的效益无法用一种方法来评价和分析。这里阐述的三种方法主要应用在预算项目设计时，对财政支出方案的预期效益进行评估，从而选择出适合的方案。

1. 成本效益分析法

成本效益分析法是西方发达国家在 20 世纪初，把私人企业中进行投资决策的财务分析法运用到财政分配领域，成为政府进行公共支出决策，从而有效地使用财政资金的重要方法。这种方法是市场经济国家衡量政府支出效益常用的一种方法，它一般适用于政府公共支出中有关投资性支出项目的分析评价。

所谓成本效益分析，就是针对国家确定的建设项目，提出若干实现建设目标的方案，通过分析比较，选择出最优的投资项目方案。这种方法的基本原理是：在面对多个可供选择的方案的情况下，根据一定的方式计算出每种选择方案的全部预期成本和全部预期效益，通过计算成本和效益的比率，按所得比值大小来比较不同项目或方案的效益，确定其优先采用的次序，摒弃那些社会边际成本超过社会边际效益的项目或方案，选择最优的支出方案，再据此支拨和使用财政资金。换言之，成本效益分析的基本原则是：在任何情况下都要选择能产生最大效益的政策。至于判断政策变动是否有利的标准，最先是由帕累托提出的。他认为：如果至少有一个人在 A 的条件下优于 B，且没有一个人在 A 的条件下更坏，则 A 优于 B。找到一个不损害任何人的项目是不可能的，那么，就需在受益方与受损方之间找到一种转移机制。在成本效益分析中，帕累托准则的实用性在于，它包含了这样一种机制，即将受益方的收益部分转移到受损方手中，这样就减少了某些人的收益，但也减少了某些人的损失。以此为基础，英国经济学家尼古拉斯·卡尔德和约翰·希克斯确定了成本效益分析的准则，即卡尔德-希克斯准则，其内容是：如果受益者在弥补受损者的损失后，仍表现为受益，那么，项目就具有可行性。除了这个基本的原则，在选择方案时一般还应遵循平均收益最大原则、净收益最大原则和所剩资金最小原则等。

下面我们来看一个例子。假如有 700 万元人民币，要花在可供选择的城市公路市政建设项目上，这些项目一共有七项，具体见表 3-10。

表 3-10 一定预算下项目方案的选择 金额单位：万元

项目	成本	收益	净收益	收益-成本比率	按收益-成本比率排列
一	200	400	200	2.0	2
二	145	175	30	1.2	5
三	80	104	24	1.3	4
四	50	125	75	2.5	1
五	300	420	120	1.4	3
六	300	330	30	1.1	6
七	125	100	-25	0.8	7

选择一：若按平均收益最大原则选择，应选择项目四、一、五和三，此时，总成本为 630 万元，总收益为 1 049 万元，平均收益-成本比率为 1.67，净收益等于 419 万元，预算还剩下 70 万元。

选择二：若按净收益最大化原则选择，应选择项目一、五、四和二，在此选择下，总成本为 695 万元，总收益为 1 120 万元，平均收益-成本比率为 1.61，净收益为 425 万元，预算还剩下 5 万元。

选择三：若按预算所剩资金额最小来选择，应选择项目一、二、四和六，此时，总成本为 695 万元，总收益为 1 030 万元，平均收益-成本比率为 1.48，净收益为 335 万元，预算剩余为 5 万元。

从这个例子，我们可以看到，采用衡量收益的三个指标来选择项目方案，最不经济的是按预算所剩资金额最小的原则来确定的选择三，尽管此时收益-成本比率大于 1，但总收益、净收益和平均收益却都是最小的。然后，再在选择一与选择二之间做选择，由于选择一的平均收益比选择二的要高，但支出节省，而选择二比选择一所获净收益要大，所以究竟哪一种方案更合理，很难判断，需要考虑决策者的目标。

20 世纪 30 年代成本效益分析法产生于美国，目前已经在各国的水利电力工程、邮政和运输工程、文化娱乐设施工程等财政支出分析中得到了广泛的应用。但是，这种方法需要计算全部的预期成本和预期效益，而如社会保障之类的项目的成本和效益却很难准确计量，有的甚至根本无法衡量。

2. 最低费用选择法

对于不能运用成本效益分析法的公共支出项目，可以运用最低费用选择法进行分析。这种方法起源于美国，是对成本效益分析法的补充，但与成本效益分析法不同的是，最低费用选择法不用货币单位来计算备选的公共支出项目的社会效益，只计算每个备选项目的有形成本，并以成本最低为择优的标准，换言之，这种方法也就是选择那些使用最少的费用就可以达到公共支出目的的方案。西方学者也称之为信息不具备情况下的成本效益分析法，或最小成本法。

最低费用选择法的操作步骤与成本效益分析法大体相同，由于多用于军事、政治、文化、卫生等公共支出项目上，免去了计算无形成本与效益的麻烦，这种方法的分析内容要简单得多，运用起来也比成本效益分析法简单一些。首先，根据政府确定的建设目标，提出多种备选方案。其次，以货币为统一尺度，分别计算出各个备选方案的各种有形费用并予以加总。在计算费用的过程中，如果涉及垄断价格，要运用影子价格消除其包含的不合理的价格因素，或是遇到需要多年安排支出的项目，则可运用贴现法折算出费用流的现值，从而保证不同备选方案费用的可比性。最后，按照费用的高低，排出优前劣后的顺序表，以供决策者选择。需要指出的是，在运用最低费用选择法时，由于许多公共支出项目都含有政治因素、社会因素等，如果只是以费用高低来决定方案的取舍，而不考虑其他因素，这显然是不妥当的，因而，这要求在综合分析、全面比较的基础上，进行最佳方案的选择。

运用最低费用选择法来分析公共支出效益，确定最佳方案时，在技术上是不困难的，难点并不在于费用开支的比较，而在于备选方案的确定，在于如何使不同支出方案能够无差别地实现公共支出的目的，要做到这一点并不容易。最低费用选择法适用于分析那些成本易于计算、效益不易衡量的财政支出项目。

3. 公共定价法（公共劳务收费法）

所谓公共劳务，其外延并不只限于通常所说的“劳务”，财政学中所说的公共劳务，是指政府为行使职能而开展的各项工作，包括国防建设、行政工作、道路的建设与维护、城市供水与排水工作、住宅供应与公园的建设与维护等。国家向社会提供这些“公共劳务”，供社会成员所享用，在一个经济社会中，同样需要讲求使用上的最有效、最节约，因而，也就要提高财政对这些方面支出的效益。为此，人们把商品经济中的价格机制引申到对公共劳务的提供与使用中，以借助价格、收费的作用来提高公共支出的效益。

公共劳务收费法就是把市场等价交换原则引申运用到公共劳务的提供和使用中去，通过制定和调整公共劳务的价格或收费标准，适当地约束和限制社会对该公共劳务的消费量，从而使公共劳务得到最有效、最节约的使用，以达到提高公共支出效益、提高财政资金使用效益的目的。

所谓的公共定价，一种是纯公共定价，即由政府直接制定自然垄断行业（如能源、通信和交通等公用事业，煤、石油、原子能、钢铁等基本品行业）的价格；另一种是管制定价或价格管制，即政府规定竞争性管制行业（如金融、农业、教育和保健等行业）的价格。通过公共服务收费法来提高公共支出效益，其要旨并不在于帮助政府选择出最优支出方案，该法与成本效益分析法以及最低费用选择法的区别在于：它是通过制定合理的价格与收费标准，来达到对公共劳务有效地、节约地使用，而不是对公共支出备选方案的选择。

公共定价法适用于分析那些成本易于衡量而效益难以计算的项目，但通过这类项目支出提供的商品和劳务，可以部分地或全部地进行市场交易。

二、政府采购与提高财政支出效益

（一）政府采购的内涵及特点

政府采购，是指各级政府及其所属机构为了开展日常政务活动或为公众提供公共服务的需要，在财政的监督下，以法定的形式、方法和程序，对货物、工程或服务的购买。政府采购不仅是指具体的采购过程，而且是采购政策、采购程序、采购过程及采购管理的总称，是一种对公共采购进行管理的制度。政府采购的合理运用可以提高购买性财政支出的效益。

政府采购与个人采购、家庭采购、企业采购或团体采购相比，具有以下特点：

1. 资金来源的公共性

政府采购资金来源于政府财政拨款，即公共资金，而私人采购资金来源于采购主体的私有资金。资金来源的不同，决定了政府采购与私人采购诸多方面的区别。

2. 采购行为的非营利性

政府采购具有非商业性的特点，政府采购的目的不是为了营利，而是为了提高财政资金使用效益，而私人采购的目的和动机是营利。

3. 采购规模巨大，采购对象广泛

政府始终是各国国内市场最大的消费者，政府采购规模在国民生产总值和财政支出中都占有相当大的比重。政府采购的金额占欧盟成员方 GDP 的 15%，政府采购支出约占美国联邦政府预算支出的 30%。政府采购对象也非常丰富，从办公用品到武器等无所不包。

4. 公共管理性

由于采购部门使用公共资金进行采购，政府采购部门履行的是信托人的职能，因此政府采购具有明显的公共管理性，政府采购过程是一个受监管但却透明的过程，在严格的法律和管理限制下进行。

5. 政策性

政府作为国内最大的购买者和消费者，政府采购的数量、品种、频率对整个国民经济有着直接的影响。政府采购作为财政支出政策的主要内容，在经济过热时，可以减少政府采购规模，即通过紧缩的财政政策实现经济的正常运行。当经济不景气时，可以增加政府采购规模，增加有效需求，即通过积极的财政政策实现总供求平衡，拉动经济增长。同时，还可以保护民族工业，促进产业结构调整和优化。

6. 公开性

政府采购一般通过招标、竞标方式进行交易，而公开、公平是招标方式的基本特征，从而使政府采购活动在透明度较高的环境中运作，采购的有关法律、采购过程、采购信息全是公开的，公共官员、管理者受到财政、审计、供应商和社会公众等全方位的监督。

（二）政府采购制度的运行机制

政府采购制度是一项十分具体、庞杂的工程，涉及面广、事务多，要保证政府采购制度的顺利运转，必须建立完善的政府采购运行机制。从世界各国情况来看，政府采购运行机制主要包括以下几个方面：

1. 政府采购主管机构

政府采购按使用对象，可分为民用产品采购和军用产品采购，军用产品采购的主管机构为国防部门，而民用产品采购的主管机构一般都是财政部门，中央政府为财政部，地方政府为财政厅（局）。政府采购主管机构的主要职责因国而异，大致包括：编制采购预算、制定采购法规、对政府采购事务进行协调和管理、进行采购统计、进行分析和评估等。

2. 政府采购法律体系

为了加强对政府采购的管理，各国都制定了一系列有关政府采购的法律和规章。各国的基本法规为《政府采购法》或《合同法》，如韩国的《政府采购合同法案》，美国的《联邦采购办公室法案》《联邦采购条例》《合同竞争法案》等，新加坡的《政府采购法案》，英国的《通用合同及商业法》等。除了基本法规外，各国还制定了大量的配套法规，如美国的近 20 个配套法规，新加坡的《政府采购指南》等。我国的《政府采购法》自 2003 年 1 月 1 日起施行，为我国的政府采购工作提供了基本的法律保障。

3. 政府采购模式

目前，国际上通行的政府采购模式有以下几种：

（1）集中采购模式

集中采购模式由采购主体负责本级政府的所有采购，如韩国财政经济院的政府采购厅负责对中央政府以及中央政府驻地方机构的所有货物、工程和服务的采购、分配和管理。集中采购模式被认为有以下优点：集中采购模式有利于专业化，因为允许采用专家并使专家的技术在不断的采购中得到提高；集中采购模式有利于明确责任，不易出现规避责任的情况；集中采购模式有利于降低成本，因为可以合并采购需求，降低采购价格，减少作业和管理费用，便于管理。

（2）分散采购模式

分散采购模式是在遵守国家法令的前提下，由各需求单位自行采购。目前，完全实行分散采购模式的国家不多。

（3）半集中半分散的采购模式

半集中半分散的采购模式，是指部分物品由一个部门统一采购，部分物品由各需求单位自行采购的采购模式。大多数国家都采用这种模式。一国政府究竟在多大程度上实现集中采购和分散采购并没有标准模式，采购实体的目标、资源和管理需求对采购的集中化和分散化起重要作用。

4. 采购官员管理

政府采购官员代表政府进行各种采购，手中拥有非常大的权力，但同时也要承担非常大的责任。为保证政府采购队伍的专业化和职业化，需要对采购官员进行培训和管理。负责大宗物品的采购或具有高风险的物品和服务采购的官员由中央政府培训，负责小额商品的采购官员由部门或地方政府培训，只有培训合格的官员才能上岗。采购官员分若干级别，签订合同时，不同级别的官员签订不同金额的合同。如此，权责对称，责任明确。另外，许多国家还制定了政府采购官员行为准则，同时对违法违纪的采购官员及供应商进行严惩。

5. 质疑与申诉机制

供应商质疑与申诉是政府采购活动中经常遇到的问题，为妥善解决这些问题，世界贸易组织制定的政府采购协议以及许多国家的政府采购制度中都有对质疑和申诉问题的特殊规定，包括申诉程序、有效时间、负责处理此类问题的机构等。如美国政府采购质疑和申诉机构是美国服务管理总局合同上诉委员会，该委员会有类似法院的正式听证程序，上诉人和采购机构都有权利出席。该委员会的法官有权中止合同行为并且将相当大的诉讼费判给质疑方。

（三）政府采购制度对提高财政支出效益的意义

政府采购制度在三个层次上有利于财政支出效益的提高。

第一个层次是从财政部门自身的角度来看，政府采购制度有利于政府部门强化支出管理，硬化预算约束，在公开、公正、公平的竞争环境下，降低交易费用，提高财政资金的使用效率。

第二个层次是从政府部门的代理人角度来看，通过招标竞价方式，优中选优，具体的采购实体将尽可能地节约资金，提高所购买货物、工程和服务的质量，提高政府采购制度的实施效率。

第三个层次是从财政部门代理人与供应商之间的关系角度来看，由于政府采购制度引入了招标、投标的竞争机制，大大减少了采购实体与供应商之间的共谋和腐败现象，在很大程度上避免了供应商和采购实体是最大利益者，而国家是最大损失者的问题。

三、财政支出绩效评价体系的建立

（一）财政支出绩效评价的含义

所谓财政支出绩效评价，是指运用科学、规范的绩效评价方法，对照统一的评价标准，按照绩效的内在原则，对财政支出行为过程及其效果进行的科学、客观、公正的衡量比较和综合评判。在市场经济国家，开展财政支出绩效评价工作，已成为政府加强宏观管理，促进提高政府资金运行效率，增强政府财政支出效果的关键手段。在我国，随着社会主义市场经济体制的不断完善，以及公共财政框架的逐步建立，推动建立财政支出绩效评价体系已成为财政改革所面临的一项重要课题。

（二）财政支出绩效评价原则

传统意义上的财政支出绩效评价实质上属于审计范畴，主要是对财政支出的财务效益和合规性进行审计和监督。随着人类社会的发展，人类拥有的财产所有权和财产经营管理权分离。财产所有权与财产经营管理权的分离，又客观上导致了财产委托者对财产受托者进行经济监督的需要。受托经济责任的存在是绩效评价产生和发展的首要前提，而绩效评价的本质目标就是确保受托经济责任的全面、有效履行。绩效评价的作用在于：一是反映和控制受托经济责任的具体履行过程；二是反映受托经济责任履行的最终结果。在实践中，后者对于委托人来说更为重要，它是委托人了解责任履行状况的最基本依据。政府作为纳税人的代言人，代表纳税人筹集财政资金，并分配使用财政资金，有责任对其支出管理情况进行绩效评价，以判断其支出管理过程是否符合经济性、效率性和有效性原则，是否达到最大的公共支出效益。

20世纪80年代以来，经济学家从绩效审计理论和实践中总结提出了公共支出绩效评价的“经济性”（economy）、“效率性”（efficiency）、“有效性”（effectiveness），即“3E”原则。

1. 经济性原则

经济性原则即以最低费用取得一定质量的资源，简单地说，就是支出是否节约。经济性原则的目的是解决公共支出活动中资金严重浪费和资金分配不均的问题，以便在各个公共部门和公共项目支出中建立更为有效的支出决策机制和支出有效排序机制。

2. 效率性原则

效率性原则即投入和产出的关系，包括是否以最小的投入取得一定的产出或者以一定的投入取得最大的产出。效率性原则是公共支出在项目决策机制、项目实施进度比较、项目经济和社会效益取得等方面要求的具体体现。效率性原则现在已经被看做建立高效政府的主要目标之一。

3. 有效性原则

有效性原则即在多大程度上达到政策目标、经营目标和其他预期效果，简单地说，就是是否达到了预期目标。一些项目运行可能很有经济性和效率性，但是却并不一定有效。有效性原则是各国在对资金评价从经济性到有效性的转变，以及加强对宏观调控效果管理的重要体现。

（三）财政支出绩效评价客体和范围

财政支出绩效评价客体是评价组织结构确定的所要实施财政支出绩效评价的对象，主要包括项目、单位、部门和综合四种类型。根据评价客体的不同，财政支出绩效评价又分为财政支出项目绩效评价、单位财政支出绩效评价、部门财政支出绩效评价和财政支出综合绩效评价四种。

1. 财政支出项目绩效评价

财政支出预算分为基本支出预算和项目预算。项目评价是指对财政预算项目以及其他类似项目的支出绩效进行评价，通过分析评价，反映项目是否达到预期目的，项目资金是否得到有效利用。项目评价是财政支出绩效评价的基础形式，对于不同的项目，因不具有可比性，难以寻求一套共同的绩效评价指标体系，因此需要建立不同的绩效评价指标体系。但是，对于相同或者相似的项目，可以根据其共同特点建立一系列具体的绩效评价指标，用来衡量这些项目的支出绩效。如财政支农项目的支出绩效评价，可以建立一套绩效指标来评价所有的支农项目的情况等。

2. 单位财政支出绩效评价

任何一项财政支出最终都要通过公共部门分配到具体的使用单位。资金使用单位是项目的承载单位，是资金使用效益的直接体现者。财政支出能否取得相应的产出，能否发挥最大的效益，最终取决于使用单位。对单位财政支出绩效的评价应着重于这几个方面：一是对预算及相关决策的执行情况评价，评价其预算目标和各部门取得的实际结果，如执行结果与预算发生偏差，要分析、评价在预算执行过程中和资金的使用过程中，是否始终保持与国家的财政经济政策相一致，是否符合资金使用用途等；二是单位的资金管理机制是否完备，有无违反财政法规的现象存在；三是资金使用的最终效益（包括当期效益和周期性效益）是否得到完全体现，即对资金使用效益进行评价；四是要对同类型项目进行历史的、区域性的比较分析，建立一个最优的控制模型，也就是项目支出效益的标准模型，以此作为支出或项目评价的“标准值”。单位财政支出绩效评价工作应由其主管的财政部门实施或由各单位进行自我评价。每年年度终了后，主管的财政部门应对所属单位的支出绩效评价结果抄报同级财政部门，以利于财政部门对支出绩效的全过程进行控制。

3. 部门财政支出绩效评价

部门财政支出绩效评价是指对使用（管理）财政支出的部门（如行政、教育、文化等）在财政年度内的绩效进行评价。它包含两层含义：一是部门在财政资源的配置上是否合理并得以优化，财政资源的使用是否得到相应的产出和成果，也就是对部门资源配置的总体状况进行评价；二是部门本身的工作绩效评价，如是否完成了既定的社会经济发展指标，完成预算目标的财力保证程度，部门内资金使用的效率情况等。财政部门对使用财政资金的状况应增强其透明度，除特殊部门外，应向社会公开，年度终了后应向人民代表大会及财政部门报告工作绩效。财政部门则根据国民经济及社会发展总体目标制定公共部门评价体系，公共部门确定相应的评价指标，对财政部门的绩效进行评价考核。

4. 财政支出综合绩效评价

财政支出综合绩效评价是对一级财政或一级政府就其财政支出状况的综合评价。它主要包括对国家综合绩效的评价、对中央政府的绩效评价、对地方各级政府的绩效评价（即区域绩效评价），其中以区域绩效评价为主，包括对省、地、市、县、乡的财政支出绩效的综合评价。评价的内容包括很多方面，主要是在一定时期内该区域的财政支出总体绩效情况，包括对经济发展状况、社会发展状况、环境状况的影响等。评价的结果一般要向各级政府的人民代表大会或上一级政府报告。

□ 本章小结

* 财政支出是政府为履行其职能，以财政收入为来源而发生的提供公共产品和服务的资金耗费。财政支出是财政活动的一个重要方面，它反映了政府活动的范围与方向。

*2007年政府收支分类改革前，我国财政支出按用途可分为补偿性支出、积累性支出和消耗性支出；按政府职能可分为经济建设费、社会文教费、国防费及行政管理费和其他支出；按经济性质可分为购买性支出和转移性支出；按支出方式可分为财政无偿拨款和财政性贷款；按支出级次可分为中央支出与地方支出。

*2007年政府收支分类改革后，我国财政支出按用途可分为类、款两级；按功能可分为类、款、项三级。

* 财政支出规模是由多种因素决定的，社会经济发展水平、经济体制、政府职能的变化、财政支出涉及领域或范围的调整、财政支出效率的高低等都会对支出规模产生重要影响。

* 财政支出结构的影响因素主要有政府职能及财政资金供给范围、经济发展水平、政府在一定时期的经济社会发展政策、国际政治经济形势等。

* 衡量财政支出效益的一般方法包括：成本效益分析法、最低费用选择法和公共定价法。

* 政府采购，也称公共采购，是指各级政府及其所属机构为了满足其开展日常政务活动或为公众提供公共服务的需要，在财政的监督下，以法定的形式、方法和程序，对货物、工程或服务的购买。政府采购具有以下特点：资金来源的公共性；采购行为的非营利性；采购规模巨大、采购对象广泛；公共管理性；政策性；公开性。

* 所谓财政支出绩效评价，是指运用科学、规范的绩效评价方法，对照统一的评价标准，按照绩效的内在原则，对财政支出行为过程及其效果进行的科学、客观、公正的衡量比较和综合评判。

□ 关键概念

财政支出　购买性支出　转移性支出　成本效益分析法　最低费用选择法　公共定价法　政府采购　财政支出绩效评价

□ 复习题

1. 按不同的分类标准可以将财政支出分为哪些类别?
2. 简述财政支出按经济性质分类对经济分析的意义。
3. 简述瓦格纳的“财政支出不断增长法则”。
4. 简述皮考克和威斯曼的“梯度渐进增长理论”。
5. 简述马斯格雷夫和罗斯托的财政支出增长发展模型。
6. 简述衡量财政支出规模的指标及主要影响因素。
7. 试分析我国财政支出的结构状况及变化趋势。
8. 政府采购与个人采购、家庭采购、企业采购或团体采购相比，具有哪些特点?

□ 讨论及思考题

1. 如何优化我国的财政支出结构？
2. 你认为应该如何建立与完善我国的财政支出绩效评价体系？

第四章

购买性支出

本章要点

◇ 行政管理与国防支出的变动趋势

◇ 公共部门进行教育、科研、卫生投入的必要性

◇ 政府投资性支出的原则

购买性支出是指政府作为一般的市场主体，按照等价交换的原则在市场上购买商品与劳务的支出。它大体包括：行政管理、国防支出，科教文卫事业支出和政府投资性支出。应该指出的是，政府的购买性支出主要是为了提高资源配置的效率。

第一节　行政管理、国防支出

将行政管理支出和国防支出放在一起讨论，原因在于这两项支出是履行国家或政府基本职能，特别是实现国家的政治职能所必需的资金保证。这两项支出所形成的产品具有非排他性和非竞争性，是典型的、纯粹的公共产品，因为当社会某个成员在享受这两项支出所获得的利益时，其他人也都在享受这一利益，同时人们也无法拒绝政府提供的行政管理、国防服务。或者说，我们无法通过某种途径将社会的任何一个成员排斥在行政管理、国防服务的利益之外，因而，行政、国防产品具有非排他性。无论行政管理支出，还是国防支出，在政府的服务体系建成后，通常其成本并不因为社会成员人数的增加而增加，或者说，多增加一些社会成员，并不会因此使原有社会成员的利益受损，因此，这类产品的边际成本为零，或者接近于零。

一、行政管理支出

（一）行政管理支出的性质[①]

行政管理支出是财政用于各级权力机关、行政管理机关、司法检察机关和外事机构行使其职能所需要的费用开支。它是维持国家政权存在、保障各级国家管理机构正常运转所必需的费用，是纳税人必须支付的社会成本。

行政管理支出与其他政府支出相比具有特殊性。首先，公共行政部门所提供的行政管理，是面向全社会的一种管理，其数量与价值都不能通过市场竞争机制来确定，其管理对象和接受管理的主体不具有排他性，因而行政管理属于纯公共产品范畴，其支出也必须由政府财政予以提供，因而由政府向全体社会成员收取税款来提供经费的来源。其次，从直接生产与消费社会财富的角度看，行政管理支出属于非生产性的社会消费性支出。对公共行政部门提供的经费一经使用，就会引起对社会物质产品的消耗。因此，在经济资源一定的条件下，政府用于行政管理的费用过多，就会直接增加纳税人的负担，从而降低微观经济主体的投资能力或消费能力，使公共产品与私人产品的资源配置发生扭曲。在政府财政收入一定的条件下，如果政府用于行政管理的费用过多，政府就不得不压缩用于基础设施投资、教育、卫生等方面的支出，从而影响整个公共产品配置的效率。最后，行政管理支出具有稳定性。政府职能在一定时期内相对稳定，行政机构的设置是根据政府履行其职能的实际需要确定的，并经过一定的法律或制度程序确立。它体现了国家在既定时期管理社会经济工作的需要，与各级政府之间或职能机构之间的职权划分相联系。

（二）行政管理支出的范围[②]

行政管理支出的范围取决于国家行政管理机关的结构及职能。中国行政管理支出包括行政管理费、公检法司支出、武装警察部队支出、外交外事支出和对外援助支出。其中：行政管理费包括人大经费、政府机关经费、政协经费、共产党机关经费、民主党派经费和社会团体机关经费；公检法司支出包括公安支出、国家安全支出、检察院支出、法院支出、司法支出、监狱支出、劳教支出和缉私警察支出；武装警察部队支出包括内卫部队经费、边防部队经费、消防部队经费、警卫部队经费、黄金部队经费、森林部队经费、水电部队经费、交通部队经费和其他经费；外交外事支出包括外交支出、国际组织支出及偿付外国资产支出、地方外事费、对外宣传经费和边境联检费；对外援助支出包括成套项目支出、一般物资支出、优惠贷款援助本金及贴息支出、医疗援助支出、科技合作援外支出和其他支出等。[③]

从行政管理支出的内部结构来看，整个行政管理支出包括两大类，即人员经费与公用经费，前者包括工资、福利费、离退休人员费用等，后者包括公务费、修缮费、设备购置费和业务费。表 4-1 是 2007 年预算科目调整后我国几项主要行政管

① 杨斌．财政学［M］．大连：东北财经大学出版社，2007：99-100.
② 杨斌．财政学［M］．大连：东北财经大学出版社，2007：99-100.
③ 中华人民共和国财政部 .2006 年政府预算收支科目［M］．北京：中国财政经济出版社，2005.

理支出的情况。

表 4-1　　2007 年以来中国主要行政管理支出　　金额单位：亿元

年 份	合 计	一般公共服务	外 交	公共安全	行政管理支出占 GDP 的比重
2007	12 215.68	8 514.24	215.28	3 486.16	4.60%
2008	14 096.40	9 795.92	240.72	4 059.76	4.49%
2009	14 159.24	9 164.21	250.94	4 744.09	4.15%
2010	15 124.08	9 337.16	269.22	5 517.70	3.77%
2011	17 601.63	10 987.78	309.58	6 304.27	3.72%
2012	20 145.89	12 700.46	333.83	7 111.6	3.88%
2013	21 897.67	13 755.13	355.76	7 786.78	3.85%
2014	21 986.27	13 267.50	361.54	8 357.23	3.46%
2015	23 408.07	13 547.79	480.32	9 379.96	3.41%

资料来源：由历年《中国统计年鉴》计算而得。

由于我国 2007 年进行了预算科目的调整，使得 2007 年以后的行政管理支出与 2007 年之前的不具有可比性。

从总体来看，中国行政管理支出的绝对值不断增加，这种增加有合理的一面也有不合理的一面。行政管理支出的增加显然是党政机关扩大的结果。原有机关的扩大和机关新设，都会使机关经费——“人头费”和行政业务费——“办公费”增加。从近几年的情况看，人头费的增加尤其显著。随着社会经济发展，经济活动日趋复杂，“公共事务”也日益增多。如果确认这是一种趋势，那么，行政管理支出增加可能就有一定的必然性。针对社会主义国家的情况，或许还应有多一层的考虑，传统体制的弊端之一，就是政府干预过多，与此相应，就是行政机构过于庞大。改革的目标之一就是扭转这种状况。然而，改革的实践却不能令人满意。比如，与社会主义市场经济的运行有关的若干机构在扩大或者增设，而那些已与新体制运行不那么协调的机关却得不到有效的压缩，新旧迭加的结果，自然是行政管理支出的增加。机构庞大、政企不分，滋长官僚主义，助长不正之风，也给财政带来沉重负担。

公安、司法、检查、安全支出是用于维持社会秩序的。社会经济活动日趋复杂，社会交往的规模日益扩大，“城市化”的浪潮不可遏止，可能导致犯罪和违法事件以及经济和社会纠纷增多。为了保证社会在法制的轨道上有秩序地运行，用于维持秩序的机关的扩大也是不可避免的。

将上述各方面总括起来看，不得不承认，公共支出不断增长如果不是规律，至少是一个实践可以证实的事实。然而，行政管理支出占财政支出的比重却应是下降趋势，世界各国一般都是如此。马克思在谈到和生产没有直接关系的一般管理费用时曾指出："和现代社会比起来，这一部分将会立即极为显著地缩减，并将随着新社会的发展而日益减少。"

二、国防支出

（一）国防支出的性质和范围

1. 国防支出的性质

国防支出是指在国家预算中用于提供国防这种公共产品的费用总和。国防属于面向全体社会成员提供的公共服务，它无法通过市场配置来解决，具有非排他性和非竞争性，属于纯公共产品，必须由政府来提供。2015 年 11 月 24 日至 26 日，中央军委改革工作会议在京举行，中国新一轮军队改革拉开大幕。2015 年年底，陆军领导机构、火箭军、战略支援部队正式成立。军委机关也经过调整组建，由四总部改为 15 个职能部门。2016 年 2 月，五大战区代替原七大军区正式亮相。构建了军委—战区—部队的作战指挥体系和军委—军种—部队的领导管理体系①。

2. 国防支出的范围

在中国，国防支出主要用于国防费、国防科研事业费、军队正规化建设和民兵建设费等方面。国防支出在各国有不同的细目分类，但基本上都可以划分为维持费和投资费两大部分。维持费主要用于维持军队的稳定和日常活动，提高军队的战备程度，是国防建设的重要物质基础，包括军事人员经费、军事活动经费、武器装备维修保养费和教育训练费。投资费主要用于提高军队的武器装备水平，是增强军队战斗力的重要条件，主要包括武器装备的研制费、武器装备的采购费、军事工程建设费和防控费。在中国，国防支出主要包括国防费（如部队生活费、装备购置和维护管理费、军事行动作战费、部队训练和教育费等）、国防科研事业费、民兵建设费（如民兵事业费、民兵装备购置费等）、动员预编经费以及专项工程经费。

（二）国防支出的规模

在确定国防支出的规模时，常用的指标有国防支出绝对额、国防支出增长率、国防支出占国内生产总值的比重等指标。在比重一定的情况下，国内生产总值或财政支出的规模越大，国防支出的规模也越大。中国国防支出的绝对额从 2001 年的 1 442.04 亿元增加到 2015 年的 9 087.84 亿元，增加了 7 645.80 亿元，增长了 5.30 倍。中国国防支出的相对规模有平稳递减趋势，2001 年国防支出占一般预算财政支出的比重为 7.5%，而 2015 年这一比重为 5.2%，国防支出占 GDP 的比重变化不大，基本在 1.3% 左右（见表 4-2）。

---

① http://military.people.com.cn/n1/2016/1129/c1011-28905216.html

表 4-2　2001—2015 年中国国防支出规模

年份	国防支出（亿元）	一般预算财政支出（亿元）	国防支出/一般预算财政支出（%）	国内生产总值（GDP）（亿元）	国防支出/GDP（%）
2001	1 442.04	19 202.62	7.5	109 655.2	1.3
2002	1 707.78	22 312.75	7.7	120 332.7	1.4
2003	1 907.87	24 876.33	7.7	135 822.8	1.4
2004	2 200.01	28 704.82	7.7	159 878.3	1.4
2005	2 474.96	34 123.54	7.3	183 084.8	1.4
2006	2 979.83	40 422.73	7.4	210 871.0	1.4
2007	3 554.91	49 781.35	7.1	251 483.2	1.4
2008	4 178.76	62 592.66	6.7	314 045.4	1.3
2009	4 951.10	76 299.93	6.5	340 902.8	1.5
2010	5 333.37	89 874.16	5.9	401 202.0	1.3
2011	6 027.91	109 247.79	5.5	473 104.0	1.3
2012	6 691.92	125 952.97	5.2	518 942.1	1.3
2013	7 410.62	140 212.10	5.3	595 244.4	1.2
2014	8 289.54	151 785.56	5.5	636 138.7	1.3
2015	9 087.84	175 877.77	5.2	685 505.8	1.3

资料来源：由历年《中国统计年鉴》计算而得。

2017 年 3 月 4 日，中华人民共和国第十二届全国人民代表大会第五次会议召开新闻发布会，中华人民共和国全国人民代表大会新闻发言人傅莹透露，2017 年我国国防预算增幅在 7% 左右。2016 年我国国防预算为 9 543.54 亿元，这意味着 2017 年突破万亿元[①]。影响一国国防支出规模的因素包括政治因素、经济因素、兵役制度、国防经费的使用效率和地域因素等。国防支出占财政支出的比重的变化，显然与国际局势密切相关。20 世纪 50 年代，第二次世界大战虽已尘埃落定，战争的危险仍然存在，“热战”虽已停止，“冷战”则在紧锣密鼓地进行。处在这样紧张的国际环境中，各国都要做好准备。准备侵略也罢，准备反侵略也罢，总之都在磨刀霍霍地搞军备竞赛，军费支出自然居高不下。20 世纪 60 年代末期以后，国际社会发起了几次规模较大的裁军活动，国际形势大趋缓和，因此，世界各国的军费支

① 侯磊．人大代表陈舟：我国国防支出增长是历史必然　有充足现实依据［EB/OL］．［2017-03-04］．http：//www.81.cn/jwgz/2017-03/04/content_7513146.htm.

出大都相对减少。由此可以判断，如果国际局势更趋缓和，军费支出还可能进一步相对减少；如果相反，军费支出可能急剧增加。中国始终奉行防御性的国防政策，建立巩固的国防是国际现代化的一项战略任务，是维护国家安全统一和全面建设小康社会的保障。中国实施积极防御性的军事战略方针，立足于打赢现代技术特别是高技术条件下的局部战争，注重遏制战争的爆发，坚持和发展人民战争思想。

（三）国防支出的国际比较

从国际比较来看，目前中国国防支出的规模，无论是绝对规模还是相对规模，都是偏低的，表 4-3 是 2015 年部分国家国防支出比较情况。

表 4-3 **2015 年部分国家国防支出比较** 单位：亿美元

国别／年份	美国	俄罗斯	英国	法国	日本	中国
2015	5 975	656	562	468	410	1 458

资料来源：佚名．2015 年世界国防预算大国排名［EB/OL］．［2016-02-19］．http：//roll.sohu.com/20160219/n437854242.shtml.

全国人大代表、军事科学院研究员陈舟认为，当前中国处于由大向强发展的关键阶段，国防和军队现代化处在新的转折点上，必须在战略形势和安全环境的新变化中，全面把握国防支出变化的历史必然。“在国家由大向强发展的历史进程中，国家安全内涵外延、时空领域和内外因素的变化前所未有”。陈舟分析，世界经济政治的不确定性、不稳定性持续上升，大国战略竞争和博弈日趋激烈，地缘战略环境风险和变数增多，西方大国对华防范和遏制的一面更加突出，朝鲜半岛局势充满变数，反对和遏制“台独”斗争复杂严峻，恐怖主义、分裂主义、极端主义活动猖獗，海外机构和人员等海外利益安全风险上升。“正是国家战略利益，对国防支出增长提出了迫切需求。”这几年我国国防支出稳健增长，目的就是为实现党在新形势下的强军目标提供有力支撑，为实现中华民族伟大复兴的中国梦提供坚实安全保障。以 2016 年情况举例，我国国防支出为 9 543.54 亿元（约 1 436.78 亿美元），相当于美国的 24.6%。人均国防费仅相当于美国的 1/18、英国的 1/9、法国的 1/7、俄罗斯的 1/5；军人人均数额是美国的 13.58%、英国的 22.98%、法国的 22.8%、德国的 14.3%[①]。2000 年至今，中国国防支出占政府财政支出比例均低于 8%，且呈下降趋势。按照国际经济学界普遍认同的观点，国防支出占 GDP 的比例在 2% 至 4%，是比较合理的。1991 年到 2013 年，世界各国国防支出占全球 GDP 的平均比例为 2.6%，俄罗斯、英国、法国国防支出占本国 GDP 的平均比例均超过 2%，美国则达到 4%。而同一时期，中国国防支出占 GDP 的平均比例不到 1.3%。[②]

---

① 侯磊．人大代表陈舟：我国国防支出增长是历史必然 有充足现实依据［EB/OL］．［2017-03-04］．http：//www.81.cn/jwgz/2017-03/04/content_7513146.htm.

② 罗铮．中国军费看似不少 但人均军费只是美国的 1/20［EB/OL］．［2014-03-06］．http：//military.china.com/news/568/20140306/18378438.html.

表 4-4 是各国军费支出占 GDP 的比重数据。

表 4-4 各国军费支出占 GDP 的比重 单位：%

年份\国家	美国	俄罗斯	英国	法国	日本	中国
2012	4.2	4.0	2.4	2.3	1.0	2.0
2013	3.8	4.2	2.3	2.2	1.0	2.1
2014	3.59	3.32	2.44	2.07	0.99	1.25

资料来源：2012 年、2013 年数据来源于世界银行网站，http：//data.worldbank.org.cn/indicator/MS.MIL.XPND.GD.ZS/countries/1W？display=default；2014 年数据来源于 http：//roll.sohu.com/20160219/n437854242.shtml.

世界银行的数据来自斯德哥尔摩国际和平研究所（SIPRI）公布的数据，其军费支出数据是根据北约（NATO）的定义得出的，其中包括为以下方面提供的所有的经常性支出和资本支出：军队，其中包括维持和平部队；国防部委和其他从事防卫项目的政府机构；准军事部队，如果它们被认为经过训练并配备了军事行动装备，以及其他军用活动。此类支出涵盖军队和平民人员，包括军队人员的养老金和人员的社会服务、运营与维护、采购、军事研发，以及军事援助（在捐助国的军费支出中）。不包括在内的有民防和以往军事行动的经常性支出，如退伍军人的福利、复员、转业，以及武器的销毁。然而，这个定义并不适用于所有国家，因为那将需要远比现有信息更为详细的有关军费预算内容和预算外军费支出项目的信息例如，军费预算可能会或不会覆盖民兵、预备和辅助部队，警察和准军事部队，像军警和民警那样的双重目的部队，实物军事捐赠，军队人员的养老金，以及一个政府部门向另一个政府部门支付的社会保障缴费。

第二节 文化、教育、科学、卫生事业支出

文化、教育、科学、卫生事业支出，可简称为文教科卫支出，是指国家财政用于文化、教育、科学、卫生等事业的经费支出。

一、文教科卫支出的性质和必要性

（一）文教科卫支出的性质

文教科卫支出的性质，属于非生产性支出，是社会消费支出。

文教科卫支出究竟是生产性的还是非生产性的，我国理论界曾有过十分热烈的争论，至今恐怕还不能说已经得出了明确的、为大多数人普遍接受的结论。我们这里沿用目前国内各种统计文件普遍采用的做法，将文教科卫支出归入非生产性支出

的范畴。但是，在做这种归类的时候，需要强调三点：（1）将文教科卫支出归入非生产性支出范畴，只有某种静态的、相对的意义，它只是说，用于这些事业的支出不能对当年的物质财富的生产做出明显的贡献；（2）从动态的、绝对的意义上说，文教科卫事业的发展将不断提高劳动者、劳动工具和劳动对象的素质并改善三者的结合方式，它们对物质财富的生产的贡献越来越大；（3）将文教科卫支出计入非生产性支出一类，其实际意义，只是要求社会在安排全部国民收入的用途时，应全面考虑生产的当前需要和未来发展的需要，让文教科卫支出占一个适当的比例，并且，随着劳动生产率的提高和 GDP 的增长，要让这一类支出的比例不断提高，甚至超过 GDP 的增长速度。由于文化、教育、科学、卫生事业在现代化社会经济发展中发挥着日益重要的作用，世界各国政府都投入了大量的资金，而且支出规模越来越大。

（二）文教科卫支出的必要性

财政对文教科卫事业投入的必要性，主要表现在以下三方面：

1. 科学技术是第一生产力。科技进步、追加投资和提高管理水平是一国经济增长的三大动力。随着经济的发展与社会的进步，科学技术已成为生产发展、劳动生产率提高的基本前提。

2. 教育是科学技术这种第一生产力的源泉和基础。科技的继承和创新，以教育为源泉。科学技术的创造与发明是在前人已经积累科技成果的基础上产生的，人们要想在某一科技领域有所建树，就必须在接受教育的基础上先掌握该领域现有的科技成果。

3. 文化、卫生事业的发展，直接关系到人民的健康水平与物质文化水平的提高。目前，国民的身体状况及其寿命已经成为衡量一国经济发展程度的主要标志之一。

二、教育支出

从人类教育的发展看，进入近代社会后，随着教育与社会经济发展联系的日益加强，教育已从社会成员的个别行为转变成为一种国家行为，而在现代社会，尤其是面向知识经济时代，教育事业在绝大多数国家中都被列为优先发展对象，成为公共财政支出的最重要的部分之一。

（一）教育事业产品的性质[①]

1. 教育事业产品具有一定的非排他性和一定的消费竞争性

教育事业产品的非排他性主要表现在一定的范围内，一个人消费教育产品，并不排斥其他人同时消费，如在现代教育中，在班级教学这种特定的教育模式下，班级中的某一个学生听课，并不影响班级中的其他同学在同一时间和地点听课。这就是非排他性。但这种非排他性的产生是在“一定条件”下的，是有限的，即由于教

---

① 崔运武. 公共事业管理概论［M］. 北京：高等教育出版社，2002.

师声音的传播范围是有限的，且由于学生的基础不同，班级教学下的教师也必须针对程度不同的学生进行因材施教，教师的精力是有限的，而且，虽然现代科学技术的发展带来的教学手段的增加使教育的受益面成倍增加，但由于教育是一种集知识、道德和情感等教育在内的传授活动，教师与学生的直接的面对面的教育和交流是必不可少的。因此，为了保证教育效果，既需要有教室及相应的教学设备，也需要限制班级学生人数，超过一定的限度，就需要增加班级、增加支出，这就产生了排他性。同时，教育事业产品又具有一定的消费竞争性。这一竞争性表现在，随着学生的增加，教师数量、教学设施等也就必须相应增加，从而使教育的总成本增加，但在一定的范围或历史时期中，教育的投入是有限的，即教育产品的供给能力是有限的，产生了教育产品数量的需求竞争，加之消费者对教育产品质量的要求，数量有限的优质教育产品必然引发消费竞争。

2. 教育事业产品具有外部收益性，教育是一种具有内部收益和外部收益的过程和活动

人是教育的对象，因而教育事业的直接结果首先体现在受教育者身上，这是教育事业产品的内部收益。这一内部收益表现为受教育者在接受教育后增加了知识、掌握了技术，从而提高了适应社会和获取工作的能力。相应地，随着个人受教育程度的提高和能力的增强，用人单位获得的是质量相对较高的劳动力，因而愿意支付更高的劳动力价格，受教育者也能获得较高的报酬。同时，在现代社会，教育事业作为一种公共事业，其目标是建立在个性发展需求和社会发展需求有机结合上的，因而教育在产生内部收益的同时，也就通过对受教育者的培养，在让其适应社会获得自身发展的同时解决了社会发展的需求，这就是教育事业产品的外部收益。

我们曾提出，外部性即外部收益是准公共产品的突出特点，而教育事业产品的外部性即是公共事业产品外部性的一个典型表现。教育事业产品的这一外部性是制定教育事业公共政策的一个主要依据。

（二）教育事业活动的类别①

教育在一定程度上的非排他性、竞争性以及外部收益是教育事业产品的基本特性。但是，在整个教育事业中，由于活动的目的和功能的不同，在一定的条件下，不同层次和不同类别的教育活动及其产品的公共性是不一致的，必须根据一定的标准对具体的教育活动进行类别的划分。同时，这些不同层次和类别的教育活动由于目的和功能的不同，其公共性的纯度又不相同。从总体上看，现代教育事业体系表现出公共性随着教育活动复杂程度从低向高逐渐递减的特征，构成了一个特定的教育事业体系。

教育是培养人的活动，是一个有目的、有意识地使受教育者社会化的过程。教育按社会化的完成程度和传授知识和技能的程度分为不同阶段或层次，即初等教

① 崔运武. 公共事业管理概论［M］. 北京：高等教育出版社，2002.

育、中等教育和高等教育。在这一过程中，使人社会化并掌握作为特定的社会人的知识和技能的目标是一以贯之的，前一阶段是后一阶段发展的基础，后一阶段是前一阶段发展的继续。因此，如果说在现代社会，教育活动既具有经济职能，又具有社会文化职能，可以对社会生活的各个方面、各个领域和各个环节产生广泛而深刻的作用和影响，即可以提高全民族的文化素质，提高社会生产效率，提高国民经济增长的速度和质量，提高社会文明程度，促进经济、科学、文化、卫生、体育及其他各项社会事业的发展的话，那么，教育的这种外部收益不仅在教育的每一阶段都不同程度地存在，而且，最终的外部收益也就是每一阶段的积累。

根据以上阐述可以将教育活动主要分为以下两个类别：

类别一：以满足社会的共同需要为主要目标的教育活动。

这里的社会共同需要是在特定条件下的社会共同需要，即在保证该社会的稳定和发展的前提下，其社会成员必须具有的最基本的素质要求。在现代社会，这一社会共同需要是由社会发展程度和公共财政能力所决定的。根据社会和经济发展的需要以及公共财政所能提供的支持，国家通常规定公民有义务接受一定程度的教育，即义务教育，义务教育阶段的教育经费主要由公共财政负担。义务教育主要是普通教育，其内涵包括作为特定社会的公民必须具有的道德而开展的道德教育、必须具有的知识和能力而开展的智力教育，保证受教育者体质发展而开展的体育教育以及相应的法制教育、国防教育等。此外，一些特殊教育也由公共财政负担。义务教育根据不同的社会经济发展程度，有的包括了初等教育和整个中等教育，即小学、初中和高中义务教育，有的则只包括小学和初中义务教育，目前我国实行的是九年义务教育，即小学和初中义务教育。

类别二：以满足个人需要和企业需要为主要目标的教育活动。

这里的个人需要包括两个方面：一是个人和家庭的物质生活提高的需要，二是个人和家庭精神生活提高的需要。就前者而言，在现代社会生活中，个人及家庭的各种物质需要得到满足的程度越来越多地取决于个人及家庭接受各种有关教育的程度。这主要表现在，随着人类社会知识的积累和技术的发展，职业对就业者素质的要求越来越高，因而个人就业的机会就在相当程度上取决于个人的就业能力，实际上这在相当程度上也就取决于个人的受教育程度，而随着科学技术的发展和知识经济的到来，就业能力中科学知识和科学技术的构成比例越来越高，相应地，也就要求就业者必须受到更高的、更专业的教育。而且，随着就业能力构成的改变和提高，个人及其家庭成员的文化教育水平也就成为决定其经济收入水平的一个重要因素。就后者而言，现代社会精神生活的提高，既是一种经济消费，又是一种知识消费；既需要消费者付出一定的时间和金钱，又需要消费者拥有相应的知识和文化，因此，个人和家庭成员的文化教育水平也就决定了其精神生活提高的可能。

可见，在现代社会，直接或首先满足个人需要的教育，就其程度而言主要是中等以上的教育，或者说是国家法定义务教育以外的其他各种更高层次的专业性教育，而这类教育的受益者首先是受教育者本人及其家庭。这类教育通常表现为义务教育阶段以上的高等教育以及各种专门的消费教育，如各种成人教育或业余的提高其生活知识和技能的教育，如书法绘画学校、健美学校等。必须强调的是，在现代社会中，由于种种因素的影响，每个人接受教育的机会不会完全相同，因而对这类首先直接作用和影响个人及其家庭成员物质生活和精神生活的在社会共同需要上的进一步的教育，不应由公共财政完全承担。

在市场经济条件下，企业作为独立的市场主体，必须以各种形式参与市场竞争，而随着科学技术的发展，现代企业之间的市场竞争虽然与企业的生产规模和企业的资金等密切相关，在相当程度上更取决于企业的科技实力、企业的生产效率、经营管理能力和服务水平。无论是企业的研究与开发，还是企业生产效率等的提高，无不与企业员工的文化素质、技术能力和教育水平的高低有关。就此而论，现代企业之间的竞争实质上是人才的竞争，是科技与教育的竞争。因此，为了保证企业的生存和发展，企业就必须不断地开展企业教育活动，以提高员工的素质、能力和水平，这类教育的基本形式，是企业的常设职业学校以及不定期的员工培训班等。同时，为适应企业专门的职责技能的养成，通常在义务教育阶段之后，也有一些教育活动专门针对企业的需要进行，如职业学校、区域性的技术学院等。这类教育活动是一种以满足企业生存和发展需要为主要目标的教育活动，在其外部收益中最直接的受益者首先是企业本身，因而在公共财政能力有限的情况下，这类教育经费不应进入公共财政支出。

（三）我国教育经费状况

根据教育支出的特点，各国政府，特别是发展中国家政府，一般在提供教育服务方面发挥主导作用。从我国教育经费来源构成看，仍以政府投入为主，2012 年以来国家财政性教育支出占全部教育经费的比重都在 80% 以上，占 GDP 的比重都超过了 4%，具体参见表 4-5。预算内教育经费占全部教育经费的 68% 以上，2012 年最高，达到了 70.89%，奠定了教育共享发展的坚实基础。除政府财政投入外，目前已经形成社会团体和公民个人办学、社会捐资和集资办学、收取学费和杂费及其他经费等多种形式、多元化的教育资金来源，具体见表 4-6。2016 年小学净入学率达 99.9%，初中阶段毛入学率达 104.0%，九年义务教育巩固率为 93.4%。高中阶段毛入学率为 87.5%，比 2012 年提高 2.5 个百分点；高等教育毛入学率为 42.7%[①]。

表 4-5　**财政性教育支出及其占 GDP 比例的变化情况**

年份	全部教育经费（亿元）	全部教育经费占 GDP 的比重（%）	财政性教育支出（亿元）	财政性教育支出占 GDP 的比重（%）
1995	1 877.95	3.21	1 411.52	2.46
1996	2 262.34	3.33	1 671.70	2.50

① 中共教育部党组．发展具有中国特色世界水平的现代教育——党的十八大以来教育改革发展的成就和经验［J］．求是，2017(16).

续表

年份	全部教育经费（亿元）	全部教育经费占GDP的比重（%）	财政性教育支出（亿元）	财政性教育支出占GDP的比重（%）
1997	2 531.73	3.40	1 862.54	2.55
1998	2 949.06	3.76	2 032.45	2.64
1999	3 349.04	4.08	2 287.18	2.84
2000	3 849.08	4.31	2 562.61	2.86
2001	4 637.66	4.77	3 057.01	3.14
2002	5 480.03	5.21	3 491.40	3.32
2003	6 208.27	5.29	3 850.62	3.28
2004	7 242.60	4.53	4 465.86	2.79
2005	8 418.84	4.60	5 161.08	2.82
2006	9 815.31	4.65	6 348.36	3.01
2007	12 148.07	4.57	8 280.21	3.12
2008	14 500.74	4.62	10 449.63	3.33
2009	16 502.71	4.84	12 231.09	3.59
2010	19 561.85	4.87	14 670.07	3.65
2011	23 869.29	5.04	18 586.70	3.93
2012	28 655.31	5.52	23 147.57	4.46
2013	30 364.72	5.10	24 488.22	4.11
2014	32 806.46	5.16	26 420.58	4.15

资料来源：中华人民共和国国家统计局．中国统计年鉴（2016）[M]．北京：中国统计出版社，2016.

表 4-6 **我国教育投入规模和来源结构**

年份	合计（亿元）	国家财政性教育经费（%）	其中：公共财政教育支出（%）	民办学校办学经费（%）	社会捐赠经费（%）	事业收入（%）	其中：学杂费（%）	其他教育经费（%）
1998	2 949.06	68.92	53.09	1.63	4.81	20.66	12.54	3.99
1999	3 349.04	68.29	54.22	1.88	3.76	22.39	13.84	3.68
2000	3 849.08	66.58	54.19	2.23	2.96	24.38	15.45	3.86
2001	4 637.66	65.92	55.68	2.76	2.43	24.96	16.08	3.93
2002	5 480.03	63.71	56.83	3.15	2.32	26.66	16.84	4.16
2003	6 208.27	62.02	55.63	4.17	1.68	27.73	18.06	4.38
2004	7 242.60	61.66	55.61	4.80	1.29	27.77	18.59	4.47
2005	8 418.84	61.30	55.42	5.37	1.11	27.79	18.45	4.42
2006	9 815.31	64.68	59.05	5.59	0.92	24.53	15.82	4.29
2007	12 148.07	68.16	63.01	0.67	0.77	26.15	17.54	4.25
2008	14 500.74	72.06	66.79	0.48	0.71	23.22	16.20	3.53
2009	16 502.71	74.12	69.20	0.45	0.76	21.38	15.24	3.29
2010	19 561.85	74.99	68.96	0.54	0.55	20.99	15.42	2.93
2011	23 869.29	77.87	70.40	0.47	0.47	18.54	13.90	2.66
2012	28 655.31	80.78	70.89	0.45	0.33	16.12	12.23	2.32
2013	30 364.72	80.65	70.50	0.49	0.28	16.22	12.31	2.36
2014	32 806.46	80.53	68.82	0.40	0.24	16.54	12.35	2.28

资料来源：中华人民共和国国家统计局. 中国统计年鉴（2016）[M]. 北京：中国统计出版社，2016.

党的十八大以来，我国坚持把教育摆在优先发展的战略位置，作为政府财政支出重点领域给予优先保障，国家财政性教育支出占国内生产总值的比例始终保持在4%以上。2010年公布的《国家中长期教育改革和发展规划纲要（2010—2020年）》（以下简称《教育规划纲要》）明确提出，提高国家财政性教育支出占国内生产总值的比例，2012年达到4%。国家财政性教育支出占国内生产总值4%的投入指标是世界衡量教育水平的基础线。2012年以来国家财政性教育支出占国内生产总值的比例都超过4%，如期实现了《教育规划纲要》提出的目标。

三、科学研究费支出

（一）科学研究的性质

1. 科学研究具有外部性

科学研究具有外部性主要表现在：科学研究具有强烈的溢出效应。在人类历史发展过程中常常可以见到这样的情况：一项针对某一领域或某一生产环节的科研成果，在使这一领域或这一生产环节的生产发生重大变化的同时，也可能改变人们甚至整个社会发展的进程，比如，蒸汽机的发明、电子计算机的发明等，莫不如此。在科学研究中，这一类基础性科学研究的外部性通常是无法用金钱来计算的，实际上也难以用金钱来估计其收益。因此，纯科学研究不能以市场的方式来生产和配置，而应该由政府负责。不仅如此，科学研究的外部性也表现在一些应用性研究中。比如，一些科研成果虽然可以获得发明专利，得到法律的认可和保护，但由于本身具有的易复制等特点，具有向外发散性质，因而在实际中往往难以用商业化的方式进行提供，如农业生产科研中的种子改良就是如此，因为种子改良工程的成果一经推广，就会产生巨大的经济效益，同时也是社会的利益，但这种利益对于种子改良者个人来说是难以完全得到的，因此，对这一类技术的生产和推广，政府应进行必要的支持和干预。

2. 科学研究具有风险性

这种风险性主要表现在，科学研究投入是否有成果及成果的用途方面具有的不确定性。因此，以盈利为目标的企业一般只愿意投资于与自己的生产有关的应用性开发研究，而不愿介入科学研究尤其是纯科学研究。而科学研究尤其是纯科学研究对整个科学技术的发展具有基础作用，是以提高社会整体利益为目标的研究，任何一个国家和社会，没有科学研究尤其是纯科学研究的突破，也就难有科学技术的真正提高，因此，必须由政府来支持这一研究，也只有政府才有能力来支持这一研究。相应地，人文社会科学的研究也具有这种特点和需求。人文社会科学研究的基本目标是保证和提高社会的整体利益，即研究如何提高人们的基本人文素质，如何通过制定公共政策和进行制度设计解决社会问题，促进社会政治、经济的整体发展。这其中，除了社会科学中的某些研究可以被称为软科学的研究，如行为科学的研究、微观经济或企业经济的研究，由于与企业的生产经营有关而会受到企业的关注或青睐，从而企业愿意进行一定的投资进行研究外，或者除了企业进行带有自身形象宣传目的的公益性投资外，企业一般是不愿也不可能介入人文社会科学研究的，因此，公共性纯度较高的人文社会科学研究，通常也只能由政府进行支持。

3. 科学技术的研究主体是多元的

在现代社会中，多元的科学技术研究主体是以科学技术市场的需求为核心来进行生产和交易的。市场交易的基础是对科学技术产品的市场价值的评估，即市场评价，也就是用“脚”投票——以货币方式来确定和奖励其成绩。科学技术研究往往是投入巨大的活动，这一巨大的投入不仅是资金，还包括人力，而且人力的投入是一种高智力的活动，是包括巨大价值的复杂劳动，但在科技产品的交易中，市场只是以该科技成果直接可预见的效用来进行估价的，而不会涉及这一技术的开发中投入人力、物力的多少。这就决定了企业不会投资于基础性研究和人文社会科学研究，而且不会关注科研成果中的劳动价值含量。这是一种"功利主义"的有效奖励方式，它有合理的一面，但也有无法正确对科研的价值做出判断、无法对科研人员的劳动做出公正评价的一面，表现出市场在这一方面的失灵。

在现代社会中，除个别有实力的企业会投资进行与自己企业生产相关的科学技术研究外，一般企业往往是在科学技术市场上按需要进行科技成果的购买和消费的，而上述市场评价方式的存在，无法对科研人员的劳动进行公正评价，意味着市场缺乏对科学技术研究的有效激励机制，这对整个社会的科学技术进步是不利的。解决这一问题的办法是政府介入，即政府可以根据科学技术成果对社会贡献的大小，通过一定的方式提供一份不低于同类在市场工作的人的基本报酬，从而保证整个社会科学技术研究的正常进行。

（二）我国科学研究经费投入状况

我国政府科技经费投入即一般所说的财政科技经费，是指在国家财政支出中用于科技活动的经费。我国财政科技经费，2006年以前在预算科目上有科技三项费、科学事业费和科研基建费三个主要项目，2007年后分设9款：科学技术管理事务支出、基础研究支出、应用研究支出、技术研究与开发支出、科技条件与服务支出、社会科学支出、科学技术普及支出、科技交流与合作支出、其他科学技术支出。我国财政用于科学研究的支出及其占财政支出的比重呈现波动变化，大体在4%，见表4-7。需要指出的是，财政科技经费并未完全反映出政府科技投入的总水平。事实上，政府对符合政策目标的高新技术企业或科技服务企业等所实行的税收优惠、财政补贴、财政贴息等都是政府科技投入的一部分。

表4-7 **财政用于科学研究的支出**

年份	科学研究支出（亿元）	占财政支出的比重（%）
1996	348.6	4.39
1997	408.9	4.43
1998	438.6	4.06
1999	543.9	4.12
2000	575.6	3.62
2001	703.3	3.72
2002	816.2	3.70

续表

年份	科学研究支出（亿元）	占财政支出的比重（%）
2003	944.6	3.83
2004	1 095.3	3.84
2005	1 334.9	3.93
2006	1 688.5	4.18
2007	2 135.7	4.29
2008	2 611.0	4.17
2009	3 276.8	4.29
2010	4 196.7	4.67
2011	4 797.0	4.39
2012	5 600.1	4.45
2013	6 184.9	4.41
2014	6 454.5	4.25
2015	7 005.8	3.98

资料来源：中华人民共和国国家统计局．中国科技统计年鉴（2016）[M]．北京：中国统计出版社，2016.

四、卫生支出

（一）政府介入卫生事业的理论依据

卫生事业实际上由医疗和公共卫生两个部分组成，它们的经济性质是有所区别的。医疗服务固然可由政府提供，但也可由私人提供，不管由谁来提供医疗服务，这项服务都是可以进入市场交换的。另外，医疗服务的利益完全是私人化的。据此可以认为，医疗服务并不必然要求政府出资提供。但是公共卫生服务则不同，公共卫生领域是具有很大外部效应的纯公共产品，包括安全饮用水、传染病与寄生虫病的防治和病菌传播媒介的控制等，它的利益是社会公众无差别地享受到的，因此私人是不可能愿意提供该项服务的，必须由政府出资提供。公共卫生支出还包括提供卫生信息一类的活动，而卫生信息是一种具有外部性和非排他性的公共产品，市场不可能充分提供卫生、免疫、营养以及计划生育等信息方面的免费服务。政府提供公共卫生的另一个重要理由是公平的收入分配。一个人获取劳动收入是以个人的健康为前提的，卫生条件恶劣以至于疾病却是对健康和劳动能力的极大威胁。在市场规则下，疾病会使劳动者的收入减少甚至使其丧失劳动能力，而贫困者又难以抵御疾病风险的侵袭，这样会陷入“贫困的循环”。

（二）医疗服务的主要提供方式[①]

根据公共产品理论，医疗卫生产品可分为三大类：一是纯公共卫生产品，同时满足受益上的非排他性和消费上的非竞争性两个条件，如传染病监测与控制、突发公共卫生事件的处理和健康教育等。二是准公共卫生产品，满足非排他性和非竞争性两个条件之一，或者两个条件都不完全具备，却有较大的外部性。比如，预防免疫、妇幼保健等。三是私人产品，不具备以上两个条件，大部分医疗服务属于此类产品[②]。公共卫生产品可以由政府或市场提供，也可以混合提供，医疗服务也是如此。

医疗服务的提供主要有三种方式：

1. 政府提供

公共卫生产品的提供问题，即谁出资的问题。医疗服务的政府提供是指由政府为医疗服务出资，在市场经济体制下，政府的资金最终来源于各种税收[③]；而在中国现行财政体制下，政府资金还可能来源于国有企业的收益。当然，政府提供并不意味着政府生产，公共卫生产品可以是政府提供但由私人部门生产。

2. 市场提供

完全市场提供方式就是在医疗服务领域引入市场竞争机制，由营利性机构提供，供给方通过向使用者（患者）收费解决筹资问题。在完全竞争的医疗服务市场中，通过供求关系调节医疗服务的价格，实现医疗资源配置的帕累托最优。

3. 混合提供

混合提供是指由政府和市场共同提供医疗服务，即政府对医疗服务企业以补贴的方式提供部分资金，医疗服务企业再通过向使用者收费的方式解决部分资金来源。政府补贴方式主要是在医疗保险制度中实行，其中保险基金由政府补贴一部分，另外一部分由单位和职工共同分担。中国面向城市居民的医疗保险制度和面向农村居民的新型农村合作医疗制度均采取这种形式。

（三）卫生支出的经费投入状况

全社会卫生支出，广义地理解是指用于医疗、卫生、保健服务所消耗的费用，是由多种来源组成的，包括政府预算卫生支出、公费医疗经费、社会卫生支出等。表 4-8 是我国 1995—2015 年政府卫生支出及有关比重的情况。可以看到，政府卫生支出的绝对数不断增加，占财政支出比重、占卫生总费用比重、占 GDP 比重有不断增长的趋势。

---

① 杨斌. 财政学［M］. 大连：东北财经大学出版社，2007：153-154.

② 吴伟斌. 公共卫生产品的基本属性与供求均衡分析［J］. 中华医院管理，2004（12）：705-708.

③ 如果政府通过向使用者收费的方式为公共卫生产品筹资，则这种方式为市场提供或者混合提供，我们将在下面论述这个问题。

表 4-8 政府卫生支出及有关比重情况

年份	政府卫生支出（亿元）					占财政支出比重（%）	占卫生总费用比重（%）	占GDP比重（%）
	合计	医疗卫生服务支出	医疗保障支出	行政管理事务支出	人口与计划生育事务支出			
1995	387.34	230.05	112.29	13.09	31.91	5.68	17.97	0.64
2000	709.52	407.21	211.00	26.81	64.50	4.47	15.47	0.72
2005	1 552.53	805.52	453.31	72.53	221.18	4.58	17.93	0.85
2006	1 778.86	834.82	602.53	84.59	256.92	4.40	18.07	0.84
2007	2 581.58	1 153.30	957.02	123.95	347.32	5.19	22.31	0.97
2008	3 593.94	1 397.23	1 577.10	194.32	425.29	5.74	24.73	1.14
2009	4 816.26	2 081.09	2 001.51	217.88	217.88	6.31	27.46	1.41
2010	5 732.49	2 565.60	2 331.12	247.83	587.94	6.38	28.69	1.43
2011	7 464.18	3 125.16	3 360.78	283.86	694.38	6.83	30.66	1.58
2012	8 431.98	3 506.70	3 789.14	323.29	812.85	6.69	29.99	1.58
2013	9 545.81	3 838.93	4 428.82	373.15	904.92	6.83	30.14	1.62
2014	10 579.2	4 288.70	4 958.53	436.95	895.05	6.98	29.96	1.66
2015	12 475.3	5 191.25	5 822.99	625.94	835.10	7.10	30.45	1.84

资料来源：国家卫生和计划生育委员会. 2016中国卫生和计划生育统计年鉴［M］. 北京：中国协和医科大学出版社，2016.

从国际比较来看，在公共卫生支出方面，中国在世界上属于较低一档。我国卫生费用总规模以及政府投入规模都是偏低的。从投入结构来看也不尽合理，一是中央财政在卫生事业费中所占比重小，并且逐年下降；二是财政投入的卫生事业费中用于公共卫生支出的比重偏低。从卫生事业费的使用情况看，其使用的微观结构不合理。政府的卫生事业费主要用于医疗机构，特别是县及县以上医院，并且主要是人员经费支出，而用于农村基层和预防保健的费用比较低，尤其疏忽了卫生防疫工作。2003年突发的传染性非典型肺炎（简称SARS），足以引起全国上下对我国公共卫生支出的深刻反思，也提高了卫生事业费的水平。树立全面、协调和可持续发展的观念，特别是建立突发事件的应急机制，是当前一件刻不容缓的事情。

这样看来，文教科卫事业虽然为社会公共需要，但它们并非完全意义的社会公共需要，因此，从总体上说，为了促进这些事业的发展，政府和社会公众应当共同出资。具体地说，在文教事业方面，政府应当为那些有助于普遍提高全民文化素质的教育和文化事业出资；在科学研究方面，政府应当主要为基础科学研究出资；在医疗卫生事业方面，政府则主要应为公共卫生事业出资。除此之外的文教科卫事业，原则上都是可以由社会公众出资的。当然，如果政府资金充裕，部分地出资兴办这些事业，也是未尝不可的事。

第三节 政府投资性支出

本章前两节介绍的购买性支出，大多是指政府的消费性支出。事实上，除此之外，它还包括一个十分重要的部分，这就是政府的投资性支出和资本性支出。

一、政府投资的一般分析

在任何社会中，社会总投资都可以分为政府（部门）投资和非政府（部门）投资两大部分。由于社会经济制度和经济发展阶段的不同，这两大部分投资在各国社会总投资中所占的比重存在着相当大的差异。影响这个比重的因素主要有两个：一是经济体制的差异。一般地说，实行市场经济的国家，非政府（部门）投资在社会投资总额中所占的比重较大；在实行计划经济体制的国家，政府（部门）投资所占比重较大。二是经济发展阶段的差异。一般说来，发达国家中政府（部门）投资占社会总投资的比重较小；欠发达国家和中等发达国家的政府（部门）投资占社会总投资的比重较大。

（一）政府投资的特点和必要性

社会总投资是由政府（部门）投资（或称为财政投资）和非政府（部门）投资（或称为民间投资）两部分组成的，而这两部分投资则各具独特性。

所谓非政府（部门）投资主要是由具有独立经济利益和法人身份的微观经济主体去执行的，因而这种投资具有如下的特点：

第一，从投资动机看，非政府（部门）投资具有营利性。

非政府部门投资以追求利润的最大化为目标，完全由市场机制来调节，它不可能顾及投资的社会效益。

第二，从投资来源看，非政府（部门）投资主要依靠其自身的积累和社会筹资来解决资金来源问题。

正因如此，在一般情况下，投资的规模往往会受到较大的限制。

第三，从投资领域选择看，利润动机使非政府（部门）投资大多只能从事那些投资数额相对较小、资金周转快、见效快的短期投资项目。

与非政府（部门）投资相比较，政府（部门）投资则具有不同的特点：

1. 政府（部门）投资的公共性、基础性特点

为了弥补市场失灵的固有缺陷以及克服非政府（部门）投资的局限性，政府（部门）投资的着眼点首先在于为全体居民和各类经济（市场）主体的生产、生活需要提供必要的社会性、基础性条件。这既是国家和公共财政的内在职能，是

经济、社会发展的客观要求，也是不可能依靠市场和微观经济主体来解决的问题。

马克思曾经把生产条件区分为共同生产条件和特殊生产条件两类，与此相对应，他把固定资本也分为两类，即一类是以机器的形式直接进入生产过程的固定资本，另一类是具有铁路、建筑物、农业改良、排水设备等形式的固定资本。他还同时指出，后一类固定资本的特点是："作为生产资料来看，固定资本在这里与机器一类的东西不同，因为它同时被不同的资本当作它们共同的生产条件和流通条件来使用。（我们在这里还没有涉及消费本身）固定资本不是表现为被包含在特殊生产过程中的东西，而是表现为各特殊资本的大量这类生产过程的联络动脉，它就是由这些特殊资本一部分一部分地消耗掉的。因此，在这种场合，对于所有这类特殊资本的生产过程来说，固定资本是一种特殊的同它们相分离的生产部门的产品，但是，在这里不能像机器买卖那样，即一个生产者不能把它作为流动资本售出，另一个生产者也不能把它作为固定资本买进来，相反，它只有以固定资本自身的形式才能出售。"①马克思的上述这一段话说明：作为共同生产条件的固定资产，不能被单个生产者独家使用；它也不会独占性地处在某个特殊的生产过程之中；它本身不能被卖者当作商品一次性地将整个出售给使用者。这就是说，作为共同生产条件的固定资本具有公共性、非独占性和不可分性，这些特点决定了它具有社会公共产品的一般特性，因而这只能或主要应由国家财政来解决，属于政府投资的范畴。

此外，某些基础产业，如农业、能源和一些重要的基础原材料工业等，它们往往是处在上游的生产部门，其提供的产品是本部门和其他生产部门所必需的投入品，因而它们的生产波动和价格变动具有较强的连锁效应，从而成为政府投资的选择内容之一。

再者，无论是基础设施还是基础产业，大都属于资本密集型行业，需要大量的资本投入，而且建设周期长、投资回收慢，故在一般情况下很难由个别企业的独立投资来完成，尤其是在经济发展的初期阶段，没有政府的强有力支持，很难有效地推动基础设施和基础工业的迅速发展。

2. 政府（部门）投资的开发性和战略性特点

这就是指对某些新兴产业门类的开发，某些高科技、高风险领域（如航天航空领域等）的研究开发，对经济落后地区的开发等，都具有耗资大、耗时长、风险高等特点，致使私人部门望而却步，市场机制也无能为力，只能或主要由政府的投资来解决。除此之外，对于某些关系国计民生的部门、行业和重要企业（如军工、石油及石油化工、电力等）的直接间接资本控制，通过政府投资对国民经济发展中某些薄弱环节的加强、对国民经济整体素质特别是劳动者素质的提高，以及对社会其他投资所产生的影响带动功能来看，政府（部门）投资都具有事关全局的重要战略

① 马克思，恩格斯. 马克思恩格斯选集：第46卷（下）［M］. 中共中央马克思恩格斯列宁斯大林著作编译局，译. 北京：人民出版社，1980：241.

影响作用。

3. 政府（部门）投资的社会效益特点

社会效益是政府（部门）投资的出发点及其归宿。它不可能也不应该首先把是否盈利和盈利高低作为投资选择的前提条件。这正是政府（部门）投资与非政府（部门）投资的一个明显区别。说它不可能，就是基于政府（部门）投资的上述特点，它不可能像非政府（部门）投资那样，完全以盈利程度作为投资与否的唯一选择标准；说它不应该，就是政府（部门）投资的着眼点，是为了弥补市场失灵的缺陷，是为了满足经济——宏观与微观经济和社会发展的客观需要，而不是纯粹为了赚钱，否则就不存在政府与非政府（部门）投资的区别了。

当然，政府（部门）投资的社会效益特点，并不意味着它可以不计工本、不讲效率、不需要注重成本效益分析，这是两个不同的范畴和概念。就是说，从政府（部门）投资的使用本身来看，当然有一个使用是否得当和效益高低的问题；而从政府（部门）投资的客观效果来看，则应把社会效益的大小作为重要的衡量标准，而不应仅仅局限于具体的投资项目本身。

政府（部门）投资的必要性表现为：政府（部门）投资之所以是社会总投资中不可或缺的一个有机组成部分，占有不可替代的重要地位，主要是由以下三方面的原因和需要所决定的：

其一，政府（部门）投资是克服市场在资金配置中所存在的某些失灵表现的必要手段。

在那些外部效应明显，投资数额大、周期长、回收慢、无盈利或低盈利的领域或投资项目上，政府（部门）投资的不可替代性就表现得更加突出。

其二，政府（部门）投资是进行宏观经济调控、优化资源配置、促进国民经济持续协调发展的重要手段。

其最为明显的就是通过政府投资的方向选择，加强国民经济的薄弱环节，及时克服经济中的某些“瓶颈”制约，来达到促进资源优化配置和经济协调发展的目的。同时，政府还可以通过参股、持股、控股等形式，引导全社会的投资流量与流向，以达到国家的宏观调控目标。

其三，在现代市场经济和科技进步条件下，政府对教育、科研、文化、卫生等方面的投资，是提高国民经济整体素质、推动科技进步、提高经济增长质量和效率、促进社会全面进步的重要推动力量。

（二）政府（部门）投资的原则

当然，关于政府（部门）投资必要性的说明，并不意味着政府（部门）投资的范围越大越好，投资的数量越多越好。事实上，在市场经济条件下，政府（部门）投资的广度及其所占份额，恰恰是一个需要认真研究、清楚界定和随机把握的重要问题。

一般说来，市场经济条件下的政府（部门）投资选择，应充分考虑以下的因素或原则：

1. 政府（部门）投资不能对市场的资源配置功能造成扭曲和障碍

这就是说，政府的投资选择，要建立在尊重市场规律，有利于充分发挥市场的资源配置功能的基础之上。从原则上讲，但凡能由市场解决的问题，政府就应少加干预；能由非政府渠道解决的筹投资问题，政府亦可考虑退出。相反，凡是市场解决不了或不宜由市场去自发解决，即有利于克服市场固有缺陷，属于市场失灵范畴的投资问题，政府则应积极介入、责无旁贷。这样，既能把政府（部门）投资控制在必要的、以解决市场失灵为目标的限度之内，又能使必要的国家宏观调控与市场资源配置功能的有效发挥有机结合起来，做到相辅相成、交互为用。

2. 政府（部门）投资不宜干扰和影响民间的投资选择和投资偏好

简要地说，就是在社会投资主体多元化、投资来源多渠道化、投资决策相对分散化的条件下，政府的投资选择，一方面要为众多的企业投资、民间投资创造必要的与经济增长相适应的外部环境或基础条件；另一方面又要充分考虑其对民间投资、对市场竞争格局可能带来的影响。国外市场经济国家和我国改革开放以来的实践表明，一般说来，政府（部门）投资规模的增长，不应以牺牲民间投资，特别是不应以削弱国家鼓励发展的相关产业部门的企业投资实力为代价，即不宜简单地采取“挖肉补疮”、此消彼长的办法，力避挫伤非政府（部门）投资主体在其所适宜的领域里进行投资的积极性。与此同时，市场经济条件下政府（部门）投资范围、投资结构的选择确定也大有学问。比如，政府一般不参与、不介入市场竞争性项目及产品的投资，就既能增强政府（部门）投资集约化程度与投资强度，引导民间投资流向及流量，扩大民间投资空间，又有利于发挥市场资源配置功能，具有提高经济发展质量和经济竞争能力的双重功效。

3. 政府（部门）投资要着眼于有利于社会经济效益和投资效益的增进

道理似乎很明显：政府（部门）投资既然是一种公共性、基础性和公益性的投资，其社会效益、宏观经济效益和投资效益状况，以及它的外部经济效应或其“乘数效应”如何，理应成为它的出发点及其归宿。一项好的政府（部门）投资计划或公共投资选择，可以而且完全起到所谓“四两拨千斤”的作用。

（三）政府（部门）投资的领域选择

在讨论这一问题之前，我们先对全社会的投资分类进行一些简要分析。一般来说，在市场经济条件下，社会投资大体可分为三大类别：其一为竞争性项目投资，包括工业（不含能源）投资、建筑业投资和大部分第三产业投资。其二为基础性项目投资，包括基础设施投资、基础产业投资和高新技术产业投资等。其三为公益性项目投资，包括国防建设投资、政府等政权设施投资、科教文卫等设施投资。

鉴于政府（部门）投资的性质和特点，在上述三类投资项目中，一般说来，政府（部门）投资应以公益性和一部分基础性项目作为重点投资领域。此外，在很多发展中国家，政府（部门）投资的一个很重要的领域是对为数众多的国有企业直接投资。这类投资尽管在一些经济发达国家（特别是英、法等国）也同样存在，但在发展中国家最为突出、最为普遍，甚至成了政府干预经济的一种特殊方式。

二、基本建设投资

基本建设投资是政府用于固定资产扩大再生产和一部分简单再生产的资金，是政府投资的主要内容之一。

（一）基本建设投资的分类

为了加强对基本建设投资的监督和管理，有必要对基本建设投资从不同的角度进行科学的分类。

1. 基本建设投资按其费用构成，可以分为三大类：①建筑安装工程费用，包括建筑工程费和设备安装费。这部分投资通过施工活动得以实现，占基本建设投资总额的50%～60%，是投资的主要部分。②设备、工具、器具购置费。这部分投资是通过基本建设部门的采购活动来实现的。③其他基本建设费，包括土地征购费、青苗补偿费、原有建筑物拆迁费、建设单位管理费、生产人员培训费等。这种分类方法反映了基本建设投资工作的具体内容，便于正确安排基本建设投资与所需物资之间的关系，同时，也为建设单位编制基本建设预算、确定工程造价、进行经济核算提供了依据。

2. 基本建设投资按其规模或生产能力，可以分为大型、中型、小型三类建设项目。这种分类方法有利于国家对基本建设项目实行分级审核管理，也有助于合理利用各地自然资源与社会资源，形成合理的生产力布局。

3. 基本建设投资按其项目的性质，可以分为新建项目投资、扩建项目投资、改建项目投资和迁建项目投资四类。这种分类方法对于国家确定投资重点、制定投资政策、比较投资效果和选择投资方案具有重要意义。

4. 基本建设投资按其最终用途，可以分为购买生产资料的资金支出与购买消费资料的资金支出两大类。前者主要是指购买建筑材料、设备器具等方面的费用；后者主要是指建设单位管理费用，人员培训费用及建筑安装过程发生的生活资料消耗费用等。

（二）基本建设的特点及其特殊的管理要求

1. 基本建设的特点

基本建设是特殊的物质产品生产过程，和一般工业生产比较，具有以下三方面特点：

第一，固定性、专用性和单件性。固定性是指基本建设产品建成以后只能固定在一个地方，不以通过运输而自由移动。这就要求基本建设投资的地区布局要力求合理。专用性是指基本建设工程都具有专门的用途，一旦建成，用途难以改变。这就要求对基本建设工程的结构、性能进行科学分析，使之符合预定的设计标准。单件性是指基本建设的产品通常不能批量生产，而是一个一个地生产。这就要求对每个建设项目都要单独设计、单独编制概预算、单独定价。

第二，生产周期长，消耗大。基本建设工程庞大复杂，需要较长的建设周期；在建设期间内需要不断地投入生产资料、生活资料和劳动力，而不提供任何有效产品。这就要求基本建设规模必须恰当，为此，基本建设项目的确定必须列入统一计划，经过综合平衡。

第三，具有特殊的生产过程和生产方式。基本建设的生产过程不同于一般工业的生产过程，它必须依次经过地质勘探、设计、计划、施工和竣工验收五个阶段；其生产方式也不同于一般工业的生产方式，基本采取出包方式由建设单位将基本建设工程委托给建筑安装企业进行施工，双方必须签订合同或协议，施工企业受建设单位的委托，按合同规定组织施工生产。同时，设计单位与银行也是参与基本建设的单位。

2. 基本建设的特殊管理要求

基本建设的上述特点，决定了对基本建设的管理应注意以下几点特殊要求：

第一，加强可行性研究。可行性研究是基本建设前期工作的首要内容，它是建设项目投资决策的基础，也是取得最佳投资效果的保证。可行性研究是在项目施工前对拟建项目在技术上是否先进、可靠、适用，在经济上是否合理、能否取得盈利等问题进行的考察研究。只有通过可行性研究，进行反复周密的比较论证，选择最佳方案，才能保证基本建设投资取得最优效果。

第二，建立基本建设投资后评价制度。在国家经济活动，尤其是投资活动中，后评价是国家计划、决策和宏观经济管理的重要工具。对基本建设投资后评价是工程竣工交付生产（使用、营运）一段时间后，对该项投资的立项决策、设计、施工、竣工验收、生产运营过程进行系统评价的活动，是基本建设投资的最后一道程序。很多国家已经采用这个办法。后评价的主要作用：一是用实践检验项目前期工作和设计、施工等的质量，以便进一步改进和提高；二是针对存在的问题和不足之处，提出改进意见，以便提高投资效益。这些都是针对过去项目决策和实施中的不足和失误，总结经验教训，对提高投资项目设计以及施工质量都具有重要意义。

第三，加强投资决策的民主化。政府的投资资金来自纳税人，因此，政府的投资行为要对纳税人负责。在我国，各级人民代表大会代表人民当家做主，政府的投资决策应接受人民代表大会的监督、审查。

2007 年支出功能分类科目没有设置基本建设支出类，而是按职能和活动设置类、款、项科目。因此各单位的基本建设支出，要根据各单位的职能，确定相应的类、款，然后根据款下项级科目设置情况，归入相应的项级科目。例如，凡属于行政单位的基本建设支出，如教育行政主管部门的基本建设支出，应归于教育类下的教育管理事务款。目前还没有见到公开的数据。但是，《2016 中国财政年鉴》有全社会固定资产投资资金来源实际到位资金的数据，见表 4-9。

可以看到，全社会固定资产投资资金中利用外资的从 2012 年以来逐步减少，其他三项来源的实际到位资金有不断增长的趋势。

表 4-9　全社会固定资产投资资金来源实际到位资金　单位：亿元

年份	国家预算资金	国内贷款	利用外资	自筹和其他资金
2002	3 161.0	8 859.1	2 085.0	3 0941.9
2003	2 687.8	1 2044.4	2 599.4	4 1284.8
2004	3 254.9	1 3788.0	3 285.7	5 4236.3
2005	4 154.3	16 319.0	3 978.8	70 138.7
2006	4 672.0	19 590.5	4 334.3	90 360.2
2007	5 857.1	23 044.2	5 132.7	116 769.7
2008	7 954.8	26 443.7	5 311.9	143 204.9
2009	12 685.7	39 302.8	4 623.7	193 617.4
2010	13 012.7	44 020.8	4 703.6	224 042.0
2011	14 843.3	46 344.5	5 062.0	279 734.4
2012	18 958.7	51 593.5	4 468.8	334 654.7
2013	22 305.3	59 442.0	4 319.4	405 545.8
2014	26 745.4	65 221.0	4 052.9	447 461.2
2015	30 924.3	61 054.0	2 854.4	489 366.0

资料来源：中国财政年鉴编辑委员会. 2016 中国财政年鉴［M］. 北京：中国财政杂志社，2016.

三、财政支农支出

财政支农支出是指财政用于扶持、发展农业方面的支出。

（一）财政支农支出的必要性

对农业进行扶持和保护是各国政府所普遍采取的政策，这主要是由于农业与其他行业相比所具有的特殊性决定的。

1. 农业部门的社会经济效益大而直接经济效益小，大量经济效益要通过加工、流通部门辗转折射出来。由于直接经济效益小，所以投资农业往往得不到平均利润，不但吸引不了农业部门外的资金，就连农业内部资金也可能向非农产业部门逆向流动，如果没有政府的扶持和保护，很难保证农业的正常资金投入，结果将危及农业的基础地位。

2. 农业对自然条件和基础设施的依赖性较强，而这些条件具有公益性质，花钱多，涉及面广，个别单位和地区往往不愿承担或无力承担，这就需要政府来承担起这种投入职责。

3. 农业是风险产业，自然风险与市场风险同在，生产难免有周期波动。农业部门为了克服生产的分散性、季节性及各种不利因素，必须不断提高其投资和物质装备水平，为了生存与发展，农业需要比非农业部门有更大的投入。

4. 农产品需求弹性小，市场扩张处于不利地位。加之农业需用的固定资产多而利用率低，生产周期长而资金周转慢，从而农业在市场贸易中处于不利的地位。

（二）农业投入的资金来源

农业发展的根本途径是提高农业生产率，提高农业生产率的必要条件之一是增加对农业的资金投入，因此，安排好农业投资的资金来源是一个必须解决的重要问题。在社会主义市场经济条件下，农业投资的资金应当主要来自农业部门和农户自身的积累，国家投资只应发挥辅助作用。

要使农业部门和农户自身的积累成为农业投资的主要资金来源，有两个条件是必不可少的：（1）农产品的销售收入必须高于农业生产的投入成本，否则，农业部门的积累无从产生。（2）农业投资的收益率必须高于、至少不低于全社会平均的投资收益率，否则，农业部门即便产生了利润也不会向农业投资转化。在这两个条件中，第一个条件是根本的，因为农产品销售收入高于农业生产的投入成本是保证农业投资收益率达到较高水平的基本条件。

信贷资金对农业的投入也可以成为农业投入资金来源的一部分。这一来源的保证，也应满足上述两个条件，同时其自身还有特点。一是有借有还，不发生所有权的转移，适宜处理不同经济主体之间的资金往来关系；二是到期偿还并需支付一定利息，可以促使用款人合理节约地使用资金；三是方式多样，范围广泛，适应性强。在处理财政支农投入与信贷资金支农投入时应针对信贷资金特点，坚持以信贷资金投入为主，以财政投入为辅的原则。

（三）财政支农支出的重点

纵观世界各国的经验，财政对农业的投资具有以下基本特征：一是以立法的形式规定财政对农业的投资规模和环节，使农业的财政投资具有相对稳定性；二是财政投资范围具有明确界定，主要投资于以水利为核心的农业基础设施建设、农业科技推广、农村教育和培训等方面；三是财政投资虽然是必需的，但一般占农业投资总量的比例较低。

农业固定资产投资，如大型水库和各种灌溉工程等，其特点是投资量大，投资期限长，牵涉面广，投资以后产生的效益不易分割，而且投资的成本及其效益之间的关系不十分明显。由于具有上述特点，农业固定资产投资不可能由分散的农户独立进行。在理论上，似乎存在着一种按“谁受益、谁投资”的原则来组织农户集资投资的可能，但由于衡量农户的受益程度十分困难，集资安排多半很难贯彻。对于此类农业大型固定资产投资项目来说，按地区来度量受益程度，从而分地区来负担项目费用似乎是可以做到的，但在这种安排下，地区应负担的费用多半要由地方财政安排支出，而这在概念上就已属于政府投资了。

改造传统农业的关键在于引进新的农业生产要素。新的农业生产要素不可能从天上掉下来，必须要有农业科研，科研成果应用于农业生产，必须经过推广的程序。为了使农户接受新的生产要素，还需对农户进行宣传、教育和培训。为完成这一系列任务，需要筹集大批资金。在这里，我们遇到了一种典型的被经济学称作“外部经济”的情形。所谓外部经济，说得简单一些，就是一种可以使其他人无须付出代价便可获得好处的经济活动所产生的结果。以农业科研为例，一项科研成果的推出，将会使全部运用这项成果的农户受益，但从事这项科研活动的单位却无论如何也不可能将这项科研成果所产生的全部收益攫为己有，因此，经济学便将农业科研称之为外部经济。农业科研单位的研究成果所产生的利益是“外溢”的，但是，进行这项科研活动所需的一切费用却只能由科研单位承担。不仅如此，科研活动可能失败，研究所需的时间可能经年累月，简言之，科研活动存在着风险，而这些风险也只能由科研单位独力承担。科研的费用及其失败的风险构成科研成果的成本。将科研成果产生的利益同科研成果的成本两者比较就不难看出，在这里，得益（别人得益）与成本（自己负担）是不相对称的。诸如此类，像农业科研、科学技术推广、农户教育之类的对农业发展至关重要的农业投资，依靠单个的甚至是组织成为较大集体的农户来办是很困难的，这些投资也只能由政府来承担。适宜由农户来承担的投资主要是流动资金投资（农药、化肥、薄膜、除草剂等）以及类如农机具、供农户使用的农业设施等固定资产投资。这些投资从规模上看是农户能够承担的，投资后产生的效益也很容易分割，成本与效益的对应关系也比较明显。这里不必详细列出政府投资和农户投资的项目清单，但是，基本原则却是可以确定的。根据以上分析，可以说，凡是具有“外部经济”以及牵涉面广、规模巨大的农业投资，原则上都应由政府承担。

目前，财政支农支出体现在“三农”支出上。“三农”支出是指财政对农业、农村、农民投入的总和，并不是单独的预算科目，社会各界对“三农”支出十分关注，为了便于大家了解总体投入情况，这里专门把涉农的各方面支出项目综合反映在“三农”支出中，因此与教育、医疗卫生等相关支出会有所交叉。

2015年5月，经国务院同意，财政部、农业部启动了调整完善农业“三项补贴”政策改革试点，在全国范围内调整20%的农资综合补贴资金用于支持粮食适度规模经营，选择部分地区将农业“三项补贴”合并为“农业支持保护补贴”，支持耕地地力保护和粮食适度规模经营。从试点情况看，合并“三项补贴”达到了预期效果。一是提升了补贴政策指向性，将补贴发放与耕地地力保护挂钩，鼓励了农民提升耕地地力，减少了化肥施用量，实现了“藏粮于地”。二是降低了政策实施成本，简化了补贴资金的审核和发放程序，标准清楚明确，体现了中央强化清理整合规范专项转移支付项目、增强资金统筹使用的要求。三是调动了农业规模经营积极性，调整部分资金用于支持多种形式的粮食适度规模经营，极大地调动了新型经营主体生产积极性，社会化服务组织发展迅速，示范带动作用明显。四是创新了金融支农模式，在财政资金的助推下，各地农业信贷担保体系实现从无到有、从兼业到专业，为从事农业尤其是粮食适度规模经营的新型经营主体提供信贷担保服务，撬动了更多的金融和社会资本投入到现代农业发展。

2016年，中央财政按照中央有关要求，不断完善财政扶贫政策，通过实施精准扶贫、精准脱贫，增强贫困地区“造血”功能和发展后劲，推动贫困地区和贫困群众加快脱贫致富步伐，为打赢脱贫攻坚战提供有力支撑。一是进一步加大财政扶贫开发投入力度。2016年中央财政扶贫资金比上年增加201亿元，增长43.4%。继续多渠道增加扶贫开发投入，加大对贫困地区的一般性转移支付力度，各专项转移支付对农村贫困地区给予倾斜，较大幅度增加财政专项扶贫资金投入，进一步强化针对贫困地区和贫困人口的财政综合扶贫政策体系，提高脱贫攻坚财力保障能力。二是支持贫困县统筹整合使用财政涉农资金。研究出台指导意见，在贫困县开展试点，优化财政涉农资金供给机制，将配置资源的权力下放给承担脱贫攻坚任务的第一线，激发地方内生动力，使资金项目安排更加符合地方实际，提高财政涉农资金的使用效率。三是创新资金使用机制。通过探索开展资产收益扶贫、政府与社会资本合作、政府购买服务、贷款贴息、设立产业发展基金等方式，发挥财政资金的引导作用和杠杆作用，撬动更多金融资金、社会资本参与脱贫攻坚①。

四、财政投融资

（一）财政投融资的特征

所谓财政投融资就是政府为实现一定的产业政策和其他政策目标，通过国家信用方式筹集资金，由财政统一掌握管理，并根据国民经济和社会发展规划，以出资（入股）或融资（贷款）方式，将资金投向急需发展的部门、企业或事业的一种资金融通活动，财政投融资也称政策性金融。

财政投融资的基本特征包括：

（1）财政投融资是一种政府投入资本金的政策性投融资，它是在大力发展商业性投融资渠道的同时构建的新型投融资渠道。随着社会主义市场经济体制的逐步建立和完善，市场融资的份额将扩大，专业银行商业化的趋势不可逆转，在这种条件下，构建政策性投融资机制只会加快而不会阻碍专业银行商业化的发展方向，因为只有把专业银行的政策性业务分离出来，专业银行才可能真正实现商业化的经营目标。

（2）财政投融资的目的性很强，范围有严格限制。概括地说，它主要是为具有提供公共产品特征的基础产业部门融资。换句话说，它主要是为需要政府给予扶植、保护的产品或直接由政府控制定价的基础性产业融资。随着体制改革的深化，由体制性因素形成的公共产品应逐步减少，市场产品的范围应扩大，许多基础工业产品在条件成熟时，价格应放开，并通过发展企业集团形式谋求发展。因此，政府投融资的范围是受到严格限制的，主要是为那些需要政府给予扶持、保护的产品或直接由政府控制定价的基础性产业融资。

---

① 佚名. 财政部：2016年财政预算中三农的钱要花在这些方面［EB/OL］.［2016-03-10］. http://www.zzny.gov.cn/hd/zxft/381456.shtml.

（3）计划性与市场机制相结合。虽然财政投融资的政策性和计划性很强，但它并不完全脱离市场，而应以市场参数作为配置资金的重要依据，并对市场的配置起补充调整作用。

（4）财政投融资的管理由国家设立的专门机构——政策性金融机构，负责统筹管理和经营。政策性金融机构既不是一般意义上的金融企业，也不同于制定政策的机关，实际上是执行有关长期性投融资政策的机构，是政府投资的代理人。财政投融资由政策性金融机构负责统筹管理和经营，可以避免有偿性投资与一般性投资相互混淆，提高政府投资的运作效率。

（二）我国的政策性银行

我国于 1994 年成立了三家政策性银行：中国国家开发银行（以下简称“国开行”）、中国农业发展银行、中国进出口银行。我国的财政部门以至各主管部门实际上都存在不同形式的投融资活动，但政府投融资的典型代表和主要承担者是“三大”银行。

国开行成立于 1994 年，是直属中国国务院领导的政策性金融机构。2008 年 12 月改制为国家开发银行股份有限公司。2015 年 3 月，国务院明确国开行定位为开发性金融机构。国开行注册资本为 4 212.48 亿元人民币，股东是中华人民共和国财政部、中央汇金投资有限责任公司、梧桐树投资平台有限公司和全国社会保障基金理事会，持股比例分别为 36.54%、34.68%、27.19%、1.59%。

国开行主要通过开展中长期信贷与投资等金融业务，为国民经济重大中长期发展战略服务。截至 2015 年年末，资产总额 12.62 万亿元人民币，贷款余额 9.21 万亿元人民币；累计本息回收率为 98.78%，连续 16 年保持高位；净利润 1 027.88 亿元人民币，资本充足率 10.81%，可持续发展能力和抗风险能力进一步增强。穆迪、标准普尔等专业评级机构，连续多年对国开行评级与中国主权评级保持一致。国开行是全球最大的开发性金融机构，中国最大的对外投融资合作银行、中长期信贷银行和债券银行。2015 年，在美国《财富》杂志世界企业 500 强中排名第 87 位。国开行目前在中国内地设有 37 家一级分行和 3 家二级分行，还设有中国香港分行和开罗、莫斯科、里约热内卢、加拉加斯、伦敦、万象 6 家代表处。全行员工近 9 000 人，旗下拥有国开金融、国开证券、国银租赁和中非基金等子公司。

中国农业发展银行是根据中华人民共和国国务院 1994 年 4 月 19 日发出的《关于组建中国农业发展银行的通知》成立的国有农业政策性银行，注册资本为 200 亿元人民币，直属国务院领导。中国农业发展银行的主要职责是按照国家的法律、法规和方针、政策，以国家信用为基础，筹集资金，承担国家规定的农业政策性金融业务，代理财政支农资金的拨付，为农业和农村经济发展服务。全系统共有 31 个省级分行、300 多个二级分行和 1 800 多个营业机构，服务网络遍布中国内地地区。

建行以来，中国农业发展银行在探索中前进，在改革中发展，走过了不平凡的历程。2014 年，国务院第 63 次常务会议审议通过中国农业发展银行改革实施总体方案，中国农业发展银行认真贯彻落实党中央、国务院的大政方针及重大决策部署，始终坚持政策属性、坚持服务“三农”、坚持按银行规律办事，全力服务国家粮食安全、服务农业现代化、服务城乡发展一体化、服务国家区域发展战略、服务扶贫攻坚，努力把中国农业发展银行办成政府的银行、支农的银行、现代化的银行，更好地在农村金融体系中发挥主体和骨干作用，为促进国民经济平稳健康发展和全面建成小康社会做出更大贡献。

中国进出口银行成立于1994年，是由国家出资设立、直属国务院领导、支持中国对外经济贸易投资发展与国际经济合作、具有独立法人地位的国有政策性银行。中国进出口银行的总部设在北京。截至2016年年末，在国内设有29家营业性分支机构，并在中国香港设有代表处；在海外设有巴黎分行、东南非代表处、圣彼得堡代表处、西北非代表处。中国进出口银行的经营宗旨是紧紧围绕服务国家战略，建设定位明确、业务清晰、功能突出、资本充足、治理规范、内控严密、运营安全、服务良好、具备可持续发展能力的政策性银行。中国进出口银行支持领域主要包括外经贸发展和跨境投资，“一带一路”建设、国际产能和装备制造合作，科技、文化以及中小企业“走出去”和开放型经济建设等。

（三）我国政策性银行的特点

1. 业务职能的政策性

政策性银行的政策性不言而喻，国家开发银行多年来为之奋斗的目标是充当“配合国家宏观政策，重点向基建设施发放贷款”的角色。中国农业发展银行和中国进出口银行的业绩也非常突出。在带动机电产品、成套设备和高新技术产品出口以及对外承包工程项目提供出口信贷、出口信用保险和对外担保等多方面的政策性金融支持上，中国进出口银行可谓功勋卓著。中国农业发展银行则在支持国有粮食企业按保护价敞开收购农民余粮以及农业基建等多方面大显身手。

2. 资金来源的政府性与市场性相结合

从三大政策性银行的介绍中可以看到，我国的政策性银行的资金来源体现了政府性与市场性相结合。1994年政策性银行成立以来，除财政拨付的资本金外，主要是通过中国人民银行下达指令性派购计划、由商业金融机构定向购买金融债券筹集资金。自1998年开始，政策性银行市场化筹资试点工作展开。至今，政策性银行的资金来源正逐渐从政府性向市场化迈进。

□ 本章小结

* 购买性支出是指政府作为一般的市场主体，按照等价交换的原则在市场上购买商品与劳务的支出，又称之为消耗性支出。购买性支出的内容比较广泛，主要包括：行政管理支出、国防支出、文教科卫支出和经济建设支出，政府的购买性支出主要是为了提高资源配置的效率。

* 行政管理支出，是财政用于国家各级权力机关、行政管理机关和外事机构，行使其职能所需要的费用支出。它是维持国家政权存在、保证各级国家管理机构正常运转所必须支付的成本。

* 国防支出，是指一国政府为维护国家三权与保证领土完整，用于军事工程、科研，各军兵种经常性开支、后备部队经常性开支以及战时的作战费用。国防支出属于社会消费性支出，是非生产性支出。

* 文化、教育、科学、卫生事业支出，可简称为文教科卫支出，是指国家财政用于文化、教育、科学、卫生等事业的经费支出。由于文化、教育、科学、卫生事业在现代化社会经济发展中发挥着日益重要的作用，世界各国政府都投入了大量的资金，而且支出规模越来越大。

* 政府投资或财政投资，就是以国家为主体的投资活动，是国家积累基金运用的重要形式。与非政府投资相比较，政府投资则具有不同的特点：政府投资的公共性、基础性特点；政府投资的开发性和战略性特点；政府投资的社会效益特点。

□ 关键概念

购买性支出　政府投资　财政投融资

□ 复习题

1. 分析行政管理支出和国防支出的性质。
2. 简述政府介入教育的必要性。
3. 简述教育产品的性质。
4. 分析财政投融资的特征。
5. 简述财政支农支出的重点。

□ 讨论及思考题

1. 公共卫生支出由政府提供的理论依据是什么？
2. 我国政策性银行的特点是什么？

第五章

转移性支出

本章要点

◇ 社会保障的内容和基本特征

◇ 社会保障基金的来源与筹集模式

◇ 财政补贴的性质和分类

◇ 财政补贴的需求和供给效应

政府转移性支出主要包括社会保障支出、财政补贴支出。应该指出的是，政府之所以提供转移性支出主要是为了促进社会公平。

第一节　社会保障支出

财政用于社会保障的投入，主要体现在社会保险、社会救济、社会福利及社会优抚等方面。

一、社会保障的特征、内容及功能

社会保障是指国家依据一定的法律和法规，在劳动者或全体社会成员因年老、疾病、伤残丧失劳动能力或丧失就业机会以及遇到其他事故而面临生活困难时，向其提供必不可少的基本生活保障和社会服务。《中华人民共和国宪法》规定：中华人民共和国公民在年老、疾病，或者丧失劳动能力的情况下，有从国家和社会获得物质帮助的权利。

（一）社会保障的特征

社会保障作为一种经济保障形式，具有以下几个基本特征：

1. 覆盖面的社会广泛性

社会保障的实施主体是国家，目的是满足全体社会成员的基本生活需要，因此社会保障的受益范围就是广泛的，保障的辐射角度也是全方位的。完整的社会保障体系犹如一张安全网，应覆盖社会经济生活的各个层次、各个方面。从原则和道义上讲，任何一个社会成员都不应被排斥或遗漏在这张安全网之外。

2. 参与上的强制性

虽然社会保障事业惠及每一位社会成员，但每个人对社会保障的需求程度和社会保障对不同个人所产生的边际效用高低却各不一样，甚至有很大差别。这样，在经过付出与收益之间的比较权衡之后，一些社会成员可能会宁愿选择不参与社会保障，这显然不利于社会整体利益。因而，此时的强制参与就是必要的，并且应以法律形式加以确定。

3. 制度上的立法性

社会保障作为政府的社会政策，在为全体社会成员提供保障的同时，也要求全社会共同承担风险，这就牵扯到社会的各个方面，涉及各种社会关系。为了使社会保障具有权威性，正确地调整各阶层、群体以及个人社会保障利益关系，就必须把国家、集体（雇主）、个人（雇员）在社会保障活动中所发生的各种社会关系用法律形式固定下来。

4. 受益程度的约束性

社会保障只涉及基本生存方面的风险，它所直接带来的不是享受，而只是满足基本生活保障的需要。受益程度的约束性是由社会保障存在的前提和基本出发点决定的。由于社会保障的项目、水平及制度的健全与否都受到社会化大生产发展程度的制约，因此，过多过滥的保障项目或受益水平过高会影响效率，也会影响社会成员的劳动积极性，从而不利于公平的兼顾及为社会成员创造相对平等的机会。

（二）社会保障支出的内容

1. 社会保险

社会保险是指国家根据法律，强制由劳动者、企业、政府三方共同筹集基金，在劳动者及其家属在生、老、病、伤、残、失业时给予的物质帮助。社会保险是最基本的社会保障项目，是现代社会保障的核心内容。

社会保险的主要内容有：①养老保险。养老保险是向达到法定年龄而退出社会劳动的劳动者，在养老期间给予养老金、医疗待遇及生活方面的照顾等。②生育和疾病保险。生育和疾病保险是对因生育而中断劳动和因患病而暂时失去劳动能力的劳动者，给予其生育和患病期间的收入补助。③伤残保险。伤残保险是指劳动者因病残或工作伤害而成残疾，向其支付的伤残补助金。④医疗保险。医疗保险负责按一定标准支付劳动者的医疗费用，劳动者的直系亲属也可以享受一定的医疗补助。⑤工伤保险。工伤保险是指劳动者因在生产或工作过程中负伤导致暂时或永久丧失劳动能力时，享受工资、医疗费、伤残补助的权利。其标准一般均高于非工伤的劳动者。⑥丧葬和遗属保险。丧葬和遗属保险是指对已故劳动者提供的丧葬费用和对其遗属给予的生活补贴。⑦失业保险。失业保险是指对因失业中断工作的劳动者，给予基本的生活费、医疗补助费，并为他们提供转业培训和职业介绍服务。

养老保险基金支出是指按照国家政策规定的开支范围和开支标准从养老保险基金中支付给参加基本养老保险的个人的养老金、丧葬抚恤补助，以及由于保险关系转移、上下级之间调剂资金等原因而发生的支出。该项支出具体包括离休金、退休金、退职金、各种补贴、医疗费、死亡丧葬补助费、抚恤救济费、社会保险经办机构管理费、补助下级支出、上解上级支出、转移支出、其他支出等。医疗保险支出是指按照国家政策规定的开支范围和开支标准，从基本医疗保险基金中支付给参保人员的医疗保险待遇支出，以及其他支出，具体包括住院医疗费用支出、门急诊医疗费用支出、个人账户基金支出、其他支出等。失业保险基金支出是指报告期内为保障失业人员基本生活、促进其再就业等支出的基金总额，包括失业保险金支出、医疗补助金支出、丧葬补助金和抚恤金支出、职业培训和职业介绍补贴支出、农民合同制工人一次性生活补助支出、其他支出、转移支出、上级补助支出、下级上解支出。工伤保险基金支出是指按照国家政策规定的开支范围和开支标准从工伤保险基金中支付给参加工伤保险的人员及供养直系亲属工伤保险待遇支出及其他支出，包括工伤医疗费、伤残补助金、工亡补助金、护理费、丧葬补助费、工伤预防费用、职业康复费用和其他支出。生育保险基金支出是指按照国家政策规定的开支范围和开支标准，从生育保险基金中支付给参加生育保险的职工，因妊娠、分娩和计划生育手术而享受的待遇及其他支出，包括生育津贴、医疗费用支出及其他支出。基金累计结余是指截至报告期期末各类保险基金累计结余金额。

2. 社会救济

社会救济是指公民在其收入低于贫困线以下或因自然灾害，发生其他不幸事故生活困难时，国家和社会按照法定的标准，向其提供满足最低生活需求的一种帮助制度。社会救济是最初出现的社会保障项目。社会救济可使无生活来源的人、遭受自然灾害生活一时困难的人、生活在最低标准以下的人等，获得最起码的生活保障。社会救济是一种公民应享受的基本权利，也是国家和社会必须始终认真履行的最起码的社会保障职责，其目标是克服贫困。社会救济的受益者一般是无权享受社会保险的人。社会救济的资金来源是财政预算拨款或通过税收减免进行的间接补助。现实生活中的贫困现象基本上有以下几种：遭受自然灾害造成的贫困，职业竞争失败造成的贫困，个人生理原因造成的贫困和个人能力原因造成的贫困，与此相应的社会救济项目一般包括自然灾害救济、失业救济、孤寡病残救济和城乡困难户救济。像我国的“五保”、自然灾害救济、最低生活保障线等，美国等国家给予贫困线以下的家庭和个人的救济等都属于社会救济。

3. 社会福利

社会福利是指由国家和社会为立法或政策范围内的所有公民普遍提供旨在保证一定的生活水平和尽可能提高生活质量的资金和服务的一种社会保障形式。它表现为国家和社会提供的各种福利设施、社会服务以及举办的各种社会福利事业，不带任何前提条件地给予每一位符合规定的公民。其目的是改善公民生活，提高公民的生活质量。第二次世界大战以后，所谓的福利国家出现，开始为社会成员提供广泛的社会福利，并使其成为最高层次的社会保障项目。一般包括免费或低费的托儿所、幼儿园、休养所、疗养院、福利院、养老院及各种慈善机构等。社会福利的经费一般由财政负担，社会福利范围的大小和水平的高低可以通过法律和行政办法，根据生产发展水平和消费水平加以调整。

4. 优抚安置

优抚安置是指国家和社会按照规定对法定的优抚对象提供确保一定生活水平的资金和服务的带有褒扬和优待抚恤的特殊的社会保障项目。我国优抚安置的对象包括：现役军人，退伍、复员、转业军人，军队离休、退休干部，现役军人家庭，烈士家庭，牺牲、病故军人家属，革命伤残军人和其他特殊对象，资金来源于国家财政拨款。

表 5-1 和表 5-2 是全国财政社会保障支出情况。从总体上看，财政对社会保障的支出不断增长，1998 年到 2006 年年均增长 28.3%，2007 年到 2012 年年均增长 18.2%。

表 5-1　**1998—2006 年全国财政社会保障支出情况表**　单位：亿元

年份	社会保障总支出	抚恤和社会福利救济	行政事业单位离退休人员工资支出	社会保障补助支出
1998	595.63	171.26	274.26	150.01
1999	1 197.44	179.88	393.92	623.64
2000	1 517.57	213.03	478.57	825.97
2001	1 987.40	266.68	624.72	1 096.00
2002	2 636.22	372.97	788.83	1 474.42
2003	2 655.91	498.82	894.97	1 262.12
2004	3 116.06	563.46	1 028.11	1 524.50
2005	3 698.86	716.39	1 164.83	1 817.64
2006	4 361.78	907.68	1 330.20	2 123.90

资料来源：中国财政年鉴编辑委员会. 2013 中国财政年鉴［M］. 北京：中国财政杂志社，2013.

由于 2007 年政府收支分类科目发生调整，2007 年以后年度社会保障支出科目口径与以前年度不一致，因此，2007 年以后年度社会保障支出数据与以前年度无可比性。

表 5-2 中的数据除了财政对社会保险基金的补助进入社会保险基金，其他项目是非社会保险的社会保障项目。

表 5-2　　2007—2015 年全国财政社会保障支出情况表　　单位：亿元

年份	社会保障总支出	财政对社会保险基金的补助	行政事业单位离退休补助	就业补助	城市居民最低生活保障	自然灾害生活救助	农村最低生活保障
2007	5 447.16	1 275.00	1 566.90	370.90	296.04	91.57	109.10
2008	6 804.29	1 630.88	1 812.49	414.55	411.70	356.92	228.70
2009	7 606.68	1 776.73	2 092.95	511.31	517.85	122.82	363.00
2010	9 130.62	2 309.80	2 353.55	624.94	539.53	333.72	446.59
2011	11 109.40	3 152.19	2 737.75	670.39	675.06	231.65	665.48
2012	12 585.52	3 828.29	2 848.84	736.53	666.36	272.02	698.71
2013	14 490.54	4 403.14	3 208.43	822.56	763.38	240.91	861.04
2014	15 968.85	5 042.83	3 668.01	870.78	737.47	210.47	869.00
2015	19 018.69	6 596.19	4 360.95	870.93	753.81	195.52	911.36

资料来源：中国财政年鉴编辑委员会. 2016 中国财政年鉴［M］. 北京：中国财政杂志社，2016.

（三）社会保障的功能

1. 社会保障的社会性功能

（1）社会补偿功能。实行社会保障首先是提供最低的生活保障，也就是根据最低的生活水准（贫困线）来判断贫困者，然后给予适当的救济，使其能维持必要的基本生活。这是社会保障的基本功能。社会保障的补偿功能主要体现在社会救济和社会保险两个方面。社会救济的目的在于保障最低生活水平，具有鲜明的扶贫特征。社会保险的直接功能就是对劳动者在其生命周期遇到各种失去收入的风险后，进行的一种补偿，以保证其基本生活需要。虽然社会保险仍是一种对事故发生后的补救手段，但它也是一种事前的预防措施，并能有效地将这种风险分散。

（2）社会稳定功能。社会保障作为一种社会安全体系，具有稳定社会生活的功能。众所周知，导致社会不安定的因素有很多，其中，社会成员的生存无保障是重要因素之一。社会保障通过保证劳动者乃至全体公民的基本生活问题，从而实现整个社会乃至统治秩序的稳定。因此，世界各国实施社会保障，都把它视为社会震动的减震器和安全网，给予高度的重视。

（3）社会公平功能。社会保障通过其资金的筹集和待遇的给付，把一部分高收入的社会成员的收入转移到另一部分生活陷入困境的社会成员手中，达到促进社会公平的目标。在市场经济条件下，受竞争规律的支配，优胜劣汰在所难免，市场机制给予每个社会成员平等参与竞争的条件和机会，它自动地向效率倾斜，但并不自动向公平倾斜，在竞争中的弱者贫困也在所难免。国家以社会保障的形式给予弱者、失业者乃至贫困者生存保护，从而实现社会公平目标。

2. 社会保障的经济性功能

（1）调节投融资功能。社会保障的资金是直接来自于保险费、财政负担以及资金运用增值的收入，具有较高的稳定性。经过几十年的积累，社会保障基金在许多国家的财政运用上的作用已不可忽视。如庞大的养老金基金都正在被广泛地运用在财政投融资上，发挥了重要的作用，这虽然是从增值保障基金考虑的行动，但客观上已成为国家调节投资的一大支柱。在发达国家，由于向全体国民征收年金保险费的积累额十分庞大，其对于这些国家产业基础的调整更是起了很大作用，成为对本国经济实行计划和合理控制的有效手段。在一些发展中国家，社会保障调节投融资的功能也很明显，社会保障基金往往通过向国家基础设施和重点项目投融资，不仅支持了国家建设，而且基金本身增值很快。

（2）平衡需求功能。社会保障通常还被称为调节经济的蓄水池，具有非常有效的平衡需求的作用。当经济衰退而失业增加时，由于失业给付和社会救济，抑制了个人收入减少的趋势，给失去职业和生活困难的人们以购买力，从而具有唤起有效需求的效果，一定程度上促进了经济复苏。而当经济高涨失业率下降时，社会保障支出相应缩减，社会保障基金规模因此增大，减少了社会需求急剧膨胀，最终又使社会的总需求与总供给达到平衡。可见，社会保障支出自动地随着国民经济运行变化情况呈现出反方向增减变动，这就是社会保障支出内在稳定器的功能。

（3）收入再分配功能。社会保障对低收入阶层给予生活所需要的给付，或者在老年、失业、伤病、残疾等情况发生时，实施必要的收入给付，结果对市场经济活动所造成的收入分配不公平进行了再分配。可以说这是社会保障的最主要的功能，社会保障对收入再分配有垂直性再分配和水平性再分配两种方式。前者是进行从高收入向低收入阶层的收入转移，后者是在劳动时与非劳动时，健康正常时与伤残时之间进行的所得转移。社会保障正是通过上述两种再分配手段来实现对收入的再调节，尽量缩小贫富差距，缓和社会矛盾。

（4）保护和配置劳动力的功能。在市场经济条件下，社会保障是保护劳动力再生产和促进劳动力合理流动及有效配置的重要制度之一。一方面，在市场竞争中，受优胜劣汰规律的支配，必然造成部分劳动者退出劳动力市场，这部分劳动者及其家属因失去收入而陷入生存危机，社会保障通过提供各种帮助而使这部分社会成员维持基本生活需要，从而保护劳动力的生产和再生产。另一方面，通过建立全社会统一的社会保障网络，打破了靠血缘维持的家庭保障格局，超越了企业保障的局限，劳动者在变换工作和迁徙时无后顾之忧，从而促进了劳动力的合理流动，实现劳动力要素的有效配置。

二、社会保障基金的来源与筹集模式

政府举办的社会保障基金，其资金来源在世界各国并不完全相同，筹集方式各有选择。

（一）社会保障基金的来源

社会保障基金的来源，世界上大多数国家实行由国家、企业和个人三方负担的办法，或者依据具体情况，由这三种来源的不同组合构成。

国家财政负担是国家在财政预算中安排一部分资金，用于社会保障事业方面的开支，这是社会保障基金中重要的、稳定的来源。由于财政负担来自于一般税收，一些国家还征收社会保障税，从而使财政负担与税收关系更直接，体现了人人负担的特点。

作为政府的社会义务，财政负担社会保障资金是政府职能的重要体现，它对稳定社会保障给付和弥补赤字等，作用是明显的。

企业（雇主）缴纳社会保障费，是社会保障基金的又一重要资金来源。劳动者为某一企业提供了劳动，创造了相当的社会财富，为供职人所在的企业也提供了相应的成果，雇用的企业单位有义务为其缴纳社会保障费，这些费用可以列入企业经营成本。

个人负担一部分社会保障（特别是社会保险）费是必要的。它可以有助于减少个人收入之间的差距，收入高的多交一些，低的少交一些，发挥了社会保障的调节作用。个人负担，也可以促使人们关心社会保障事业，减轻国家和企业的负担。

（二）社会保障基金的筹集模式

从世界各国社会保障制度的实施情况看，社会保障基金的筹集模式大体划分为三类：

1. 现收现付式

这是一种以近期横向收付平衡原则为指导的基金筹集模式。这种模式要求先做出一年（至多几年）内某项社会保障措施所需要的费用的测算，然后按一定比例分摊到参加该保障措施的所有单位和个人，当年的基金收入仅用于涉足当年支出的需要。

2. 完全基金式

这是一种以远期纵向收付平衡原则为指导的基金筹集模式。这种模式要求在对未来较长时间的宏观预测的基础上，预计保障对象在保障期内所需享受保障待遇的总量，据此按照一定的比例将其分摊到保障对象的整个投保期间。这种方式的主要特点是在初期收费率高，筹资见效快，之后在较长的时期内收费率保持相对稳定，收大于支的部分形成储备基金，需要通过具有较高回报率的投资予以保值。

3. 部分基金式

这是一种把近期横向收付平衡原则与远期纵向收付平衡原则相结合作为指导的基金筹集模式。在满足现时一定支出需要的前提下，留出一定的储备以适应未来的支出需求。这种模式一定几年不变，过几年调整一次，收大于支的部分，通过投资取得回报。其特点是初期收费率较低，以后逐步提高，保持相对稳定。

以上三种筹资方式各有利弊。现收现付式是根据当年保障支出的需要来筹措保障资金，因而是一种量出为入、以支定收的方式。在现收现付式筹资模式下，当代人经费当代人负担，如医疗保障；上代人经费当代人负担，如养老保障；非劳动者经费劳动者负担，如失业保险。其优点是操作简便易行，每年均可根据保障费用需求的增长情况及时调整缴费比例，以保持费用收入的平衡，而且还可以减轻完全积累式可能遇到通过膨胀从而给保障基金带来贬值的危险。但是，由于现收现付式没有长远的规划，事先也没有必要的储备积累，因而在未来社会保障费用支出需求急剧增长的情况下，为了保证费用支出之需，不得不大幅度提高收费率，从而引起筹资对象负担的急剧加重。这种情况达到一定程度时，甚至会出现费用征集与支付的危机。特别是从长期看，经济波动和人口老龄化的出现，使得保障支出和筹资规模不稳定，青年一代对老年人承担的责任较大，影响经济效益。完全积累式是寻求今天基金的积累与未来的支付相适应，一开始启动就要收取较高的费率，筹资速度快，可以在短期内筹到大笔资金，这实际上是一种强制性的长期储蓄制度，其最大意义是不受老龄化的影响。但从另一侧面看，首先，完全积累式基金筹集模式积累的货币基金受货币贬值的影响，几十年后达不到应有的购买力；其次，完全积累式基金筹集模式几乎不具有社会保险的社会互济功能，不能积累足够养老费用的一部分人最终还是要由社会来负担；最后，完全积累式基金筹集模式要求很高的积累率，不可避免地要加大企业成本。这种筹资方式要求在初期筹资对象既要负担当前正进入老年人行列的社会成员所需的社会保障费用，又要负担他们自己进入老年人行列时所需的社会保障费用，这是他们难以承受的。并且，积累的储备基金只有在保持较低通货膨胀率的情况下才能取得保值增值的效果，而这又将是十分困难的。部分积累式基金筹集模式在初期的收费率高于现收现付式基金筹集模式，低于完全积累式基金筹集模式，相对较稳定，作用力度较温和，既易于为筹资对象所接受，又能在一定程度上满足社会保障支出的需要。但部分积累式基金筹集模式收费率的确定又有一定的难度，筹集到的资金在满足现实需要之后，究竟留出多少以适应未来需要将很难确定。如果收费率过高，筹资对象承受不了；收费率过低，又满足不了支出需要。

三、社会保障与财政的关系

社会保障问题既是财政问题，作为财政的重要组成部分，但又不完全是财政问题，二者之间的关系十分密切，主要有以下几点：

（一）财政与社会保障都是以国家为主体的分配

从本质上讲，财政是随着国家的产生而产生的，是为了实现国家的职能，凭借国家的权力并以其为主体，对社会产品进行的一种分配。而社会保障是随着生产力的发展，劳动者之间形成了社会分工，社会作为一个实体出现在人们身边并制约着人们的活动时产生的，而国家是社会的发展形式或者说是最合适的代表，因而，社会保障分配与财政分配主体一样，都是国家，两者都具有强制性的特征。

从资金来源形态上看，社会保障资金可以由多种渠道筹集而成，但从本质上说，社会保障资金只能来源于国民收入，因此它与财政分配的客体也相同。

从具体的财政收支活动来看，财政可通过征收社会保障税（工薪税）的形式将企业和个人应该承担的并应该由全社会统筹的社会保障基金集中起来，然后再通过国家预算支出的安排，满足社会保障在运行过程中必须由国家提供资金的需要。

（二）社会保障（险）税既是社会保障筹资的重要手段，也是一项财政收入形式

从收入上讲，社会保障的筹资方式主要有两种：一是缴费，一是缴税。从保证社会保障基金的稳定增长角度来看，当然是缴税比交费好，因为税收具有强制性和固定性。所以说，社会保障税是社会保障筹资的重要手段。社会保障税既然是一种税，因而它理所当然是财政收入的一种形式。从缴费角度看，财政可强制规定缴费的各项标准，并可将其纳入财政专户管理。

（三）社会保障支出应该是财政支出中的一项重要支出

从财政支出上讲，社会保障作为社会和经济发展的稳定机制，既需要为保障劳动者和社会成员基本生活方面进行经常性支出，又需要为修建各种社会福利设施进行基本建设支出，前者属于消费基金支出，后者则属于积累基金支出的性质。在国民收入分配中，必须对消费基金支出和积累基金支出进行合理安排，才能保证社会保障事业的健康发展，而财政支出的合理分配对该比例起决定性作用。

财政支出按经济性质划分为购买性支出和转移性支出两大类，转移性支出主要包括社会保障支出、补贴支出、捐赠支出与债务利息支出等，西方国家社会保障支出已超过其他一切项目而位居榜首。

（四）社会保障预算应是财政预算的组成部分

从平衡上讲，社会保障基金是通过社会产品的分配和再分配形成的，以确保社会成员基本生活水平为特定目的的资金，对其应当实行独立的专门的预算管理。西方市场经济国家都采取在财政预算中安排和组织社会保障资金的办法，使之成为重要的财政宏观调控手段。

（五）社会保障预算是国家财政进行宏观调控的手段

从管理上讲，国家财政对社会和经济发展宏观调控的基本目标是实现总供给和总需求的平衡，而实现这一目标的关键是调节社会总需求。由于社会保障的各个方面都是制度化的，社会保障的收支特别是支出与财政收支以及整个国民经济的运行构成某种函数关系，基于这种关系，社会保障能对国家财政的需求调控起到配合作用，因而成为具有内在稳定器作用的财政宏观调控手段的组成部分。

在经济衰退时期，失业人数及低收入家庭增多，需要扩大社会保障支出规模，财政相应增加转移支付，以刺激需求，摆脱经济困难，促进复苏的早日到来；在经济繁荣时期，就业率及家庭收入增加，需要社会保障提供援助的家庭及个人减少，社会保障支出规模会自动缩小，财政相应减少转移支付，可以抑制需求，进而维持经济持续、协调发展，社会保障支出随着经济周期而发生的反方向变化，可以缓和经济波动，这已为西方发达国家经济发展的事实所证实。

在经济正常发展的过程中，社会保障的宏观调控作用，具体表现在：首先，财政通过组织社会保障收入，从横向上可以均衡经济负担，为企业在同一起跑线上展开竞争创造良好的外部环境，从纵向上可以对社会成员之间的收入分配差距进行必要的调节，缩小贫富悬殊，有利于社会安定。其次，财政通过安排社会保障支出有目的地贯彻国家的社会政策，向社会成员提供物质帮助。最后，财政通过提高社会保障税税率，在增加社会保障收入的同时，可以减少一部分高收入者的消费需求，而财政提高社会保障给付标准，增加社会保障支出，可以增加一部分低收入者的消费需求，从而调节需求结构。

第二节　财政补贴

财政补贴是一国政府根据一定时期政治经济形势及制定的方针政策，为达到特定的目的，对指定的事项由财政安排的专项资金补助支出。

一、财政补贴的性质和分类

（一）财政补贴的性质

作为一种转移性支出，财政补贴支出同社会保障支出有很多相似性。从政府角度看，无论是以补贴形式还是以社会保障形式拨付支出，都不能换回任何东西，支付都是无偿的。从领取补贴者的角度看，无论以什么名目得到政府的补贴，都意味着实际收入的增加，因而经济状况都较之前有所改善。

然而，这两类转移性支出既然被冠以不同的名称，自然就有差别。差别主要体现在同相对价格体系的关系上。财政补贴总与相对价格的变动联系在一起：或者是补贴引起价格变动，或者是价格变动导致财政补贴。因为有这种联系，很多人索性就把财政补贴称为价格补贴或财政价格补贴。社会保障支出则不与产品和劳务的价格发生直接联系，固然人们获得保障收入后用于购买，可能使购买商品的价格发生变化，但这种影响既不确定，又是间接的。因为与相对价格结构有直接关联，财政补贴便具有改变资源配置结构、供给结构与需求结构的影响，而社会保障支出则很少有这种影响。

根据上述分析，我们可以把财政补贴尤其是价格补贴理解为一种影响相对价格结构，从而可以改变资源配置结构、供给结构和需求结构的政府无偿支出。

（二）财政补贴的分类

财政补贴可依据不同标准进行分类。

1. 从补贴对象划分，财政补贴可以分为个人补贴和企业生产经营补贴。

2. 从列收列支的不同方法划分，财政补贴可分为财政直接列入支出和冲减财政收入两种方法。世界大多数国家将财政补贴全部列入财政支出，我国将企业政策性亏损补贴以冲减收入方法处理，只有除此以外的其他补贴才在财政支出中列支。

3. 从补贴的环节划分，财政补贴分为生产环节补贴、流通环节补贴和消费环节补贴。

4. 从补贴的经济性质划分，财政补贴可分生产补贴和生活补贴。

5. 从补贴的透明度划分，财政补贴可分为明补和暗补。我国的财政补贴，无论是对个人生活还是对企业生产经营，都有明补和暗补两种形式，减免税和退税之所以算财政补贴支出，是因为财政主要是基于支持和照顾的支出政策，而不是收入政策。减免税实际上是财政用收入去对企业补贴，而且补贴的功能也与一般对企业补贴相同。

我国的财政补贴根据国家预算对财政补贴的分类有以下内容：

1. 价格补贴

价格补贴是指国家财政在商品购销价格倒挂的情况下，对工商企业支付的补贴和购销价格顺挂情况下对消费者支付的提价补贴。

2. 企业亏损补贴

企业亏损补贴又称国有企业计划亏损补贴，主要是指国家为了使国有企业能够按照国家计划生产经营一些社会需要但由于客观原因生产经营中将出现亏损的产品，而向这些企业拨付的财政补贴。导致企业计划性亏损的原因，主要是产品计划价格水平偏低，不足以抵补本行业的平均现金成本而造成的亏损。

企业亏损补贴与价格补贴两者有所不同，主要区别在以下几个方面：

（1）补贴的对象不同。价格补贴主要与市场零售有关，而企业亏损补贴主要与工业生产资料有关。

（2）补贴的环节不同。价格补贴的直接受益人主要是城乡企业居民，而企业亏损补贴的直接受益人主要是相关的企业。

（3）补贴的环节不同。价格补贴多补贴在流通环节，一般向商业企业提供，而企业亏损补贴在生产环节，一般向生产企业提供 。

（4）补贴的用途不同。价格补贴主要用于弥补购销倒挂给企业造成的价差损失。企业亏损补贴主要向经营价格倒挂产品的企业提供经营费用和合理留利。

3. 财政贴息

财政贴息是指国家财政对使用某些规定用途的银行贷款的企业，对其支付的贷款利息提供的补贴，也就是政府代企业支付部分或全部贷款利息。

在我国政府的财政统计中，财政补贴主要有价格补贴（在现行财政科目中称之为“政策性补贴支出”）和企业亏损补贴两大类，除此之外还有专项补贴和财政贴息，另外税式支出实际上也是一种财政补贴形式。2007 年政府收支分类改革后，企业亏损补贴还是冲减财政收入，在“非税收入”下的 06 款“国有资本经营收入”下设置了 02 项“国有企业计划亏损补贴”。对各类企业的政策性补贴支出按行业对应列入相应的功能分类。而对居民的价格补贴，属于行政事业单位职工的，参照工资列示方法，列入相应科目。这些数据，目前还没有系统公开公布。

二、财政补贴的供求效应

财政补贴在各国都是被当作一种调节经济的手段来使用的，它所以能有这样的作用，是因为它可以改变相对价格结构。

（一）财政补贴对需求的影响

财政补贴可以改变需求结构。人们的需求客观上有一个结构，决定这个结构的因素主要有两个：一是人们所需要的商品和劳务的种类；二是各种商品和劳务的价格。一般说来，商品或劳务的价格越低，需求越大；商品或劳务的价格越高，需求越小。居民对消费品的需求以及企业对投入品的需求，莫不如此。既然价格的高低可以影响需求结构，那么，能够影响价格水平的财政补贴便有影响需求结构的作用。

下面我们重点分析两种情况：

1. 暗补且购买数量无限制的补贴

考察这种情况，主要分析财政补贴对消费者最佳购买量的影响程度。这里我们把商品划分为补贴商品和非补贴商品两类；由于这种暗补方式，对于消费者来说是降低了补贴商品与非补贴商品的相对价格，假设非补贴商品的价格不变，则从短期看，这种暗补的结果就与两种商品中有一种商品降价的效应是一样的，具体如图 5-1 所示。

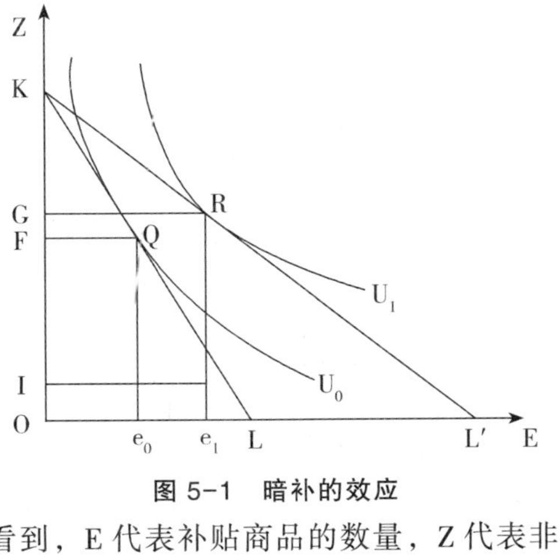

图 5-1 暗补的效应

从图 5-1 中可以看到，E 代表补贴商品的数量，Z 代表非补贴商品的数量，KL 线是没有补贴时的预算线。现在，由于政府对 E 实行了补贴，就是降低了 E 的售价，居民用同样多的货币就可以买到更多的 E，从而使 KL 线位移至 KL′，这表明消费者的实际购买力提高了。当预算线为 KL 线，是无差别线 U_0 与 KL 在 Q 点相切，与 Q 点相对应的消费量分别为 Oe_0 与 OF；现在由于存在对 E 的暗补，预算线 KL′与无差别线 U_1 在 R 点相切，与 R 点相对应的消费量分别为对 Oe_1 与 OG，这表明在暗补的条件下，消费者对两类商品（补贴商品与非补贴商品）的消费量都增加了。从图 5-1 中可以看出，在两种商品的简单情况下，政府对某一类商品实行暗补时，主要是通过改变预算线（价格线）的斜率而发生作用的。

2. 明补

所谓明补是对于政府给消费者因产品涨价所损失的购买力提供的现金补偿的一种俗称。明补与暗补不同：(1) 它是直接把补贴金发给消费者；(2) 它不是通过降低补贴品的价格，而是通过增加消费者的收入，让他们按原来的价格去购买更多的商品。这样，对于消费者来说，实质上商品已无补贴商品与非补贴商品之分，尽管政府在决定发放补贴的数额时是按某一类商品的物价补贴需要而定的，是区分过补贴商品与非补贴商品的。从这个意义上来看，明补就是现金补贴，并且是有限的现金额补贴。中国目前由政府向城市居民发放的副食品价格补贴就属于明补。

虽然明补是针对一类商品的价格而进行的补贴，但消费者必定会把明补得来的钱按原来的边际替代比率分配到各个商品的支出上，而不会突出地投在政府所想补贴的商品上，其结果是所有消费品的需求都有可能上升。我们可以用图 5-2 来描绘明补的效应。

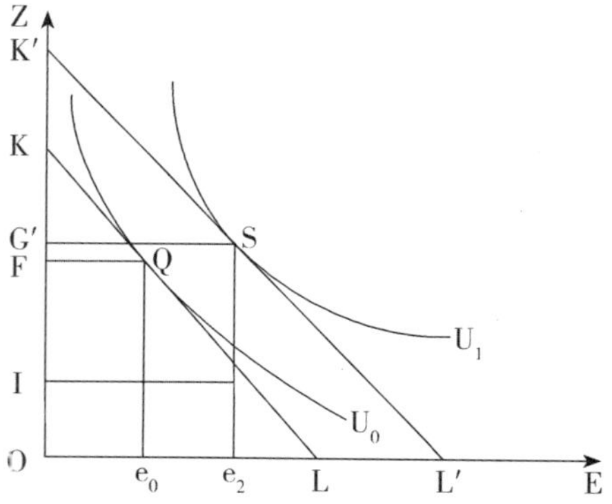

图 5-2 明补的效应

从图 5-2 中可以看到，实行明补后，预算线（价格线）的斜率不变，但收入上升了，所以使预算线向外平移了，由原来的 KL 外移到 K′L′，与更高的无差异曲线 U_1 在 S 点相切，S 较之于原来的消费者均衡点 Q 是一个代表着更高满足水平的均衡点。与 S 点相对应，消费者对 E 的消费量从原来的 Oe_0 上升到 Oe_2，对于 Z 的消费量从 OF 上升到 OG′。这说明，消费者在得到明补后对于两类商品的购买量都会上升。

（二）财政补贴对供给的影响

财政补贴还可以改变供给结构。这一作用，是通过改变企业购进的产品价格（供给价格或销售价格加补贴），从而改变企业盈利水平所产生的。

众所周知，在我国的供给结构中，农产品的供给曾有过若干次反复。探究一下反复的原因就不难发现，农产品供给状况改善的时候，总是政府向农业部门提供补贴或增加农业部门补贴的时候。提高农产品价格补贴，使从事农业生产有利可图，农产品供给自然增加，而农产品的增加对改善我国的供给结构，有着举足轻重的作用。

总体来看，财政补贴既然有调整需求结构和供给结构的作用，把它当作调节经济运行的政策手段来运用就是理所当然的。然而，财政补贴既然是一种调节手段，使用范围及规模就有一个限度，超过这个限度，有利作用就可能趋减，甚至反而出现消极作用。要搞清这个道理，有必要对左右国民经济运行的因素及诸因素的主从地位和相互关系有一个正确的认识。

三、财政补贴的作用

财政补贴的作用，主要体现在以下两方面：

1. 纠正不合理的价格结构，有助于价值规律发挥作用。

以粮食价格补贴为例，此类补贴是由提高粮食的收购价格引起的，而提高粮食收购价格，是为了纠正价格中的扭曲因素，逐步消除工农产品剪刀差，使农产品价格比较接近它的价值。就这个意义来说，粮食价格补贴是对粮食生产必要耗费的一种补贴，毫无疑问，它是符合价值规律的，但是，用补贴来改变相对价格结构，只是使价值规律部分地发挥作用。仍以粮食价格为例，在过去的情况下，粮价补贴是支付给商业部门的，商业部门得到补贴，得以维持粮食的售价不因购价的提高而提高，在这里，支付给企业（粮食部门）的补贴事实上是对消费的补贴。按照价值规律的正常要求，当粮食购价提高后，商业部门理应相应提高售价；售价提高后，职工实际工资下降，应相应地提高工资；提高工资，企业利润可能下降，上缴税利则会减少。这样一系列的反应，可能经济社会难以承受，即便可以承受，于国家的社会福利目标也可能无益。在这里，粮价补贴切断了这一反应链条。它的作用就在于使价值规律在一定的范围内发挥有利的作用。

2. 纠正市场缺陷，借以实现国家的社会福利目标。

价值规律的最重要作用是优化资源配置。但是，如果让它自发地去起作用，就不可避免地会产生周期性的有时是剧烈的波动。当出现经济波动时，政府给某些生产者以价格补贴，如粮食生产过剩时实行保护价格，以维护生产者的利益和积极性；或者对某些超出社会需要的产品给以补贴，暂时维持生产和工人就业，以利资源合理配置。

借助于价值规律优化资源配置，主要着眼于效率，它必然将资源导向经济效益高的部门和经济发达地区，同时会引起国民收入分配在不同收入阶层之间发生较大的差异，在这种情况下，适当运用补贴手段，有利于促进落后地区的经济发展和调节 GDP 分配。

以上情况，都可以看作通过价格补贴有意识地运用价值规律的作用，来达到某种社会经济目标。如此看来，财政补贴是用来改变相对价格结构的，由于社会经济性质不同，实际存在的作为社会经济运行条件的相对价格结构的状况不同，财政补贴作用的方向也是不同的。在计划价格体制下，当相对价格结构扭曲时，价格补贴的基本作用应是纠正价格结构的扭曲，从而弥补计划价格的不足。在自由价格体制下，价格补贴则被用来有目的地改变这种价格结构，克服自由价格的自发性带来的消极作用，以实现自由价格机制所不能实现的社会目标。简言之，在运用补贴手段来调节经济运行时，必须与既定的经济制度和经济运行机制相适应。

□ 本章小结

*转移性支出与购买性支出不同之处在于它直接表现为资金的无偿的、单方面的转移，政府不能从中获取相应的物品和服务。传统的转移性支出主要包括补助支出、捐赠支出和债务利息支出，其中补助支出所占的份额最大，从经济影响上看，也是补助支出最为重要，它全面影响着收入分配，并间接影响着资源的配置。如果从此类支出同市场上的相对价格结构的关系来对之进行划分，则可分为社会保障支出和财政补贴支出。随着经济的发展，经济学家提出了税式支出这个概念，认为各种税收优惠相当于是国家放弃了一部分财政收入，也是一项财政支出，于是转移性支出中也包括了税式支出。

*社会保障是指国家依据一定的法律和法规，在劳动者或全体社会成员因年老、疾病、伤残丧失劳动能力或丧失就业机会以及遇到其他事故而面临生活困难时，向其提供必不可少的基本生活保障和社会服务。社会保障支出的内容，一般由社会保险、社会救济、社会福利和社会优抚几大部分组成，从世界各国社会保障制度的实施情况看，社会保障基金的筹集模式大体划分为三类：现收现付式、完全基金式和部分基金式。

*财政补贴是一国政府根据一定时期政治经济形势及制定的方针政策，为达到特定的目的，对指定的事项由财政安排的专项资金补助支出。财政补贴在各国都是被当作一种调节经济的手段来使用的，它之所以能有这样的作用，是因为它可以改变相对价格结构，从而对需求和供给两方面产生影响。财政补贴的作用，主要体现在两个方面：纠正不合理的价格结构，有助于价值规律发挥作用以及纠正市场缺陷，借以实现国家的社会福利目标。

□ 关键概念

社会保障　社会保险　社会救济　社会福利　优抚安置　现收现付式　完全基金式　部分基金式　价格补贴　企业亏损补贴　财政贴息

□ 复习题

1. 社会保障支出有哪些特征？包括哪些内容？
2. 社会保障的功能是什么？
3. 社会保障的基金筹集模式有哪些？
4. 分析财政与社会保障的关系。
5. 财政补贴对供求有哪些影响？
6. 财政补贴的作用是什么？

□ 讨论及思考题

1. 在我国社会保障事业的发展过程中，你认为哪种社会保障基金筹集模式更为适合我国实际国情？

2. 如何理解财政补贴在目前的作用？

第六章

财政收入总论

本章要点

◇ 财政收入的分类

◇ 财政收入的结构

◇ 财政收入规模的衡量指标

◇ 制约财政收入规模的因素

◇ 确定财政收入合理规模的标准

财政收入是财政分配的重要方面，因此应该全面认识财政收入的分类、财政收入的结构及财政收入规模的变化趋势。

第一节 财政收入的内涵与分类

科学界定财政收入的一般概念，是合理划分财政收入类别的前提，而合理的财政收入分类又是对财政整个收入的具体化。

一、财政收入的内涵

财政收入是政府为履行公共职能，满足公共支出的需要，依据一定的权力原则，通过国家财政集中的一定数量的国民收入。它通常有两个含义：其一，财政收入是一定量的公共性质货币资金，即财政通过一定筹资形式和渠道集中起来的由国家集中掌握使用的货币资金，是国家占有的以货币表现的一定量的社会产品价值，主要是剩余产品价值。其二，财政收入又是一个过程，即组织收入、筹集资金阶段，是财政分配活动的第一阶段。财政收入既是政府理财的重要环节，也是政府进行宏观调控的重要手段之一，它为公共产品的生产提供了重要的经济基础。

财政收入具有重要的意义。首先，财政收入是财政支出的前提。财政分配是收入与支出的统一过程，财政支出是财政收入的目的，财政收入则是财政支出的前提和保证。在一般情况下，收入的数量决定财政支出的规模，收入多才能支出多。因此，只有在发展经济的基础上，积极筹集资金，才能为更多的财政支出创造前提。其次，财政收入是实现国家职能的财力保证。国家为了实现其职能，必须掌握一定数量的社会产品，财政收入正是筹集国家资金的重要手段，对实现国家职能有重要的意义。最后，财政收入是正确处理各方面物质利益关系的重要方式。财政收入的取得不仅仅是聚集资金的问题，在具体操作过程中，取得多少、采取何种方式，关系政府方针政策的贯彻落实，涉及各方面的物质利益关系的处理。只有在组织财政收入的过程中正确处理各种物质利益关系，才能充分调动各方面的积极性，达到优化资源配置，协调分配关系的目的。

二、财政收入的分类

对财政收入的分类是财政理论的重要组成部分。为了研究影响财政收入的各种因素，寻求增加财政收入的途径和加强对财政收入的管理，有必要对财政收入进行分类，根据不同的标准，我们可以对财政收入进行相应的分类。

（一）财政收入分类的理论变迁

为了更好地分析财政收入的内容，财政学者历来都非常重视对财政收入进行分类。16 世纪法国的波丹将财政收入分为六类：公有土地收入、掠夺财物收入、赠与收入、征服地贡纳、公共贸易收入以及关税及税收。16 世纪至 18 世纪的德国官房学派将财政收入分为三类：公共财产、君主特权收入和税收收入。亚当·斯密将财政收入分为两类：来自君主私产收入和来自人民财产收入，其中来自人民财产收入是指税收收入。亚当斯将财政收入分为三类：直接收入——政府来自公共财产与公共企事业的收入、派生收入——政府凭借政治权力和行政权力获取的收入（税收与罚金）、预期收入——募集公债和发行国库券的收入。道尔顿将财政收入分为五类：市场价格收入、公共定价收入、规费收入、特别课征和税收收入。

（二）按收入形式分类

财政收入形式，是指国家取得财政收入的具体方式。不同时期，财政收入的形式是有差异的。如在自然经济条件下，政府通过征收实物或劳务而取得财政收入，我国封建社会的“粟米之征”“布缕之征”“力役之征”等都是财政收入的具体形式。在现代公共财政中，财政收入的形式主要有税收收入、国有资产收益、债务收入、收费收入和其他收入等。

1. 税收收入

税收是国家为了实现其职能，凭借政治权力，依照法律规定标准取得财政收入的一种比较固定的形式。它具有强制性、无偿性、固定性的基本特征，不受生产资料所有权归属的限制，因此是国家取得财政收入的一种最可靠的基本形式。同时，税收在取得财政收入的过程中，还能起到调节经济运行、资源配置和收入分配的重要作用。税收收入是现代国家最为重要的财政收入之一。

2. 国有资产收益

国有资产收益是国家凭借国有资产所有权所应获取的经营利润、租金、股息（红利）等收入的总称。在现代企业制度下，企业是独立于投资者享有民事权利、承担民事责任的经济实体，具有法人资格。企业中的国有资产属于国家，企业则拥有包括国家在内的出资者投资形成的全部法人财产权。其中，所有权是指财产所有者对财产依法享有的占有、使用、收益和处分的权利；企业法人财产权是指由所有者委托或授权，企业依法对营运的财产形式的占有、使用、收益和处分的权利。在所有权和财产权分离的条件下，财政分配主体与企业分配主体也由过去的合二为一变为相对分离，以政府为主体的财政分配中不再包含以企业法人为主体的财务分配，财政不再统负企业盈亏。这样，财政与企业的分配关系，除了对各类企业的税收关系外，对国有企业或拥有国有股份的企业还有一层规范的资产收益分配关系，即国家以国有资产所有者身份采用上缴利润、国家股分红等形式，凭借所有权分享资产收益，然后通过国有资产经营预算支出用于新建国有企业投资、对股份制企业的参股、控股以及对国家股的扩股、增资、兼并购买产权或股权等，以保持公有制资产在社会总资产中的优势。

3. 债务收入

债务收入是指国家以债务人的身份，按照信用的原则从国内外取得的各种借款收入。它包括在国内发行的各种公债（国库券、财政债券、保值公债、特种国债等），向外国政府、国际金融组织、国外商业银行的借款以及发行国际债券等取得的收入。在现代社会里，公债因具有有偿性、自愿性、灵活性和广泛性等基本特征，并具有弥补财政赤字、调剂国库余缺、筹集财政资金和调控经济运行等多种功能，已成为一种不可缺少的重要财政收入形式。同时，公债是国家取得财政收入的一种特殊形式，这可以从三个方面来理解：第一，公债的特殊性在于与税收相比，不仅具有偿还性，而且具有自愿性；第二，公债是政府调节经济的杠杆，是政府进行宏观调控、保持经济稳定、促进经济发展的一个重要经济杠杆；第三，公债是一个特殊的债务范畴。它并不以财产或收益作为担保物，而是依靠政府的信誉发行。在一般情况下，公债比私债要可靠得多，而且收益率也高于普通的银行存款，所以通常被称为金边债券。

4. 收费收入

一般地说，收费形式是国家政府机关或国家事业机构等单位，在提供公共服务、产品、基金或批准使用国家某些资源时，向收益人收取一定费用的一种财政收入形式。它主要包括规费收入、公产收入、特许金收入等。收费收入涉及面广、收入不多，一般属于地方政府收入的主要来源。国家采用收费这种形式，主要是促进各单位和个人注重提高效益，发挥其调节社会经济生活的作用。收费形式贯彻利益报偿原则和费用补偿原则。利益报偿原则是指根据收益当事人所受利益大小来确定所缴纳的费用数额；费用补偿原则是指政府根据所提供的服务或产品、设备的成本来确定征收费用的数额。通常以利益报偿原则为征费的上限，以费用补偿原则为征费的下限。也就是说，收费的最高限额应根据利益报偿原则确定，最低限额应根据费用补偿原则确定。

(1) 规费收入是指政府部门为居民、组织提供某些特殊服务或实施行政管理所收取的手续费和工本费。规费收入一般包括两类：一是行政规费，如工商执照费、户口登记费、结婚证书费等；二是司法规费，具体包括诉讼费和非诉讼费。

(2) 公产收入是指国有山林等公产的产品收入、政府部门主管的公房和其他公产的租赁收入及变价出售收入等。

(3) 特许金收入是指政府给予居民或企业、组织某种行为或营业活动的特许权所取得的收入。例如，娱乐场所的设立必须取得有关部门的批准，并依法缴纳特许经营费用，否则视为违法经营。这里政府收取的特许经营费用便是特许金。

（三）按收入的性质分类

2007 年，我国进行政府收支分类改革，其中，收入分类主要反映政府收入的来源和性质。根据目前我国政府收入构成情况，结合国际通行做法，按经济性质将政府收入分为类、款、项、目 4 级，具体包括 6 大类科目。《2018 年政府收支分类科目》政府收入分类、款两级，具体科目设置情况如下：

(1) 税收收入。分设 20 款：增值税、消费税、营业税、企业所得税、企业所得税退税、个人所得税、资源税、城市维护建设税、房产税、印花税、城镇土地使用税、土地增值税、耕地占用税、车船税、船舶吨税、车辆购置税、关税、契税、烟叶税、其他税收收入。

(2) 社会保险基金收入。分设 11 款：企业职工基本养老保险基金收入、失业保险基金收入、职工基本医疗保险基金收入、工伤保险基金收入、生育保险基金收入、新型农业合作医疗基金收入、城镇居民基本医疗保险基金收入、城乡居民基本养老保险基金收入、机关事业单位基本养老保险基金收入、城乡居民基本医疗保险基金收入、其他社会保险基金收入。

(3) 非税收入。分设 10 款：政府性基金收入、专项收入、行政事业性收费收入、罚没收入、国有资本经营收入、国有资源（资产）有偿使用收入、捐赠收入、政府住房基金收入、专项债券对应项目专项收入、其他收入。

(4) 债务收入。分设 2 款：中央政府债务收入、地方政府债务收入。

(5) 转移性收入。分设 12 款：返还性收入、一般性转移支付收入、专项转移支付收入、政府性基金转移收入、国有资本经营预算转移支付收入、上解收入、上年结余收入、调入资金、债务转贷收入、接受其他地区援助收入、社会保险基金上解下拨收入、收回存量资金。

(6) 贷款转贷回收本金收入。分设 4 款：国内贷款回收本金收入、国外贷款回收本金收入、国内转贷回收本金收入、国外转贷回收本金收入。

应该说，单纯从财政收入类型划分的角度来看，我国已经基本上和国际标准实现接轨。国际货币基金组织在《2001 年政府财政统计手册》中，将政府收入划分为税收收入、社会缴款、赠与、其他收入4类，具体情况如下：

（1）税收收入类。税收收入类细分为对所得、利润和资本收益征收的税收，对工资和劳动力征收的税收，对财产征收的税收，对商品和服务征收的税收，对国际贸易和交易征收的税收，其他税收等。

（2）社会缴款类。社会缴款类细分为社会保障缴款和其他社会缴款。其中，社会保障缴款又按缴款人细分为雇员缴款、雇主缴款、自营职业者或无业人员缴款、不可分配的缴款。

（3）赠与类。赠与类细分为来自外国政府赠与、来自国际组织赠与和来自其他广义政府单位的赠与。

（4）其他收入类。其他收入类细分为财产收入，出售商品和服务，罚金、罚款和罚没收入，除赠与外的其他自愿转移，杂项和未列明的收入等。

（四）按财政资金的管理方式分类

按财政资金的管理方式分类，我国财政收入可分为预算内和预算外两大类，这是我国特有的现象。

2011年以前我国财政统计中的财政收入主要指预算内收入，它的特征是统一纳入政府预算，按政府预算立法程序实行规范管理，由各级政府统筹安排使用。预算内财政收入主要包括各项税收、专项收入、其他收入和国有企业亏损补贴。

预算外收入是指国家机关、事业单位和社会团体为履行或代行政府职能，依据国家法律、法规和具有法律效力的规章而收取、提取和安排使用的未纳入政府预算管理的各种财政性资金，在使用上由各收费部门安排使用，不纳入财政收入统计，从其本质上看是收费，只不过是预算外收费而已。从2011年1月1日起，预算外资金管理的收入（不含教育收费）全部纳入预算管理。预算外资金收入的概念已逐渐消失。

（五）按收入层次分类

按财政收入的层次，可以分为中央财政收入和地方财政收入。

中央财政收入是指按照财政预算法律和财政管理体制规定由中央政府集中和支配使用的财政资金。中央财政收入主要来源于国家税收中的属于中央的税收、中央政府所属企业的国有资产收益、中央和地方共享收入中的中央分成收入、地方政府向中央政府的上解收入以及国债收入等。中央政府财政在一国纵向财政结构中居于主导地位，担负着国家安全、外交和中央国家机关运转所需费用，调整宏观经济结构，协调地区经济社会发展，实施宏观调控所必需的支出，以及跨省重大基础设施建设和重要事业发展支出等重任。因此，作为政府财力的重要组成部分，按照事权与财力匹配的原则，单一制国家的中央政府一般把财源稳定、充沛和涉及宏观调控的税种与非税财政收入直接控制在自己手中；联邦制国家则通过联邦宪法规定联邦政府拥有课税优先权和举债优先权，来确保中央（联邦）政府收入的主导地位。

地方财政收入是指按照财政预算法或地方财政法规定划归地方政府集中筹集和支配使用的财政资金。地方财政收入主要来源于地方税、地方政府所属企业的国有资产收益、共享收入中的地方分成收入以及上级政府的返还和补助收入等。在多级政府财政体系中，地方政府财政往往又由两级或两级以上构成，各级地方财政分别担负着区域政权机关运转所需费用和分级提供公共产品，满足企业和居民公共需要的职责，因此，地方财政在纵向财政结构中居于基础地位。在构建纵向财政结构时，须保证地方各级财政有自己稳定可靠的收入来源。

按照这一分类，我国各时期中央和地方财政收入情况及占总收入的比重见表 6-1。

表 6-1 中央和地方财政收入情况及占总收入的比重

年 份	绝对数（亿元）			比重（%）	
	全国	中央	地方	中央	地方
1978	1 132.26	175.77	956.49	15.5	84.5
1980	1 159.93	284.45	875.48	24.5	75.5
1985	2 004.82	769.63	1 235.19	38.4	61.6
1990	2 937.10	992.42	1 944.68	33.8	66.2
1995	6 242.20	3 256.62	2 985.58	52.2	47.8
2000	13 395.23	6 989.17	6 406.06	52.2	47.8
2005	31 649.29	16 548.53	15 100.76	52.3	47.7
2010	83 101.51	42 488.47	40 613.04	51.1	48.9
2011	103 874.43	51 327.32	52 547.11	49.41	50.59
2012	117 253.52	56 175.23	61 078.29	47.91	52.09
2013	129 209.64	60 198.48	69 011.16	46.59	53.41
2014	140 370.03	64 493.45	75 876.58	45.95	54.05
2015	152 269.23	69 267.19	83 002.04	45.49	54.51
2016	159 604.97	72 365.62	87 239.35	45.34	54.66

三、财政收入与公共产品提供

在现实经济生活中，各种物品在供给上的成本补偿方式是各不相同的。确定私人物品具有供给上的排他性和消费上的竞争性这两个特征，这就决定了确定私人所有权的经济和技术基础，决定了所有权发生的交易成本不高，并且私人产品也可以按照等价有偿的原则，通过交易方式互通有无。对于私人产品的生产者和提供者来说，只有当全部边际成本得到补偿之后，才会向支付生产费用的人提供这种产品并使之受益。由于私人产品的价格是由边际成本决定的，并且产权关系决定着产品的所有权，因此，根据市场经济法则，这类产品通过市场引导，由追逐利润最大化的企业自主生产和提供，便可能达到资源的充分利用和有效配置。可以说，这是分析私人产品给我们带来的重要启示之一。

财政收入与公共产品之间关系的结合点，在于公共产品成本的补偿方式。从内容上讲，财政收入是国家或政府的一种行为，是以政治权力为依托，参与社会产品或国民收入分配的一种形式。特别是税收的特征，表现为强制性、无偿性和固定性这三个方面。其中，所谓无偿性，是指税收通常与政府职能挂钩，财政收入由国家统筹使用，用于满足公共需要。就单个纳税人来说，其缴纳的税款与得到的公共产品受益很难形成一一对应的等同关系，即单个纳税人从个人自身的纳税行为中不能直接获得受益体会。但从总体上讲，政府提供公共产品是有成本的，这些成本只能通过财政收入的形式加以弥补。

长期以来，西方学者一直致力于课税依据的研究，并且产生了不同的学说，包括公需说、交换说、保险说、牺牲说、分担说和社会政策说等观点。这些观点均试图从各自不同的角度解释政府为什么征税的问题，其中就有相当多的学者，包括重商主义者霍布斯和古典经济学派代表亚当·斯密等人围绕“交换说”所阐述的观点。交换说的核心在于认为税收的本质是国家和纳税人之间的交换关系，纳税人享受国家提供的各种利益，就应当通过纳税提供补偿。由于常常提到税收与利益之间的交换，所以，交换说有时也被称为利益说。在市场经济条件下，对公共产品学说的分析更进一步论证了这种观点。从某种程度上讲，税收又是一种价格，是人们为取得公共产品而支付的代价。社会成员既是消费公共产品的主体，也是缴纳税款的主体。从“交换说”的意义上讲，税收可以被理解为享用公共产品的“代价”，而非纳税人的一种无谓的牺牲。因此，社会成员有责任以受益者的身份，树立税收观念，增强纳税意识，积极地为公益事业做出贡献。在有权利享用公共产品的同时，社会成员也有义务珍惜公共产品。随着经济的增长和政府行为效率的提高，在通常情况下，社会成员还可以期望享用到更好的公共产品。

如果说财政收入中税收在某种程度上是一种价格的话，那么，收费也是一种价格，它是人们为取得准公共产品而付出的代价。收费是以提供服务为前提的一种分配形式，也体现着一种交换关系。由于准公共产品并不同时具备“非排他性”和“非竞争性”这两个特征，或这两个特征并不明显，因此，单纯地采取征税的方式很难有效地弥补它的成本，于是收费方式便成为弥补准公共产品成本的一种较为有效的方式。

第二节　财政收入结构分析

在明确财政收入内涵及分类的基础上，必须进一步对财政收入结构进行客观、科学的探讨。

一、财政收入结构的含义及影响因素

财政收入结构是指财政收入的构成因素以及各因素之间的相互关系。它主要指财政收入的来源结构，它反映了财政收入的基本构成内容及各类收入在财政收入总体中的地位，同时也反映了一定时期内财政收入的来源和财政收入政策调节的目标、重点和力度。对财政收入进行结构分析，目的在于揭示财政收入的结构与经济结构之间的内在联系及其规律性，理顺分配关系，寻求增加财政收入的途径，加强对现有收入的监督和管理。

影响财政收入结构的主要因素包括：

（1）经济发展状况。经济发展状况特别是经济效益的提高，会使税收收入以及国有资产收益占财政总收入的比重呈上升趋势。

（2）制度选择状况。制度选择主要涉及经济体制、财政体制以及财政收入制度的选择。不同的制度选择，使财政收入呈现出不同的结构。例如，在市场经济条件下，多种经济成分并存，规范性收入所占比重较大。因此，在财政收入结构中，必然出现以税收收入为主的态势。

（3）财政运行状况。财政运行状况的优劣，对该时期的收入结构也构成重要影响。一般财政运行状况优良，债务收入的比重较低，其收入规模能较好地控制在警戒线内；反之，财政运行状况恶化，为解决财政困难，政府将不得不通过大量举债度日，因此债务收入所占的比重较高，甚至超过了警戒线，为今后的财政运行埋下更大的隐患。

二、财政收入结构分析

财政收入的结构，包括财政收入的价值结构和经济结构。财政收入的价值结构包括 C、V、M 三部分。财政收入的经济结构包括财政收入的社会经济结构和国民经济结构。社会经济结构即所有制结构；国民经济结构包括部门结构、产品结构、地区结构、技术结构等，其中部门结构是最主要的。财政收入在这两方面的结构，实际上是生产关系结构和生产力结构，若结构合理，经济就能有效地发展，财政收入也能不断地增长。下面对财政收入的来源结构进行具体的分析。

（一）财政收入的价值结构

社会产品价值包括 C、V、M 三部分。C 是补偿生产资料消耗的价值部分；V 是新创造的价值中归劳动者支配的部分；M 是新创造的价值中归社会支配的剩余产品价值部分，它是财政收入的主要来源，但不是唯一来源。

1. 补偿基金 C 中的折旧基金可以成为财政收入

C 是补偿生产资料消耗的价值，又叫补偿基金，它可以分为两部分：一部分是补偿消耗掉的原材料等劳动对象的价值，只要企业的再生产不间断地持续下去，这部分补偿就必须不断地再用于购买新的劳动对象，投入生产，因此，它不能构成财政收入的来源。另一部分是补偿机器设备、厂房等固定资产耗费的价值。固定资产价值的补偿和实物更新是不一致的，其物质形态的补偿是通过固定资产的更新来实现的，而价值形态的补偿则是通过从销售收入中提取折旧基金来实现的。由于折旧基金是随着固定资产的磨损逐步提取的，而固定资产在它报废后才需要更新，因此折旧基金从提取到使用有一段时间间隔，在这一时间内它可以被当作新的资金追加投资。也正是由于折旧基金所具有的积累的属性，所以在传统的高度集中的财政体制下，国有企业的折旧基金曾全部或部分地上缴财政，成为财政收入的一个来源。但从建立现代企业制度和维护企业经营管理权限来看，折旧基金属于企业自主支配的资金，是简单再生产的范畴，由企业管理使用为宜。1985 年 2 月，国务院决定，中央财政不再集中企业的折旧基金，至于地方财政、主管部门是否集中，由地方根据自己的实际情况而定。不过从理论上讲，还不能绝对排除折旧基金作为财政收入来源的可能性。

2. 劳动者个人收入 V 可以成为财政收入

V 是劳动者为自己劳动所创造的必要劳动价值，属于个人消费基金的范畴。V 能否构成财政收入的来源需作具体分析。第一，从个人货币收入层次看，V 在总体上是由社会平均维持劳动力再生产的费用决定的，应全部留归劳动者个人。但由于客观上存在劳动力上的差别，以及社会产品分配中存在多种个人收入分配形式，各个劳动者实际得到的货币收入在数量上是不同的。一部分高收入者的收入远远高于社会平均必要产品价值；另一部分低收入者的收入则低于社会平均必要产品价值。为了维护收入分配的公正、合理，保持社会稳定，政府应以社会管理者身份凭借政治权力采用税收形式对高收入者进行再调节，对低收入者进行补偿，可见 V 构成了财政收入的来源。第二，从个人收入 V 的消费层次看，个人收入用作消费的部分可分为三个层次：一是维持劳动者自身及家属最低限度的生活需要；二是用于发展个人专门技能或知识能力方面的需要；三是用于业余休闲或享受部分的支出。在现代文明社会，维持合格劳动力再生产的费用应主要包括前两部分，它一般不应成为财政分配的对象；而第三部分则有很大的伸缩性，尤其与收入水平相关联，因此，对用于这一消费层次的收入可采用税收形式予以适当调节，对个人课征所得税或特定消费品课征消费税，最终都应以第三部分消费支出来负担。

3.M 是财政收入的主要来源

M 是新创造的价值中归社会支配的剩余价值部分，它是财政收入的基本源泉，因为从社会产品价值构成上来看，财政收入主要来自于 M 部分，只有 M 多了，财政收入的增长才有坚实的基础。正如马克思所指出的，富的程度不是由产品的绝对量来计量的，而是由剩余产品的相对量来计量的。这句话道出了财政收入与 M 的关系。既然 M 是财政收入的基本源泉，那么增加财政收入的根本途径就是增加 M，这就是要分析影响 M 增减变化的因素，从而找出影响财政收入的因素。在国民经济中影响 M 增减变化的因素主要有三个：产量、成本和价格。在产品成本和价格一定的条件下，扩大生产、增加产量和产值，必然同时也增加 M，进而扩大财政收入规模。在产品产量和价格不变的情况下，成本与 M 成反比例变化，即成本提高，则 M 减少，财政收入也相应减少；反之，成本降低，则 M 增大，财政也相应增加。因此增加财政收入的根本途径是降低成本，提高经济效益。

（二）财政收入的经济结构

1. 财政收入的社会经济结构

财政收入的所有制构成是指各种所有制的财政贡献比例。一般而言，在整个经济中占主导地位的所有制经济将贡献较多的财政收入。比如，在改革开放前的大部分时期，全民所有制经济（国有经济）在社会经济生活中财政收入占据了绝对的主导地位，财政收入则大部分来源于全民所有制经济，一般比重均在 80% 以上。改革开放以后，我国集体经济、私营经济及外资经济得到了迅速发展，其贡献的财政收入也不断提高，而全民所有制经济贡献的财政收入则不断下降。特别是 1994 年以来，公有制经济要么改制为股份制经济，要么逐渐退出竞争性经济领域，其对财政收入的贡献度下降明显。

表 6-2 中我国财政收入的所有制构成明确地反映了我国在不同时期的经济制度特征。

表 6-2 **我国财政收入的所有制构成** 单位：%

年 份	国有经济	集体所有制经济	个体经济	其他	合计
经济恢复时期（1949—1952）	50.10	0.80	22.70	26.40	100.00
“一五”时期（1953—1958）	69.40	9.80	9.20	11.60	100.00
“二五”时期（1959—1962）	87.80	10.90	0.90	0.40	100.00
国民经济调整时期（1963—1965）	84.10	14.20	1.70	0	100.00
“三五”时期（1966—1970）	86.50	12.90	0.60	0	100.00
“四五”时期（1971—1975）	87.45	12.06	0.49	0	100.00
“五五”时期（1976—1980）	86.26	13.24	0.50	0	100.00
“六五”时期（1981—1985）	82.59	15.54	1.27	0.60	100.00
“七五”时期（1986—1990）	72.82	18.85	4.61	3.72	100.00
“八五”时期（1991—1995）	71.35	17.25	5.73	5.67	100.00

资料来源：国家统计局．中国统计年鉴［M］．北京：中国统计出版社，1995、1996.

财政收入结构的这种变化趋势，是与中国经济体制的发展过程大体吻合的。中华人民共和国成立初期，个体和私营经济在国民经济中占有相当的比重，来自于两者的财政收入占 40% 以上。随着社会主义改造的进行，国有经济和集体经济的比重急剧增加，“一五”时期来自国有经济的财政收入达 69.40%，来自集体经济的达 9.80%，个体和私营经济则退居次要地位，之后形成的经济体制使国有化程度进一步提高。1979 年以后，随着经济体制改革的推进，集体和其他经济成分有了较快的发展，提供的财政收入逐年增加，国有经济的比重有所下降。1979—1995年，个体私营经济共上缴税金1 200多亿元。全国百强县中大部分是个体私营经济发达的县，提供的税收占县财政收入的30%~60%。目前，东、中、西部的许多县（市）着力发展个体私营经济和乡镇企业，开辟富民的道路是重要目的，同时也为了增加财政收入。2007年，全国国有企业上缴税金约1.77万亿元，占全国财政收入的比重下降到34.50%。

2. 财政收入的部门构成

财政收入的部门结构分析，在于说明各生产流通部门在提供财政收入中的贡献及其贡献程度，便于根据各产业的发展趋势和特点，合理组织财政收入，并开辟新的财源。部门结构既包括传统意义上的国民经济结构分类，如工业、农业、建筑业、交通运输业等，又包括现代意义上的产业结构分类，即第一产业、第二产业和第三产业。

直接来自第一产业的收入，主要是农牧业税。由于我国第一产业劳动生产率较低，以及长期以来对这一产业贯彻稳定负担政策和轻税政策，因此，农牧业税在全部财政收入中占的比重很小，农村税费制度改革前这一比重在3%~5%；20世纪90年代末我国开始推行农村税费制度改革，来自第一产业的财政收入逐步减少，至2006年我国废止了《农业税暂行条例》，农业进入了相对无税的时代。间接来自第一产业的收入，主要表现为由于工农业产品交换中存在“剪刀差”，使农业部门创造的一部分价值转移到以农产品为原料的轻工部门来实现。近年来，我国为了缩小“剪刀差”，曾大幅度提高农副产品收购价，但由于农业劳动生产率不可能迅速提高，工农产品的“剪刀差”不可能立即消除。因此，农业通过价格转移为财政提供收入的情况会依然存在。

第二产业是国民经济的主导。我国财政收入的绝大部分直接来自第二产业：因此，第二产业对财政收入的状况起决定作用。因为第二产业生产技术装备先进，劳动生产率高，创造的剩余产品价值多，同时，第二产业在我国主要是国有企业，创造的社会纯收入大部分上缴国家，所以第二产业是财政收入的最主要来源。但财政收入能否随着第二产业生产的发展而相应增长，一是取决于企业的经济效益；二是取决于产业内部各行业的比例结构：轻重工业之间，基础工业与加工工业之间等的比例关系。只有企业经济效益提高，各行业之间比例关系合理协调，财政收入才能相应增长。所以，加快企业改革特别是国有大中型企业改革，提高经济效益，促进经济协调发展，是财政收入增加的关键。

第三产业部门创造的价值也构成国民生产价值的一部分，同时也是构成财政收入的来源因素。第三产业产值在国民生产总值中的比重随经济发展程度而发生变化。随着社会生产力发展和科学技术的进步，第三产业产值占国民生产总值的比重越来越高，这是各国产业发展的一般趋势。与此同时，财政收入来源于第三产业的比重越来越高。在发达国家，第三产业创造的价值占GDP的比重已达60%，提供的财政收入占国家财政收入的50%以上，第三产业对于国民经济和财政收入的贡献度越来越高。而我国长期以来第三产业严重滞后，工业和农业两大生产部门创造的国民收入始终占国民收入总额的 80%左右，两大部门，特别是工业部门提供的财政收入在财政收入总额中占据较高的比重，来自第三产业（主要为商业、交通运输业、建筑业等）的财政收入所占比重不高，见表 6-3。

表 6-3　**财政收入部门结构**　单位：%

年份	工业	农业	商业	交通运输业	建筑业	其他
1978	74.6	2.8	12.1	7.2	0.2	3.1
1980	77.4	2.9	1.4	6.0	0.1	12.2
1985	59.6	4.4	7.2	6.5	0.4	21.9
1990	46.5	4.3	24.7	7.9	1.5	15.1
1995	43.9	5.8	32.6	3.6	2.0	12.1

资料来源：中国财政年鉴编辑委员会．中国财政年鉴（1996）[M]．北京：中国财政杂志社，1997：517.

近年来随着社会经济的发展，生产力水平的提高和价格体系的合理确定，第三产业在我国已经有了快速发展，特别是 1994 年我国工商税制改革以后，增值税的作用显著增强，以商业、交通运输业、邮政通信业等为龙头的第三产业提供的收入增长迅速，已占整个税收收入的 40% 以上（见表 6-4）。因此，在注重从工农业部门筹集财政收入的同时，政府通过加强对第三产业部门的管理，提高从交通运输业、商业及其他部门筹集财政收入的能力，也是今后财政收入筹集工作的一项重要内容。

表 6-4　**我国税收收入的产业部门构成**　单位：%

年份	第一产业	第二产业	第三产业
2001	0.10	56.93	42.97
2001	0.04	59.27	40.69
2003	0.02	59.25	40.73
2004	0.02	59.56	40.42
2005	0.02	59.28	40.50
2006	0.04	57.63	42.33
2007	0.03	53.61	46.36

资料来源：根据《中国税务年鉴（2001—2008）》相关数据计算而得。

（三）财政收入分项目构成

财政收入分项目构成，是按财政收入形式分析财政收入的结构及其变化趋势。这种结构的发展变化，是我国财政收入制度变化的反映。从财政收入的项目看，各国财政收入的主体都是税收收入，而国有资产收益和收费等只是财政收入的补充形式。

表 6-5 反映了中华人民共和国成立以来财政收入的构成情况，从表中我们可以看出，随着经济社会的发展，我国财政收入结构发生了不小的变化。

表 6-5 **中华人民共和国成立以来财政收入的构成情况** 单位：亿元

年份	财政收入合计	税收	企业收入	企业亏损补贴	能源交通重点建设基金收入	其他收入
1950	62.17	48.98	8.69			4.50
1960	572.29	203.65	365.84			2.80
1970	662.90	281.20	378.97			2.73
1980	1 159.93	571.70	435.24			152.99
1985	2 004.82	2 040.79	43.75	−507.02	146.79	280.51
1990	2 937.10	2 821.86	78.30	−578.88	185.08	430.74
1995	6 242.20	6 038.04		−327.77	17.42	514.51
2000	13 395.23	12 581.51		−278.78		1 092.50
2005	31 649.29	28 778.54		−193.26		3 064.01
2010	83 101.51	73 210.79				9 890.72
2011	103 874.43	89 738.39				14 136.04
2012	117 253.52	100 614.28				16 639.24
2013	129 209.64	110 530.70				18 678.94
2014	140 370.03	119 175.31				21 194.72
2015	152 269.23	124 922.20				27 347.03
2016	159 604.97	130 360.73				29 244.24

注：表中未含债务收入。

从表 6-5 可以看出，从中华人民共和国成立到改革开放初期，我国财政收入中来自企业的财政收入在多数年份里都占 50% 以上。但 20 世纪 80 年代中期以后，在我国财政收入中来自税收的比重基本是在 90% 以上（见表 6-6）。

表 6-6 1994—2016 年税收收入占财政收入的比重

年份	税收收入（亿元）	财政收入（亿元）	税收收入占财政收入的比重（%）
1994	5 126.88	5 218.10	98.3
1995	6 038.04	6 242.20	96.7
2000	12 581.51	13 395.23	93.9
2005	28 778.54	31 649.29	90.9
2010	73 210.79	83 101.51	88.1
2011	89 738.39	103 874.43	86.4
2012	100 614.28	117 253.52	85.8
2013	110 530.70	129 209.64	85.5
2014	119 175.31	140 370.03	84.9
2015	124 922.20	152 269.23	82.0
2016	130 360.73	159 604.97	81.7

第三节 财政收入规模分析

在探讨财政收入结构的同时，还必须对财政收入规模进行由浅入深的进一步分析。

一、财政收入规模的含义及衡量指标

财政收入规模是指在一定时期内（通常为一年）国家以社会管理者、国有资产所有者或债务人等多种身份，通过税收、国有资产收益和公债等多种收入形式占有的财政资金的绝对量或相对量。

（一）财政收入规模的绝对量及其衡量指标

财政收入规模的绝对量是指一定时期内财政收入的实际数量。从静态考察，财政收入的绝对量反映了一国或一个地区在一定时期内的经济发展水平和财力集散程度，体现了政府运用各种财政收入手段调控经济运行、参与收入分配和资源配置的范围和力度；从动态考察，即把财政收入规模的绝对量连续起来分析，可以看出财政收入规模随着经济发展、经济体制改革以及政府机制在调控经济运行、资源配置和收入分配中的范围、力度的变化趋势。

衡量财政收入规模的绝对指标是财政总收入，它是一个有规律、有序列、多层次的指标体系。

（二）财政收入规模的相对量及其衡量指标

财政收入规模的相对量是在一定时期内财政收入与有关经济和社会指标的比例。体现财政收入规模的指标主要是其相对量，即财政收入与国民经济和社会发展有关指标的关系。衡量财政收入相对规模的指标通常有两个：一是财政收入占国内生产总值（GDP）的比例；二是税收收入占 GDP 的比例。

1. 财政收入占 GDP 的比例

这一指标反映了在财政年度内国民生产总值当中由政府以财政方式筹集和支配使用的份额。它综合体现了政府与微观经济主体之间占有和支配社会资源的关系，体现了政府介入社会再生产分配环节调控国内生产总值分配结构，进而影响经济运行和资源配置的力度、方式和地位等。在 GDP 一定时，财政收入占 GDP 的比例越高，表明社会资源由政府通过财政预算机制集中配置的数额越多；私人经济部门的可支配收入相应减少。或者说，在整个社会资源配置中，政府配置的份额扩大，市场配置的份额相对缩小，从而引起社会资源在公共产品与私人产品之间的配置结构的变化。反之，财政收入占 GDP 的比例越低，表明政府介入国内生产总值分配和直接配置资源的份额和力度就越小，市场配置的作用和地位也就相对增强。

财政收入占 GDP 的比例是衡量一国财政收入规模的基本指标，其他指标如财政收入占国民收入的比例、分级财政体制下中央政府财政收入或地方政府财政收入占 GDP 的比例等。

2. 税收收入占 GDP 的比例

税收已成为现代财政收入中的最主要、最稳定和最可靠的来源，税收收入通常占财政总收入的 90% 左右。因此，财政收入的相对规模在很大程度上可由税收收入占 GDP 的比例体现出来。税收收入占 GDP 的比例又称为宏观税负率，它是衡量一国（地区）宏观税负水平高低的基本指标。

（三）反映财政收入规模变化的指标

反映财政收入规模变化的指标一般有三个：财政收入增长率、财政收入增长弹性系数、财政收入增长边际倾向。

（1）财政收入增长率是指当年财政收入与上年同期财政收入增长的百分比。

（2）财政收入增长弹性系数是指财政收入增长率与 GDP 增长率之比。财政收入增长弹性系数的大小说明财政收入增长与 GDP 同比的相对变化；财政收入增长弹性系数大于 1，说明增长快；反之，说明是缓慢增长甚至是负增长。

（3）财政收入增长边际倾向是指 GDP 每增加一个单位的同时财政收入增加多少，表明财政收入增长额与 GDP 增长额之间的关系。其经济含义与财政收入增长弹性系数基本一致。

二、制约财政收入规模的因素

财政收入规模是衡量国家财力和政府在社会经济生活中职能范围的重要指标。纵观世界各国历史，保持财政收入持续稳定的增长始终是各国政府的主要财政目标。但是财政收入的规模及其增长速度并不只是以政府的意愿为转移的，它要受到各种政治、经济条件的制约和影响，财政收入规模具有客观性，是多种因素共同作用的结果。

（一）经济发展水平和生产技术水平

一定时期一个国家或地区的财政收入水平规模的大小，最终取决于该国或该地区的经济发展水平和生产技术水平的高低。

经济发展水平对财政收入的影响是最为基础的。经济发展水平从总体上反映一个国家的社会产品的丰富程度和经济效益的高低，它主要表现在人均占有 GDP 上。经济发展水平的提高，意味着可供政府集中的社会产品的增加，从财政收入的绝对额看，当政府参与 GDP 分配比例为一定时，政府实际取得的收入总额便增加；从财政收入相对额看，当政府集中的财政收入总规模不变，或财政收入增长速度慢于经济增长速度时，政府参与 GDP 分配的比例便相对下降，这将意味着在保证政府需要的基础上，私人经济部门的可支配收入相对增加，而这样一来，可能使微观经济活动更加活跃，并带动经济以更快的速度增长，为增加政府收入提供更雄厚的基础。

从世界各国的实际情况看，发达国家在财政收入规模的绝对数和相对数两方面均高于发展中国家。如 2002 年，中央政府财政收入占 GDP 的比重，低收入国家平均为 12.5%，高收入国家平均为 25.7%，美国为 18.1%，英国为 36.1%，法国为 43.9%。从发达国家的纵向比较看，英、法、美 3 国在 19 世纪 80 年代财政收入相当于当时 GDP 的 10% 左右，而 100 年后的 20 世纪末则已上升至 30%～50%。这也证明了经济决定财政的基本原理。

经济发展水平对财政收入规模的制约关系可以运用回归分析方法进行定量分析，回归分析是考查经济活动中的两组或多组经济数据之间存在的相关关系的数学方法，其核心是找出数据之间相关关系的具体形式，整理出历史数据，借以总结经验，预测未来。假设 Y 代表财政收入，X 代表国内生产总值，则有公式：$Y=a+bx$，其中 a 和 b 为待定系数。这里需要说明的是，尽管回归分析是一种科学的定量分析方法，但其应用也是有条件的，当有关经济变量受各种非正常因素影响较大时，应用回归分析就不一定能得出正确的结论。为了解决此类问题，在进行回归分析之前往往需要作一些数据处理，通常在数据中剔除非正常的和不可比的因素。

生产技术水平蕴含于经济发展水平之中，并且对经济发展起着举足轻重的作用，较高的经济发展水平以较高的生产技术水平为支柱，所以对生产技术水平的分析是对经济发展水平的分析的深化。

生产技术水平指生产中采用先进技术的程度。它对财政收入规模的制约有：一是技术进步导致生产速度加快、生产质量提高，技术进步速度越快，社会产品和GDP的增长也越快，财政收入的增长就越有充分的财源；二是技术进步必然带来物耗降低，经济效益提高，剩余价值所占的比例扩大。由于财政收入主要来自剩余产品价值，所以技术进步对财政收入的影响更为直接和明显。

（二）公共需求

一定时期政府需要多少财政收入，除了与当时的经济发展和生产技术水平有关以外，还与公共需求有着直接的关系。公共需求的扩大，客观上也要求财政收入规模必须随之扩大。纵观财政收入规模变化的历史，可以发现，财政收入规模与公共支出规模一样，呈现不断增长的变化趋势。

引起公共需求增长的原因是多方面的，主要表现如下：（1）政府活动范围的扩大；（2）政府部门不断扩充和官僚主义行为的作用；（3）市场缺陷增大；（4）经济外部性范围扩大；（5）人们对公共产品需求的增加；（6）人口的增长和结构的变化。除此之外，军事费用的不断增长和物价上涨等因素，同样引起公共需求的增加。为了满足日益增长的公共需求，从绝对额看，财政收入规模必须随之扩大，但财政收入的相对规模是否相应扩大，还必须视经济发展和生产技术水平以及政府运用公共财政资源的效率等情况而定。如果经济发展及生产技术水平的提高快于公共需求的增长速度，政府运用公共财政资源的效率有较大的提高，则财政收入的相对规模会保持基本不变，甚至相对下降。

（三）收入分配政策

财政收入的筹集过程，是依据一定时期的分配政策和分配制度进行的。分配制度的变化，必然引起财政收入规模的变化。分配政策对财政收入规模的制约主要表现在两个方面：一是收入分配政策决定剩余产品价值占整个社会产品价值的比例，进而决定财政分配对象的大小，即在国民收入既定的前提下，M占国民收入的比重；二是分配政策决定财政集中资金的比例，即M中财政收入所占的比重。比如，荷兰、瑞典等北欧国家，由于政府承担着较大比例的社会福利职能，其收入分配制度向政府倾斜较多，因此其财政收入的规模较大，一般都占GDP的50%以上。

（四）价格因素

由于财政收入是一定量的货币收入，是在一定的价格体系下形成的，又是按一定时点的现价计算的，因此，价格会影响到价值的实现，从而对财政收入产生影响。

1. 价格总水平升降对财政收入的影响

从表6-7中零售物价上涨率与财政收入增长率的对比中，可以总结出物价上涨对财政收入影响的几种不同情况：一是财政收入增长率高于物价上涨率，财政收入实际增长大于名义增长，如1984年、2004—2016年的情况。二是物价上涨率高于财政收入增长率，财政收入名义上正增长，而实际上是负增长，如1994年。三是财政收入增长率等于物价上涨率，财政收入只有名义增长，而实际不增不减，如1986年增长率大体一致。

表 6-7　我国零售物价上涨率与财政收入增长率对比表　单位：%

年份	零售物价上涨率	财政收入增长率
1984	2.8	20.20
1986	6.0	5.80
1994	21.7	19.99
2004	2.8	21.37
2005	0.8	20.08
2006	1.0	24.40
2007	3.8	30.30
2008	5.9	19.50
2009	-1.2	11.70
2010	3.1	21.30
2011	4.9	25.00
2012	2.0	12.90
2013	1.4	10.20
2014	1.0	8.60
2015	0.1	5.80
2016	0.7	4.50

资料来源：根据相关网站资料整理而来。

2. 现行税收制度

如果是以累进所得税为主体的税制，纳税人适用的税率，会随着名义收入增长而提高，即出现所谓“档次爬升”效应。如果实行的是以比例税率的流转税为主体的税制，这就意味着税收收入的增长率等同于物价上涨率，财政收入只有名义增长，而不会有实际增长。如果实行的是定额税，在这种税制下，税收收入的增长率总要低于物价上涨率，所以财政收入只有名义增长，实际必然是下降的。我国现行税制是以比例税率的流转税为主，因而某些年份在物价大幅度上涨的情况下，财政收入出现名义上正增长而实际上负增长，这和现行的税制有极大的关系。

3. 产品比价关系的变动对财政收入的影响

一方面，产品比价关系的变动会引起收入在不同的经济主体之间的分配，形成 GDP 的再分配，从而使财源结构发生相应的变化；另一方面，由于不同的经济主体上缴政府税收的比例不同，因此，当产品比价变化导致财源分布结构改变时，相关的经济主体上缴的税利数额就会发生相应的变化，从而引起整个财政收入的相应变化。在市场经济条件下，市场价格总是处在不断变化之中。因此，在研究一定时期的财政收入规模时，不能忽视价格因素的影响。

（五）其他因素

1. 体制因素

体制因素直接影响财力集中度。在其他因素一定时，一般地说，实行计划经济体制的国家，其财政集中度要高于实行市场经济体制的国家；同一国家如中国，在计划经济体制时期和在社会主义市场经济体制时期，其财政集中度也大不相同，其差异源于不同财政经济体制下的政府职能和财政职能的不同。

2. 财政政策因素

财政收入占 GDP 的比例还受到财政政策的制约。在财政支出一定时，若经济运行状况需要政府实施扩张性财政政策，则要求减税，降低财政收入占 GDP 的比例；或者说，这一比例的降低反映了财政政策的扩张性。同理，紧缩性财政政策要求提高这一比例，或者说，这一比例的提高反映了财政政策的紧缩性。

三、财政收入规模的确定

（一）合理确定财政收入规模的重要性

适度的财政收入规模是保证社会经济健康运行、资源有效配置、国民收入分配使用结构合理、财政职能有效发挥，从而促进国民经济和社会事业的稳定、协调发展的必要条件。具体地说，合理确定财政收入占 GDP 的比例的重要意义有：

1. 财政收入占 GDP 的比例影响资源有效配置

在市场经济中，市场主体主要包括企业、居民和政府三个部分。各个主体对国民经济和社会发展具有不同的职能作用，并以一定的资源消耗为实现其职能的物质基础。而社会经济资源是有限的，各利益主体对资源的占有、支配和享用，客观上存在着此增彼减的关系。按照边际效益递减规律，无论哪一个利益主体的资源投入增量超过了客观上所需要的数量，就整个社会经济资源配置而言，都不会实现资源配置的最优化。问题的焦点集中在政府对有限经济资源的集中配置程度，即财政收入占 GDP 的比重上。理想状态的集中度应是政府集中配置的资源与其他利益主体分散配置的资源形成恰如其分的互补关系，或者说，形成合理的私人产品与公共产品结构，使一定的资源消耗获得最优的整体效益。

2. 财政收入占 GDP 的比例影响经济结构的优化

在一定时期内，可供分配使用的国内生产总值是一定的，但是，经过工资、利息、利润、财政税收等多种分配形式的分配和再分配最终形成的 GDP 分配结构则有可能是多种多样的，分配结构不同对产业部门结构的影响也就不同。在 GDP 一定时，若政府财政集中过多，就会改变个人纳税人的可支配收入用于消费与投资的结构，税负过高也会降低企业纳税人从事投资经营的积极性。当然，在宏观财税负担一定时，若财税负担在不同产业部门、不同地区、不同所有制等之间的分布不合理，也会误导生产要素向财税负担相对较轻的产业、地区和所有制的不合理流动，而造成GDP的生产与分配结构失衡，影响整个国民经济的稳定协调发展。

3. 财政收入占GDP的比例既影响公共需要的满足，也影响个别需要的满足

经济生活中的任何需要（公共需要和个别需要）都要以GDP所代表的产品和劳务来满足。政府征集财政收入的目的在于实现国家职能，满足公共需要。公共需要是向社会提供的安全、秩序、公民基本权利和经济发展的社会条件等方面的需要。其中，既有经济发展形成的公共需要，又有社会发展形成的公共需要。前者的满足，可直接推动社会经济发展；后者的满足，则可直接推动社会发展并间接推动经济发展。总之，满足公共需要实际上形成了推动经济、社会发展的公共动力。GDP中除财政集中分配以外的部分，主要用于满足个别需要。个别需要是企业部门和家庭的需要，满足个别需要是经济生活中形成个别动力的源泉。个别动力对国民经济发展具有直接的决定作用，实际上，公共动力对经济社会的推动作用最终也要通过个别动力来实现。而个别动力对经济的决定作用也需要借助于公共动力的保障来实现。在GDP一定时，需要寻找公共需要满足程度与个别需要满足程度的最佳结合点，实际上也就是财政收入占GDP的合理比例。

（二）财政收入规模的确定

财政收入规模是由多种因素综合决定的，不仅在不同国家里财政收入规模有较大差异，而且在同一国家的不同历史时期，财政收入规模也不相同。因此，在现实财政经济生活中，很难用一成不变的固定数值或比例来衡量世界各国各个时期财政收入规模的合理性。当然，这也并不是说适度、合理的财政收入规模就无法测定。实际上，在一定的时间和条件下，衡量一国财政收入规模是否适度、合理，大致有一个客观标准。这个标准主要包括两个方面：

1. 效率标准

效率标准是指政府财政收入规模的确定应以财政收入的增减是否有助于促进整个资源的充分利用和经济运行的协调均衡为标准。

第一，资源利用效率。征集财政收入的过程，实际上是将一部分资源从企业和个人手中转移到政府手中的过程，转移多少应考察是否有助于提高整个资源的配置效率。若财政集中过多，虽然政府能为企业和居民提供良好的公共服务，但因相应加重了微观主体的财税负担，使微观经济主体的活动欲望、扩张能力、自主决策能力等都因缺乏资源基础而受到不恰当的限制，不利于经济发展和提高效率；若财政集中过少，微观经济主体虽然因减轻了财税负担而有足够的活力从事投资和消费活动，但同时也会因政府缺乏经济资源导致公共服务水准下降，从而直接或间接地增加微观经济主体的单位产品消耗、提高交易成本和产生消费结构畸形等，出现资源配置和利用的低效浪费现象。总之，财政转移资源所产生的预期效率应与企业和个人利用这部分资源所产生的预期效率进行比较，若国家利用的效率高，则可通过提

高财政收入占 GDP 的比重来实现转移；否则应降低这一比例。

第二，经济运行的协调均衡。一般来说，当经济处于良好态势时，财政收入规模应以不影响市场均衡为界限，即这时的财政收入规模，应该既能满足公共财政支出需要，又不对市场和经济发展产生干扰作用。当经济运行处于失衡状态时，财政收入规模就应以能够有效地矫正市场缺陷、恢复经济的协调均衡为界限。

2. 公平标准

公平标准是指在确定财政收入规模时应当公平地分配财税负担。具体地说，就是财政收入占 GDP 的比例要以社会平均支付能力为标准，具有相同经济条件的企业和个人应承担相同的财税负担，具有不同经济条件的企业和个人应承担不同的财税负担。在公平负担的基础上，确定社会平均支付能力，并据以确定财政收入规模，尤其是财政收入占 GDP 的比例。

□ 本章小结

* 财政收入是财政分配过程中的一个重要阶段。财政收入按不同的标准可以分为不同的类别：按收入形式分为税收收入、国有资产收益、公债收入、收费收入和其他收入等；2007 年我国进行政府收支分类改革，按经济性质分为类、款、项、目 4 级；按财政资金的管理方式分为预算内和预算外收入；按收入的层次分为中央财政收入和地方财政收入。

* 财政收入结构是指财政收入的构成因素以及各因素之间的相互关系。它主要指财政收入的来源结构，它反映了财政收入的基本构成内容及各类收入在财政收入总体中的地位，同时也反映了一定时期内财政收入的来源和财政收入政策调节的目标、重点和力度。

* 财政收入规模体现了国家对社会财力的集中程度，它可以从绝对量和相对量两个方面去分析，制约财政收入规模的因素包括经济发展水平、生产技术水平、公共需求、收入分配政策、价格因素、体制因素以及财政政策因素等。

* 合理确定财政收入规模具有重大的意义。现代财政一般以效率标准和公平标准作为确定适当的财政收入规模的两个主要标准。从世界范围来看，发达国家财政收入占 GDP 的比重都较高，发展中国家由于受制于其经济发展水平和财政制度因素，这一比重相对较小。

□ 关键概念

财政收入　财政收入结构　财政收入规模

□ 复习题

1. 按收入形式，财政收入可以分为哪些类别？
2. 试分析财政收入的价值结构。
3. 试分析财政收入的经济结构。

4. 简述合理确定财政收入规模的重要性。

5. 如何合理确定财政收入的规模?

□ 讨论及思考题

试述衡量财政收入规模的指标及其影响因素，并分析其中哪一项起着决定作用。

第七章

税收原理与税收制度

本章要点

◇ 税收的含义与特征

◇ 税收的分类

◇ 税收的原则

◇ 税收负担与税负转嫁

◇ 税收的制度要素

◇ 税收制度的体系

◇ 税收制度的结构

◇ 我国现阶段的四个主要税种

◇ 我国的税制改革

◇ 国际税收

税收在财政收入中通常占有最大的权重，有些国家几乎可以用税收代指政府收入。因此，在对财政收入总量及构成分析的基础上，还应注重对税收进行深入探讨。

第一节　税收原理

税收原理是研究税收的理论基础。本节主要从理论层面归纳税收的定义特征，介绍税收的分类方法，阐明税收的原则，分析税收负担和转嫁问题，提炼税收的制度构成要素，对税收做一些基本概述。

一、税收的含义与特征

（一）税收的含义

税收是政府为完成其社会职能，凭借政治权力，依照法律规范，参与社会成员的财富分配所取得的一种财政收入形式。税收是历史上最早出现的一个财政范畴，可以说，税收的历史同国家的历史一样久远，比如我国历史上的贡、助、役、课、赋、租、捐等，都是税收的古老形式。

对税收含义的理解可以把握以下三点：

1. 税收的基本目的是满足政府职能的需要

税收从资金上支撑起国家体系。政府为了行使其职能，必须不断耗用经济资源，即公共支出。公共支出如果仅仅依靠市场经济主体自愿出价，是远远满足不了需要的。只有采取强制共担的方式筹集政府收入，公共支出的需要才能得到满足。马克思说过："国家存在的经济体现就是捐税。"[①]"官吏和僧侣、士兵和女舞蹈家、教师和警察、希腊式的博物馆和哥特式的尖塔、王室费用和官阶表，这一切童话般的存在物于胚胎时期就已安睡在一个共同的种子——捐税之中了。"[②]

2. 税收的征收，凭借的是政治权力

政府的每一笔财政收入，都要凭借某种权力来取得。马克思指出："在我们面前有两种权力：一种是财产权力，也就是所有者的权力；另一种是政治权力，即国家的权力。"[③]从经济性质上看，税收同利润、利息、地租有相同的一面，也有不同的一面。后者是依靠占有生产资料和资本，是一种财产权力；而前者则是凭借政治权力，是一种国家强制力。

3. 税收是一个分配范畴，体现着特定的分配关系

征税的过程就是一部分社会财富从纳税人手中转入政府手中的分配过程，征税的结果会引起各社会成员间财富份额和比例的变化。税收作为一个分配范畴，在不同的社会制度下，体现着性质不同的分配关系。

（二）税收的特征

这里所说的税收的特征，是指税收的形式特征，即税收区别于其他财政收入形式的外在标志。税收的特征主要有强制性、无偿性和固定性三个方面，它们相辅相成，和谐统一。其中，无偿性是核心，强制性是保障，固定性则是前两者的规范和约束。

1. 强制性

税收的强制性是指一切有纳税义务的人都必须依法纳税，否则就要受到法律的制裁。我国《宪法》第五十六条明确规定："中华人民共和国公民有依照法律纳税的义务。"这种强制性依靠的是政治权力，是一种超经济强制。强制性包括两个方面：一是税收分配关系的建立具有强制性，二是税收征收过程具有强制性。

2. 无偿性

税收的无偿性是指政府征税以后无需向纳税人偿还，也不付出任何直接报酬和

---

① 马克思，恩格斯. 马克思恩格斯选集：第 1 卷［M］. 中共中央马克思恩格斯列宁斯大林著作编译局，译. 北京：人民出版社，1972：181.

② 马克思，恩格斯. 马克思恩格斯选集：第 1 卷［M］. 中共中央马克思恩格斯列宁斯大林著作编译局，译. 北京：人民出版社，1972：181.

③ 马克思，恩格斯. 马克思恩格斯选集：第 1 卷［M］. 中共中央马克思恩格斯列宁斯大林著作编译局，译. 北京：人民出版社，1972：170.

代价。税收的这一特征与国有资产收益、政府债务、政府收费等财政收入形式完全不同。但是，从社会总体角度考察，税收所体现的政府与公众之间的利益关系是一种互利关系。一方面公民向政府纳税，另一方面政府提供公共服务，即通常所说的“取之于民，用之于民”。只不过这种互利关系并不存在个体意义上的对等，纳税多的并不一定享受更大利益，纳税少的也并不必然享有更少的福利。

3. 固定性

税收的固定性是指税收的征收具有法律规范性，规范先于征收，相对确定不变。税收的这种预先规范，对征纳双方都有约束力，纳税人必须依法纳税，税务机关也必须依法征收，征纳双方都不得随意变更标准。对于政府来说，税收的固定性可以保障财政收入的及时稳定，也可以防止政府滥用征税权力。对于纳税人来说，税收的固定性可以保护其合法权益不受侵犯，增强其依法纳税的意识，同时也有利于纳税人根据法律规定对经营计划做出最有利的选择。

二、税收的分类

（一）以征税对象为标准，税收划分为商品与劳务税、所得税和财产税等

征税对象确定一个税种对什么标的物征税。以征税对象为标准划分税种，是最基本、最常见的一种分类方法。按照这一标准，税收可分为若干大类，其中最基本的通常有三类：第一，商品与劳务税，即对商品和劳务的流转额进行征税，在我国习惯上又称为流转税，如我国现行的增值税、消费税、关税等。第二，所得税，即对纳税人取得的所得额（利润、纯收入）进行征税，也就是对净收益征税，对财富的流量征税，如我国的个人所得税、企业所得税。第三，财产税，即对纳税人的财产进行征税，对财富的存量征税。财产税有一般财产税和特别财产税之分。一般财产税也称综合财产税，是对纳税人的全部财产综合计税；特别财产税又叫特种财产税或个别财产税，对某种特定的财产形式征税，常见税种有房产税、车船税、土地税等。

由于世界各国税制千差万别，税种的设计方式各异，因而同样采用该种分类方法，划分结果也不尽相同，经常是在上述三个基础分类上有所补充和变化。比如在我国，很多研究者更愿意将全部税种划分为商品与劳务税、所得税、财产税、资源税和行为税等。这种分类，前三者的含义基本同前所述，而资源税和行为税则源于我国经济制度和税收制度的某些特殊性。所谓资源税，是为保护和合理使用国家自然资源而课征的税种，我国现行的资源税、城镇土地使用税等税种均属于此类。所谓行为税，主要是针对某种特定行为征税，我国现行的印花税、环保税。行为税经常与财产税合并归类为财产与行为税。

经济合作与发展组织（OECD）也采用征税对象标准对税收进行分类，但是它们的分类结果是，将税收划分为所得税、社会保险税、薪金及人员税、财产税、商品与劳务税和其他税六大类。国际货币基金组织（IMF）同样采用此种税收分类标准，将各成员方的税收划分为对所得、利润和资本收益征收的税收，对工资和劳动

力征收的税收，对财产征收的税收，对商品和服务征收的税收，对国际贸易和交易征收的税收和其他税收等。一言以蔽之，各个研究主体虽然分类结果有差异，但是出发点是一致的，只要有利于分析研究就是可以的。

（二）以是否具有特殊用途为标准，税收分为一般税和目的税

一般税是指用于政府一般性支出，即非特定用途的税收，又称普通税。目的税是指专门用于某种特定公共支出或满足某种特定经济目的的税收，又称特别税、特定税、特定目的税等。一般税常选择税基厚实、税源丰富的征税对象，持续而稳定地征收，从而履行筹集财政收入的职能，对社会生活进行一般性的调节。税收制度中通常目的税占少数。目的税的基本功能是满足政府的特定支出需要，例如中国的城市维护建设税、日本的地方道路税、许多西方国家的社会保险税，其税收收入都具有专门用途；第一次世界大战和第二次世界大战期间，欧洲许多国家都曾征过“战争税”，用以筹措战争经费。在现代社会，目的税又被赋予了新的经济职能，就是税收的经济调节作用，例如我国曾经开征的固定资产投资方向调节税、国外的赌博税等。

（三）以管理和使用权限为标准，税收划分为中央税、地方税与共享税

中央税是指收入归中央政府支配的税收，地方税是指收入归地方政府支配的税收，共享税是多级政府共同课征或支配的税收，通常按一定的方法分成。

中央税和地方税的划分方法因国家政体和管理体制的不同而有所不同：一种情况是，有些国家的中央政府和地方政府（州、省、县等）均拥有税收立法权，自行开征税种，那么自然各自开征的税种分属中央税和地方税。另一种情况是，有些国家的税种只由中央政府统一设立，但其管理和使用权限划分给中央和地方各级政府，从而形成中央税和地方税。此外，有的国家还设立共享税，这类税收收入由多级政府按一定方式分成。

（四）以税收负担能否转嫁为标准，税收划分为直接税和间接税

税收负担的转嫁，是指纳税人通过交易过程将税收负担转嫁给交易的对方的情况，是一种客观存在的经济现象。直接税是指由纳税人直接负担、不易转嫁的税种，这种税的纳税人就是负税人，一般认为所得税和财产税是典型的直接税。间接税是指纳税人能够将税收负担转嫁给他人的税种，这种税的纳税人不一定是负税人，一般认为商品与劳务税是典型的间接税。

（五）以计税依据的度量方法为标准，税收划分为从量税和从价税

计税依据是征税对象的量化表现，计算应纳税额的数量根据。计税依据的度量方法有两种：一是按征税对象的数量、重量、容量或体积等物理量度来计算；二是按征税对象的价值金额来计算。采用前一种的称为从量税，采用后一种的称为从价税。

从量税计算简便，但单位数量的征税对象税负水平是固定的，不能随着价格、收入和所得的增加而增加，有时不尽合理，因而通常只有少数税种适合采用这种计税方法。

（六）以税额与价格之间的关系为标准，可分为价内税和价外税

价内税是指税额包含在征税对象的价款中，是价款的组成部分；如果税额在价款之外额外收取，则是价外税。我国的增值税和车辆购置税均采取了价外税方式。但是增值税在零售环节的价格只以含税价格呈现，这主要是为了照顾中国消费者的消费习惯。与此迥异，有一些国家的消费税采用价外税方式，消费者的每笔消费记录都清楚注明价款和税款，因此公众日常对税收负担的感知更清晰明确。同样的税额，价内税和价外税产生的负担感受是不同的。

三、税收的原则

税收原则是建立税收制度、制定税收政策时应当遵循的理论准则。同时，税收原则还是判断税收制度、税收政策优劣的标准。从理论和实践的长期探索中，人们为税收确立了诸多原则，如适度原则、政策原则、稳定原则、可行性原则、法定性原则等。这些原则从多个层面为税制的设计提供了参考标准，其中最为基本的当属财政原则、公平原则和效率原则。

（一）财政原则

1. 财政原则的含义

一国税收制度的建立和改变，都必须有利于保证国家的财政收入，亦即保证国家各方面支出的需要。从历史视角观察，把财政原则作为税收的一个重要原则，是合乎逻辑的选择。自国家产生以来，税收一直是财政收入的基本来源，因此国家实施各种税收制度，都有获取财政收入的基本目的。如果国家的财政收入是无足轻重的，税收也就没有了存在和发展的必要。

当然，财政原则并非是说政府收入越多越好，而是税收收入应达到其应该具备的规模。税收收入应该具备的规模主要取决于政府的职能范围。此外，它和国家信用制度的发达程度也有关系。在国家信用制度不发达的条件下，政府通过信用方式筹资十分困难，财政收入几乎完全依赖于税收。反之，若国家信用制度发达，政府可以比较容易地通过信用方式筹集一部分资金，财政收入对税收的依赖性就会相应降低。

2. 财政原则的贯彻

（1）合理的税制结构。财政原则最基本的要求就是税收满足财政支出的需要。合理的税制结构，尤其是选择适当的主体税种，对税收总收入的影响力度最大。一般来说，应当注意选择税源充裕且收入可靠的税种作为主体税种。

（2）适当的税收弹性。财政原则的第二个要求是税收收入要有弹性。税收弹性是指税收收入增长率与经济增长率之间的比率，可用公式表示为：

$$E_T = \frac{\Delta T/T}{\Delta Y/Y}$$

式中：E_T 为税收弹性，T 和 ΔT 为税收收入及其增量，Y 和 ΔY 为国民收入（或其他指标如 GDP、GNP）及其增量。税收弹性指标能够反映税收对经济变化的灵敏

程度。税制设计应当使税收具有较好的弹性，一般应使 $E_T \geq 1$，税收增长速度快于国民收入增长速度，以保证财政收入与日益增长的国民收入共同增长，无须通过调整税基、税率或者开征新税来增加收入。

瓦格纳是税收弹性理论的最早提出者，他认为，财政需求增加或租税以外的收入减少时，税收应该能够基于法律自动增加税收。今天的税收弹性理论是在瓦格纳的税收弹性理论基础上发展完善的，不仅在西方发达国家，而且在很多发展中国家都得到了重视和运用。

（二）公平原则

1. 公平原则的含义

税收的公平原则是指政府征税要使各个纳税人承受的负担符合一定的公平标准。税收是社会分配环节的重要组成部分，既然是分配，而且是政府主导的分配，首要的原则当然是公平。自亚当·斯密以来，许多经济学家都将公平原则置于最高之位，因为税收公平不仅仅是一个经济问题，同时也是一个政治和社会问题。就税收制度本身来看，税收公平对维持自身正常运转也是不可缺少的。倘若税收制度不公，比如一部分纳税人看到条件相同的另一部分人少缴甚至不缴税款，则会逐渐丧失自觉纳税的积极性。长此以往，税制本身不能得以顺利贯彻。

税收公平并不是简单的税负平均，而是根据一定的标准有所差别，常见理论解释有：

（1）受益说。主要观点是，税收负担应当与纳税人从政府服务中受益的数量相称，受益相同者应当税负相同，受益不同者应当税负有别，受益多就多纳税。

（2）能力说。主要观点是，税收负担应当与纳税人的负担能力相称，纳税能力相同者同等纳税，纳税能力不同者税负有别，能力强者多纳税。

（3）效用说。主要观点是，征税后能使社会的收入获得最大效用的，税收即为公平。

2. 公平原则的贯彻

（1）普遍征税。这是指税收的课征应当遍及税收管辖权内的所有法人和自然人，换言之，所有有纳税能力的人都应纳税。当然这也不是绝对的，国家出于政治、经济等方面考虑给予某些人以免税照顾，并不违背这一原则，而是对这一原则的灵活处置。

（2）受益匹配负担。就是参照某些能够量化衡量的公共服务受益程度，设计征税标准，将从政府服务中受益的多少与税收负担匹配，以达到税负的公平。比如通过对燃油、轮胎或汽车的征税，对享受交通服务多者多征税，享受少者少征税。

（3）能力匹配负担。就是参照某些纳税能力指标设计征税标准，将纳税人的经济能力与税收负担相匹配。纳税能力一般从所得、财富、消费三方面衡量，相应地，政府通常提出所得税、财产税、商品劳务税三方面的制度方案。

当然，上述税收分配固然重要，但并不全面，税收分配的公平问题必须联系由市场决定的分配状态来看，比如税前收入的分配以及与公平相联系的其他收益分配。倘若市场分配结果符合公平要求，那么税收就应对既有的分配状态作尽可能小的干扰；反之，税收就应发挥其再分配的功能，对分配格局进行适当调节。

（三）效率原则

税收的效率问题，可以从经济效率和行政效率两个方面阐释。

1. 税收的经济效率

（1）税收的收入效应和替代效应。税收会通过影响纳税人的收入水平和消费结构，对福利水平产生影响。这种影响可以分为收入效应和替代效应（如图 7-1 所示）。

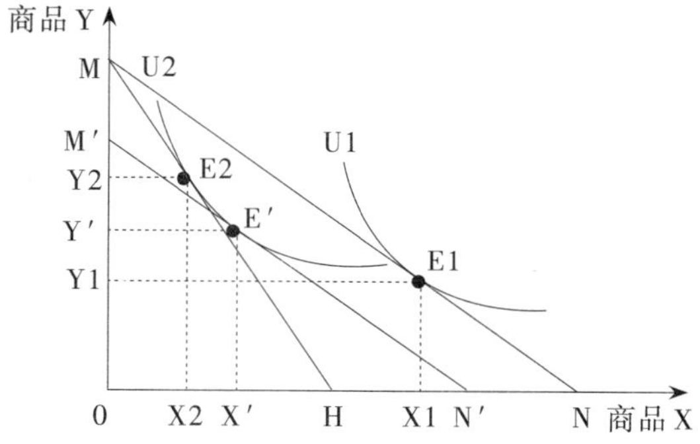

图 7-1　税收的收入效应与替代效应

征税前某消费者面临的预算线为 MN，无差异曲线 U1 与 MN 的切点 E1 所消费的商品 X 和 Y 的数量使效用最大化。在 E1 点，该消费者的消费数量是 X1 和 Y1。假设政府对商品 X 征税，商品 X 的价格随之上升，预算线由 MN 变成 MH，在此情况下的无差异曲线假定是 U2，两线的切点是 E2，也就是说，在新情况下，纳税人消费 X2 数量的 X 商品和 Y2 数量的 Y 商品的组合，效用最大。事实上，从 E1 到 E2 的过程，包含了征税产生的收入效应和替代效应。引入直线 M′N′，使其平行于直线 MN 并且与曲线 U2 相切，切点为 E′。如果面对这条新的预算线，消费者将在 E′点选择消费 X′数量的 X 商品和 Y′数量的 Y 商品组合，达到效用最大。于是，征税产生的变化过程可以分成两个部分：从 E1 到 E′和从 E′到 E2。

税收的收入效应，从 E1 到 E′。税收的收入效应是税收使商品购买者的收入水平下降，导致其购买力水平下降。从 E1 到 E′的变动是由税收引起的收入变化而非商品之间的相对价格的变化引起。这种损失可以从公共支出的收益中得到补偿。

税收的替代效应，从 E′到 E2。政府选择对商品 X 征税而对商品 Y 不征税，使二者之间的相对价格改变，购买者的购买结构随之改变，选择相对更多地购买商品 Y 而相对更少地购买商品 X，产生替代效应，E′移动到 E2。

（2）税收的超额负担和税收中性。沿用收入效应与替代效应图可以接续分析（如图 7-2 所示）。线段 a，是政府对商品 X 征税造成的购买者对该产品购买数量的减少，理论上说，线段 a×价格 p 就是购买者让渡给政府的收益，即税收。然而，考虑到购买者的原来的购买组合，引入预算线 M′N′，可以看到，在不改变原来的预算线斜率即购买者原有的商品组合偏好的情况下，购买者减少的商品 X 的数量是线段 b，因此，线段 b×价格 p 才是购买者的真实损失。这个真实损失的数额 B

显然比 A 大，二者之间的差额是税收的超额负担，购买者损失的，政府也没有完全得到。税收要想减少这种对经济效率的消极影响，就要尽量让 M′N′与 MH 两条线的斜率变化减小，即尽量使相对价格的改变减小。

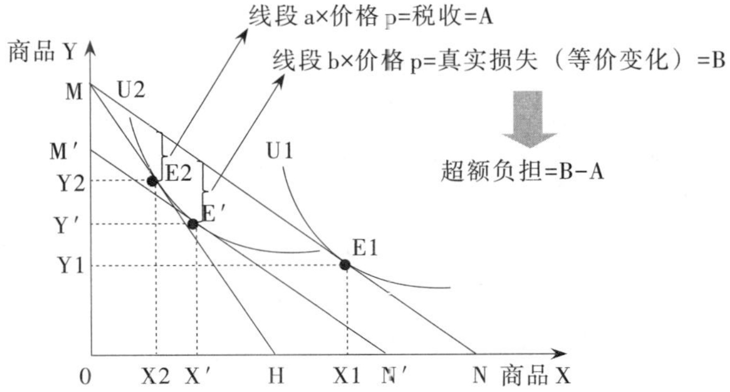

图 7-2 无差异曲线图示商品税税收的超额负担

我们还可以换一个分析角度，在供求关系图的背景下发现税收的超额负担（如图 7-3 所示）。D 是需求曲线，S 是供给曲线，征税前的均衡点是 E，产量为 Q，价格为 P，三角形区域 PED₀为此时的消费者剩余，三角形区域 PES₀为此时的生产者剩余。假定政府对这种商品课征从量税，供给曲线 S 将向上方移动至 S′，税后市场均衡点为 E′，产量减少至 Q′，价格上升至 P′。税收收入是 P″E″（销售数量）乘以 E″E′（定额税率）的长方形区域。消费者因课税而损失的消费者剩余是 P′PEE′的面积，消费者剩余被挤占成为较小的区域 P′E′D₀。此时的生产者剩余是在销售数量 Q′上形成的较小区域 P′E′S′₀，也就等于区域 P″E″S₀，这也是一个税收后的较小区域。生产者因课税而损失的生产者剩余是 PP″E″E 的面积。消费者剩余和生产者剩余两种损失合计是五边形区域 P′E′E E″P″，它显然大于政府的税收收入，二者间的差额 EE′E″三角形区域就是税收造成的超额负担。这个三角形区域被形象地称为“税收楔子”。税收要想减少对经济效率的消极影响，就应当尽量减少这个三角形区域的面积。

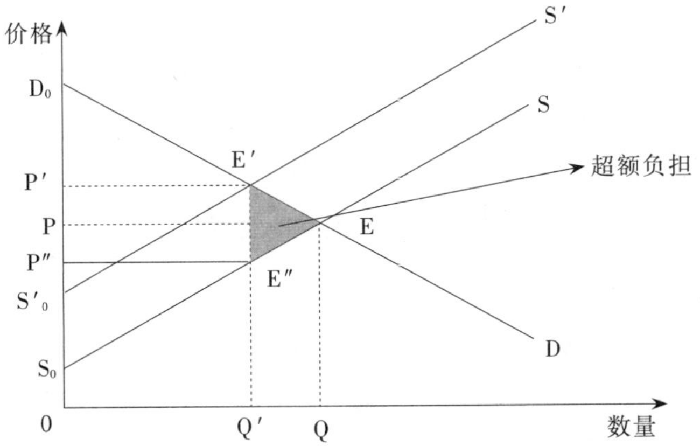

图 7-3 供求曲线图示商品税税收的超额负担

税收的超额负担，就是税收使相对价格改变，引起消费、生产和投资动机的改变，最终导致经济总福利减少，经济效率损失。税收的超额负担越大，意味着给社会带来的消极影响越大。降低税收超额负担的根本途径，在于尽可能保持税收对市场机制运行的中性。

所谓税收中性，包括两方面的含义：其一，政府征税使社会所付出的代价应以征税数额为限，除此之外，不能让纳税人或社会承受其他的经济牺牲或额外负担；其二，政府征税应当避免对市场机制运行产生不良影响，特别是不能超越市场而成为影响资源配置和经济决策的力量。

税收中性实际上只是一种说法。在现实经济生活中，税收对经济的影响不可能限于征税数额本身而保持中性。也就是说，税收超额负担难以避免。因此，倡导税收中性的实际意义在于：尽可能减少税收对经济的干扰幅度，尽量压低社会额外负担。

（3）税收的额外收益与非税收中性。税收的额外收益是，政府征税一方面可以取得公共收入，满足公共支出的需要；另一方面也可将政府的意图体现在税收制度和政策中，达到促进经济良性发展的目的。不过，这种作用只有在市场失灵的情况下才会产生，否则将是税收的超额负担。增加税收额外收益的主要途径，在于重视税收的杠杆作用，适时采用灵活、有效的调节措施。

税收非中性，是相对于税收中性而言的，指税收是国家干预社会经济活动的强有力工具，这是国家干预主义的观点。当然，这并不是说政府可以任意对经济运行进行调节。

2. 税收的行政效率

（1）行政效率的含义。税收的行政效率可以从征税费用和纳税费用两方面来考察。

第一，征税费用，是指政府在征税过程中所发生的各种费用，比如税务机关的房屋建筑、设备购置和日常办公所需的支出，税务人员的工薪支出等。这些费用占所征税额的比重即为量化的征税效率。征税效率的高低和税务机关本身的工作效率又是密切相关的。另外，不同税种的征税效率也存在差异。

第二，纳税费用，是纳税人依法办理纳税事务所发生的费用。比如，纳税人完成纳税申报所花费的时间和交通费用，纳税人雇用税务顾问、会计师所花费的费用等。相对于征税费用，纳税费用的计算比较困难，比如将纳税申报的时间折算成货币，这本身就不是一件容易的事，因此，有人把纳税费用称为税收隐蔽费用。

（2）行政效率的贯彻。提高税收的行政效率，政府应该尽力做到以最小的税收成本获得税收收入。一方面，政府应采用先进的征管手段，节约征管成本；另一方面，税收制度应当尽量易于纳税人理解和操作，从而减少纳税费用。此外，在征税费用与纳税费用之间，尽量使后者转化为前者，可以减少纳税人的费用负担和心理抵触，使其更好地履行纳税义务。

四、税收负担与税负转嫁

（一）税收负担

税收负担是指税收给经济主体带来的经济负担。税收负担如何分配，是分配制度的重要内容，直接影响到公平与效率原则的贯彻。衡量税收负担水平，通常采用税收负担率这一指标，但它不是单一指标，而是一系列指标，可以从宏观和微观两个层面考察。

1. 宏观税收负担率

宏观层面的税收负担率，可简称为宏观税负或宏观税率，可以综合反映一个国家或地区一定时期内的全社会的税收负担情况。宏观税负最常采用的是当期税收收入总额占当期国内生产总值（GDP）或国民收入（NI）的比重，公式为：

$$宏观税收负担率（NI的宏观税负）=\frac{税收收入总额}{国民收入(NI)}\times 100\%$$

$$宏观税收负担率（GDP的宏观税负）=\frac{税收收入总额}{国内生产总值(GDP)}\times 100\%$$

2. 微观税收负担率

微观层面的税收负担率，一般用微观主体的应纳税额与其收入、所得、财富价值的比率来表示，这种指标既可以小到考查某个人的某一税种的负担，亦可大致考查某个群体或行业的某一税类的负担，这些指标被用以反映各个经济主体具体的税收负担水平。

举几个常用的微观税收负担率指标：

$$企业流转税负担率=\frac{企业缴纳的流转税总额}{同期销售收入总额}\times 100\%$$

$$企业所得税负担率=\frac{企业缴纳的所得税总额}{同期利润总额}\times 100\%$$

$$企业净产值税收负担率=\frac{企业缴纳的税收总额}{同期净产额(或增值额)}\times 100\%$$

$$企业总产值税收负担率=\frac{企业缴纳的税收总额}{同期总产值(或毛收入)}\times 100\%$$

$$居民可支配收入税收负担率=\frac{居民缴纳的税收总额}{当期实际可支配收入总额}\times 100\%$$ [①]

微观层面的税收负担率指标，并不能完全真实地反映纳税人的税收负担水平，原因在于，税收领域中大量客观存在税负转嫁的情况，因此这个指标并不是真实的税负。

（二）税负转嫁

1. 税负转嫁与税负归宿的含义

税负转嫁是指纳税人通过经济交易过程，将税收负担全部或部分地转移给他人负担，自己不负担或者少负担税收的一种经济现象。在发生税负转嫁的情况下，纳

① 孙开. 公共经济学［M］. 武汉：武汉大学出版社，2007：180.

税人与负税人发生偏离，法定的纳税人并非是该项税收的实际负担者，而只是名义负担者。

税负转嫁是一个客观的经济现象和经济过程，纳税人可能只经过一次税负转嫁过程即可完成，这被称为一次转嫁；也可能经过多次税负转嫁过程才能完成，这被称为辗转转嫁。如果纳税人把所有税收负担都转嫁出去，这是完全转嫁；如果纳税人将税收负担部分转嫁出去，就是不完全转嫁或部分转嫁。当税收负担的转嫁过程结束，税款落到最后的负担者身上，便形成了税负归宿，即税收负担的最终落脚点。

2. 税负转嫁的方式

（1）前转。前转亦称顺转，即纳税人通过提高商品售出价格的方式将税负转嫁给商品购买者。这可以说是税负转嫁的最典型、最普遍的形式。我们通常所说的税负转嫁主要是指这种情况。

（2）后转。后转亦称逆转，即纳税人通过压低商品购进价格的方式将税负转嫁给商品销售者。比如零售商可以通过压低进货价格而将税负向后转嫁给批发商，批发商可以转嫁给制造商，制造商也可以转嫁给原材料供应商。

（3）其他转嫁方式。除了上述两种比较单一的转嫁方式外，现实生活中经常会有前转和后转并用的方式，这样的方式被称为散转或混转。如果纳税人既不前转负担，也不后转负担，而是通过自身提高经济效益补偿其纳税损失，使税收负担在生产发展中自行消化掉，广义上说这也被认为是一种转嫁方式，称为消转。但是，严格来说，消转没有将纳税人与负税人分离，并不能称为一种税负转嫁方式。

在后转的方式中，有一种特殊形式叫作税收资本化，是纳税人在购买不动产或有价证券等资本品时，将以后长期持有该资本品期间内的应纳税款，在买价中预先扣除，以后虽然名义上是买方在按期缴纳税款，但实际上是由该资本品的交易价格负担。税收资本化亦称税收折入资本。有了税收资本化，土地税和土地价格的关系经常表现为：土地税增加，地价下降；土地税减少，地价上升。可见，税收资本化是将累计应缴纳税款作一次性的转移，实质上这不过是税负后转的一种特殊形式。

3. 税负转嫁的影响因素

税负转嫁是纳税人的一般行为倾向，在利益机制的驱动下，纳税人要千方百计地转嫁税负，以维护自身的经济利益。但纳税人要达成转嫁税收的愿望，会受到一些条件的制约，这些条件的基本逻辑关系大致可以这样描述：税负能否转嫁首先要取决于税种的性质，间接税的性质，尤其是商品与劳务税性质的税收，才可能转嫁；在此基础上，还要看商品与劳务的定价方式，自由定价方式是税负转嫁的条件；在以上条件具备的情况下，税负转嫁还要受其他诸多因素的制约，如供求弹性的大小、征税范围的宽窄等。

（1）税种的性质

税收分为直接税和间接税，直接税的税负一般不易转嫁，而间接税的税负极易转嫁。一般认为，商品与劳务税是典型的间接税，所得税是典型的直接税，原因是前者与交易价格关系密切，征税环节处于或先于交易环节，而后者却不具备该条件。企业所得税尽管存在转嫁的渠道，如提高本公司商品的售价、降低或延迟增长雇员的工资、增加劳动强度、降低股息和红利等等，但这些渠道并不通畅，或者会受到雇员和股东的反对，或者受制于供求关系，实现起来较难。

其他税收种类，诸如财产税类、资源税类等，其中的某些税种具有商品税性质，容易转嫁，如城镇土地使用税、车船税、资源税等；而某些税种直接在财产的某个处置环节征税，无法找到恰当的交易环节转嫁，如国外的遗产税、我国的车辆购置税等。

（2）定价方式

税收是否属于间接税，还要看商品与劳务是否能够自由定价。商品与劳务的定价方式有市场定价和计划定价两类。如果价格能够根据购买者或供给者的需要自由地加价或压价，那么税负就有可能被转嫁出去，市场定价就是这样的自由定价方式。如果价格不能自由变动，纳税人虽有转嫁动机，却不存在转嫁条件，税负转嫁也就不可能变为现实。计划定价是政府主导的定价方式，一旦价格确定难以调整，企业无法自主决定税负转嫁。

（3）供求弹性

供求弹性代表着交易主体规避负担与风险的能力，弹性越大这种能力越强。一般来说，供给弹性较大的商品，供给方可以灵活调整供给数量，最终使其在所期望的价格水平上销售出去，因而税负可以作为价格的一个构成部分转嫁给购买方。而如果供给弹性较小，供给方难以控制供给数量乃至价格水平，税负难以转嫁出去；同时，如果需求方也是纳税人，就很容易利用供给方弹性小的劣势，将自己的税负通过压低采购价格的方式转嫁给供给方。同理，需求弹性较小的商品，其价格最终决定于供给方，可以顺利实现税负向下游的转嫁；但如果需求弹性较大，需求方可以通过调整购买数量影响价格，税负向下游转嫁比较困难；同时，下游的需求方如果也是纳税人，还很容易将自己的税负通过压低采购价格的方式转嫁给供给方。如果把供给和需求结合起来考虑，税负总是趋向于转嫁给弹性小的一方，即：供给弹性大于需求弹性时，税负容易转嫁给需求方；供给弹性小于需求弹性时，税负容易转嫁给供给方。

（4）征税范围的广度

在自由定价的前提条件下，税负是否能够顺利转嫁，另一影响因素是税种征税范围的广度。在前转的情况下，税负转嫁必然引起价格的升高，若市场有替代品，购买者往往会转而代之，从而使税负转嫁失效。但是如果一种税收征税范围很广，甚至波及同类商品与劳务的全部，则购买者无法找到价格中不含该税的替代品，只好承受税负转嫁。后转的情况也是同理，税种的征税范围越是狭窄，越容易找到无须压低价格转嫁税负的替代买家，那么买家就可能被迫放弃；征税范围越宽广，越难以找到不欲后转税负的买家，卖方只好接受被压低的价格。因此，概括起来说，征税范围越宽广，税负越相对容易转嫁；征税范围越狭窄，税负越相对不易转嫁。

（5）市场结构

在自由定价的前提条件下，税负是否能够顺利转嫁，还有一个影响因素是市场结构。市场结构一般有完全竞争、不完全竞争、寡头垄断和完全垄断四种。不同的市场结构中，供给者或需求者对市场价格的控制能力是有差别的。在完全竞争市场结构下，单个厂商无力控制行业价格，因而税负难以转嫁，只有通过行业体系和供应方市场体系的长期演变才能实现转嫁。不完全竞争市场结构下，各个厂家可利用其产品差异性对价格做出适当调整，借以把税负部分转嫁。寡头垄断市场结构下，寡头垄断的价格极易通过协议和默契而共同提价，形成税负转嫁。完全垄断市场结构下，垄断商独霸市场，如果其提供的商品需求弹性偏小，就可以随意提价，向购买方转嫁税负。上述分析仅局限于对前转的分析，实际上，扩大至对后转的分析，依然同理。市场上的采购主体也有从分散竞争到完全垄断的不同形式，越是趋于垄断，越容易通过压低进价将税负转嫁给供应商。

上述分析说明，垄断性地位通常更易导致税负转嫁。但在实际决策时，垄断企业不得不在两方面有所顾忌。第一，税负转嫁引起的价格变动能否引起垄断格局的改变，给竞争者以机会，通过价格优势成功进入市场，进而打破垄断；第二，税负转嫁引起的加价会引起需求量的缩减，从而影响利润目标。上述两方面都会影响垄断者对未来市场的价值判断。此时，经营者会权衡得失，若损失较大，则宁愿减少一部分税负转嫁。

当然，影响税负转嫁的因素并不仅仅有以上五个项目，还有很多经济因素会对经营者的税负转嫁决策产生影响，比如成本变动规律、税负的轻重等。

五、税收的制度要素

税收的制度要素，即各个单行的税收法律制度所共有的基本要素。税收的法律制度本身分为税收实体法和税收程序法两大领域。实体法包括全部实体税种，如企业所得税法、车船税法等；程序法则是指用来规范税收征管程序的法律制度，如税收征收管理法。我们在这里侧重实体税的制度要素进行介绍，这些制度要素主要包括：总则、纳税义务人、征税对象、税目、税基、税率、纳税时限与纳税地点、税收优惠、减免税、罚则、附则等。这些要素是每个税种的主体结构，税种的内容虽然不同，但基本要素是共同的。

除此之外，每个税种可能会有一些特殊的、不为其他税种所共有的条款，比如扣缴义务人条款，这些条款就不能称之为税收的制度要素。

（一）总则

总则主要包括税收的立法依据、立法目的、适用原则等。例如，《耕地占用税暂行条例》规定："为了合理利用土地资源，加强土地管理，保护农用耕地，特制定本条例。"此条突出了该条例制定的目的，即"立法目的"。

（二）纳税义务人

纳税义务人，即纳税人，又叫纳税主体，是直接负有纳税义务的单位和个人，它解决对谁征税的问题。纳税人可以是自然人，也可以是法人。自然人是个人，他们以个人身份来承担法律所规定的纳税义务。法人是社会组织形式，具有权利能力和行为能力，依法独立承担民事责任。我国的法人主要有四种：机关法人、事业法人、企业法人和社团法人。

与纳税人有密切联系的两个概念是代扣代缴义务人和代收代缴义务人。他们都没有纳税义务，但是又都有协助税务机关扣缴或收缴税款的义务。前者在向纳税人支付收入、结算货款、收取费用时，有义务进行代扣并代缴，如单位在向职工发放工资薪金时，代扣代缴个人所得税；后者在向纳税人收取商品或劳务收入时，有义务进行代收并代缴，如受托加工应税消费品的企业，在收取加工费时，代为收缴该消费品的消费税。

（三）征税对象

征税对象，也叫课税对象、征税客体，是征纳税双方权利义务共同指向的客体或标的物，解决对什么征税的问题。每种税的征税对象都不会完全一致，因此征税对象是一种税区别于另一种税的主要标志，比如增值税的征税对象是商品与服务在流转过程中产生的增值额，个人所得税的征税对象是自然人取得的各类应税所得等。征税对象体现着征税的最基本界限，决定着征税的基本范围。

现代税收制度的丰富性和复杂性，使得有时单凭征税对象的规定并不能完整清晰地解决对什么征税的问题，需要借助税目的详细描述。

（四）税目

税目是征税对象的具体化，是对征税对象分类规定的具体征税项目，反映具体的征税范围，是对征税对象的质的界定。税目的主要作用包括：一是明确征税范围，通过税目确定征税的具体界限，列入税目的就是应税产品，没有列入税目的就不是应税产品；二是通过规定各种税目，可以对不同类别的征税对象制定高低不同的税率，以体现不同的税收政策。比如，个人所得税的税目有工资薪金所得、劳务报酬所得、稿酬所得、财产租赁所得、财产转让所得等共十一项，每个税目规定特定的税率。

（五）税基

税基，也叫计税依据，它也是征税对象的具体化，是据以计算征税对象应纳税款的直接数量依据，是对征税对象的量的规定。税基解决的是具体计算问题，通常情况是，有了税基与税率，便能够计算出应纳税额。我国的税收制度文件中，对税基的表述普遍采用"计税依据"一词。

计税依据按照计量单位的性质划分，有两种基本形态：一是价值形态，如营业收入、应纳税所得额等；二是物理形态，如面积、体积、重量等。前面说过的从价税和从量税的分类，便是按照这种差异性而分类的。

税基的法律规范中，会有起征点和免征额的规定。多年来，人们在谈及我国一些税种时，经常会提到起征点这个词，偶尔也会提到免征额，语意上常常混为一谈。实际上二者是有理论界限的。所谓起征点，是指税收制度规定的征税对象开始征税的最低界限。所谓免征额，是指税收制度规定的征税对象全部数额中免予征税的数额。起征点与免征额有一致的时候，那就是当征税对象数额小于起征点和免征额时，都不征税。两者也有不一致的时候，那就是当征税对象的数额大于起征点和免征额时，采用起征点制度的，要对全部数额征税；采用免征额制度的，仅对超额部分征税。规定起征点和免征额是对纳税人的一种照顾，但二者照顾的侧重点显然不同，前者照顾的是低收入者，后者是对所有纳税人的照顾。总之，二者是两个不同的概念，要做好区别。

（六）税率

税率是对征税对象的征收比例或征收额度，解决征多少税的问题。税率反映征税的深度，是衡量税负轻重的重要标志，同时它也是国家税收政策最直接的体现，因此，税率被视为税制的核心。税率的具体形式大体可分为三种：比例税率、累进税率和定额税率。

1. 比例税率

比例税率是对同一征税对象，不论其数额大小，只规定一个相同的征收比例。比例税率又有以下几种具体形式：

（1）单一比例税率，即对一个税种只规定一个税率。

（2）差别比例税率，即对一个税种规定两个或两个以上的比例税率，如产品差别比例税率、行业差别比例税率、地区差别比例税率等。

（3）幅度比例税率，即对同一征税对象，只规定其税率的上限和下限，各地税收主管部门要在此幅度内自行确定一个比例税率。

2. 累进税率

累进税率是指随着征税对象数量指标的增加而逐渐提高的一系列税率，体现税收理论中“量能纳税”的理念。累进税率因计算方法的不同，有全额累进税率、超额累进税率和超率累进税率等具体种类。

（1）全额累进税率。它是把税基的全部数额按照与之相对应的最高税率级别征税，计税公式是：

全额累进应纳税额=税基总额×最高级别适用税率

（2）超额累进税率。它是把税基按大小划分为不同的等级，各等级分别按本级的税率计算税额，再将各级税额相加后得出应纳税额，计税公式是：

超额累进应纳税额=$\sum$(每级距的税基额×本级适用税率)

下面举例说明二者的运用。设甲纳税人应纳税所得额为 9 010 元，乙纳税人应纳税所得额为 9 000 元，分别按全额累进税率和超额累进税率为二人计算应纳税额，适用税率见表 7-1。

表 7-1　**累进税率表 1**

级次	应纳税所得额	税率（%）	速算扣除数
1	不超过1 500元的	3	0
2	超过1 500元至4 500元的部分	10	105
3	超过4 500元至9 000元的部分	20	555
4	超过9 000元至35 000元的部分	25	1 005

解：按全额累进税率计算，甲的应纳税额=9 010×25%=2 252.5（元）

按超额累进税率计算，第一级税额=1 500×3%=45（元）

第二级税额=（4 500–1 500）×10%=300（元）

第三级税额=（9 000–4 500）×20%=900（元）

第四级税额=（9 010–9 000）×25%=2.5（元）

甲的应纳税额=45+300+900+2.5=1 247.5（元）

按全额累进税率计算，乙的应纳税额=9 000×20%=1 800（元）

按超额累进税率计算，乙的应纳税额=45+300+900=1 245（元）

全额累进税率与超额累进税率相比，显然特点不同：

第一，全额累进税率的税负重，超额累进税率的税负轻。

第二，在级距的临界点附近，全额累进会出现税额增加超过税基增加的不合理现象，对纳税人的积极性造成伤害；超额累进则不存在这一问题。就像前面计算过程显示的那样，按全额累进税率计算应纳税额时，甲的所得只比乙多 10 元，却要多缴 452.5 元的税，税收负担极不合理。按超额累进税率计算应纳税额时，甲的税负只比乙多 2.5 元，这个结果是合理的。

第三，在计算方法上，全额累进计算简便，超额累进计算复杂。为了克服超额累进税率这一计算上的缺陷，在实际工作中一般使用“速算扣除数”来简化计算过程。其计算公式如下：

超额累进应纳税额=全额累进应纳税额–速算扣除数

速算扣除数，从理论上说它是由公式①计算而来，但从现实来看纳税人并不需要费心去计算，因为它在税率表中有专设的一栏，随同税率一并公布（参见表 7-1）。

超额累进税率有较大的优越性，实际工作中一般采用超额累进税率，目前我国采用超额累进税率的税种是个人所得税。

（3）超率累进税率。它是以征税对象相关的某种相对率的高低为标准划分若干级距，分别规定相应的差别税率，相对率每超过一个级距，超过的部分就按高一级的税率计算征税。目前我国的土地增值税采用这种税率。计税公式是：

超率累进应纳税额=$\sum$(每级距的增值额 × 本级适用税率)

① 计算公式：速算扣除数=全额累进应纳税额–超额累进应纳税额。

设纳税人的应税项目增值额为 300 万元，增值率为 300%，适用税率见表 7-2，计算如下：

表 7-2 累进税率表 2

级数	增值率	税率（%）
1	不超过 50% 部分	30
2	超过 50% 不超过 100% 部分	40
3	超过 100% 不超过 200% 部分	50
4	超过 200% 部分	60

解：第一级增值额=300÷300%×50%=50（万元）

第二级增值额=300÷300%×（100%-50%）=50（万元）

第三级增值额=300÷300%×（200%-100%）=100（万元）

第四级增值额=300÷300%×（300%-200%）=100（万元）

应纳税额=50×30%+50×40%+100×50%+100×60%

=15+20+50+60

=145（万元）

3. 定额税率

定额税率，也称固定税额，是按单位课税对象直接规定一个固定税额，而不采取百分比的形式。例如，我国对啤酒征收的消费税，规定每吨的税额；城镇土地使用税，规定每平方米的税额。采用定额税率，应纳税额不会随征税对象金额的变化而变动。定额税率与比例税率有一点相同，就是也可以具体采取诸如差别税率、幅度税率、分级税率等形式。

4. 其他税率分类

以上三类税率为法律上的税率形式，若从经济分析的角度来考查，税率又可分为名义税率和实际税率、边际税率和平均税率等类别。

（1）名义税率和实际税率。名义税率即为税率表中所列的税率，是纳税人实际计税时适用的税率。实际税率是反映纳税人真实税负的有效税率。有些税种由于实行免税额、税前扣除和超额累进等原因，纳税人实际税率会低于实际税率。

（2）边际税率和平均税率。边际税率是税基增量中的税额比率，本来是一种按照边际效用相等的原则设计的理论化税率模式，其中主要功能是使社会福利牺牲最小，实际上是按照税基数量高低分等级的系列税率中的最高采用税率。平均税率是实际纳税额全额与税基全额的比率。平均税率通常比边际税率低，比较两个税率之间的差距，是分析税率设计是否合理、税制是否科学的主要方法。

（七）纳税时限与纳税地点

上述几项要素能够说明到底谁应缴税、缴什么税、缴多少税，但是税收不会自己跑到政府的口袋里。纳税时限和纳税地点的规定，解决如何纳税的问题，使每一项税收真正汇缴入库。

1. 纳税时限

纳税时限，是税收制度规定的关于税款缴纳时间方面的限定。关于纳税的时限的规定，有三个层次递进关系的概念需要澄清。

（1）纳税义务发生时间，即应税行为发生、确认应当计税的时间。例如，我国增值税暂行条例规定，采取预收货款销售方式销售货物的，纳税义务发生时间是发出货物的当天，而不是收到预收货款的时间。纳税义务发生时间，意味着纳税人应当计税入账。

（2）纳税期限，即每隔固定时间汇总一次纳税义务的时间。纳税人每次发生纳税义务后，不可能马上去缴纳税款。合理的纳税时间安排，应该是参照会计核算的常规和税收征管的要求，确定若干个有规律的缴税期限。例如，我国增值税暂行条例规定，增值税的具体纳税期限分别为：1日、3日、5日、10日、15日、一个月或者一个季度，由主管税务机关根据纳税人应纳税额的大小分别核定。

（3）缴库期限，即纳税期满后纳税人将应纳税款申报缴入国库的期限。例如我国增值税暂行条例规定，纳税人以一个月或者一个季度为一个纳税期限的，自期满之日起15日内申报纳税。

2. 纳税地点

纳税地点，是指税收制度规定的各个税种的纳税人（包括代征、代扣、代缴义务人）具体缴纳税款的地点，它是根据各税种的不同纳税环节的具体规定，并考虑有利于对税款的源泉控制而制定的。

（八）税收优惠

税收制度除了规定基本要素之外，还设置了各种税收优惠，包括减税与免税，它是政府的重要政策手段。税收优惠的方式很多，从计税的角度看，有税基的优惠、税率的优惠、税额的优惠和时间的优惠等；从使用范围来看，有全国性的优惠，也有地方性的优惠；从生效时间来看，有常规性优惠、期间性优惠、过渡性优惠、临时性优惠等；按照目的不同，有财政性优惠、政策性优惠、管理性优惠和外交税收豁免。[①]

1. 财政性优惠

所谓财政性优惠就是为保证财政收入或支出作用的发挥而实行的税收优惠，比如我国个人所得税法明确规定：个人取得的国债利息收入免税；个人取得的2012年及以后地方政府债券利息收入免税；个人取得的2016—2018年铁路债券利息收入减按50%计税。

2. 政策性优惠

所谓政策性优惠就是为发挥税收对经济和社会的调节作用而实行的税收优惠，比如我国契税法明确规定：个人购买家庭唯一住房，面积在90平方米以下的，个人购买家庭第二套改善性住房，面积在90平方米以下的，均减按1%的税率征收

① 马国强．中国税收［M］．7版．大连：东北财经大学出版社，2017：19-22.

契税。这一规定体现了对基本生活用住房的政策优惠，引导居民住房消费的套数、面积选择。

3. 管理性优惠

所谓管理性优惠就是为降低税收征管成本，提高税收行政效率而实行的税收优惠，比如我国个人所得税法明确规定：个人办理代扣代缴税款取得的手续费收入免税；个人举报、协查违法犯罪行为获得的奖金免税。

4. 外交税收豁免

所谓外交税收豁免，就是根据有关国际公约和中国法律，对外国国家元首、政府首脑、外国部长、外国驻华使领馆及其人员在馆舍、车辆、物品、收费、所得等方面实行的税收优惠。比如，我国规定对外国驻华使领馆、国际组织驻华机构及其外交人员的车辆免征车船税和车辆购置税。

（九）罚则

罚则，主要是指对纳税人违反税收法律制度的行为采取的处罚措施。它主要体现了税收制度的强制性，是税收法令得以贯彻执行的保证。罚则是税收程序法的制度要素。

（十）附则

附则一般规定与该税收制度紧密相关的内容，比如制度的解释权、生效时间等。

第二节 税收制度

税收制度，是在税收分配活动中征纳双方所应遵守的行为规范的总称。本节从税收制度的体系建设和结构分析开始，介绍我国现阶段若干主要税种和我国税制改革的概况，最后对有关国际税收的问题略作概述。

一、税收制度的体系

税收制度以法律形式承载，各个单行税收法律法规按照一定的目的和层次安排结合起来，就形成了完整的税收制度体系，它规范和制约着税收分配的全过程。从体系的完整性上来说，应该有三个层次：一是不同的要素构成税种；二是不同的税种构成税收制度；三是规范征税程序的法律法规。[①]本节所介绍的体系，主要聚焦在第二个层次，也就是税收实体法体系。这种对税种组合全貌的把握，能够帮助人们看清楚一个社会的全部税收都是由哪些具体税种构成的。

（一）体系中的税收种类

现代各国的税收体系基本由几大类税收构成：商品与劳务税、所得税、财产税

① 中国注册会计师协会. 税法［M］. 北京：经济科学出版社，2017：17.

和其他税等。不同种类的税收设定的征税对象各不相同，征税方法不同，因此具有不同的特点。

1. 商品与劳务税的主要特点

（1）主要优点。该类税收课征普遍，基本覆盖了所有工商业流转环节；该类税收以流转额为计税依据，不受利润水平制约，税源稳定；税率通常实行比例税率，计征简便。

（2）局限性。多数为间接税，征税隐蔽，这既可以是优势，也可以是缺点；简单的比例税率，税率普遍具有累退性；间接税有些税收会造成经济效率的损失。

2. 所得税的主要特点

（1）主要优点。该类税收以净所得为税基，并且采用累进税率，税负相对公平，合乎量能纳税原则；所得税只在分配环节征收，避免了重复征税问题和转嫁问题，符合税收中性原则；所得税具有跨国征收的天然属性，有利于维护国家的经济权益；所得税的税率设计使得课税更有弹性。

（2）局限性。它受到企业利润水平和人均收入水平的制约，税源相对不够稳定；累进课税会在一定程度上压抑纳税人的生产积极性；计征复杂，对征纳双方的管理水平要求较高。

3. 财产税和资源税的主要特点

（1）主要优点。课税比较公平，拥有财产或占有资源者纳税，并且符合能力匹配负担的原则；同时，这类税收具有促进节约的效能，促进资源合理配置和合理开发，限制浪费。

（2）局限性。这一类税收课税普遍性低；而且，由于许多税种或税目采取定额税率，造成税收的弹性不足。

税收制度体系致力于将各个类别的税种恰当联合，相辅相成，共同组成一个既满足政府需要、又较为接近公平与效率目标的税收制度整体，运转不息。

（二）我国税收体系的基本内容

在我国现阶段的税收体系中，税收种类较为齐全，一共包括 18 个税种。用一个如下的图谱来表示这个体系（如图 7-4 所示），比较清晰直观。

1. 商品与劳务税类

在我国的商品与劳务税类中，从税额多寡的角度看，最主要的税种为增值税、消费税和关税。其他税种的税额相对较少，但是从功能、政策或地区等角度考察，也具有重要的意义。

（1）增值税、消费税和城市维护建设税。增值税是我国税额最大的税种，征税对象是流转环节的货物和服务的增值额，是共享税，在中央与地方间按比例分享。消费税是在增值税普遍征税的基础上，在十五种特殊消费品上再加一道商品税，它是中央税收的主要来源之一。城市维护建设税比较特殊，是一种附加税，对从事工商经营的纳税人，在其缴纳的增值税和消费税之上附加征收一定比例的税。城市维护建设税是特定目的税，资金专门用于城市公用事业和公用设施的维护和建设。

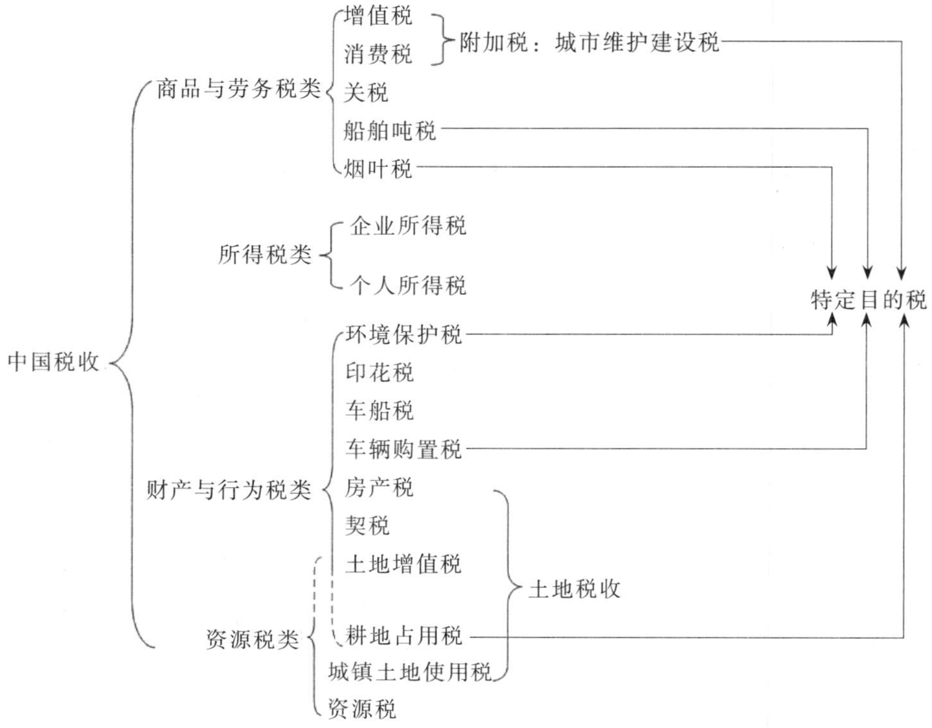

图 7-4 我国现阶段实体税体系

提到附加税，不能不谈教育费附加和地方教育附加。它是典型的具有税收特征的政府收费项目，被教育法明文规定收取的用于教育事业的一项专用基金。目前在我国，它通常与城市维护建设税一并由税务机关征收，计征方法基本相同。因此，许多人把它直接列入税制体系，与城市维护建设税并列作为附加税（费）。

（2）关税和船舶吨税。关税对进出境的货物和物品征税，船舶吨税对入境船舶征税，二者由海关负责征收管理，属于中央税。其中，船舶吨税是特定目的税，收入专门用于港口和航道的维护建设。

（3）烟叶税。烟叶税对烟叶收购金额征税，是在 2006 年农业特产税废止后，唯一保留下来的对农业特产（烟叶）的征税。虽然征税范围狭窄，但它能完善烟草税制体系，维持地方政府财政收入的足额稳定，是一种特定目的税。

2. 所得税类

我国的所得税类，包括企业所得税和个人所得税，主要是在国民收入形成后，对生产经营者的利润和个人纯收入发挥调节作用。企业所得税针对的是我国境内的企业和其他取得收入的组织，采取法人税制。个人所得税针对的是取得应税所得的自然人，包括不具备法人资格、只具有自然人性质的企业。企业所得税和个人所得税共同形成对收入分配环节的普遍征税，都是共享税。

3. 财产与行为税类

我国目前财产与行为税类的主要税种有房产税、契税、土地增值税、车船税、车辆购置税、印花税以及2018年开征的环境保护税。

（1）房产税、契税和土地增值税。三个税种均为地方税。房产税以房屋（目前仅就经营用房屋）为征税对象，以产权所有人为纳税人，对非农地区房屋的产权价值或租金收入征税。契税以境内转移土地、房屋权属的承受人为纳税人，对不动产价格征税。土地增值税具有更多的资源税属性，对有偿转让国有土地使用权及地上建筑物和附着物产权所获得的增值收入征税。

（2）车船税和车辆购置税。车船税针对机动车船和游艇，按照固定税额向所有人或管理人征税，属于地方税。车辆购置税是以境内购置车辆为征税对象，在特定环节向车辆购置者征收的直接税。它是特定目的税，专项用于公路建设，属于中央税。

（3）印花税。印花税以经济活动和经济交往中，书立、领受应税凭证的行为为征税对象，采用在应税凭证上粘贴印花税票的方法缴纳税款，故而得名。印花税是特点鲜明的税种：典型的行为税，收税方法独特，税基广泛到基本覆盖工商领域，税负从轻，税率以千分之几计。印花税中除了证券交易印花税归中央外，其余收入全部归地方政府。

（4）环境保护税。2018年1月1日开征的环境保护税，是为了保护环境，对境内直接向环境排放应税污染物的单位征收的排污税，应属特定目的的行为税，归属地方收入，它的前身是已征收多年的排污费。排污税（费）的使用，如果有专门用途的话，通常有两种方向：一种是用于治理环境和补助受害居民；另一种是用于补助污染者治理污染源。我国排污费征收期间采用的是后者，由环保和财政部门统一安排用于补助企业治理污染；改征环境保护税后，由环保部门提供排污企业应纳税额，税务部门负责征收，仍用于污染治理。

4. 资源税类

资源税类能够起到保护和促进合理开发国家资源的作用，一般采用级差税率，对因客观资源条件不同而形成的级差收益进行调节。目前我国资源税类的主要税种有资源税、城镇土地使用税、耕地占用税等，都采用级差税率。

（1）资源税。资源税这个税种，是对在我国进行矿产开采和盐业生产的单位和个人征收的税，属于自然资源占用课税。除海洋石油资源以外，其余资源税收入均归地方政府。

（2）城镇土地使用税和耕地占用税。这两个税种都是属于土地资源占用课税，地方税税种。城镇土地使用税，是对拥有国有和集体土地使用权的单位和个人征收的税，采用地区差别定额税率，根据土地面积征税。耕地占用税，是对占用耕地这种特定土地资源进行建房或其他非农业建设的行为征税，兼具资源税和行为税特征，也采用地区差别定额税率，根据占用耕地的面积征税。耕地占用税具有限制占用耕地和收入专门用于耕地开发改良的特定目的，是特定目的税。

在现行税收体系中，房产税、契税、土地增值税、城镇土地使用税和耕地占用税五个税种，同属于与土地及其附着物直接相关的税种，它们经常被归类为广义的

“土地税收”。土地税收是我国地方财政依赖的主要财源之一，也曾引起许多争论和研究。

二、税收制度的结构

税收制度的结构，通称税制结构，是指税收体系中各个税类与税种的构成情况和相对地位。如果要评价一个税收制度是否布局合理，必须要考察税制结构。

（一）税制结构的类型（税制模式）

总体而言，税制的类型可以分为单一税制和复合税制。单一税制是指一个国家的税收制度只设一个税种。复合税制是指一个国家的税收制度由多个税种构成。单一税制由于其本身固有的缺陷，在现实中并未有真正实施，只是一种理论设想。

在复合税制中，各类税收的地位不尽相同，会产生税制结构问题。各国主体税种有所不同，形成不同的税制结构类型，通常称为税制模式。

1. 以商品与劳务税为主体的税制模式

大多数发展中国家，都采用这种税制模式，商品与劳务税的税收收入在税收总体收入中占比最大，并且远远大于所得税和其他税收所占比重，主体税的特点决定了税制模式的特点。

（1）优势之处。首先，有利于保证政府财政收入的足额和稳定，因为主体税的税基又宽又稳。其次，税收征管水平的要求不高，因为主体税计征简便。此外，因为主体税是间接税，可能通过抬高价格而抑制消费，因此有利于促使社会资金用于增加储蓄和投资。上述优点适合于发展中国家的经济状况和社会管理水平，因此这种税制模式被大多数发展中国家采用。

（2）局限性。首先，由于主体税是典型的违背“中性原则”的税类，因此，这种税制模式对市场运行的扭曲作用更大。其次，简单的比例税率，并不能体现税收的量能负担原则，使税收公平性受到限制。最后，此类税收基本都存在税负转嫁现象，由于一般消费品和奢侈性消费品相比，后者的消费弹性通常更大，因此前者比后者更容易出现税负向消费者转嫁的现象，也就是说，此种税制模式可能使普通消费者承担更多转嫁来的税负，使税收的公平性降低。

2. 以所得税为主体的税制模式

现阶段的多数发达国家，都采用这种税制模式，所得税的税收收入在税收总体收入中占比最大，远大于其他税收。基于主体税的典型特点，这种税制模式也有特有的优势与局限。

（1）优势之处。首先，充分体现量能负担的公平原则；其次，在促进宏观经济稳定方面能够发挥更大的作用，因为累进所得税能够自动地在宏观经济的冷热变化中减少或增加，反向调节经济波动；另外，更多的直接税，更少产生对市场运行的扭曲作用。

（2）局限性。首先，与前面一种税制模式相对，它可能会抑制储蓄和投资；其次，它对税收征管水平要求更高，阻碍推行该制度等。

3. 以商品与劳务税和所得税两种税为主体的税制模式

有的国家并不单一以上面提到的某一种税为主体，而是两个税类并行，两种税的比重比较均衡。比如法国，商品与劳务税和所得税的比重基本都在 40% 的水平。

4. 多种税并重的税制模式

这是以三类或三类以上的税种为主要税种的税制，如国外有些国家的商品与劳务税、所得税和财产税几乎各占 30%，形成"三足鼎立"的税制模式。

（二）我国现阶段的税制结构

1. 我国的税制结构现状

我国现阶段的税制结构以间接税为主，以商品与劳务税为主体，但随着个人所得税收入的快速增长，所得税比重在缓慢上升。从 2007 年至 2016 年的相关数据可以看到，商品与劳务税的税收收入一直占税收总收入的 50% 以上，并且近几年有比重降低的走势。所得税收入的比重则为 25% ~ 30% 的水平（参见表 7-3）。而且，我国的所得税收入中绝大部分来自于企业所得税，这与西方发达国家的情况有所不同，这些国家的所得税收入大部分来自个人所得税。

表 7-3　**我国现阶段税收构成简况**[①]

年份	税收总收入（亿元）	商品与劳务税		所得税	
		收入额（亿元）	比重（%）	收入额（亿元）	比重（%）
2007 年	45 622.0	27 432.6	60.1	11 964.8	26.2
2008 年	54 223.8	32 918.4	60.7	14 897.9	27.5
2009 年	59 521.6	36 632.1	61.5	15 486.2	26.0
2010 年	73 210.8	45 506.2	62.2	17 680.8	24.2
2011 年	89 738.4	54 697.1	61.0	22 823.8	25.4
2012 年	100 614.3	60 494.3	60.1	25 474.8	25.3
2013 年	110 530.7	64 004.5	57.9	28 958.7	26.2
2014 年	119 175.3	67 338.4	56.5	32 018.8	26.9
2015 年	124 922.2	66 767.5	53.4	35 751.1	28.6
2016 年	130 360.7	69 877.2	53.6	38 940.3	29.9

2. 我国税制结构的主要原因

之所以税制结构呈现这种状态，与我国现阶段经济与社会发展状况密不可分。我国目前的经济发展水平尚低，企业利润水平和人均收入水平较低，市场发育尚不完善，总体上处于发展中国家的经济与社会发展水平。我国的税收征管水平虽然有

① 资料来源：根据财政部官方网站 www.mof.gov.cn 2007—2016 年全国财政收入决算表数据汇算而得。其中，商品与劳务税包括如下税种：增值税、消费税（包括进出口环节的征税和退税）、营业税、城建税、关税、船舶吨税、烟叶税。所得税包括如下税种：企业所得税、个人所得税。

所提高，但总体水平与发达国家相比还有相当差距。再加上我国的社会保障基金来源于收费而不是税收，而许多西方国家的税制结构中计入了额度可观的社会保障税收，这些社会保障税收基本都属于所得税的类别。这些诸多因素决定了我国现阶段税制结构以商品与劳务税为主体。随着我国经济与社会发展的现代化水平的提高，以及税收征管现代化水平的提高，未来所得税比重会具备提高的条件，个人所得税比重也会逐渐提高。

三、我国现阶段四个主要税种

（一）增值税

我国增值税的前身是产品税，20 世纪 80 年代增值税开始试行。1994 年工商税制全面改革中，增值税被列为核心内容，成为我国税收制度体系中最为重要的税种。

1. 增值税的优点

增值税始建于 20 世纪 50 年代的法国，以后迅速推广，现被世界各国广泛采用。之所以如此迅速被各国采纳，是因为增值税具有其他商品税不及的优点。

（1）增值税能够在多环节课征中避免重复征税。这一特点适应社会化大生产的需要，促进生产的专业化和技术协作、保证税负分配相对公平。

（2）增值税道道课税和税款抵扣的制度设计，可以使交易双方企业在纳税上互相制约，提高征管效率。

（3）增值税税额的多少不受流转环节多少的影响，也就不受企业兼并和拆分的影响，可以保证税收收入的稳定。

（4）增值税的计税方式使它在出口退税时比其他流转税退税更彻底，更能鼓励外向型经济的发展。

2. 增值税的类型

增值税在确定法定增值额时，减除额范围是否计算以及如何计算固定资产成本，标准有所不同，据此可以将增值税划分为三种类型：

（1）生产型增值税，法定减除额不允许包括固定资产价值，就国民经济整体而言，税基相当于国民生产总值，故而得名“生产型”。

（2）收入型增值税，法定减除额允许包括固定资产价值当期折旧，宏观税基相当于国民收入，故而得名“收入型”。

（3）消费型增值税，允许将固定资产全部购置价值在当期一次性减除，税基相当于社会消费品价值，因此称为“消费型”。

很显然，生产型增值税税负最重，消费型增值税的前期税负最轻，对投资具有激励作用。

在现实的扣税法计税过程中，三类增值税的区别体现为：生产型不准抵扣固定资产发票上的增值税税额，消费型准许一次性全部抵扣，收入型则是在折旧期限内分期抵扣。我国在增值税制度之初采用生产型增值税，后改为消费型增值税。

3. 增值税的纳税人划分及其计税方法

（1）纳税人的划分。增值税纳税人的最大特点是划分为一般纳税人和小规模纳税人两类，将生产规模小、财务管理水平较低的纳税人归入小规模纳税人范围，两类纳税人分别采取不同的计税方法。纳税人划分的原因，要归于增值税计税方法的设计。

（2）计税方法。理论上说，增值税的税额等于增值额与税率的乘积。但是，增值额计算复杂，不易获得。现实制度巧妙转圜，采用如下计税方法将这个难题化解：

增值税应纳税额=销项税额-进项税额

销项税额=销售额×税率

卖家须做到计算税额并开出增值税专用发票，注明销售额和销项税额。买家须做到凭票抵扣进项税额，无须计算税额。这种计税方法被称为扣税法。

但是，这种方法客观上要求纳税人具备健全的会计制度和核算能力来满足专用发票制度，不然会造成业务混乱甚至发票犯罪。而众多小企业和个人并不具备条件，为了规范管理，我国的增值税制度规定纳税人划分两类，通常只有一般纳税人采用扣税法（一般计税方法），小规模纳税人则采用简易计税方法，公式是：

增值税应纳税额=销售额×征收率

很显然，这种制度设计让小规模纳税人完美闪避了专用发票问题，简化了计税程序。

4. 增值税的税率体系

一般计税方法适用税率，简易计税方法适用征收率，二者不能混淆。

（1）税率。增值税基本税率自 2018 年 5 月起调整为 16%，适用于大部分货物、全部劳务和一种服务（有形动产租赁）。增值税还有两档低税率：10%，适用于一些基本民生产品以及某些服务，如农产品、农机具、交通运输、不动产业务；6%，适用于另一些服务。出口通常采用零税率。

（2）征收率。增值税的基本征收率是 3%，适用于大部分小规模纳税人。“营改增”之后有些小规模纳税人规定了一档 5% 的征收率，主要涉及不动产业务和劳务中介业务。

增值税的税率与征收率，虽然名义上差距很大，但实际税负可能是均衡的。因为虽然名义税率很高，但算上抵扣进项税额的机会，实际税率就低了，与征收率水平相当。税率在实际规定中有高有低，主要也是考虑到扣税机会的不同，某些行业或产品没有太多进项税额可以抵扣，就要给予较低的税率，以便使纳税人的负担均衡。

（二）消费税

1. 消费税的含义和作用

消费税是对消费品的消费行为按流转额征收的一种商品税。广义上，消费税对所有消费品包括生活必需品和日用品普遍征税，有些国家就是将消费税建立在这个定义上，对消费品普遍征税。一般概念上，消费税主要指对特定消费品或特定消费行为如奢侈品等征税，我国现阶段的消费税就建立在这个定义上。

如果消费税属于第一种情况普遍进行征收，那么它的作用主要是筹集财政收入。如果消费税建立在第二种情况的基础上，那么它除了筹集收入的功能外，还应该有调节的目的。比如，对贵重首饰、高尔夫球、高档手表、游艇等消费品的征税，承载着对富人多征税的任务，对实木地板、木质筷子的征税，目的则是寓禁于征、保护森林。

2. 消费税的特点

我国现行的消费税在中央税里税额最大，它具有一些有别于其他税种的典型特点。

（1）征收范围具有选择性。消费税只将15种消费品纳入征税范围，选择性很强。

（2）征税环节具有单一性。现行消费税主要在生产和进口环节征税，个别有将征税环节设在批发和零售环节，并且只有卷烟和超豪华小汽车两个子目设置了两个环节征税。

（3）平均税率水平高且税负差异大。消费税的平均税率水平较其他税种高，并且税目之间的税负差异较大，对一些消费弹性小或需要重税抑制的消费品往往课以重税。

（4）计税方法具有灵活性。消费税既采用从量定额征收，也采用从价定率征收，还有复合计税的情况，相较于其他税种，计税方法是多样的。

3. 消费税的税目与税率

现行消费税设置了15个税目，许多税目下设若干子目。消费税的税率比较复杂，每个税目或子目都设有单独的税率。

我国现行消费税的税目与税率见表7-4。

4. 消费税的计税方法

现行消费税的税额计算采取从价计征、从量计征和从价从量复合计征三种方法。从价计征和从量计征就是前面提到的从价税和从量税的计算方法，只有第三种方法比较特殊。现行消费税对白酒和卷烟采用复合计征方法，公式是：

消费税税额=应税销售数量×定额税率+应税销售额×比例税率

也就是说，复合计税既要从价计征，又要从量计征，二者复合叠加。

5. 消费税的征税环节

（1）单一环节征税原则。消费税征税环节的总体原则是单一环节征税。从理论上说，消费税应由消费者负担，但为了便于计税和征管，现实制度将纳税环节上溯至以生产环节为主，运用了税负转嫁的特点，最终仍然是消费者承担税负。在全部税目中，除了三个例外情况，其余税目的征税环节均为生产和进口环节，由生产商和进口商作为纳税人。这三个例外是：卷烟在批发环节增设一道征税环节，由批发商作为纳税人；金银首饰、铂金首饰、钻石及钻石饰品在零售环节征税，由零售商作为纳税人；小汽车税目下新设超豪华小汽车子目，在零售环节加征一道消费税，纳税人是销售方。

表 7-4　我国现行消费税的税目与税率

税目	税率
一、烟	
1. 卷烟	
（1）甲类卷烟（生产或进口环节）	56% 加 0.003 元/支
（2）乙类卷烟（生产或进口环节）	36% 加 0.003 元/支
（3）批发环节	11% 加 0.005 元/支
2. 雪茄烟	36%
3. 烟丝	30%
二、酒	
1. 白酒	20% 加 0.5 元/500 克（或 500 毫升）
2. 黄酒	240 元/吨
3. 啤酒	
（1）甲类啤酒	250 元/吨
（2）乙类啤酒	220 元/吨
4. 其他酒	10%
三、高档化妆品	15%
四、贵重首饰及珠宝玉石	
1. 金银首饰、铂金首饰和钻石及钻石饰品（零售环节）	5%
2. 其他贵重首饰和珠宝玉石	10%
五、鞭炮、焰火	15%
六、成品油	
1. 汽油	1.52 元/升
2. 石脑油	1.52 元/升
3. 溶剂油	1.52 元/升
4. 润滑油	1.52 元/升
5. 柴油	1.20 元/升
6. 航空煤油	1.20 元/升
7. 燃料油	1.20 元/升
七、摩托车	
1. 气缸容量为 250 毫升的	3%
2. 气缸容量为 250 毫升以上的	10%
八、小汽车	
1. 乘用车（生产环节）	
（1）气缸容量在 1.0 升（含）以下的	1%
（2）气缸容量在 1.0 升以上至 1.5 升（含）的	3%
（3）气缸容量在 1.5 升以上至 2.0 升（含）的	5%
（4）气缸容量在 2.0 升以上至 2.5 升（含）的	9%
（5）气缸容量在 2.5 升以上至 3.0 升（含）的	12%
（6）气缸容量在 3.0 升以上至 4.0 升（含）的	25%
（7）气缸容量在 4.0 升以上的	40%
2. 中轻型商用客车（生产环节）	5%
3. 超豪华小汽车（零售环节）	10%
九、高尔夫球及球具	10%
十、高档手表	20%
十一、游艇	10%
十二、木制一次性筷子	5%
十三、实木地板	5%
十四、电池	4%
十五、涂料	4%

（2）重复征税的避免。为了贯彻消费税单一环节征税的原则，避免重复征税，现行消费税规定，将两个生产环节连续生产应税消费品的，如果前一环节已纳消费税，可以在后一环节计税时给予扣除。这样，重复征税的问题得以解决，保证了单一环节征税原则。不过，这一扣税规则只适用于生产环节内部，如果是跨环节的，比如前一环节为生产环节，后一环节为批发环节，则不被定义为重复征税，两个环节各交各的税。

（三）企业所得税

1. 企业所得税的征税对象及税基

（1）征税对象。我国现行税法规定，将企业所得税对企业和组织的生产经营所得和其他各项所得征税。所谓所得，首先它是指企业的获利部分，与收入有本质不同；其次，所得也有别于利润，它与利润没有本质上的对立，但是数量的认定上却有所不同。

（2）税基。企业所得税的税基叫作应纳税所得额，它可以分别从两个分析角度，以两个计算公式加以解释。

第一是直接计算法。应纳税所得额是按照权责发生制原则，每一纳税年度的收入总额减除不征税收入、免税收入、各项扣除以及允许弥补的以前年度亏损后的余额，这种方法被称为直接计算法。基本公式为：

应纳税所得额=收入总额-不征税收入-免税收入-各项扣除-允许弥补的以前年度亏损

第二是间接计算法。应纳税所得额与会计利润“公式的原理相同，项目的标准有差”，比如，税法规定某些不得全额扣除的费用和支出，在会计利润中却可以全额扣除，而有些税法规定可以加计 50% 扣除的项目，在会计利润中却是据实扣除的。因此，根据这种关系，应纳税所得额可以在会计利润的基础上通过数据调整而获得，这叫作间接计算法。它比较省时省力，在实际工作中被广泛采用，计算公式是：

应纳税所得额=会计利润总额±纳税调整项目金额-允许弥补的以前年度亏损

2. 企业所得税的纳税人及税收管辖权设置

（1）两类纳税人的划分。企业所得税的纳税人分为居民企业和非居民企业。居民企业是指依法在中国境内成立，或者依照外国法律成立但实际管理机构在中国境内的企业。非居民企业是指依照外国法律成立且实际管理机构不在中国境内，但在中国境内设立机构场所的，或者在中国境内未设立机构、场所，但有来源于中国境内所得的企业。

（2）税收管辖权的区别。上述两类不同的企业在向中国政府缴纳所得税时，纳税义务不同。前者负有全面纳税义务，应就其来源于中国境内外的全部所得纳税，后者负有有限纳税义务，仅就其来源于中国境内的所得以及发生在境外但与其境内机构场所有实际联系的所得，向中国政府缴纳所得税。

（3）法人纳税人。我国境内的企业和组织作为纳税人，覆盖的范围比公司所得税要大，因为纳税人包括了公司和没有实行公司制的其他企业与组织。企业所得税对上述纳税人实行法人所得税制，征收管理以法人为基本单位。不具有法人资格，如个人独资企业和合伙企业，以及企业法人的内部分支机构，不能作企业所得税的纳税人。前者作为自然人缴纳个人所得税，后者汇总至法人企业的总机构缴纳企业所得税。当然，这并不是说我国的企业所得税可以叫作法人所得税，因为该税的纳税人中还有一部分是非法人组织，如众多的非居民企业。

3. 企业所得税的税率

企业所得税采取两档内外有别的税率：基本税率 25%，适用于居民企业和某些非居民企业；低税率 20%，适用于另一部分非居民企业（但实际按 10% 的优惠税率计征）。

此外，企业所得税对两类居民企业设置了优惠税率，一是 20% 适用于小微企业，二是 15% 适用于国家重点扶持的高新技术企业。

（四）个人所得税

1. 个人所得税的征税对象

个人所得税以自然人取得的各类应税所得为征税对象。这里的所得，有别于个人收入，它是在个人收入的基础上，进行必要的生产与生活费用扣除后而获得的纯收入。从这一点上看，它和企业所得税是一致的。

个人所得税的征税范围有九个税目，包括工资薪金所得、劳务报酬所得、稿酬所得、特许权使用费所得、经营所得、利息股息红利所得、财产租赁所得、财产转让所得和偶然所得。

2. 个人所得税的纳税人及税收管辖权设置

与企业所得税同理，个人所得税的纳税人也划分为两类：居民个人和非居民个人。居民个人是在中国境内有住所，或者无住所而在境内居住累计满一百八十三天的个人；非居民个人是在中国境内无住所又不居住或者无住所而在境内居住累计不满一百八十三天的个人。

二者的纳税义务是不同的，居民纳税人承担无限纳税义务，应当就从中国境内和境外取得的全部所得纳税，非居民纳税人承担有限纳税义务，仅就从中国境内取得的所得纳税。

3. 个人所得税的税率

个人所得税的税率较多地采用了累进税率，在九个税目中，前四个税目纳税年度合并计算综合所得后，采用 3%~45% 的七级超额累进税率（见表 7-5），经营所得采用 5%~35% 的五级超额累进税率（见表 7-6）。其他税目均适用比例税率 20%。

4. 个人所得税的纳税办法

由于面对的纳税人是自然人，个人所得税的纳税办法比较特殊，概括起来有自行申报纳税和代扣代缴纳税两种。

自行申报纳税，是由纳税人自行在规定的纳税期限内，向税务机关申报个人所得税，完成缴纳任务的方法。自行申报纳税的情形是：取得综合所得需要汇算清缴；从境内两处或两处以上获得工资薪金所得；从境外取得所得；取得应税所得却没有扣缴义务人或扣缴义务人未扣缴税款等。

表 7-5 个人所得税税率表一（综合所得适用）

级数	全年应纳税所得额	税率（%）
1	不超过 36 000元的	3
2	超过 36 000元至 144 000元的部分	10
3	超过 144 000元至 300 000元的部分	20
4	超过 300 000元至 420 000元的部分	25
5	超过 420 000元至 660 000元的部分	30
6	超过 660 000元至 960 000元的部分	35
7	超过 960 000元的部分	45

表 7-6 个人所得税税率表二（经营所得适用）

级数	全年应纳税所得额	税率（%）
1	不超过 30 000元的	5
2	超过 30 000元至 90 000元的部分	10
3	超过 90 000元至 300 000元的部分	20
4	超过 300 000元至 500 000元的部分	30
5	超过 500 000元的部分	35

代扣代缴，是指按照税法规定负有扣缴税款义务的单位或个人，在向个人支付应纳税所得时，代行计算扣税并缴入国库的方法。这种方法有利于控制税源、防止漏税逃税。

5. 个人所得税的税制模式

个人所得税的税制模式有三种：分类征收制、综合征收制和混合征收制，三种模式各有其优缺点。

（1）分类征收制。它是将纳税人的各种所得分为若干类别，对各种来源不同、性质各异的所得，分别以不同的税率计税。这种模式的优势在于对所得分类区别征税，更能体现国家的政治、经济和社会政策。而且，这种模式采用源泉课征法，征收简便，税源易控。但是缺点是对纳税人的全部所得把握得不全面，做不到量能负担的原则要求，容易导致税收制度的不公平。

（2）综合征收制。它是将纳税人在一定期间内（一般为一年）各种不同来源的所得综合起来，进行所得税的计征。这种模式优势在于由于采用综合申报和累进税率，因而更好地体现税收公平，但不足之处是不利于政策性的发挥，并且要求纳税人有较强的纳税意识、征收手段先进等一系列较高的条件。

（3）混合征收制。它是对纳税人不同来源、性质的所得先分别按照不同的税率征税，再将各项所得进行汇总征税。它是对前两种模式的一种综合运用，也兼顾了两种模式的优势之处。

目前我国的个人所得税采取分类征收制的税制模式，未来的发展方向应当是向分类与综合相结合的混合征收模式转变。

四、国际税收

当今世界，随着国际经济活动的广泛开展，税收呈现国际化态势。企业或个人一旦参与了国际经济活动，就可能面临被两个或两个以上的国家征税的问题。无论是商品课税，还是所得课税，税收都会超出一个国家范围，不再仅仅表现为一国政府同它管辖下的纳税人之间所形成的税收征纳关系，而且涉及至少两个国家的税收管辖权与这个跨国纳税人的关系，从而涉及国家与国家之间的税收权益分配，引起税收在国际的一系列矛盾、冲突以及协调活动，当政府课税涉及国际税收权益分配时，国际税收关系便不可避免。

（一）国际税收的概念及特点

1. 国际税收的含义

所谓国际税收是指涉及两个或两个以上的国家财税利益的税收活动。它反映着各自国家政府对跨国纳税人行使征税权力而形成的国家之间的税收分配关系。

对国际税收的定义可以从以下几个方面来理解和把握：

（1）国际税收是一种税收活动，不能脱离国家而独立存在。税收的征收总是在一个国家政府与其纳税人之间进行的，国际税收也不例外。没有各个国家政府对其管辖范围内的纳税者课税，就不会产生国际税收活动，也就不会产生国家之间的税收分配关系。所以，以国家为一方、纳税人为另一方的税收征纳行为构成了国际税收的基本内容。

（2）国际税收是涉及国家间财权利益的有特定含义的税收活动。当一国政府对跨国纳税人的国际经济活动征税时，就会涉及两个或两个以上国家的财权利益。跨国纳税人是指在两个或两个以上国家同时负有纳税义务的纳税人。如本国纳税人有来自国外的所得或财产收入，外国纳税人有来自本国的所得或财产收入，这些活动都会发生国际税收关系。总之，对同一课税对象，至少两个国家都有征税权，只有这一类征税行为，才涉及至少两个国家的财权利益，从而才属于国际税收的特定内容。

（3）国际税收的本质是国家与国家之间的税收分配关系。国内税收活动，反映的是国家与纳税人之间的征纳关系及税收分配关系，而国际税收虽然也是国家凭借其政治权力对跨国纳税人的课税行为，但本质上反映的是国家之间的财权利益分配关系。如对同一跨国所得，若两个国家政府都行使征税权，必然引起重复征税问题。而要减轻纳税人的税收负担，不可能由一国政府单独解决，必须要有国际的协调与合作。或这个国家征，或另一国家征，或两个国家互相给予纳税人优惠待遇，而这最终反映的是国家与国家之间的财权利益分配。

2. 国际税收的特点

国际税收作为一种税收活动，在总体上也体现税收的一般性质，但同时又具有自身的特殊性，这种特殊性在与国家税收尤其是国家税收中的涉外税收进行比较时能够充分体现。

（1）国际税收与国家税收。国际税收与国家税收存在着必然的联系，但又有明显的差异。国际税收以国家税收为基础，不能脱离国家税收而独立存在，二者都是凭借国家政治权力进行的一种分配行为。但国际税收又不同于国家税收，主要表现在：一是国际税收反映的是国家之间的税收分配关系；而国家税收反映的是国家与其纳税人之间的税收分配关系，这种纳税行为表现为一个国家内部的事务。二是国际税收所遵循的“法律”不同于各个国家的税收法律。因为世界上并不存在国家之外的政治权力，所以严格地讲也就不存在一种超越各国法律之上的国际税收法律。三是国际税收制度也不像各国的国内税收制度那样具有独立的税种、纳税人和课税对象。

（2）国际税收与涉外税收。国际税收与各国的涉外税收有着密不可分的联系。可以说，各个国家的涉外税收制度的理论与实务是国际税收这门学科形成的基础，国际税收既是各国涉外税收在国际关系上的反映，又是各国涉外税收的延伸和扩展。同时，国际税收在协调各国涉外税制方面所形成的国际惯例和税收协定等法律规范，已成为各国制定和完善其涉外税收制度的一般准则。但国际税收与涉外税收也有明显的区别，主要是立足点不同：国际税收主要立足于国际，要处理的问题主要是国家与国家间的税收分配关系；而一国的涉外税收则立足于国内，主要是处理本国政府的对外征税问题，体现的是该国的对外经济关系，对别国税收制度不起法律约束作用。

（二）税收管辖权与国际重复征税

税收管辖权是国际税收的基本范畴。国际税收上的许多问题，尤其是国际重复征税问题，直接或间接地与税收管辖权有关。

1. 税收管辖权

税收管辖权，是国家在税法领域中的主权，是一国政府在征税方面所行使的管理权力及其范围。

税收管辖权具有独立性和排他性，它意味着一个国家在税收方面行使权力的完全自主性，在处理本国税收事务时不受外来干涉。因此，税收管辖权是国家主权的有机组成部分，受到国家政治权力所能达到范围的制约。一个主权国家的政治权力所能达到的范围包括两个方面：其一是本国疆域；其二是本国公民或居民。于是形成行使税收管辖权的两个基本原则，即属地原则和属人原则。据此确立的税收管辖权，可划分为以下 3 种类型：

（1）地域税收管辖权，又称收入来源地税收管辖权，即国家对来源于该国境内的全部所得以及存在于本国领土范围内的财产行使征税权力，而不考虑取得所得收入者和财产所有者是否为该国的居民或公民。

（2）居民税收管辖权，也称居住税收管辖权，即国家对该国居民（包括自然人和法人）的世界范围的所得和财产行使征税权力，而不考虑该纳税居民的所得是来源于国内还是国外。

（3）公民或国籍税收管辖权，即国家对具有本国国籍的公民在世界范围的全部所得和财产行使征税权力，而不考虑该公民是否为本国居民。

如何行使税收管辖权，是一个国家的国内事务。各国都有权根据自己国家的经济、政治、法律和社会状况选择税收管辖权的种类。综观世界各国的税收制度现状，发展中国家由于海外投资较少，其收入主要是在本国疆域内创造的，所以往往选择或强调地域税收管辖权；而发达国家海外投资较多，其国际收入是大量的，因而往往选择或强调居民（公民）税收管辖权。但大多数国家都同时行使两种以上的税收管辖权，只不过根据本国国情强调其中某一种罢了。

2. 国际重复征税

国际重复征税是指两个或两个以上的国家，在同一时期内，对参与国际活动的同一纳税人或不同纳税人的同一征税对象或税源，征收相同或类似的税收。

（1）国际重复征税的产生。国际重复征税主要是由于国际经济领域中各国的税收管辖权重叠行使造成的。税收管辖权的重叠方式主要有以下 3 种：第一，居民税收管辖权与地域税收管辖权的重叠；第二，公民税收管辖权与地域税收管辖权的重叠；第三，居民税收管辖权与公民税收管辖权的重叠。

国际重复征税的消极影响是显而易见的：一是重复征税违反了税收公平负担的原则，因为它使拥有跨国所得的跨国纳税人比取得相同所得的国内纳税人多负担税收。二是重复征税从微观角度来看，由于不合理地加大了纳税人的税收负担，从而加大了其投资成本和风险，削弱了纳税人在国际竞争中的地位；从宏观角度来看，阻碍了国际资金、技术、商品、人才等的自由流动，不利于经济合作与发展。

（2）国际重复征税的免除。目前免除国际重复征税的途径有两种：一是限定税收管辖权，二是不限定税收管辖权，但承认其中一种税收管辖权的优先地位。世界各国一般都采取后一种途径，即当不同国家居民税收管辖权与地域税收管辖权相互重叠时，实行居民税收管辖权的国家承认所得来源国的优先征税地位，并在行使本国征税权的过程中采取某种方法减轻或免除国际重复征税。

减轻和免除国际重复征税的具体方法有很多，大致可以归纳为：

第一，抵税法。抵税法是指居住国政府对本国纳税人来源于国外所得，单独制定较低的税率征税，以减轻双重税负的一种方法。它只能在一定程度上缓解国际重复征税的矛盾，但不能彻底解决。只有当居住国对本国居民来源于国外所得规定的较低税率趋于零时，国际重复征税才趋于彻底克服。

第二，扣除法。扣除法是指居住国政府允许本国纳税人将其在国外负担的所得税税款从来源于国外的所得中扣除，就扣除后的余额征税。根据该种方法，居住国政府对本国居民已负担国外税收的跨国所得仍要按本国税率征税，只是应税所得可被国外税款冲减一部分。因此它和抵税法一样，只能减轻而不能彻底消除国际重复征税。

由于以上两种方法只能在一定程度上缓解国际重复征税的矛盾，因而它们都不是世界各国普遍采用的方法。

第三，豁免法。豁免法又称免税法，是指行使居民税收管辖权的国家，单方面放弃对本国居民来自国外的所得的征税权，从而使国际重复征税得以消除的方法。豁免法包括两种形式：一是全部豁免，即一国政府在决定对其本国居民的国内所得或财产征税时，不考虑居民在国外取得的所得或拥有的财产，只按国内的收入或财产课税；二是累进豁免，即一国政府对本国居民来源于国外的所得虽然不予征税，但确定对国内所得征税的适用税率时，有权将本国居民的国外所得和国内所得加以综合考虑。这种方法主要适用于实行累进所得税制的国家。

第四，抵免法。抵免法是指行使居民税收管辖权的国家在对本国居民的国外所得征税时，允许其用国外已纳税款冲抵在本国应缴纳的税款，从而实际征收的税款为该居民应纳本国税款与已纳外国税款的差额。显然，抵免法也可以有效地消除国际重复征税。更由于该种方法既承认所得来源国的优先征税地位，又不要求居住国放弃对本国居民国外所得的征税权，有利于维护各国的税收权益，因而它是目前世界各国普遍采用的一种避免国际重复征税的方法。

第五，税收饶让。税收饶让是指居住国政府对本国纳税人在国外得到减免的那一部分所得，同样给予抵免待遇，不再按本国规定的税率补征。

税收饶让的产生有其客观必然性。在国际经济交往中，许多国家，特别是发展中国家，为了更好地吸引、利用外资，往往对发达国家的投资者采取某些税收优惠措施，但如果发达国家不给予税收饶让，则发展中国家减征或免征的税款就会转化为发达国家的税收收入，使发达国家的投资者得不到任何实惠，起不到吸引外资的作用。发达国家实行税收饶让，就可以维护投资者的利益，鼓励资本向国外输出。所以，目前在发达国家与发展中国家签订的税收协定中，对税收饶让都有明确的规定。

（三）国际税收协定

1. 国际税收协定的概念及分类

所谓国际税收协定，是指两个或两个以上的主权国家或地区，为了协调相互间的税收分配关系和处理税务方面的问题，本着对等原则，通过谈判所签订的书面协议或条约。

国际税收协定是缔约国之间进行国际税收合作的法律文件，也是调节它们之间税收分配关系的规范。按税收协定涉及的主体划分，国际税收协定可分为双边协定和多边协定。前者是在两个国家之间缔结的；后者则是超过两个以上国家缔结的。按照税收协定涉及的内容范围划分，国际税收协定又可分为一般税收协定和特定税收协定。前者是指广泛涉及缔约国之间各种税收关系的协定，主要包括有关各种所得税和财产税的国际税收问题；后者是指缔约国之间对某一特定税种和某一单项税收问题所签订的协定。

2. 国际税收协定的主要内容

国际税收协定作为避免或减除国际重复征税的重要工具和协调、规范国家之间税收关系的有效方式，是伴随着国家之间经济交往和合作的拓展逐渐发展而来的。1977 年经济合作与发展组织为了协调本组织内部的税收管辖权，以避免国际重复征税等问题，通过并颁布了《关于对所得和资本避免双重征税的协定范本》（简称“经合组织范本”）；随后，为了协调发达国家与发展中国家之间避免国际双重征税事务，由联合国组织，并由发达国家和发展中国家税务专家组成的“国际税收专家小组”，于 1979 年制定颁布了《联合国关于发达国家和发展中国家间双重征税的协定范本》（简称“联合国范本”）。这两个范本确定了国际税收协定的基本格式和内容。目前，世界各国在缔结国际税收协定时，主要是参照这两个范本。一般地说，国际税收协定应包括三项内容：第一，免除双重征税问题，包括明确所得概念、协调缔约国之间的税收管辖权以及确定免除双重征税的方法等。第二，保证税收无差别待遇，主要是确认缔约国一方的跨国纳税人，在另一国所负担的税收和有关条件，不能与该国本国纳税人在相同情况下的税负和有关条件有所差别。第三，消除和减少国际逃税。

3. 我国缔结国际税收协定的情况

为促进对外经济技术合作交流，我国比较重视对外缔结税收协定。早在 20 世纪 60 年代中期，我国曾与巴基斯坦缔结关于互免海运企业运输收入税收的协定。20 世纪 70 年代我国先后又与南斯拉夫、日本和英国分别缔结关于互免空运企业运输收入税收的协定。1980 年和 1981 年，我国连续颁布了《中外合资经营企业所得税法》、《个人所得税法》和《外国企业所得税法》，明确了我国针对境内外纳税人的税收管辖权限，基本确立了我国涉外税收的法律体系。1983 年，我国同日本签订避免双重征税的协定，这是我国对外签订的第一个全面性的避免双重征税的协定。

我国实行改革开放 30 多年来，对外签订避免双重征税协定的工作取得了很大进展。截至 2016 年 10 月 13 日，我国已对外正式签署 102 个避免双重征税协定，其中 97 个协定已生效。此外，我国中央政府还与中国香港、澳门两个特别行政区和台湾地区分别签署了关于对所得避免双重征税和防止偷漏税的相关协定。这些税收协定的签署在加强我国与缔约国家（地区）间的经贸往来方面发挥了重要作用。[①]

□ 本章小结

* 税收是政府为完成其社会职能，凭借政治权力，依照法律规范，参与社会成员的财富分配所取得的一种财政收入形式，其特征为强制性、无偿性和固定性。

* 以征税对象为标准，税收划分为商品和劳务税、所得税和财产税等；以管理

① 中国注册会计师协会. 税法［M］. 北京：经济科学出版社，2017：369.

和使用权限为标准，税收划分为中央税、地方税与共享税；此外，税收还有一般税和目的税、直接税和间接税、从量税和从价税、价内税和价外税等的划分。

* 税收原则中最基本的有财政原则、公平原则和效率原则。财政原则是指税制的建立与变革必须建立在保证国家财政支出需要的基础上；公平原则是指政府征税要使纳税人负担符合一定的公平标准；效率原则包括经济效率和行政效率两个方面。

* 税收负担是税收给经济主体带来的经济负担，衡量其水平通常采用税收负担率，包括宏观和微观两个层面的一系列指标。

* 税收负担可以转嫁。税负转嫁是纳税人通过经济交易过程，将税收负担全部地或部分地转移给他人负担的一种经济现象。当税收负担的转嫁过程结束，便形成了税负归宿。税负转嫁有前转、后转等多种形式，影响因素有税种性质、定价方式、供求弹性、征税范围、市场结构等。

* 税收的制度要素，即各个单行税收法律制度所共有的基本要素，主要包括：总则、纳税人、征税对象、税目、税基、税率、纳税时限、纳税地点、税收优惠等。

* 我国现阶段的税收制度体系，共包括 18 个税种。这些税种大致可以归为商品与劳务税类、所得税类、财产与行为税类和资源税类，它们各有其特点。

* 税制结构是税收体系中各个税类与税种的构成情况和相对地位。现实中的复合税制大致存在以下税制模式：以单一商品与劳务税为主体、以单一所得税为主体、以商品与劳务税和所得税为双主体以及以多税种为主体。第一种被大多数发展中国家采用，我国现阶段亦如此；第二种则被多数发达国家采用。决定税制结构的主要因素有经济发展水平、征收管理能力、财政支出结构、税收政策目标等。

* 在我国现阶段国内税种中，四个税种的税收收入额份量最重，分别是增值税、消费税、企业所得税和个人所得税。这四个税种征税范围不同、作用不同、特点鲜明。

* 所谓国际税收，是指涉及两个或两个以上国家的财税利益的税收活动。税收管辖权是国际税收的一个基本范畴，根据属地原则和属人原则，可划分为地域管辖权、居民管辖权、公民或国籍管辖权三种类型。国际重复征税问题是国际税收的另一个基本范畴，可以通过限定税收管辖权和确定某一税收管辖权的优先权两种途径来解决。国家间税收分配关系的协调可以通过国际税收协定解决，它是缔约国之间税收合作的法律文件和行为规范。中华人民共和国成立以来，我国已对外正式签署 100 多个避免双重征税的协定。

□ 关键概念

税收　商品与劳务税、所得税与财产税　一般税与目的税　直接税与间接税　从价税与从量税　价内税与价外税　税收原则　税收的收入效应和替代效应　税收的超额负担与税收中性　税收的额外收益与非税收中性　宏观税负与微观税负税负转嫁与税负归宿　税目与税基　税率　名义税率与实际税率　边际税率与平均税率　起征点与免征额　税收制度　税制体系与税制结构　“利改税”　“营改增”　“费改税”　居民企业和非居民企业　居民纳税人和非居民纳税人　自行申报纳税和代扣代缴　国际税收　税收管辖权与国际重复征税　国际税收协定

□ 复习题

1. 什么是税收？税收有哪些主要的分类方法？

2. 税收原则的主要内容是什么？

3. 税收负担通常如何衡量？

4. 拉弗曲线说明什么道理？

5. 税负转嫁的方式有哪些？影响因素有哪些？

6. 税收制度要素通常包括哪些内容？

7. 简述我国的税收制度体系中几类税收各自的特点。

8. 简要分析税制结构的几种模式及其决定因素。

9. 简述增值税的优点、类型、两种计税方法及发票管理方式。

10. 简述消费税的含义与作用、征税环节、计税方法及其特点。

11. 简述企业所得税的征税对象与税基、纳税人划分及其税收管辖权设置。

12. 简述个人所得税的征税对象、纳税人划分及其税收管辖权设置、纳税办法和税制模式。

13. 简述我国税制改革的主要举措及未来目标。

14. 税收管辖权有哪些类型？国际重复征税的原因和主要解决办法有哪些？

□ 讨论及思考题

1. 谈谈税收原则对现实的税收制度的指导作用。

2. 如何看待一个国家的宏观税负与微观税负？

3. 我国为什么以商品课税为主体税种？未来的发展方向是什么？

4. 谈谈对我国税制的理解。应如何进一步优化我国的税收制度？

第八章

国债原理与国债制度

本章要点

◇ 国债的含义与特征

◇ 国债的效应与功能

◇ 国债的负担与限度

◇ 国债发行

◇ 国债流通

◇ 国债偿还

第一节 国债原理

一、国债的含义与特征

在信用经济高度发达的今天，为某种需要而举债已成为十分普遍的经济现象，私人部门如此，公共部门也不例外。这种直接与国家（政府）相联系的信用，我们把它称为国家信用，而国债则是国家信用的主要形式。

（一）国债的含义

通常我们将政府举借的债务称为国债或公债，其中将中央债称为国债，将地方债称为地方公债。国债是整个社会债务的重要组成部分，具体是指中央政府在国内外发行债券或向国外政府和银行借款所形成的国家债务。

国债是一个特殊的财政范畴，国家发行债券或借款实际上是筹集财政资金的一种方式，意味着政府可支配资金的增加，但从资金获取的稳定性和政府预算管理制度上看，国债是一种非经常性的财政收入，不列入一般性政府公共预算收入。同时，国债的发行必须遵循信用原则和市场等价交换原则：有借有还。发行债券或借款到期不仅要还本，而且要支付一定的利息。

国债又是一个特殊的债务范畴，它与私债的本质区别在于发行的依据或担保物不同。民间借债一般需以财产或收益为担保，人们只有在确信借债者具有履行还本付息的能力的情况下才会出借。而国债的担保物并不是财产和收益，而是政府的信誉，在一般情况下，国债比私债要可靠得多，通常也被称为“金边债券”。

此外，国债也是一种重要的宏观经济调控手段，它不仅能够弥补财政赤字，还可以在一定程度上调节社会总需求与总供给，推动重点领域的发展建设。

（二）国债的特征

国债与以税收为代表的政府经常性收入相比较具有显著区别，其特点可概括为自愿性、有偿性和灵活性。

自愿性是指国债的认购应建立在投资者自愿承受的基础之上，除了极少数强制国债外，人们是否认购、认购多少，完全由认购人自己决定，这与以相关法律法规为依据，强制课征的税收截然不同。

有偿性是指通过发行国债筹集的财政资金，政府必须按期偿还，同时，还要按照认购时约定的条件向认购者支付一定数额的利息，这也体现出国债收入是一种预期财政支出的属性。这也是国债区别于税收所具有的无偿性，既无须偿还，也无须支付任何报酬的重要特征。

灵活性是指国债发行与否以及发行多少，一般由政府根据现实和预期的财政资金收支状况、社会承受能力、金融市场态势，以及宏观经济政策灵活地加以确定，这与通过法律形式预先规定课征标准与程序的税收相比明显不同。

二、国债的分类

现代国家的国债不仅包括各种各样的借款，而且有名目繁多的债券，是一个庞大的债务体系。为了便于国债管理，首先必须对国债进行分类：

一是以国家举债的形式为标准，国债可分为国家借款和发行债券。

二是以筹措和发行的地域为标准，国债可分为内债和外债，本章只介绍内债。

三是以债券的流动性为标准，国债可分为可转让国债和不可转让国债，一般来说，自由转让是国债的基本属性，大多数国家的债券都是可以进入证券市场自由买卖的，但也有一些种类的国券不允许公开转让，如美国的“储蓄债券”和我国的凭证式国债。

四是以发行的凭证为标准，国债可分为凭证式国债和记账式国债。凭证式国债是指国家采取不印刷实物券，而用填制“国库券收款凭证”的方式发行的国债，具有类似储蓄又优于储蓄的特点，通常被称为“储蓄式国债”，是以储蓄为目的的个人投资者理想的投资方式，具有安全性好，保管、兑现方便的特点。记账式国债是利用账户通过电脑系统完成国债发行、兑付的全过程，称为“无纸化国债”，可以记名、挂失，安全性好，发行成本低，发行时间短，发行效率高，交易手续简便，已成为世界各国发行国债的主要形式。

五是以国债债务期限的不同为标准，国债可分为长期国债、中期国债和短期国债。国际上通常认为，偿还期限在1年以下的称为短期国债，10年以上的称为长期国债，偿还期限介于两者之间的称为中期国债。短期国债既是金融市场上短期投资者的投资工具，也是中央银行进行公开市场业务操作的重要载体。在现代金融市场运行中，短期国债调节金融机构资金和市场货币供应量的作用越来越突出。中期国债与长期国债则主要是为了解决中长期的财政收支不平衡问题（特别是在实行跨年度政府预算的国家），以及为基础设施、基础产业等大中型基本建设项目筹集资金，解决长期困扰经济发展的“瓶颈”问题。在短期国债的期限划分上，我国与国际社会基本相同，但在中长期国债的期限划分上有所区别，即我国将1年至5年期的国债称为中期国债，将5年期以上的国债称为长期国债。合理的国债期限分布是避免偿债高峰集聚、均衡还本付息压力的重要保障。

目前，我国的国债债券种类主要包括记账式国债、凭证式国债、储蓄国债（电子式）、特种定向国债、专项国债和特别国债六种。其中，以记账式国债、凭证式国债、储蓄国债为主体，特种定向国债、专项国债和特别国债仅针对不同时期的特定事项或政策组织发行。此外，在国债期限结构的安排上，以中期国债为主，短期国债和长期国债为辅。

三、国债的效应与功能

政府的举债行为是否以及如何影响市场的资源配置，人们的财富分配行为，以及宏观经济运行？始终是经济学界探讨的重要话题，而李嘉图等价定理则往往作为问题分析的切入点。

（一）李嘉图等价定理及其评论

大卫·李嘉图在《政治经济学及赋税原理》一书中的第17章表达了这样一种推测：政府无论使用债券还是税收的方式为政府筹集资金，其对居民消费、资本生成、财富积累的影响效果都是相同或者等价的。从表面上看，以税收筹资和以债券筹资并不相同，但是，政府的任何债券发行都体现着将来的偿还义务，从而在将来偿还的时候会导致未来更高的税收。如果人们意识到这一点，他们会把相当于未来额外税收的那部分财富积蓄起来，导致此时人们可支配的财富的数量与征税的情况一样。换句话说，政府债务收入不是净财富，政府无论是以税收，还是以公债的形式取得公共收入，对于人们经济行为选择的影响是一样的，即公债无非是延迟的税收。

李嘉图等价定理一经提出，引发了政府举债与征税对宏观经济的影响是否等效的长期探讨和争鸣。作为对李嘉图等价定理最主要的支持者——罗伯特·巴罗（Robert Barro）认为，消费者普遍具有利他动机，即消费者不仅关心他自己的消费，同时也间接地关心他后代的消费。即使利他主义消费者在公债到期之前就去世，他也会将其所拥有的债券遗赠给他的子孙，其后代可利用这些债券的本息偿付公债到期时可能增加的税负，保证了李嘉图等价定理的成立。然而，更多的学者对这一定理提出了质疑，托宾（Tobin）认为公债发行引起的纳税相对减少会减轻人们的当期收入预算约束，而相对增加的收入并不会完全用于增加远期或是遗产形式的储蓄，即期消费的增加是显然的。莫迪利阿尼（Modiligani）在其有限期界理论中提出，人们并不关心生命以外的事情，因此，由政府发行公债带来的当期税负下降会带来消费需求的增加。曼昆（Mankiw）则认为，有限理性的消费者对政府举债引发的减税效应普遍认为是永久性收入的增加，从而导致消费支出的增长。同时，现代社会中许多消费者面临着借债约束，使其更加关注当前收入而非永久性收入的变化。另外，曼昆赞同消费者普遍具有利己主义行为动机的假设。举债代表一种财富的转移，从下一代人向当代人的转移，当代人会以下一代人消费减少为代价而增加自己的消费。

归结以上对李嘉图等价定理的反驳意见：第一，李嘉图等价定理的核心假设就是理性预期，这就要求现在的父母都要通晓预期模型，从而能够运用这个模型来测算和调整当期收入和未来收入，这显然是不现实的。第二，李嘉图等价定理假设人们总是留给后代一定规模的遗产，事实上有些父母知道他们的孩子可能生活得比自己更好，毕竟社会在不断进步，因此，这些父母也不会把因发行国债而不增税所增加的收入储蓄起来。第三，政府债务几乎没有违约风险，债务的利率在金融市场上是最低的，如果想在金融市场上筹资，支付的利率肯定会超过国债利率，而政府发行国债而不增税为这些人提供了成本更低的资金，他们自然愿意增加投资。第四，李嘉图等价定理隐含着个人具有完全的预见能力和充分信息，实际上，未来的税负和收入都是不确定的，对于个人而言，现在不增税而增加的收入与未来为偿还公债的本息要向此人征收的税收并不必然相等。第五，李嘉图等价定理假设所有的税都是一次性总量税，实际上，大多数税并不是一次性总量税，而非一次性总量税会产生税收的扭曲效应，所以，发债而不增税会减少税收的扭曲效应，有利于刺激经济增长，因而发债而不增加税收并非等价等。

此外，从政策实践上看，根据李嘉图等价定理，债务收入一方面缓解了政府短期内因财政支出增长而带来的税收压力，另一方面从时间上推迟了居民的税收负担，居民有可能因为税收负担的短期下降而增加即期消费，这也正是宏观经济陷入低迷时，政府倾向发行公债而不是增加税收的方法对社会总需求施加扩张性影响的理论依据之一。同时，如果政府债务的偿还能够以发行新债偿还旧债的方式实现良性滚动循环，那么，政府通过举债替代税收筹集财政收入的行为将不会引起未来税负的明显变化，而当期税负的下降将导致居民可支配收入的增加从而引发消费支出的增长。当然，对于政府债务融资将对消费者的经济行为和社会总供给和总需求产生何种程度的影响，还要具体观察和掌握不同经济体中消费者在不同财政收入形式下的心理与行为变化，并通过债券发行的规模、利率、期限、种类、偿还方式加以确定。

（二）国债的效应

国债的效应是指国债运行及其政策对国民经济所产生的各种影响。下面从国债的资产效应、国债的需求效应和国债的供给效应三个方面予以分析。

1. 国债的资产效应

什么是国债的资产效应？分析国债的效应，从短期的观点看，主要是分析国债的收入效应或流量效应。但是，如果研究国债的长期效应，则不能仅限于国债的流量效应，必须分析国债存量对资产的影响。也就是说，国债发行量的变化，不仅影响国民收入，而且影响居民所持有资产的变化，这就是所谓的资产效应。

从以上对李嘉图等价定理的介绍可以看出，政府运用税收和以借债为支出筹集资金是否存在差别的问题，最终可以归结为这样一个问题：居民是否把自己持有的政府债券当作其财富的一部分？如果消费者仅仅将债券看作是延期的税收，那么这些债券就不能作为总财富的一部分；如果消费者认为当前发债和未来的税收并没有直接的联系，或者更可能的是认为这些债券根本不需要用税收偿还（如借新债还旧债），那么这些债券就会被看作是总消费函数中总财富的一部分。可见，只有私人部门不把政府债券当作财富，李嘉图等价定理才成立，只要把政府债券看成是财富的一部分，则李嘉图等价定理就不能成立。我们可以通过国民收入决定分析模型判断这个问题。在国民收入决定分析模型中，总消费函数起着至关重要的作用，而总消费函数通常被表述为可支配的总收入和总财富的函数，也就是消费将随着收入和财富的增加而增加，当人们持有债券而增加消费时，说明国债具有资产效应。

正因为国债有资产效应，所以国债在经济增长中具有稳定功能。由于国债的增加比税收的增加更能够增加居民持有的资产，一方面，人们感到富有了而可能增加消费，另一方面，人们的劳动意愿可能随之下降而减少储蓄，因而发行国债在经济萧条时具有扩大消费的功能，而在经济繁荣时具有抑制消费的功能，而且人们持有资产是为了预防萧条，所以经济萧条时效应更大，经济繁荣时效应相对较小。此外，国债利息的支付，也具有稳定的作用。在萧条时期，税收收入减少，尤其是实行累进税制，税收减少的趋势更为明显，这时国债利息支付保持在一定水平上，对消费需求会起到维持作用。在繁荣时期，税收收入会比国民收入增长更快，而国债利息支付是一定的，这又会起抑制消费需求的作用。国债的资产效应和“国债错觉”的概念相联系。“国债错觉”是指国债持有者在持有国债时认为是自己的财富增加了，由此可能增加自己的消费需求，因而国债积累与消费的增加相联系。有人对“国债错觉”在现实是否存在持怀疑态度，但一般国债理论都是承认国债错觉的存在并以此为前提展开的。因为从对未来的预期来看，由于税收制度的变更或通货膨胀可能出现减免情况，也可能出现相反的情况，但根据实践经验的判断，发生前一种情况的概率更高；征税融资构成纳税人的当前负担，而国债融资则构成纳税人的未来负担，对大多数人来说，也会选择未来负担。如公共选择理论代表人物布坎南指出：“理性的个人常常选择以发行公债方式为所有公用品和劳务融资。”承认国债的资产效应，也就是否定李嘉图等价定理。

2. 国债的需求效应

国债对社会总需求的影响有两种不同的情形：一种情形是叠加在原有总需求之上，增加总需求；另一种情形是在原有总需求内部只改变总需求结构，而不增加总需求。至于究竟属于哪一种情形，主要取决于不同的应债主体即不同应债资金来源，需要具体问题具体分析才能做出判断。

（1）中央银行购买国债。中央银行购买国债，相当于过去传统体制下的财政向银行透支或借款，也就是现在所谓的债务货币化。中央银行购买国债，银行持有国债账户增加，同时财政国库存款账户增加，财政用国债支付时，则形成企业存款和居民储蓄或手持现金，商业银行存款增加。由此推理可知，中央银行购买国债将导致银行准备金增加，从而增加基础货币，对总需求发挥扩张作用，构成通货膨胀因素。所以，一般而言，中央银行购买国债是叠加在原有总需求之上扩张总需求。当然，这种扩张效应也不是绝对的。众所周知，随着经济的增长，货币需求必然增加，从而要求增加货币供应，而在每年增加的基础货币中必然有一部分是适应经济增长而增加的基础货币，如果在这个限度内购买国债，就不一定必然发生通货膨胀，或者说，只要中央银行购买国债时严格限制再贷款规模，就可能不会发生货币供给过量的问题。

（2）商业银行或居民个人购买国债。商业银行或居民个人购买国债则和中央银行购买国债的情形不同。商业银行或居民个人购买国债，一般只是购买力的转移或替代，不会产生增加货币供给从而扩张总需求的效应。因为购买国债时表现为商业银行在中央银行准备金的减少或者居民个人在商业银行储蓄存款的减少，而当财政支用时又会表现为商业银行准备金的恢复或居民个人储蓄存款的恢复，货币供给规模不变；只是商业银行拥有的资金暂时转为财政使用，或居民储蓄通过国债转化为投资，也就是购买力或资金使用权的转移或替代，从而不产生扩张总需求的效应。在经济繁荣时期，由于资金供求紧张，发行国债会带来利率上升，可能对民间投资发生挤出效应，不利于民间投资的增长；在经济萧条时期，实际上则是商业银行暂时闲置的资金转由财政使用，将居民储蓄转化为投资，弥补了储蓄与投资之间的缺口，这样不但可以推动经济增长，而且有利于提高商业银行的效益。

3. 国债的供给效应

发行国债作为一种扩张政策，当运用于治理周期性衰退时，主要注重于它的短期需求效应，刺激需求，拉动经济增长。但实际上国债不仅具有需求效应，而且同时具有供给效应，即增加供给总量和改善供给结构。事实上，需求与供给是一个问题的两个方面，二者是相互伴随不可分割的。比如，国债收入用于投资，自然会增加投资需求，这是不言而喻的，但用于投资也必然提供供给，而且由于投资领域的不同，也就同时改变供给结构。至于关于需求自动创造供给或供给自动创造需求的说法，如果分开说，都具有片面性。因为在市场经济下，需求与供给是互动的。比如，只要存在有支付能力的有效需求，即使暂时缺乏相应的商品供给，也会很快通过市场调节来满足这种需求。但如果由于市场自身的原因，导致“市场失灵”出现，就需要政府参与解决，而政府发行国债就是政府宏观政策中用于调节总需求与总供给平衡的一个重要手段。

正如上面所说，政府发行国债很可能用于投资，而且主要是用于生产性投资。同时，既然是政府投资，又用于那些具有非排他性、非竞争性或具有“外部效应”的“公共产品”领域的投资，其中首选的是基础设施投资，还有高新技术投资、风险投资、农业投资、教育投资和相对落后地区的开发性投资等。近年来，我国国债投资集中力量建成大批重大基础设施项目，这既增加了有效供给，解除了许多长期存在的基础设施“瓶颈”问题，也改善了供给结构，刺激了社会总需求，这也就是国债的供给效应。

（三）国债的功能

从各国实施财政政策的实践证明来看，国债对宏观经济的影响是客观存在的，这在也在一定程度上否定了李嘉图等价定理，而且国债在财政政策实施过程中体现出其具有显著的政策功能，这主要反映在弥补财政赤字、筹集建设资金和调节经济三个方面。

1. 弥补财政赤字

通过发行国债弥补财政赤字是国债产生的主要动因，也是当今各国的普遍做法。用国债弥补财政赤字，实质上是将不属于国家支配的民间资金在一定时间内让渡给国家使用，是社会资金使用权的单方面转移。政府也可以采用增税和向银行透支的方式弥补财政赤字。但比较而言，以发行国债的方式弥补财政赤字一般不会影响经济发展，可能产生的副作用也较小。首先，发行国债只是部分社会资金使用权的暂时转移，一般不会导致通货膨胀。其次，国债的认购通常遵循自愿原则，基本上是社会资金运动中游离出来的资金，一般不会对经济发展产生不利影响。

2. 筹集建设资金

国债具有弥补财政赤字的功能，又具有筹集建设资金的功能，似乎无法辨别两种功能的不同。其实不然，在现实生活中仍可以从不同角度加以区分。比如，我国财政支出中经济建设资金接近 50%。由于固定资产投资支出的绝对数和比重都较大，如果不发行国债，势必要压缩固定资产支出，从这个角度讲，发行国债具有明显的筹集建设资金的功能。有的国家则从法律上或在发行时对两种不同功能做出明确的规定。如我国发行的国库券没有明确规定目的和用途，但不同时期发行的各类建设债券则体现出显著的筹集建设资金功能。又如日本在法律上将国债明确区分为两种：一是建设公债；二是赤字公债。

3. 调节经济

国债是对 GDP 的再分配，反映了社会资源的重新分配，是财政调节经济的一个重要手段。部分财力用于生产建设，将扩大社会的积累规模，改变既定的积累与消费的比例关系；部分财力用于消费，则扩大社会的消费规模，使积累和消费的比例向消费一方偏移；部分财力用于弥补财政赤字，就是政府平衡社会总供给和社会总需求关系的过程。国债不仅是财政政策手段，而且是金融政策手段，国债是可流通债券的主要组成部分，特别地，短期国债是中央银行进行公开市场操作从而调节货币需求与供给的重要手段。

四、国债的负担与限度

（一）国债的负担

各个国家的经济实践已经充分证明，国债不仅存在一个负担问题，而且如何衡量处理国债负担也是财政理论与实践的重要内容。国债负担可以从四个方面进行分析：一是认购人的负担。国债作为认购者收入使用权的让渡，这种让渡虽是暂时的，但对认购者的经济行为会产生一定影响，所以国债发行必须考虑认购人的实际负担能力。二是政府负担，即债务人负担。政府借债是有偿的，政府举债的负担首先是付息，其次是还本，尽管政府借债时获得了经济收益，但偿债却体现为一种支出。借债的过程也就是国债负担的形成过程，所以，政府借债要考虑偿还能力，只能量力而行。三是纳税人负担。不论国债资金的使用方向如何，效益高低，还债的收入来源最终还是税收。当然，在现代普遍实行"以新债还旧债"的国债制度下，虽然可以不需增加当前税收来偿还国债，但持续"以新债还旧债"，就会不断增加债务余额。四是代际负担。也就是说，由于有些国债的偿还期较长，连年以新债还旧债并不断扩大债务规模，就会形成这一代人的借债转化为下一代甚至几代人负担的问题。如果转移债务的同时对后代人创造了更多的财富或奠定了创造财富的基础，这种债务负担的转移在某种意义上被认为是正常的；如果国债收入被用于当前的消费，或者使用效率低下，留给后代人的只有净债务，那么，债务转移必将极大地影响后代人的生产和生活，这是一种愧对子孙的短期行为。

（二）国债的限度

国债的限度源于国债的负担。由于国债会形成一系列来自认购人、政府、纳税人，甚至代际的多方面社会负担，因此，考虑到国债政策的可持续性，其规模必须有一定的限度。国债的限度一般是指国家债务规模的最高额度或指适度国债规模问题。衡量国债绝对规模的指标有三个：一是历年累积债务的总规模；二是当年发行的国债总额；三是当年到期需还本付息的国债总额。另一类是相对量指标，主要有国债总额占国民经济总量指标（GDP）的比重、国债发行额占财政收支的比重、国债还本付息额占财政收支的比重等。对国债总规模的控制是防止债务危机的重要环节，而控制当年发行额和到期偿还额，特别是严格控制未偿还的国债余额，是防止国债规模失控的主要手段。

（三）衡量国债规模的指标体系

从可比性较强的相对指标来看，衡量国债规模的指标体系主要由财政承债能力和社会应债能力两组指标构成。

1. 财政承债能力指标

（1）国债依存度。它是指当年的国债收入与中央财政支出的比例关系。用公式表示为：

国债依存度=当年国债发行额÷当年中央财政支出额×100%

国债依存度从流量上反映了一个国家的中央财政支出有多少是依靠发行国债来实现的。当国债的发行量过大，国债依存度过高时，表明中央财政支出过分依赖国债收入，财政处于脆弱的状态，并对其未来发展构成潜在的威胁。因此，国债依存度是判断一国国债规模合理与否的重要指标。目前这一指标的国际公认警戒线为25%~35%。根据IMF统计，国际金融危机前发达国家的国债依存度较低，平均水平一直在12%左右，而且除意大利和瑞士等少数国家以外，大多数国家都在10%

以下。2008 年之后，由于西方各国的巨额救市，财政赤字水平迅速提高，国债依存度普遍提高了 5~10 个百分点。相比之下，发展中国家的国债依存度一直都较高，许多国家都超过了 20%。

（2）国债偿债率。它是指当年的国债还本付息额与中央财政收入的比例关系。用公式表示为：

国债偿债率=当年还本付息额÷当年中央财政收入额×100%

这一指标反映了中央财政的债务清偿能力。中央政府用于还本付息的资金来源当然是中央政府的财政收入，但在“以新债还旧债”的情况下，当年的债务负担只是支付到期的利息。从国际经验来看，通常认为国债偿债率处于 7%~15% 的范围内是安全的。

2. 社会应债能力指标

（1）国债负担率。它是指当年国债累计余额与当年经济总规模的比例关系。用公式表示为：

国债负担率=当年国债余额÷当年 GDP×100%

这是反映国债规模的存量指标，它是从国民经济的总体和全局来考察和把握国债数量界限的。在典型市场经济国家里，各国均是将财政放在整个经济中来考虑，而不是单纯就财政论财政。在分析债务规模大小的时候，也是从国债对经济总量的影响来考虑的，因此国债负担率是国际上通用的债务规模衡量指标，欧盟在 1992 年制定的《马斯特里赫特条约》中规定这一指标不高于 60%，已成为当今世界各国考察本国债务水平的重要参考标准。

（2）国债借债率。国债借债率指政府当年的国债发行规模与当年 GDP 的比例关系，用公式表示为：

国债借债率=当年国债发行额÷当年 GDP×100%

它反映了一国经济总量对新增国债的承担能力。目前国际学术界普遍认为国债借债率应控制在 5%~10%。

应当指出的是，上述指标的国际标准线只是经验数据，并不是国际通用警戒线。事实上，各国国情千差万别，国债在各国经济中所起的作用也各不相同，因此很难寻求一个整齐划一的国债规模评价标准。为此，对相对指标的国际比较只能作为参考，评价国债的规模还需具体情况具体分析。

（四）我国的国债规模与评价

从 1981 年恢复发行国债到 2013 年年底，中国累计发行国债总额为 159 923.91 亿元（不包括 1998 年和 2007 年发行的特别国债），2013 年年底未偿国债余额约 86 746.91 亿元。总体来看，中国国债规模呈迅速膨胀的态势，国债发行规模从 1981 年的 48.66 亿元增加到 2013 年的 16 949.32 亿元，33 年增加了约 348 倍，年均增长 19.32% 以上。特别是 1998—2003 年，为配合第一轮积极财政政策的实施每年都突破 4 000 亿元，国债发行规模的增长速度远高于同期的财政收入和 GDP 的增长速度；2009—2010 年在实施第二轮积极财政政策中，每年国债发行额均突破了 10 000 亿元。“十二五”时期国债发行量有升有降，2015 年年末国债余额实际数为 106 599.59 亿元，进入“十三五”，随着赤字政策的延续，国债发行量每年以 10 000 亿元左右的规模持续增长，截至 2017 年，国债发行量为 40 096.01 亿元，国债余额为 134 770.16 亿元。

从相对指标看（见表 8-1），中央财政的国债依存度从 1995 年以来，已超过 50%，1998 年至今均超过 60%，个别年份甚至超过 100%。目前各发达国家债务依存度一般在 10%~25%，日本即使在财政最困难时中央财政的国债依存度最高也不过 40%。显然，我国以满足社会公共需要为己任的中央财政支出，资金来源一半以上要依赖发行国债，其潜在风险是不言而喻的。从国债偿债率来看，中央财政早在 1992 年就已达到 23.77%，后虽有所回落，但又迅速升高，到 2017 年最高达到 35.07%。

表 8-1　**我国国债规模的各项指标**

项目 年份	国债依存度（%）		国债偿债率（%）		国债负担率（%）	国债借债率（%）
	国家财政	中央财政	国家财政	中央财政		
1992	11.28	30.46	8.68	23.77	4.82	1.73
1993	7.84	24.82	4.74	16.75	4.45	1.10
1994	16.75	48.93	5.55	8.82	4.89	2.20
1995	19.86	54.36	10.11	16.45	5.65	2.58
1996	20.08	54.09	13.68	28.62	6.43	2.72
1997	21.82	55.41	16.45	28.68	7.40	3.24
1998	29.20	70.91	16.41	25.81	10.01	4.86
1999	26.80	67.54	11.59	18.17	12.92	4.89
2000	27.05	65.85	8.60	13.33	15.28	5.21
2001	23.45	63.50	9.04	14.28	16.70	5.02
2002	24.24	64.33	9.93	15.12	18.46	5.80
2003	22.81	60.99	13.25	24.24	19.40	4.44
2004	23.61	65.88	13.42	24.43	18.52	4.21
2005	20.40	78.88	12.40	23.71	17.64	3.74
2006	21.98	88.91	14.24	26.98	16.23	4.11
2007	16.32	71.02	2.41	9.76	19.59	3.06
2008	13.76	64.56	2.12	9.20	16.96	2.74
2009	21.52	107.62	2.09	9.78	17.69	4.82
2010	20.40	78.88	1.95	9.78	17.64	3.74
2011	14.08	93.17	2.18	14.44	15.23	3.25
2012	11.33	76.02	2.09	14.05	14.93	2.75
2013	11.92	81.62	2.18	14.93	15.25	2.94
2014	11.59	77.93	1.96	12.22	14.70	2.73
2015	11.93	82.17	1.87	11.13	15.31	3.05
2016	16.26	111.13	3.18	18.52	15.97	4.10
2017	19.72	134.28	3.64	35.07	16.29	4.85

注：2000 年以来的国债偿债率的计算口径中没有包括国债利息支出；从 2006 年起国债实行债务余额管理，国家财政预决算不再反映债务还本支出。

资料来源：根据 www.chinabond.com.cn 和《中国统计年鉴（2017）》的资料测算而得。

国债负担率和国债借债率两个指标是从整个国民经济的角度来考察国债规模的。从国际比较来看，我国国债负担率和国债借债率与其他国家相比较低，两项指标不仅远低于发达国家 60% 和 9% 的平均水平，而且也低于发展中国家 40% 和 8% 的平均水平。不过，我们同时也应当注意，近来国债负担率和国债借债率的增长速度也非常快。尤其是国债负担率，从 1998 年的 10% 迅速增长，到 2003 年已接近 20%，目前虽有所回落，但仍也保持在 15% 左右。因此，“十二五”，乃至“十三五”期间我国的债务偿还压力是比较大的。

从上面判断中国国债规模的几个风险指标中，无疑会得出一个看似相互矛盾的结论：从国债偿债率和债务依存度（反映财政本身债务负担的指标）来看，中国的债务压力是相当大的，尤其是 1994 年以来，债务收入的增长速度明显快于财政收入的增长速度，2014 年以后的债务还本付息额已超过万亿元，中央财政已不堪重负。这似乎在提醒我们，为防止中央财政债务依存度过高，应警惕国债规模的进一步扩大。但从国债负担率以及借债率（反映国民经济应债能力的指标）来看，远远低于发达国家和发展中国家的平均水平。因此，中国国民经济的应债能力还是十分宽松的。如何解释这一现象，化解这一矛盾，恐怕还要从新《预算法》的实施、政府间财权划分、资本市场完善、地方财政职能调整、政府预算管理制度改革，以及经济增长方式转变等多方面寻求答案。

第二节　国债制度

国债制度是国家依据国债原理，按照一定的政策意愿与原则构成的，以国债发行、流通、偿还为核心内容的制度体系。

一、国债的发行

国债的发行指国债售出或被个人和企业认购的过程。它是国债运行的起点和基础环节，核心是确定国债发行的方式。国债既是政府筹集资金的手段，又是认购者的投资工具，发行者的目标是以最小的成本筹集所需的资金，认购者的目标是以最小的投资获取最大的收益，协调双方利益目标的手段是国债的发行条件——票面利率、偿还期限和发行价格，而决定发行条件的过程和关键环节则是发行方式。

世界各国通用的国债发行方式有四种：

一是直接发行方式，即发行主体直接向个人或机构投资者销售国债。

二是“随买”方式，或称“连续发行方式”。这种方式是发行主体不预先确定发行条件，而是委托销售网点和代理销售机构相机确定，且可随时调整发行条件，调节发行流量。

三是承购包销方式。这种方式由发行主体与承销人（如辛迪加集团）共同协商发行条件，签订承销合同，明确双方权利义务关系，由承销商向投资者分销。

四是公募招标方式。这种方式是通过金融市场公开投标、招标确定发行条件的。投标、招标方式也就是通过市场机制确定发行条件，具有较强的适应性和生命力，已经成为当今世界各国的主导发行方式。

我国改革开放后，国债发行方式逐步改革和完善，先后曾采取行政摊派、承购包销、柜台销售和招标发行等多种发行方式。1981 年重新开始发行国债，初期仍沿用计划经济时期采取的行政摊派发行方式。1991 年开始采用承购包销发行方式，当年财政部和承购包销团的主干事——中国商业银行信托投资公司，签订了承购包销合同，承销当年国债 25 亿元。1993 年推出了一级自营商制度，19 家信誉良好且资金雄厚的金融机构获准成为首批一级自营商，随后又进一步扩大了一级自营商队伍，健全了一级自营商的管理制度。1994 年也曾采用柜台销售方式，即利用遍布全国的银行储蓄网点销售不可上市流通的凭证式国债。1995 年开始试行招标发行方式，通过招标形成了科学的价格决定机制，加速了利率市场化进程，为国债市场的发展奠定了基础。不过，我国招标发行方式的特点是，规定一级自营商一定比例的承销基数，即实行基数承销基础上的招标，实质上是一种承购包销与招标发行相结合的发行方式。2000 年，为了打通银行间国债市场和交易所国债市场的连接，组建了统一的记账式国债承销团，代替了一级自营商制度，随后又组建了凭证式国债承销团。

从总体上说，目前我国国债发行方式是一种承购包销和招标发行相结合的模式。具体而言，凭证式国债是凭证式国债承销团（以商业银行为主）承购包销与柜台销售相结合，而记账式国债是招标与承购包销相结合，即先是向承销团进行招标，再由承销团成员分销或在二级市场销售。

二、国债的流通

国债的流通是指既是信誉度极高的有价证券，又是财政货币政策工具的国债券，被其持有者在证券市场上进行交易所形成的流动。从国债的交易过程来看，国债的发行市场通常被称为国债一级市场。在这个市场上，一般是政府与证券承销机构如银行、金融机构之间的交易，往往由证券承销机构一次全部买下发行的国债。国债的流通市场称为国债二级市场，一般是国债承销机构与认购者（包括中央银行）之间的交易，也包括国债持有者与国债认购者之间的交易。

国债流通的交易市场类型主要包括交易所国债交易、银行间国债交易和柜台国债交易三种。

（一）交易所国债交易

交易所采用自动撮合、集合竞价的交易方式，不同于一对一询价、报价的寻找交易对手的过程，免除了关于结算条件的谈判，靠指令就可以完成全部交易过程，效率很高，适合个人和中小投资者的零散交易。同时采用净价结算方式，为债券交易提供担保，投资者不必承担结算风险，也适用于小额交易。交易所国债市场与股票市场相联系，起到股市资金蓄水池和集散地的作用。由于我国目前的债券市场是从交易所国债市场发展而来的，它的运行过程较银行间国债市场更为广大投资者所熟悉。目前的交易所国债市场是积极的个人投资者购买国债的渠道，同时也是中小企业进行投资的一个重要平台。但是，由于银行间市场的功能与交易所市场的功能部分相互重叠，交易所国债市场的地位逐渐有所弱化。

（二）柜台国债交易

所谓柜台国债交易，是指国债经纪人或国债自营商不通过证券交易所，直接与投资者进行交易的方式。从我国的情况来看，就是通过商业银行营业网点和邮政储蓄网点向居民或企业发行凭证式国债。柜台国债交易的作用：一是柜台交易国债业务的开办，对于银行来说，可以利用现有的设备开辟新的市场，提高银行的设备利用率和人员的劳动效率。二是柜台交易国债业务作为银行的中间业务，可以为银行增加中间业务收入，为银行带来潜在的客户群体，对于改善银行的经营状况，提高银行的经营效益都有积极作用。三是可以把银行间债券市场的记账式国债与柜台交易国债市场相连接，使更多的参与者间接进入银行间债券市场，对于提高债券的流动性、活跃债市、扩大市场容量都有不可忽视的重大作用。四是可以使货币当局主要通过银行间市场进行的公开市场业务产生的效果直接影响到社会，提高货币政策的效能。

（三）银行间国债交易

证券交易所集中交易市场以外的债券交易市场统称为场外市场。发达市场经济国家的债券交易大都在场外市场通过一对一询价完成，这是因为债券本身价格波动幅度小，投资性小，不通过连续竞价也可以形成比较公允的价格；大型金融机构资金实力雄厚、拥有大量国债，如果采用集中撮合竞价，容易以巨量买卖指令影响债券价格；债券种类繁多，发行条件多样，交易所的技术条件难以承担。我国银行间债券市场的发展有力地支持了国债的发行与流通，它的高流动性以及在市场运行基础上确定的国债发行价格，保证了国债在一级市场的销售，对我国财政政策的实施产生了积极作用，为中央银行的公开市场业务操作奠定了基础。银行间市场的交易系统是由全国银行同业拆借中心和中央国债登记结算有限责任公司两部分构成的，前者为前台部门，负责办理债券交易的清算；后者为后台部门，负责办理债券的托管和结算。从交易模式来看，银行间债券市场采用无形市场、个别询价、个别清算的场外交易方式。多年来，我国银行间债券市场得到了长足发展，现券交易量步步跃升，债券回购业务发展迅速。随着金融机构进入银行间债券市场实行准入备案制，推出国有银行记账式国债柜台交易试点，允许 39 家商业银行代理非金融机构债券结算代理业务，全国银行间债券市场已经得到社会各界的认识和管理层的高度关注。目前，我国银行间国债交易市场的参与者以商业银行为主，辅以保险公司、信用社、证券公司、财务公司、基金以及外资银行在华分行等各类金融机构，成员资产总额占全国金融机构的 95% 以上。

三、国债的偿还

国债的偿还是指国家依照信用契约（国债发行条件），对到期国债支付本金和利息的过程，它是国债运行的终点。国债的偿还主要包括国债本金的清偿方式和国债利息的支付两个内容。

（一）国债的还本方式

国债到期之后，就要依发行时的规定，按期如数还本。国债偿还中的一个重要任务就是慎重地选择偿还方式。国债本金的偿还数额虽然是固定的，但政府在偿还方式上却有很大的选择余地。可选择的比较简单的国债偿还方式有分期逐步偿还法、抽签轮次偿还法、到期一次偿还法，以及市场购销偿还法和以新替旧偿还法。其中，市场购销偿还法，即在债券期限内，通过定期或不定期地从证券市场上赎回（或称买回）一定比例债券，赎回后不再卖出，使这种债券期满时，已全部或绝大部分被政府所持有。这种方式的优点是给投资者提供了中途兑现的可能性，并会对政府债券的价格起支持作用。其缺点是政府需为市场购销进行大量繁杂的工作，对从事此项业务的工作人员也有较高的素质要求，因而不宜在全国推行。以新替旧偿还法，即通过发行新债券来兑换到期的旧债券，以达到偿还国债的目的。

无论采取什么偿还方式，国债的还本总是财政的一种负担。同时，还本是否能如约进行，既影响到期国库券的行市，也影响其他一切债券的行市，对债券持有者和政府都是利害攸关的，这就要求国债的偿还必须有较为稳定且充足的资金来源。还本资金来源可以采取如下几种方式：

一是设立偿债基金，即通过预算设置偿债基金。

二是通过预算列支，就是将每年的国债偿还数额作为财政支出的一个科目（如“债务还本”科目）列入当年支出预算。

三是举借新债，就是政府通过发行新债券，为到期债券筹措偿还资金，这种偿还方式可以使国债长时间地延续下去，正因为如此，通过发新债还旧债，便成为各国政府偿还国债的基本手段。

（二）国债的付息方式

国债发行之后，除短期者外（已通过折价发行预扣利息），在其存续期间必须付息。由于国债在发行时已经规定了利息率，每年应付的利息支出是固定的，政府在国债付息方面的主要任务便是对付息方式，包括付息次数、时间及方法等，做出相应的安排。国债的付息方式大体可以分为两类：

一是按期分次支付法，即将债券应付利息，在债券存续期内分作几次（如每年或每半年）支付，一般附有息票，债券持有者可按期剪下息票兑付息款。这种方式往往适用于期限较长或在持有期限内不准兑现的债券。

二是到期一次支付法，即将债券应付利息同偿还本金结合起来，在债券到期时一次支付。这种方式多适用于期限短或超过一定期限后随时可以兑现的债券。

由于付息方式的不同，每一年度应付的利息和实际支付的利息并不完全一样。

通常情况下，应付额会大于实付额而形成一笔利息上的债务。因此，在国债的付息工作中，支付往往要通过恰当地选择付息方式，安排好应付额和实付额的关系，以期与财政收支状况和经济形势的需要保持一致。

□ 本章小结

* 国债是一国中央政府以国家信用为担保的借款，是国家获取财政收入的重要形式之一。与经常性税收收入相比，国债具有自愿性、有偿性、灵活性的特性。

* 依据不同标准，国债可以做出不同分类，主要的分类方式有：以国家举债的形式分为国家借款和发行债券；以筹措和发行的地域分为内债和外债；以债券流通与否分为可转让国债和不可转让国债；以发行的凭证不同分为凭证式国债和记账式国债；以国债债务期限的不同分为短期国债、中期国债和长期国债。

* 李嘉图等价定理是分析国债经济效应和政策功能的重要理论研究切入点，其发行公债与增加税收对经济影响等价效应的观点受到了来自后世许多经济学家的反驳。

* 国债的效应是指国债运行及其政策对国民经济所产生的各种影响。本章主要从国债的资产效应、国债的需求效应和国债的供给效应三个方面予以分析。

* 国债的功能包括弥补财政赤字、筹集建设资金以及调节经济，这些功能使国债成为现代国家政府发挥公共职能，弥补市场缺陷的不可或缺的工具。

* 国债的负担与国债的限度密切相关。衡量国债规模的指标体系主要有：国债依存度、国债偿债率、国债负担率和国债借债率。

* 国债的发行是指国债售出或被个人和企业认购的过程。国债的发行方式主要有直接发行方式、连续发行方式、承购包销方式、公募招标方式等。

* 国债的流通是指国债被其持有者在证券市场上进行交易所形成的流动。国债流通的交易市场类型主要包括交易所国债交易、柜台国债交易和银行间国债交易三种。

* 国债的偿还是指国家依照信用契约（国债发行条件），对到期国债支付本金和利息的过程，它是国债运行的终点。国债的偿还主要包括国债本金的清偿和国债利息的支付两个内容。

□ 关键概念

国债　可转让国债　凭证式国债　记账式国债　国债期限　李嘉图等价定理　国债负担　国债限度　国债依存度　国债偿债率　国债负担率

□ 复习题

1. 国债具有哪些特征？
2. 简述国债的功能。
3. 如何理解国债的负担？

4. 如何衡量与控制国债规模？
5. 简述我国国债流通的交易市场类型。
6. 国债本金与利息的偿还方式有何不同？

□ 讨论及思考题

1. 简述并评价李嘉图等价定理。
2. 分析我国国债财政承债能力与社会应债能力差距显著的原因。
3. 试分析我国国债流通市场的现状及其有待完善的方面。
4. 试分析国债与地方公债之间的差别及我国的现状。

第九章

非税收入

本章要点

◇ 非税收入的内涵和特点

◇ 非税收入的理论依据

◇ 非税收入的项目构成

◇ 非税收入的规模和结构

◇ 非税收入管理的原则

非税收入在我国政府收入，特别是在地方政府收入总量中占有一定的比例，非税收入已经成为我国政府收入中不可或缺的重要组成部分，因此有必要科学地界定非税收入的内涵和外延，了解非税收入的项目构成，了解非税收入的规模和结构，以便全面掌握我国政府收入的特点和规律。本章重点介绍非税收入的内涵、特点、分类，同时对我国非税收入目前的规模、结构和管理等问题进行分析。

第一节 政府非税收入概述

本部分内容主要从理论层面对政府非税收入的内涵加以明确界定，对其特征加以描述，并探讨政府非税收入的必要性。

一、政府非税收入的内涵

（一）作为预算外资金形式的非税收入的发展

作为一种财政收入形式，非税收入早在中华人民共和国成立初期就已存在，但主要是以预算外资金的形式区别于预算资金。概括来讲，以预算外资金方式存在的非税收入，主要经历了以下几个阶段：

第一阶段（1950—1957 年），预算外资金初步形成。中华人民共和国成立初期，预算外资金为数极少，但到了“一五”大规模经济建设时期，为了解决某些特殊需要，预算外项目逐渐增多，主要是：由企业管理的专项基金（企业奖励基金、福利基金、大修理基金），事业收入（工商税附加、公路养路费、养河费、育林费、中小学校的杂费等），行政事业单位的零星杂项收入。

第二阶段（1958—1977 年），预算外资金呈“U”形发展。“大跃进”时期国家进行了财政体制改革，国营企业实行利润留成制度，财权大幅度下放，预算外资金迅猛增加。到 1960 年，预算外资金数额达到 117.78 亿元人民币，比 1957 年增长 2 倍多，相当于当年国家预算收入的 20.6%[①]。进入“大跃进”时期后，我国国民经济出现了严重困难，国家出台了一系列集中财力的措施，预算外资金的数额有所减少，到 1963 年预算外资金只有 51.85 亿元人民币，相当于当年国家预算收入的 15.1%。到十年“文化大革命”时期，由于大量企事业单位下放，财权也随之下放，预算外资金的规模又逐步扩大，到 1976 年，全国预算外资金达到 275.32 亿元人民币，相当于当年国家预算收入的 35.5%。

第三阶段（1978—1993 年），财政体制进一步调整，主要通过增加部门和单位的预算外财力来实现“放权”，预算外资金迅速膨胀，分配无序化显现。1985 年年底，我国预算外资金达到 1 530 亿元人民币，相当于当年国家预算收入的 76.32%[②]。1992 年我国预算外资金达到 3 854.92 亿元人民币，相当于当年国家预算收入的 110.67%[③]，成为名副其实的“第二预算”。为了建立健全预算外资金的管理制度，1986 年 4 月国务院发布了《关于加强预算外资金管理的通知》，明确界定了预算外资金的概念、范围、管理模式及使用原则，但其效果并不明显，预算外资金仍呈快速扩张趋势。

第四阶段（1993 年至今），预算外资金管理不断强化，逐步并最终全部纳入预算管理。1993 年中共中央办公厅、国务院办公厅转发了财政部《关于对行政性收费、罚没收入实行预算管理的规定》，将 83 项行政性收费项目纳入财政预算。预算外资金口径调整后规模有所下降，但 1993 年之后预算外资金又呈刚性增长，1993 年为 1 432.54 亿元人民币，1996 年达 3 893.34 亿元人民币，超过了预算口径调整之前的规模。1996 年国务院发布了《关于加强预算外资金管理的决定》，逐步明确了对预算外资金要实行“收支两条线”管理。2001 年年底，国务院办公厅转发了财政部《关于深化收支两条线改革，进一步加强财政管理意见的通知》，从 2002 年起选择部分单位做深化“收支两条线”改革试点。此后，国家进一步深化以“收支两条线”管理为中心的预算外资金管理改革。2010 年 6 月，财政部下发《关于将按预算外资金管理的收入纳入预算管理的通知》，决定从 2011 年 1 月 1 日起，将预算外资金管理的收入（不含教育收费）全部纳入预算管理。自此，预算外资金逐步退出历史舞台。

（二）政府非税收入概念的提出

在国家的官方文件中，“非税收入”首先出现在《财政部、中国人民银行关于

① 《当代中国》丛书编辑委员会．当代中国财政（下）[M]．北京：中国社会科学出版社，1988：309.
② 《当代中国》丛书编辑委员会．当代中国财政（下）[M]．北京：中国社会科学出版社，1988：309.
③ 资料来源于中华人民共和国财政部预算司网站，http://yss.mof.gov.cn/yusuansi/zhengwuxinxi/lilunyanjiu/200809/t20080925_78407.html.

印发财政国库管理制度改革试点方案的通知》(财库〔2001〕24 号)中。然后，在《关于 2002 年中央和地方预算执行情况及 2003 年中央和地方预算草案的报告》中提出要“确实加强各种非税收入的征收管理”。

2003 年 5 月，财政部、国家发改委、监察部、审计署联合下发的《关于加强中央部门和单位行政事业性收费收入“收支两条线”管理的通知》(财综〔2003〕29 号)，首次界定了“非税收入”的范围，即“中央部门和单位按照国家有关规定收取或取得的行政事业性收费、政府性基金、罚款和罚没收入、彩票公益金和发行费、国有资产经营收益、以政府名义接受的捐赠收入、主管部门集中收入等属于政府非税收入”。

2004 年 7 月，财政部下发了《关于加强政府非税收入管理的通知》(财综〔2004〕53 号)，对非税收入的内涵做了进一步明确的界定：“政府非税收入是指除税收以外，由各级政府、国家机关、事业单位、代行政府职能的社会团体及其他组织依法利用政府权力、政府信誉、国家资源、国有资产或提供特定公共服务、准公共服务取得并用于满足社会公共需要或准公共需要的财政资金，是政府财政收入的重要组成部分，是政府参与国民收入分配和再分配的一种形式。”同时，进一步明确了非税收入管理范围，包括：行政事业性收费、政府性基金、国有资源有偿使用收入、国有资产有偿使用收入、国有资本经营收益、彩票公益金、罚没收入、以政府名义接受的捐赠收入、主管部门集中收入以及政府财政资金产生的利息收入等，并强调社会保障基金、住房公积金不纳入政府非税收入管理范围，表明非税收入作为一种财政收入形式正式登上我国的历史舞台。

2016 年 3 月，财政部发布《政府非税收入管理办法》(财税〔2016〕33 号)，进一步明确“本办法所称非税收入，是指除税收以外，由各级国家机关、事业单位、代行政府职能的社会团体及其他组织依法利用国家权力、政府信誉、国有资源(资产)所有者权益等取得的各项收入”。并明确指出当前政府非税收入具体包括：行政事业性收费收入；政府性基金收入；罚没收入；国有资源(资产)有偿使用收入；国有资本收益；彩票公益金收入；特许经营收入；中央银行收入；以政府名义接受的捐赠收入；主管部门集中收入；政府收入的利息收入；其他非税收入。这里的非税收入不包括社会保险费、住房公积金(指计入缴存人个人账户部分)。同 2004 年政府非税收入的内容相比，增加了“特许经营收入”“中央银行收入”。标志着我国非税收入管理工作进一步科学化、精细化。

(三)非税收入与预算外资金的关系

预算外资金是按照财政资金的预算管理方式对政府收入进行的划分，是相对于预算内管理的资金来说的。非税收入是按照财政资金取得的形式对政府收入进行的划分，是不在税收条款规定之内的收入。从我国现有的财政统计口径上看，非税收入包括一般预算的非税收入、政府基金预算的非税收入和预算外财政专户管理的非税收入。因此，预算外资金包括的范围将随着预算管理模式改革而不断缩小，因为大的趋势必然是预算外管理的资金范围越来越小，绝大多数财政收入要纳入预算进行管理。而非税收入是一种区别于税收等其他收入的财政收入形式，至于采用预算内管理模式还是预算外管理模式则要具体情况具体对待。从这个角度来说，非税收入不仅仅包括预算外资金，它跨越了预算内和预算外两个范畴。

二、政府非税收入的特点

由政府非税收入的含义可以归纳出政府非税收入独有的特征。相对于税收的强制性、固定性、无偿性的三大特征，政府非税收入具有自己的特征：

（一）灵活性

政府非税收入的灵活性主要表现在以下三个方面：

一是形式多种多样。政府非税收入既可以按照受益原则采取收费形式收取，又可以为特定项目筹集资金而采取各种基金形式收取，还可以为校正外部效应而采取罚款形式收取等。

二是时间灵活。有的政府非税收入是为了政府某一特定活动的需要，而在特殊条件下出现的过渡性措施，如三峡工程建设基金等有特殊用途的基金收入，一旦完成了既定的目标，就应该“功成身退”，具有明显的阶段性和时效性的特点。

三是收取的标准灵活。各地方可以根据不同时期本地的实际情况制定不同的征收标准，比如我国幅员辽阔，各地经济发展和气候条件迥异，各地对污染的承受能力也不同，对污染采用收取排污费这种较为灵活的非税收入方式来调节，作为地方收入由各地自行确定具体的收费标准，可以实现治理各地环境污染和维持社会的可持续发展。因此，政府非税收入在时间、范围、形式、标准等方面都比税收要灵活得多。税收本身具有固定性，税收制度不可能经常变更，税收政策不可能随时进行调整，但是客观情况却是复杂多样不断变化的，在立项、收费的标准制定上的灵活性，决定了政府非税收入的广泛适用性，也正因为政府非税收入在设计和调整等方面比税收灵活，所以，在体现国家宏观调控意图时，政府非税收入具有税收无法替代的特殊调控作用。

（二）不稳定性

政府非税收入的来源具有不确定和不稳定的特点。由于非税收入是对特定的行为和其他特定的管理对象征收，一旦该行为或该对象消失或剧减，某项非税收入也会随之消失或剧减。例如，惩罚性收费收入中的排污费收入就是根据当地的污染状况收取的，且随着该地区治污效果的提高而减少。也正由于非税收入的不确定和不稳定的特性，使其难以成为国家财政收入的主要来源，因此筹集财政资金也并非收取非税收入的主要目的。

（三）非普遍性

政府非税收入总是和社会管理职能结合在一起的，有特定的管理对象和收费对象。对各管理部门来说，其收费对象是一定的范围，相对比较稳定。虽然收费对象可能存在项目上的重叠和交叉，但不具有普遍性。

（四）部分资金使用上的特定性

政府非税收入的使用往往与其收入来源联系在一起。如行政事业性收费收入应用于补偿使用政府提供的公共服务的成本；罚没收入往往用于补偿外部负效应；国有资产与资源收益原则上应用于国有资产的营运和国有资源的开发利用等。目前，针对非税收入资金使用具有特定性（专款专用）的观点有所发展和变化，对于公共资源收入来说，即凭借国家对国有资产或国有资源所有权获得的收入除了补偿成本的部分外，应该建立公共资源收入全民共享机制，这就需要打破非税收入资金使用上的特定性规律。

三、非税收入存在的理论依据[①]

（一）政府提供准公共产品的成本补偿

现代经济学理论将社会产品分为私人产品、公共产品和准公共产品（混合品）。私人产品由于在消费上具有极强的竞争性和排他性特征，使得这类产品只能通过市场依据自由等价交换的原则进行买卖。公共产品因非竞争性和非排他性的消费特征明显，决定了其只能通过强制征税方式弥补其供给成本。而对介于私人产品和公共产品之间，兼具二者特征的准公共产品而言，在消费上，一方面具有一定的公共性或外部性，说明在一定范围内市场是不会提供的，或者市场愿意提供，但会低效；另一方面又具有一定的排他性和竞争性特征，也就是说消费的边际成本是不等于零的，此种情况下，依据成本补偿原则，向使用者收费或征收基金就显得更为合理，且具有实际操作的可行性，不仅能够在一定程度上减少拥挤（过大的消费量），还可以充分体现“谁受益谁负担、多受益多负担”的原则，在政府对所提供产品的成本费用支出全部或部分收回的同时，也给予了所有社会成员消费的机会，实现了准公共产品提供与分配的经济效应和社会福利最大化。

准公共产品竞争性的强弱决定了政府性收费或基金的不同规模。对竞争性较弱、政府鼓励消费但又要避免过度无效使用的准公共产品，一般采取政府定价远低于其平均供应成本的低价收费方式，收费规模较小，只收取少量手续费、工本费或管理费；对具有一定竞争性，较易产生拥挤效应，政府支持但并不特别鼓励消费的准公共产品，一般采取政府定价等于或略低于平均成本的保本收费方式；对竞争性较强，且在技术上容易实现排他的准公共产品，为限制过量消费，保证资源节约使用，政府一般采取定价略高于平均成本的收费方式。

准公共产品的不同提供形态决定了政府性收费或基金的不同类型。对政府提供的体现政府管理职能的某些特定公共服务，如证照办理等，需要向消费者收取一定的手续费和工本费，即政府规费；对政府提供的体现某种市场交易性质的准公共产品，如高速公路等，需要向消费者收取使用费；对政府提供的体现某种资源（资产）所有权的准公共产品，如土地、矿产、河流等公共资源，要对占有、

① 李友志. 政府非税收入管理［M］. 北京：人民出版社，2003.

使用和经营这些资源（资产）的特定公民或团体，征收公共资源（资产）占用费或使用费。

准公共产品提供的层次范围决定了各级政府性收费或基金的不同比重。公共产品可按其受益范围分为全国性公共产品和地方性公共产品，分别由中央与地方政府提供。由于公共产品的自身特点及税收的无偿性特征，中央政府所提供的公共产品大多属于纯公共产品，因此税收成为中央政府的主要收入来源，政府性收费所占比重不大。地方政府主要提供准公共产品，并通过收费实现成本补偿。由于地方政府更接近消费者，了解居民的真正意愿，更利于进行成本效益分析方法的实施，收费具有很强的可行性，因此，地方政府以非税形式组织的收入，在所有的地方政府收入中占有相当大的比重。并且，越是地方基层政府，非税收入份额在本级的政府收入中所占有的比重会越大。

准公共产品提供的时空相对性决定了政府性收费或基金方式的演变。产品的竞争性、排他性与技术水平、经济发展等因素密切相关，这些影响因素都具有动态性，随着这些因素的变化，准公共产品在性质上和内容上也不断变化，相应地，政府筹资的方式也随之变动。从当今准公共产品范围总的变化趋势看，发达国家准公共产品的范围在缩小，发展中国家准公共产品的范围在扩大。正是这种准公共产品范围的差异，致使发达国家的财政收入以税收收入为主，而发展中国家的非税收入普遍存在，且在政府收入中占有相当高的比重。

（二）政府解决负外部效应的主要方式

外部效应是指在市场活动中没有得到补偿的额外成本或额外收益。如果一个厂商从事某项经济活动为外部其他人带来了损失，我们习惯称这种现象为负外部效应；反之，即正外部效应。就负外部效应而言，由于效应的产权和具体损失程度都不易确定，因此，受该效应影响的主体实际很难向生产负外部效应者索赔，进而客观上增加了负外部效应生产者继续从事先前生产活动的积极性，使负外部效应进一步加剧，出现市场失灵现象。消除市场失灵，矫正负外部效应的方法一般有两种：征税和收费（政府非税收入）。当征税在现实环境中无法实施时，便可依据政府所具有的强制性行政权力采用收费或罚没的方式，促使生产者自觉减少负外部效应的产生。收费或罚没收入的标准确定与取得依据既不能超出负外部效应所存在的区间范围，也不能突破法律所赋予的政府行政权力的权限。

（三）依据国家财产所有权获得收益的根本途径

财产所有权是指财产所有人依法对自己的财产享有的占有、使用、收益和处分的权利。与公民的私人财产相对应，社会中还存在大量的公共财产，我们习惯称之为国有资产，具体包括经营性国有资产、行政事业性国有资产和资源性国有资产。根据我国法律的规定，国有资产的所有权属于国家。因此，国家以国有资产所有者的身份调控国有资产的运营，对国有资产进行合理配置，交由有关主体进行管理和经营，使其增值增效，是完全符合经济学理论和市场经济规则的。

不同类的国有资产，其收益的具体取得方式不同。对经营性国有资产，其收益大小取决于国有资产所在企业的经营状况与取得收益的不同形式；对行政事业性国有资产，其收益取决于处置国有资产的方式；对资源性国有资产，其收益取决于由利率、租金、成本等因素决定的资源均衡价格。

（四）有助于实现分配正义

经济和社会事业发展的现实需要和我国当前的经济发展阶段有关。我国目前还处于社会主义初级阶段，各项经济和社会事业的发展才刚刚起步，基础设施的建设、自然环境的保护以及公益事业的发展等都离不开大量财政性资金的支持。例如，通过发行彩票筹集彩票公益金和以政府名义接受捐赠收入等方式来解决经济和社会建设的资金需求缺口，既符合国际上的通行惯例，也是现阶段我国经济发展的客观需要。同时，以政府名义接受的捐赠收入和彩票公益金主要依据政府信誉为社会公益事业的发展而融资，是实现分配正义的重要补充途径。

第二节　政府非税收入的具体项目

阐述了非税收入的基本内涵、特点及产生、发展之后，有必要对政府非税收入的具体项目有一个详细的了解和掌握。

一、按照非税收入理论依据对政府非税收入分类

根据最新的财税〔2016〕33 号文件的规定，纳入政府非税收入管理范围的项目包括：行政事业性收费收入；政府性基金收入；罚没收入；国有资源（资产）有偿使用收入；国有资本收益；彩票公益金收入；特许经营收入；中央银行收入；以政府名义接受的捐赠收入；主管部门集中收入；政府收入的利息收入；其他非税收入等 12 类。

根据非税收入的范围以及非税收入存在的理论依据，可将非税收入按不同性质大致划分为 4 大类：成本补偿性、负外部效应矫正性、国有产权综合效益最大化性、实现分配正义的重要补充性。当然，这种分类并不十分严格，会存在一定程度的交叉。具体见表 9-1。

二、行政事业性收费

（一）政府性收费的内涵

政府性收费（亦称“行政事业性收费”）是指国家机关、事业单位、代行政府职能的社会团体及其他组织根据法律、行政法规、地方性法规等的有关规定，依照国务院规定程序批准，在向公民、法人提供特定服务的过程中，按照成本补偿和非营利原则向特定服务对象收取的费用。

表 9-1　**政府非税收入的分类**

分类依据	具体分类
成本补偿性	行政事业性收费收入 政府性基金收入
负外部效应矫正性	罚没收入 政府性基金收入
国有产权综合效益最大化性	国有资源（资产）有偿使用收入 政府性基金收入 特许经营收入 中央银行收入 主管部门集中收入
实现分配正义的重要补充性	彩票公益金收入 以政府名义接受的捐赠收入

资料来源：根据政府非税收入存在的理论依据整理分析而成。

根据提供的特定服务的性质，行政事业性收费可以分为行政性收费和事业性收费。行政性收费是国家行政机关以及其他单位在依法行使管理职权的过程中，按照法律、行政法规的规定，向公民、法人和其他组织收取的费用。事业性收费是国家机关、事业单位及其他组织在向公民、法人和其他社会组织提供其自愿接受的服务时，向服务对象收取的费用。事业性收费的最大特点是缴费义务人自愿接受服务，不具有任何强制性，体现了受益人缴费的原则。因此，事业性收费与行政性收费不同，不属于利用政府权力取得的收入。因此，行政性收费的目的是要加强管理，事业性收费的目的是要提供服务，一般具有补偿性和排他性特征。政府性收费遵循非营利性原则，是政府非税收入的重要形式。目前，我国政府性收费种类主要包括以下几种：（1）管理性收费，如企业注册登记费、个体工商户管理费等；（2）资源性收费，如城市水资源费、矿产资源补偿费；（3）证照性收费，如户籍管理证件、居民身份证件工本费、车辆牌照费等；（4）检验检疫收费，如国境卫生检疫费、进出境动植物检疫费、进出口商品检验鉴定费等。

（二）行政事业性收费的特点

（1）行政事业性收费是行政主体单方面意志的体现。尽管行政事业性收费可能会对被征纳人进行补偿，但在根本意义上，它体现的是行政主体管理社会的单方面意志。换句话说，只要个人和单位符合了规定的条件就负有了缴纳行政事业性收费的义务。

（2）行政事业性收费以行政主体的政治权力为依据。理性的人都有“搭便车”的倾向，所以行政事业性收费的征收必须要有政治上的保障，而这种保障就是行政主体的政治权力。

（3）行政事业性收费在本质上体现的是行政主体对行政管理相对人课以经济义务，具有垄断定价的特征。

（4）行政事业性收费的设立与实施的目的在于实现国家和社会的公共利益。行政法规定，行政机关不得因为行政收费而受益，这也体现了行政事业性收费的社会公共目的性。

（三）行政性收费、事业性收费以及经营性收费的区别

在实践中，收费形态包括行政性收费、事业性收费、经营性收费，对于三者的区别我们可从几方面进行简单的把握和判断。

1. 行政性收费与事业性收费的区别

（1）从收费主体来看，行政性收费的收费主体一般主要是国家机关，事业性收费的收费主体一般主要是事业单位。

（2）从收费行为来看，一般情况下，行政性收费的收费行为具有强制性，缴费者是没有选择权的，而事业性收费则正好相反。

（3）从收费目的来区别，这一区别是划分两类收费的充分必要条件。行政性收费的目的是要加强管理，事业性收费的目的是要提供服务。这里需要说明的一点是，按这一区别来划分行政性收费与事业性收费，同一收费项目重复设置的现象的产生是在所难免的。比如，对于某一项检验活动，如果是直接发证，就会被纳入行政性收费项目；如果是提供非营利性社会服务，就会被纳入事业性收费项目，这样就会造成管理上的困难。对于这类现象，我们可以忽视其次要的目的，根据其活动的主要目的和发生的频率，将其归入相应的类别。

2. 经营性收费与事业性收费的区别

（1）收费主体是否为国家财政提供积累。经营性收费主体是由国家基于“稳定”和“营利”双重目的而投资成立的营利性企业，会增加国家的财政收入。事业性收费主体是由国家基于“公益”目的投资成立的公益性团体，一般说来不仅不能增加财政收入，反而要增加财政支出。

（2）收费的客体是否具有完整的商品性。经营性收费主体所提供的产品多是标准意义的私人品，而事业性收费主体所提供的产品多是标准意义的准公共品。也就是说，收费的客体具有较为完整的商品性的，是经营性收费；而收费的客体具有半商品半福利性的，是事业性收费。

（3）收费标准是否包含营利部分。经营性收费主要是遵循市场价值规律而形成的，其构成包括成本费用、税金和利润。而事业性收费的标准是在市场机制与行政机制的共同作用下形成的，其构成为不完全成本，不包括税金和利润。

三、政府性基金

（一）政府性基金的内涵

政府性基金是指各级人民政府及其所属部门根据法律、国家行政法规规定并经国务院或财政部批准，为支持某项事业发展，向公民、法人和其他组织征收的具有专项用途的资金，以及参照政府性基金管理或纳入基金预算、具有特定用途的财政资金。政府性基金主要包括各种基金（如三峡工程建设基金）、资金（如农业土地开发资金)、附加（如地方教育附加）和专项收费（如车辆通行费）等。

（二）政府性基金的特点

1. 具有典型的非补偿性

政府性基金具有典型的非补偿性，政府凭借行政权力强制、无偿征收，与具有特定目的的税收性质相似，具有“准税收”性质。

2. 专款专用性

政府性基金积累起来的财政资源一般都只能用于支持特定项目的公共事业发展，而不能挪作他用，因而具有“专款专用”的特点。

3. 临时性

政府性基金往往是在政府财政资金不足以支持特定项目的公共事业发展，必须另辟渠道筹资时，临时开征的；政府性基金一般都具有征收年限，一旦征收年限期满，收费项目也就自动失效。因此，政府性基金具有临时性的特征。

（三）政府性基金与行政事业性收费的联系与区别

政府性基金与行政事业性收费都是政府为提供特定社会公共产品或服务，参与国民收入分配和再分配的一种形式，是政府筹集资金的一种手段，是政府非税收入的重要组成部分。两者的区别主要有：

（1）从收取方式来看，政府性基金与被征收主体一般不直接发生管理或服务关系；而行政事业性收费与具体服务的提供或管理职责的行使直接联系。

（2）从收入性质来看，政府性基金一般具有强制性和无偿性，因此也称政府性基金为准税收；而行政事业性收费除了专项收费以外，一般都具有补偿性的特点。

（3）从收入来源来看，政府性基金的资金来源途径和形式较多，可以以税收、价格为载体征收，也可按销售收入、营业收入、固定资产原值等的一定比例收取。而行政事业性收费的资金来源一般只能来自于被管理或服务的对象。

（4）从资金规模和使用方式来看，政府性基金征收的数额一般都比较大，而且要严格实行专款专用，是具有专门用途的资金；而行政事业性收费的数额一般较小，主要是用于相关管理或服务中的有关开支。

四、国有资产收益

（一）国有资产的分类

《中华人民共和国国有资产法（草案）》将国有资产划分为三类，即由国家对企业的出资形成的经营性资产，由国家机关、国有事业单位等组织使用管理的行政事业性资产，以及属于国家所有的土地、矿藏、森林、水流等资源性资产。2003年5月颁发的《企业国有资产监督管理暂行条例》对企业国有资产进行了规定，指出企业国有资产是国家对企业各种形式的投资和投资所形成的权益，以及依法认定为国家所有的其他权益。所以，国有资产有广义和狭义之分，广义的国有资产包括经营性国有资产、行政事业性国有资产和资源性国有资产，狭义的国有资产指的就是经营性国有资产。

（二）国有资产收益的分类

国有资产收益是国家凭借其所有权取得的收益。结合国有资产的分类，国有资产收益包括三类非税收入，即国有资本经营收益（即经营性国有资产收益）、国有资产有偿使用收入（即行政事业性国有资产收益）和国有资源有偿使用收入（即资源性国有资产收益）三类。

1. 国有资本经营收益

国有资本经营收益有广义和狭义之分。广义上的国有资本经营收益，是指国有资本通过资本循环在生产经营活动中实现的价值增量。国有资产一旦进入到社会化大生产中，就会参与资本循环，产生新的剩余产品，实现价值量的增加，国有资产也就转化为资本，国有资本实际上是指国有企业的利润。狭义上的国有资本经营收益，仅指国家以所有者的身份，按照投资的份额从企业利润中分到的那部分收益，该收益缴入国家金库，作为政府预算收入的一部分，并通过预算安排，支出到生产或消费领域。

2. 国有资产有偿使用收入

国有资产有偿使用收入是行政事业单位和党政团体使用或处置国有资产时取得的收益。国有资产有偿使用收入包括国家机关、实行公务员管理的事业单位、代行政府职能的社会团体以及其他组织的固定资产和无形资产出租、出售、出让、转让等取得的收入，世界文化遗产保护范围内实行特许经营项目的有偿出让收入和世界文化遗产门票收入，利用政府投资建设的城市道路和公共场地设置停车泊位取得的收入，以及利用其他国有资产取得的收入。

3. 国有资源有偿使用收入

国有资源有偿使用收入是各级人民政府代表国家以国有资源所有者的身份将一定年限内的资源使用权出让给资源使用者，资源使用者按规定的标准向国家缴纳的相关费用。按照我国现行规定，国有资源有偿使用收入包括土地资源、海域资源、矿产资源、森林资源、水资源、无线电频率资源等有偿使用取得的收入，出租汽车经营权、公共交通路线经营权、汽车号牌使用权等城市公共资源有偿出让取得的收入，以及利用其他国有资源取得的收入。

五、彩票公益金

（一）彩票公益金的内涵

彩票公益金是指经国务院批准，从彩票销售额中按规定比例提取的专项资金。目前，我国彩票公益金来源于福利彩票和体育彩票，在具体形式上又分为即开型彩票和乐透型彩票等。其具体包括从彩票销售额中按不低于一定比例提取的资金（我国彩票公益金为销售收入的35%）、公益金利息收入、即开型彩票的弃奖收入。

（二）彩票公益金的特点

彩票公益金具有社会性、公益性和非营利性的特征。

（1）社会性是指彩票公益金是取之于民、用之于民的。彩票公益金是广大彩民的“微笑纳税”，彩票公益金来源于社会，政府通过发行彩票，把社会上的闲散资金筹集起来，用于弥补政府对公共事业投入的不足，彩票公益金的受益群体是社会上的弱势群体，彩票公益金具有广泛的社会性。

（2）公益性是指通过发行彩票而筹集到的公益金，其去处是有专门用途的，即用于社会公益事业的建设。在市场经济条件下，用于公益事业的投资，由于没有直接的经济回报，因此不足以吸引私人部门的投资，或者私人资本根本不愿介入。但是，公益事业的发展水平，往往是综合反映一个国家社会经济发展水平、国民生活质量的主要标志，是市场经济高效运行的保障。由于公益事业是需要大量的资金的，政府财政拨款远远不够，需要更多的为公益事业筹集资金的途径。以彩票筹集公益事业资金，可以解决公益领域政府投资的不足问题。

（3）非营利性是指彩票公益金从发行到使用及管理的每一个环节都不是以营利为目的的。彩票公益金的资金属性是国家财政性资金，有效地补充市场调节失灵的领域是其使用的范围。世界上大多数国家的社会公益项目对公众都是免费服务的。根据我国的国情，适当收取一定的成本费用无可非议，但不得以营利为目的。

（三）我国现行的彩票公益金制度

我国现行的彩票公益金制度是根据2006年3月29日财政部发布的《关于调整彩票公益金分配政策的通知》来执行的，主要包括以下三个方面的规定：

（1）彩票公益金在中央和地方之间按1∶1的比例分配。

（2）中央集中的彩票公益金在社会保障金、专项公益金、民政部和国家体育总局之间的分配比例分别为60%、30%、5%、5%。

（3）地方留成的彩票公益金，将体育彩票和福利彩票分开，坚持按彩票发行宗旨使用核算，由省级人民政府财政部门洽商民政、体育部门研究确定分配原则。

六、罚没收入

罚没收入是指国家行政机关、司法机关和法律、法规授权的机构，依据法律、法规，对公民、法人和其他组织实施处罚所取得的罚没款以及没收赃物的直接收入，是国家财政非税收入的重要组成部分。

罚没是国家实施社会管理的一项重要手段，具有强制性、无偿性和不稳定性等特点，罚没方式和罚没数额以公民、法人和其他社会组织的违法类型与程度为前提。罚没收入初始形态的具体存在形式可以分为罚款、罚金、没收财产、没收赃款赃物以及追回赃款赃物等形式。罚款是国家行政机关依法对违法者强制征收的一定数量的货币，属于一种行政制裁；罚金是人民法院判处违法者限期向国家缴纳的一定数量的货币，属于刑罚的一种，是一种附加刑，也可以独立使用，罚金的数额应当根据犯罪情节的轻重确定；没收财产是将犯罪分子个人所得财产的部分或全部强制无偿地收归国有的刑罚；没收赃款赃物是国家行政机关依法将违法者的财产物品无偿地收归公有的一种行政处罚，主要有没收违反行政法规的用具、非法经营的物品、非法所得和违禁品等；追回赃款赃物是在机关、团体、事业单位和部队的内部发生贪污、受贿、盗窃国家和集体财产等案件，依法处理追回应上缴国家预算的赃款、赃物。

七、其他政府非税收入

除以上所列政府非税收入项目外，我国政府非税收入还包括特许经营收入、中央银行收入、以政府名义接受的捐赠收入、主管部门集中收入和政府财政性资金产生的利息收入。

特许经营收入是指国家依法特许企业、组织或个人垄断经营某种产品或服务而获得的收入，属于政府非税收入的组成部分。

中央银行收入指中国人民银行在履行中央银行职能、开展各项业务经营的过程中获得的全部收入。

以政府名义接受的捐赠收入是指以各级政府、国家机关、实行公务员管理的事业单位、代行政府职能的社会团体以及其他组织名义接受的非定向捐赠货币收入，不包括定向捐赠货币收入、实物收入以及不以政府名义接受的捐赠收入。按照相关规定，以政府名义接受的捐赠收入必须坚持自愿原则，不得强行摊派，不得将其转交不实行公务员管理的事业单位、不代行政府职能的社会团体、企业、个人或者其他民间组织管理。

主管部门集中收入是指国家机关和实行公务员管理的事业单位、代行政府职能的社会团体及其他组织所属事业单位的收入，这部分收入必须经同级财政部门批准。今后，随着事业单位体制改革的深入进行，主管部门应当与事业单位财务实行逐步脱钩，也就是说，主管部门集中收入只是过渡性临时收入。

政府财政性资金产生的利息收入是指税收和非税收入产生的利息收入。目前，这部分收入一般按照中国人民银行的具体规定计息。①

第三节 政府非税收入的规模和结构分析

自非税收入以预算外资金管理的形式产生以来，在规模上一直处于上升态势，在我国政府收入体系中占据着越来越重要的地位。如何认识和判断政府非税收入的规模和结构问题，对进一步加强非税收入管理改革有着至关重要的作用。

一、非税收入的规模分析

非税收入规模的大小可以用绝对量和相对量两类指标加以反映。非税收入的绝对量是指一定时期内（通常为一年）的非税收入的总量；非税收入的相对量一般可以用非税收入占公共财政收入的比重来表示。非税收入的规模和结构受经济发展

① 聂少林. 地方政府非税收入管理创新研究［D］. 大连：东北财经大学财政税务学院，2011.

水平、政府职能范围的大小和财政体制等因素的影响。图 9-1 反映了我国 2007—2016 年非税收入的绝对量和相对量。从图 9-1 中可以看出，我国非税收入总额逐渐增多，从 2007 年的 5 699.81 亿元增加到 2016 年的 29 244.24 亿元。我国非税收入总额占公共财政收入的比重总体呈上升趋势，2007 年我国非税收入总额占公共财政收入的比重是 11.11%，2016 年这一比重达到 18.32%。

图 9-1　2007—2016 年我国非税收入总额和非税收入总额的比重（单位：亿元）

资料来源：根据中华人民共和国国家统计局网站相关数据计算整理。

非税收入在中央政府和地方政府财政收入中的地位是不同的。如 2016 年，中央政府非税收入占中央财政总收入的比重是 4.03%，地方政府非税收入占地方财政总收入的比重是 25.84%，非税收入占地方政府财政收入的比重较高。如果进一步从东中西及各省的具体情况来看，越是经济发达地区，非税收入的比重越低，而越是经济欠发达地区，非税收入的比重越高（见表 9-2）。

从表 9-2 中可以看出，2009—2016 年全国省级政府非税收入占一般预算收入的比重越来越高，2016 年东部地区平均为 20.9%，中部达到 33.5%，西部地区平均为 33.1%，总的平均水平达到最高点 25.8%。由此可见，非税收入在各省级政府一般预算收入中的平均比重已经达到了 1/4。非税收入在财政收入中的重要性不容小觑。

二、非税收入的结构分析

非税收入的结构主要是指各类非税收入的构成状况，对非税收入进行结构分析，有利于我们从各种角度来认识和了解非税收入的地位与作用。非税收入结构主要有非税收入的形式结构、非税收入的政府级次结构、非税收入的地区结构等。非税收入的形式结构是各类非税收入项目在非税收入总额中所占比重；非税收入的政府级次结构主要是各级次政府非税收入在非税收入总额中所占比重；非税收入的地区结构是指各地区非税收入占整个非税收入的比例。

表 9-2 **2009—2016 年全国各省非税收入占一般预算收入比重情况** 单位：%

地区	非税收入占一般预算收入比重							
	2009年	2010年	2011年	2012年	2013年	2014年	2015年	2016年
合计	19.8	19.5	21.8	22.5	21.9	22.1	24.5	25.8
东部	14.0	14.2	15.9	16.9	16.3	16.3	19.4	20.9
中部	27.6	26.7	29.3	30.0	29.3	29.8	31.8	33.5
西部	27.9	26.7	29.7	29.3	28.4	28.6	31.9	33.1
东北	26.9	25.3	25.6	26.3	25.7	26.4	24.9	26.5
北京	5.6	4.4	5.1	5.7	3.6	4.1	9.7	12.4
天津	25.3	27.4	31.1	37.2	32.1	37.8	40.8	40.4
河北	21.3	19.4	22.4	25.1	23.3	23.7	27	30
上海	6.8	5.8	7.5	8.5	6.8	8	12	12.2
江苏	17.8	18.8	19.9	18.4	15.9	17	17.7	19.6
浙江	7.4	5.5	6.3	6.2	6.1	6.5	13.3	14.4
辽宁	25.6	24.4	25.3	25.4	25.8	27	22.4	23.3
福建	16.5	16.1	16.5	18.9	16.8	19.8	23.8	26.1
山东	21.8	21.8	24.7	24.5	20.4	21.1	24	28.1
广东	14.2	15.8	17.5	18.5	16.3	19.3	21.2	22.1
海南	15.1	12.5	13.1	14.3	12.5	13.5	18.1	20.8
河南	27	26.5	26.6	28.1	23.8	28.8	30.3	31.6
湖北	24.4	23.1	30.1	27.4	22.8	27	30.6	31.6
安徽	27.2	24.6	24.3	27.2	25	23.7	26.7	30.5
山西	27.8	28.6	28.1	31.2	31	37.7	35.7	33.4
江西	26	24.8	26.2	28.7	23.5	26.6	30	31.6
吉林	25.9	27.1	26.6	27.1	25	26.5	29.5	30.9
黑龙江	30.8	26.3	25.6	28.1	28	24.9	24.5	27.9
湖南	33	32.3	39.7	37.7	32.3	36.4	39.3	42.5
广西	32.7	30.8	31.96	34.6	31.1	31.2	31.9	33.4
内蒙古	32.2	29.6	27.4	27.9	27.4	32.1	32.8	33.8
重庆	33.5	34.7	40.8	43.1	30.2	33.3	32.7	35.4
四川	24.5	24.4	24.8	24.5	22.2	24.5	29.9	31.3
贵州	25.2	25.9	33.1	32.8	26.8	24.9	25.1	28.2
云南	21.5	19.4	20.6	18.5	23.3	27.4	33.1	35.2
西藏	38.5	31	16.3	19.1	18.9	30.9	32.9	36.5
陕西	27.5	25.8	37.8	29.3	26	29.3	37.4	34.3
甘肃	38.6	37.7	36.9	33.2	28.2	27.1	28.8	33.2
青海	20	19.3	21.1	21.3	19.4	20.8	23	26
宁夏	18.7	17.4	19.5	21.6	20.8	26.3	31.4	36.4
新疆	22.5	16.9	17.6	23.1	23.6	30.8	35.2	33.1

资料来源：中国财政年鉴编辑委员会．中国财政年鉴（2010—2017）[M]．北京：中国财政经济出版社，2010—2017.

（一）非税收入的形式结构

图 9-2 显示了 2016 年我国地方政府非税收入构成情况。2016 年我国地方政府非税收入中，国有资源（资产）有偿使用收入占比最高，其次是财政专项收入占比，行政事业性收费和财政专项收入的总和占地方政府非税收入的比重由 2012 年的 51.4% 下滑至 47%。图 9-3 则显示了 2016 年我国中央政府非税收入构成情况。由于其他收入中包括国有资本经营收入、国有资源（资产）有偿使用收入和其他收入，并没有进一步细分，因此其他收入占比最高。

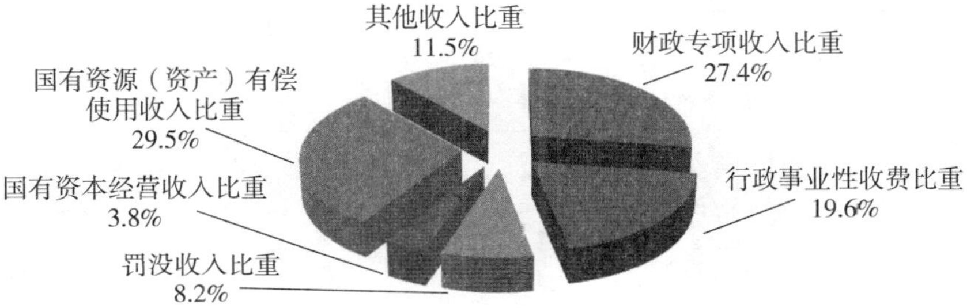

图 9-2 2016 年我国地方政府非税收入构成情况

资料来源：根据中华人民共和国国家统计局网站相关数据计算整理。

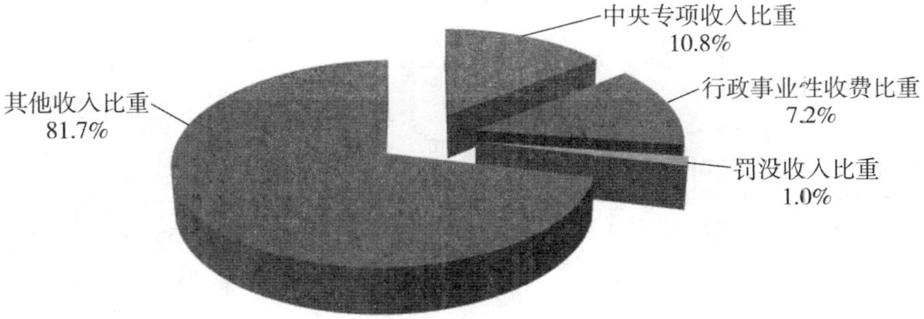

图 9-3 2016 年我国中央政府非税收入构成情况

资料来源：根据中华人民共和国国家统计局网站相关数据计算整理。

（二）非税收入的政府级次结构[①]

这里的政府级次结构主要选取省（自治区）本级、地市级、县乡级政府非税收入占本级财政收入比重来分析。表 9-3 中选取湖南、广西、辽宁、甘肃 4 个省份，从指标来看也基本反映出越是基层政府非税收入占比越高的趋势。

（三）非税收入的地区结构

非税收入的地区结构是指各地区非税收入占全国一般预算非税收入总量的比例。这里按习惯将我国分为东部、中部、西部和东北地区，各地区占全国一般预算非税收入总量的比例见表 9-4。

从表 9-4 可以看出，各地区非税收入占全国一般预算非税收入总量的比重近年来变化不大，东部地区因其经济总量较大，因此其非税收入所占比重基本保持在 40%，近年来有所上升。中部地区基本保持在 23%。而西部地区近年来非税收入总

① 聂少林. 地方政府非税收入管理创新研究［D］. 大连：东北财经大学财政税务学院，2011.

量在全国所占比重略有上升，东北地区则呈下降趋势。实际上，非税收入的地区结构也可以从各地区非税收入占各地区一般预算收入的比重看出。

表 9-3 **部分省区地方各级政府预算内非税收入情况一览表** 单位：亿元

省份	项目	省（自治区）本级	地市级	县乡级	合计
湖南（2007）	预算内非税收入	345 557	694 690	918 661	1 958 908
	财政一般预算收入	1 235 404	1 975 443	2 854 661	6 065 508
	非税收入占本级财政收入的比重（%）	28.0	35.2	32.2	32.3
	各级非税收入占全省非税收入的比重（%）	17.6	35.5	46.9	100.0
广西（2007）	预算内非税收入	229 769	478 791	652 896	1 361 456
	财政一般预算收入	1 100 897	1 338 369	1 748 999	4 188 265
	非税收入占本级财政收入的比重（%）	20.9	35.8	37.3	32.5
	各级非税收入占全省非税收入的比重（%）	16.9	35.2	48.0	100.0
辽宁（2009）	预算内非税收入	486 787	1 528 630	2 056 959	4 072 376
	财政一般预算收入	2 508 307	5 398 500	8 005 390	15 912 197
	非税收入占本级财政收入的比重（%）	19.4	28.3	25.7	25.6
	各级非税收入占全省非税收入的比重（%）	12.0	37.5	50.5	100.0
甘肃（2007）	预算内非税收入	188 771	150 447	145 642	484 860
	财政一般预算收入	701 139	597 870	590 589	1 889 598
	非税收入占本级财政收入的比重（%）	26.9	25.2	24.7	25.7
	各级非税收入占全省非税收入的比重（%）	38.9	31.0	30.0	100.0

资料来源：根据相关省份《财政统计年鉴》和年度财政决算报表计算整理。

表 9-4　东部、中部、西部和东北地区非税收入占全国一般预算非税收入的比重

地区	非税收入总量									单位：亿元
	2007	2008	2009	2010	2011	2012	2013	2014	2015	2016
合计	4 320.5	5 394.67	6 445.15	7 911.52	11 440.34	13 759.21	15 120.33	16 736.65	20 340.10	22 547.66
东部	1 749.07	2 141.45	2 631.69	3 261.19	4 582.32	5 535.81	6 003.87	6 670.47	9 020.26	10 476.81
中部	1 006.53	1 185.54	1 392.49	1 701.67	2 492.25	3 093.51	3 530.93	4 018.76	4 710.69	5 136.67
西部	1 109.07	1 458.91	1 690.40	2 098.77	3 215.86	3 735.65	4 098.20	4 542.31	5 484.45	5 709.77
东北	455.83	608.77	730.57	849.89	1 149.91	1 394.24	1 487.33	1 505.11	1 124.70	1 224.41
地区	各地区非税收入总量占全国一般预算非税收入总量的比重									单位：%
东部	40.5	39.7	40.8	41.2	40.1	40.2	39.7	39.9	44.3	46.5
中部	23.3	22.0	21.6	21.5	21.8	22.5	23.4	24.0	23.2	22.8
西部	25.7	27.0	26.2	26.5	28.1	27.2	27.1	27.1	27.0	25.3
东北	10.6	11.3	11.3	10.7	10.1	10.1	9.8	9.0	5.5	5.4

资料来源：中国财政年鉴编辑委员会．中国财政年鉴（2006—2017）［M］．北京：中国财政杂志社，2007—2016.

三、非税收入比重的合理判断①

由以上分析可知，非税收入占地方政府特别是地方的基层政府比重偏高，这就提出了一个认识上的判断问题：非税收入占财政收入比重越低越好吗？

如果认为非税收入占财政收入比重越低越好，则会产生一个结果：税比非税好，如此进入“清费立税”的改革误区。如果认为非税收入占财政收入比重不是越低越好，则需要规范非税收入的管理，而不是简单地取消收费。关于非税收入比重的合理判断主要从以下几个方面来认识：

（一）非税收入与税收收入是财政收入的两种不同形式

我国非税收入的初始形式是以各类行政事业性收费、政府性基金存在的。由于这部分收入取得的便利性、支出的随意性、预算约束力严重不足，地方政府和各部门单位越来越依赖于这部分收入的增长。因此形成了乱收费、乱摊派和乱罚款等所谓的“三乱“问题。费改税在此种情况下应运而生，使人们产生了一种误判：收费挤占了税收，应该以税收取代收费。其实，非税收入和税收收入作为财政收入的两种不同形式，其职能作用不同，不能相互替代。从世界各国的财政实践来看，税收与非税收入都存在，其占财政收入比重的高低各不相同。

由表 9-5 和表 9-6 可以看出，无论是联邦制国家还是单一制国家，地方政府

① 相关观点参见刘尚希．论非税收入的几个基本理论问题［J］．湖南财政经济学院学报，2013（7）．

（县、市）非税收入占总收入的比重明显高于省级政府非税收入占总收入的比重，并且，在联邦制和单一制两种不同类型的国家中，地方政府平均非税收入占比基本持平，都保持在34%左右，这说明一国的县、市政府一般都需要征集较高的非税收入。

表9-5　**省级政府非税收入占总收入比重表**

年份	联邦制省级政府	比重（%）	单一制省级政府	比重（%）
2006	美国加利福尼亚州	13.50		
	加拿大卑诗省	38.50		
2004	加拿大省级政府综合指标	25.70		
2002	美国佛罗里达州	15.07	挪威（郡和市）	7.00
			芬兰（地方财政总体）	25.00
2001	澳大利亚新南威尔士州	18.00		
	澳大利亚维多利亚州	20.00		
2001年以来平均		21.80		16.00

表9-6　**地方政府（县、市）非税收入占总收入比重表**

年份	联邦制地方政府	比重（%）	单一制地方政府	比重（%）
2006	美国旧金山市	47.70		
2004	美国加州河滨市	27.00		
2003	加拿大地方政府综合指标	30.60	挪威奥斯陆市	33.00
2002	美国佛罗里达州普特南县	40.00	芬兰赫尔辛基市	38.00
	美国马里兰州艾莫斯特镇	15.50	芬兰于伐斯屈拉市	20.00
	澳大利亚墨尔本市	40.10		
2001			新西兰惠灵顿市	48.00
2001年以来平均		33.48		34.75

资料来源：殷大卫. 国外非税收入管理经验借鉴及立法启示［J］. 财政部科研所《研究报告》，2008（105）.

（二）正确区分财政收入形式与财政管理形式

由于长期以来我国行政事业性收费和政府性基金等其他非税收入在管理上属于预算外管理范畴，而税收属于预算内管理范畴，因此导致人们下意识地认为财政收入形式与财政管理形式存在某种关联，并由此推演出非税收入是不规范的，而税收是规范的。这混淆了财政收入形式和财政管理形式问题，非税收入是政府收入的一种形式，与税收是并列和互补关系。而预算外资金是相对于预算内资金而言的，是按照资金的管理方式对政府财政资金进行分类的结果。非税收入强调的是通过不同于税收的形式取得了财政收入，而预算外资金指的是没有纳入政府预算管理的那部分资金。因此，不能因收费等非税收入长期实行预算外管理，而否定非税收入作为一种财政收入形式的存在价值。

（三）现行的政府收入机制存在不完整性

概括来说，非税收入是依据公共权力和公共产权取得的收入。公共权力收入是指依据国家强制性权力无偿取得的收入，包括税收收入、政府性基金、罚没收入和捐赠收入等，其基本特征是不存在经济交换；而公共产权收入是指依据国家公共产权所有者身份而取得的收入，包括国有资源（资产）转让收益、国有资本经营收益、政府服务性收费和特许权收入等，其基本特征是存在经济交换关系。从目前来看，我国公共产权收入流失严重，主要表现在以下三个方面：一是依据公共产权应取得的收入被放弃了；二是依据公共产权取得的收入没有按照市场规则使用，只具有象征意义，大部分流失了，或成为招商引资的补贴；三是取得的公共产权收入分散在各个部门、单位和国有企业，成为利益团体的福利来源，宪法规定全民所有的资源、资产，其收益却被少数人享用，这是目前政府收入机制存在的最主要的问题。

因此，非税收入占财政收入的比重并不是越低越好，而是要在合理规范政府收入机制的基础上，根据不同层级政府的具体情况来具体确定。

四、非税收入管理的基本原则

（一）法定主义原则

非税收入的项目规范、征收依据、征收程序以及资金管理和使用都应遵循法定原则。尽快建立健全政府非税收入管理的法律体系，是强化非税收入管理的基本前提。我国应尽快研究出台《公共机构收费许可法》《公共产权收入法》《国家非税收入征管法》等法律，以明确各个责任主体的权利义务关系，避免重蹈“三乱”覆辙。在国家法律没有出台的情况下，地方可因地制宜颁布《非税收入管理条例》，根据非税收入的不同项目制定具体征收管理办法。

2014 年 9 月 26 日，国务院以国发〔2014〕45 号印发《国务院关于深化预算管理制度改革的决定》，其作为进一步落实《总体方案》和新《预算法》的具体步骤，对非税收入有了较为详细的规定：“各地区、各部门要依照法律法规切实加强非税收入管理。继续清理规范行政事业性收费和政府性基金，坚决取消不合法、不合理的收费基金项目。加快建立健全国有资源、国有资产有偿使用制度和收益共享机制。加强国有资本收益管理，完善国家以所有者身份参与国有企业利润分配制度，落实国有资本收益权。加强非税收入分类预算管理，完善非税收入征缴制度和监督体系，禁止通过违规调库、乱收费、乱罚款等手段虚增财政收入。”

（二）统一管理原则

各级政府和部门应树立无论是经营性收费、行政性收费还是其他类别的政府非税收入，无论是财政直接征收还是委托其他部门征收的政府非税收入，均属政府财政资金，其“所有权属国家，使用权归政府，管理权在财政”。因此，财政要切实对其实施规范管理和统筹使用。

目前虽然非税收入的收入、支出流程被纳入了财政管理的视野，但如何收、如何用的权限主要在政府的各个部门，财政主要在统计、票据、账户管理方面发挥作用。非税权应当与税权一样，实行集中统一管理。在具体征收方面，可以分类、分权管理，但在项目、标准、程序等方面应集中到财政部门，不宜分散。从政府非税收入管理模式的现状来看，在适当分权、分级分类管理的基础上，应逐步集中管理权，强化财政对非税收入征收与使用的决策与监督，使肢解的财政职能重新回归统一，政府非税收入与使用应全部纳入预算管理。

（三）分类管理原则

在统一管理之下，进一步按照非税收入不同种类的性质和特点分类进行管理。如需要进一步探讨行政事业性收费项目和收费标准的审查，取消不合理的收费项目，切实按照成本补偿和非营利的原则审定收费标准；进一步完善各类专项收入和政府性基金的征收标准、支出范围及征收期限，应当由一般预算保障的支出应及时纳入一般预算进行统筹安排，适度减少专款专用收入；进一步完善公共资源收益共享机制，完善国有土地出让、国有资产（资源）有偿使用制度，在编制国有资本经营预算的基础上，建立规范的国有资本收益制度等。

五、近年来我国非税收入管理的主要变化

（一）非税收入项目的设立及标准管理进一步规范

2016 年财政部颁布的《政府非税收入管理办法》，具体规范了非税收入设立、征收、票据、资金和监督管理等活动。以政府性基金和行政事业性收费为例，政府性基金实行中央一级审批，由财政部审核后报国务院批准；行政事业性收费项目和标准分别由中央和省两级财政、价格部门批准，重要的报国务院或省级人民政府批准。新设立涉企政府性基金和行政事业性收费项目，必须依据法律、行政法规的规定；对没有法律、行政法规依据但按照国际惯例或对等原则确需设立的，由财政部会同有关部门报国务院批准。

（二）建立和实施涉企收费目录清单制度

2014 年 6 月 16 日，国务院办公厅以国办发〔2014〕30 号印发的《国务院办公厅关于进一步加强涉企收费管理减轻企业负担的通知》，明确要求建立和实施涉企收费目录清单制度。对按照法律、行政法规和国家有关政策规定设立的涉企行政事业性收费、政府性基金和实施政府定价或指导价的经营服务性收费实施目录清单管理。2014 年 10 月，财政部公布了《全国性及中央部门和单位行政事业性收费目录清单》、《全国性及中央部门和单位涉企行政事业性收费目录清单》和《全国政府性基金目录清单》。2014 年年底，各省（自治区、直辖市）也陆续公布了本地行政事业性收费目录清单。通过建立和实施收费目录清单制度，将依法合规设立的收费项

目全部纳入清单并主动公开，给社会一本明白账，有助于从源头上防止各类乱收费、乱摊派。

（三）中央政府减税降费的各项举措相继实施

为了进一步加强涉企收费管理，减轻企业负担，特别是实施供给侧结构性改革以来，我国中央政府下大气力实施“三去一降一补”的结构性调控政策。2013 年以来，经过持续清理规范，中央设立的行政事业性收费由 185 项减少至 51 项，减少幅度为 72%，其中涉企收费由 106 项减少到 33 项，减少幅度为 69%；政府性基金由 30 项减少到 21 项，减少幅度为 30%。各省（自治区、直辖市）设立的行政事业性收费平均约 14 项，其中涉企收费平均约 3 项。总体来看，政府性收费项目已大幅减少，企业缴费负担明显减轻。

□ 本章小结

* 政府非税收入是指除税收以外，由各级政府、国家机关、事业单位、代行政府职能的社会团体及其他组织依法利用政府权力、政府信誉、国家资源、国有资产或提供特定公共服务、准公共服务取得并用于满足社会公共需要或准公共需要的财政资金，是政府财政收入的重要组成部分，是政府参与国民收入分配和再分配的一种形式。

* 非税收入管理范围的项目包括：行政事业性收费、政府性基金、国有资源有偿使用收入、国有资产有偿使用收入、国有资本经营收益、彩票公益金、罚没收入、以政府名义接受的捐赠收入、主管部门集中收入以及政府财政资金产生的利息收入等。

* 政府非税收入的特点主要有：灵活性、不稳定性、非普遍性、部分资金使用上的特定性。

* 非税收入存在的理论依据主要有：政府提供准公共产品的成本补偿、政府解决负外部效应的主要方式、依据国家财产所有权获得收益的根本途径、有助于实现分配正义。

* 政府性收费（亦称“行政事业性收费”）是指国家机关、事业单位、代行政府职能的社会团体及其他组织根据法律、行政法规、地方性法规等有关规定，依照国务院规定程序批准，在向公民、法人提供特定服务的过程中，按照成本补偿和非营利原则向特定服务对象收取的费用。一般具有补偿性和排他性特征。

* 政府性基金是指各级人民政府及其所属部门根据法律、国家行政法规规定并经国务院或财政部批准，为支持某项事业发展，向公民、法人和其他组织征收的具有专项用途的资金，以及参照政府性基金管理或纳入基金预算、具有特定用途的财政资金。

* 政府性基金与行政事业性收费都是政府为提供特定社会公共产品或服务，参与国民收入分配和再分配的一种形式，是政府筹集资金的一种手段，是政府非税收入的重要组成部分。两者的主要区别主要体现在收取方式、收入性质、收入来源、

资金规模和使用方式上不同。

* 非税收入自从以预算外资金管理的形式产生以来，从规模上看总体处于上升态势，在我国政府收入体系中占据越来越重要的地位。非税收入的结构分析主要分析了其形式结构、政府级次结构和地区结构。

* 非税收入管理的基本原则包括：法定主义原则、统一管理原则和分类管理原则。

关键概念

非税收入　行政事业性收费　政府性基金

复习题

1. 简述非税收入的含义及特点。
2. 论述非税收入存在的理论依据。
3. 简述非税收入的分类。
4. 简述非税收入的项目。
5. 简述我国非税收入的规模和结构。
6. 简述我国非税收入管理的基本原则。

讨论及思考题

如何认识和思考我国目前的非税收入占财政收入比重偏高的问题?

第十章

政府预算

本章要点

◇ 政府预算的含义及功能

◇ 政府预算的产生

◇ 政府预算的原则

◇ 政府预算的程序

◇ 我国政府预算改革

政府预算在一国的政治、经济中居于重要地位，它不仅是政府的收支计划，还集中体现了一国政府在社会、经济、政治等各个方面的公共政策，而且也是市场经济条件下规范、约束和监督政府行为的一种基本方式。本章就政府预算的一般问题、政府预算程序以及我国政府预算制度的改革进行阐述。

第一节　政府预算概述

本部分主要从理论层面界定了政府预算的基本内涵、基本功能、政府预算原则以及政府预算的科学分类。

一、政府预算的含义与功能

（一）政府预算的含义

“预算”（budget）一词，英文原意是“皮包”。英国早期的财政大臣到议会提请审议预算提案时，总是要携带一个装有财政收支报告的大提包。后来人们就用这个词来指代“预算”。实际上，所有经济主体都需要编制预算。作为个人，要合理安排自己的时间或金钱消费；街头小店，需要预算预测一下收入和支出情况；大型的企业或跨国公司，更需要做预算，因为其收支情况更为复杂和难以驾驭。由此可见，预算是一种机制，个体或机构要实现自己的收益目标，必须要对其收入来源和支出方向、数量等有一个通盘的、预先的考虑。因此，预算是预先安排的基本收支计划。政府作为管理公共部门经济的主体，同私人部门一样，也需要制定一个预算来反映政府收入和支出的状况。同时，政府还有一个不同于私人部门的地方：政府所管理的是所有纳税人缴纳的税金，必须就财政资金的收支和运行情况向广大纳税人作一个清楚的交代。

政府预算，简单来说，是指政府在每一个财政年度的全部收支情况一览表，是经法律程序批准的、具有法律效力的政府年度财政收支计划。具体来说，从内容上看，政府预算包括收入预算和支出预算两部分；从预算过程看，政府预算包括预算编制、预算审批、预算执行与调整、政府决算、绩效评价、审计与监督等预算管理程序。

（二）政府预算的功能

政府预算作为政府的财政收支计划，其首要功能是反映政府的活动范围和方向。从形式上看，政府预算按一定标准将公共收入与支出分门别类地列入特定的表格，它不仅表明了政府各部门是如何使用其经费的，也表明了政府的各项收入是从何种来源筹措的，从而能够清楚地反映政府的财政活动。从实际内容来看，政府预算的编制是政府对公共收支的计划安排，预算的执行是公共收入的筹措和使用过程，预算的执行结果又会形成决算。所以，政府预算反映了政府介入经济社会生活的范围、规模和程度。一本政府预算，就是一本政府活动的详细计划和记录。

政府预算的另一项重要功能就是控制政府支出的规模。一方面，政府的全部收支项目及其规模都纳入预算，预算能够全面反映政府的收支状况。另一方面，政府预算必须经过国家立法机关的审批才能生效，并最终形成国家的重要立法文件。这就使得政府的支出被置于立法机关和全体公民的监督和制约之下，而通过这一监督和制约，实际形成了对政府支出规模的有效控制。

二、现代政府预算制度的产生

政府预算和财政一样，都是人类历史发展到一定阶段的产物。但财政是在原始社会末期，随着社会生产力水平提高、剩余产品出现、阶级出现、国家产生而产生的，税收作为财政范畴同时产生，如恩格斯所说“为了维护这种公共权力，就需要公民缴纳费用——捐税”，因此税收是最早出现的财政范畴。而政府预算和公债一样，是在国家产生之后又发展了一段时间才产生的。但政府预算是比税收和公债等都要年轻的一个财政范畴，预算在财政学上成为一个公认的名词，大约是在 18 世纪初期的英国。

现代政府预算制度最早出现在英国，它是新兴资产阶级在与封建君主进行斗争的过程中，作为一种经济斗争手段而出现和发展的。这场斗争大体经历了三个阶段。第一阶段表现在课税权方面：1215 年，英国《大宪章》首次确认了“非赞同毋纳税”的原则，对国王的课税权进行了一定的限制，国王要开征新税或增加税负，必须经代表资产阶级利益的议会同意和批准。第二阶段表现在财政资金的支配权方面：1295年，英国“模范议会”[①]提出“涉及所有人的问题，应当由所有人来批准”的原则，剥夺了封建统治阶级对财政资金的支配权。第三阶段表现在统治阶级的财政特权方面：要求取消封建统治阶级对财政的控制和财政上享受的特权。政府预算产生后，逐渐把皇室的个人财务收支与国家财政收支的界限严格划分清楚。到1789年，英国首相威廉·配第在议会通过《联合王国总基金法案》，把全部财政收入统一在一个文件中，至此产生了正式的预算文件。到19世纪初，英国确立了按年度编制和批准预算的制度，即政府财政大臣每年提出全部财政收支的一览表，由议会审核批准；并且规定，设立国库审计部和审计官员，对议会负责，监督政府按指定用途使用经费。至此，英国现代预算制度真正建立起来。

欧美其他资本主义国家的预算制度确立较晚，一般是在十八九世纪中建立了资产阶级政权之后才形成的。美国建国之后并没有马上建立有效的政府预算制度，到1800年，才规定财政部要向国会报告其财政收支，但只是一个总数。直到20世纪初，美国政府预算仍是一堆杂乱无章的事后报账单，对政府某部门的拨款仍然只是一个总数。1908年，纽约市推出了美国历史上第一份现代预算。1921年美国国会通过《预算与会计法案》，至此美国现代预算制度建立起来。与英国政府预算制度是数百年英国社会自然演变的结果不同，美国联邦预算制度的产生，除欧洲移民因素影响外，基本上是天才的美国财政部长汉密尔顿的产物。

中国现代预算制度在清朝末期才开始建立。清光绪三十四年（1908年），清政府颁布《清理财政章程》，宣统二年（1910年）起，由清理财政局主持编制预算工作，这是我国两千多年来的封建王朝第一次正式编制政府预算。该预算先由各省汇报，然后由度支部加以审核整理，资政院加以修正，奏请执行。但由于辛亥革命的爆发，这部我国历史上第一部现代意义的预算，只有预算而没有决算。

新中国的政府预算是随着中华人民共和国的诞生而建立的。中华人民共和国成立以后，依据《中国人民政治协商会议共同纲领》中“建立国家预算决算制度”的有关规定，着手编制1950年全国财政收支概算。1949年12月在中央人民政府委员会第四次会议上，通过了《关于一九五〇年度全国财政收支概算草案编成的报告》，这标志着中华人民共和国政府预算的诞生。1951年7月，在统一全国财政经济工作的基础上，政务院又发布了《预算决算暂行条例》，我国的政府预算管理制度从此建立起来。

三、政府预算的原则

政府预算的原则是指政府选择预算形式和体系应遵循的指导思想，也是制定政府财政收支计划的方针。

在政府预算的产生和发展过程中，很多学者提出了构建政府预算形式和体系的基本原则。例如，学者弗里德利克·克莱文兰德在《美国预算观念的演进》

① 模范议会（model parliament），指英国封建贵族的代议机构，在英国“大会议”之后产生，但中世纪时期的大会议、模范议会等都只是封建性质的等级代议机构，还不是近现代意义上的议会。

(1915) 中提出政府预算需要具备以下几个标准：第一，它是一个关于未来政府收支的计划，而不是事后的报账。第二，它是一个统一的计划，包括所有部门的开支。第三，它是一个详尽的计划，要列举所有项目的开支，并对它们进行分类。第四，对计划中的每项开支都要说明理由，以便对开支的轻重缓急加以区别。第五，每个计划都必须对政府的行为有约束力，没有列支的项目不能开销，列支的钱不得挪作他用。第六，计划要得到权力机关的批准，并接受它的监督。第七，为了便于民众监督，预算内容和预算过程必须透明。

100 年前的美国学者对政府预算标准进行的界定对于今天我们认识政府预算的特点或者政府预算的原则有着极大帮助。目前，被广大市场经济国家接受的现代政府预算原则主要包括以下 5 点：

1. 完整性原则

完整性原则是指政府预算应该包括全部财政收支，反映政府的全部财政活动，不允许有预算之外的财政收支，也不允许有政府预算规定范围以外的财政活动。

2. 统一性原则

统一性原则是指各级政府编制一个统一的预算，其中包含的预算收入和支出都要按统一方法和口径加以计算和全额编列。

3. 可靠性原则

可靠性原则是指预算收支每一个项目的数字指标都必须运用科学方法，依据充分确实的资料，进行正确的计算与填列，不得假定、估算或编造。

4. 公开性原则

公开性原则是指全部财政收支必须经过立法机关审查批准，而且要采取一定形式向社会公布。政府预算反映政府的活动范围、方向与政策，与全体公民的切身利益息息相关。因此，政府预算的编制及其执行情况除了极少数涉及国家机密外，必须尽可能向社会详细公布，让公民了解财政收支情况，将预算置于民众的监督之下。

5. 年度性原则

任何国家政府预算的编制与执行都要有时间上的界限，即表现为一定的期间。一般都将一年作为基本单位，也就是预算年度（亦称财政年度），即预算收支起止的有限期限。所谓的年度性原则，是指政府必须按照法定的预算年度编制预算，同时不允许将不属于本年度的收支列入本年度的政府预算中。

目前，世界各国采用的预算年度有两种：一种是历年制预算年度，即从每年 1 月 1 日起至同年 12 月 31 日止，称之为历年制。目前采用历年制的国家最多，包括中国、法国、德国、比利时、奥地利、丹麦、芬兰、希腊、冰岛、意大利、荷兰、西班牙、葡萄牙、挪威和瑞士等国家。另一种是跨年制，即人为地确定一个预算年度的起止日期，这样一个预算年度就跨越两个日历年度，跨年制包括：(1) 4 月制。从 4 月 1 日起至次年 3 月 31 日止为一个财政年度，采用 4 月制的国家主要有英国、日本、印度尼西亚、新加坡、新西兰、印度、缅甸、不丹和南非等。(2) 7月制。从7月1日起至次年6月30日止为一个财政年度，采用7月制的国家主要有瑞典、澳大利亚、孟加拉、巴基斯坦、埃及、苏丹、科威特、喀麦隆、肯尼亚、毛里求斯和坦桑尼亚等。(3) 10月制。从10月1日起至次年9月30日止为一个财政年度，采用10月制的国家主要有美国、泰国等。除了上述4种预算年度起止日期外，还有少数国家采取较特殊的起止日期，如土耳其的预算年度是从3月1日起至次年的2月28日（29日）止；伊朗的预算年度是从3月21日起至次年的3月20日止；埃塞俄比亚的预算年度是从7月8日起至次年7月7日止。

一般而言，决定一国预算年度起止日期的主要因素有：(1) 立法机构召开会议的日期。政府预算作为立法文件，需要经过最高权力机关审议讨论通过后才可以组织实施，所以，预算年度起止日期的确定必须便于立法机构的审议和通过，以便及时着手执行。(2) 收入旺季。预算年度开始时如正值收入旺季，可使国库较为充裕，便于执行新的预算。(3) 历史原因。对于原来的殖民地国家，其预算年度一般要受到其宗主国的预算年度的影响，往往在独立后仍沿用原来预算年度的起止日期。此外，风俗习惯等也会影响到预算年度的确定，如一些宗教信仰较为盛行的国家，会将最高权力机构召开会议的日期选在重要的宗教纪念日之外，以避免与宗教活动发生冲突，这必然对该国的预算年度产生影响。

四、政府预算的分类

政府预算在产生之初是十分简单的，政府将财政收支数字按一定程序填入规定的表格，预算就编制完成了。但随着社会经济生活和财政分配活动的日趋复杂化，政府预算也由单一的收支表格逐步演变为包括多种预算形式和预算方法的复杂系统。这就需要对其进行科学、合理的分类，以便进行深入的分析研究。

(一) 从政府级次看，政府预算可分为中央预算和地方预算

一般而言，有一级政府就有一级财政收支活动主体，也就有一级预算。在现代社会，大多数国家实行多级预算。比如，联邦制国家的政府预算通常由联邦政府预算、州政府预算和地方政府预算组成。根据《中华人民共和国预算法》（简称《预算法》）的规定，我国实行一级政府一级预算，预算级次的设置与政权体系的层次基本对应，设立中央政府预算和省、市、县、乡政府预算。不具备设立预算条件的乡、民族乡、镇，经省、自治区、直辖市政府确定，可以暂不设立预算。我国政府预算级次如图10-1所示。

(1) 中央预算。中央预算即中央政府预算，是经法定程序批准的中央政府的年度财政收支计划，包括中央本级预算、中央对地方的税收返还和转移支付预算。从中央预算收入和支出构成分析，中央预算收入包括中央本级收入和地方向中央的上解收入，中央预算支出包括中央本级支出、中央对地方的税收返还和转移支付。中央预算是中央履行职能的基本财力保证，在政府预算体系中占据主导地位。

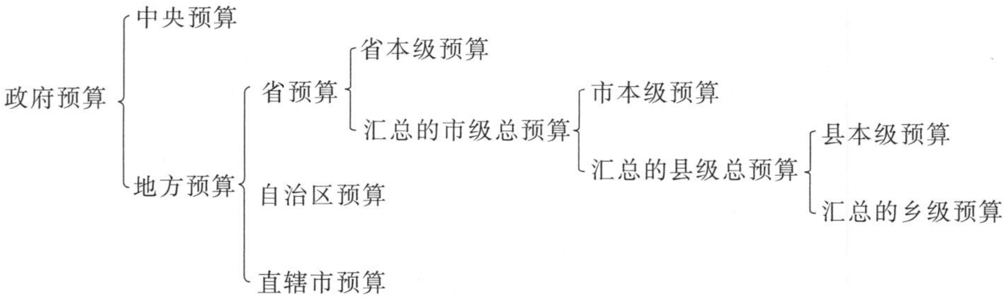

图 10-1　我国政府预算级次

（2）地方预算。地方预算即地方政府预算，是经法定程序批准的地方各级政府的年度财政收支计划的统称，由各省、自治区、直辖市总预算组成。地方各级总预算由本级政府预算（简称本级预算）和汇总的下一级总预算组成。没有下一级预算的，总预算即指本级预算。从地方预算收入和支出构成分析，地方各级政府预算收入包括地方本级收入、上级政府对本级政府的税收返还和转移支付、下级政府的上解收入。地方各级政府预算支出包括地方本级支出、对上级政府的上解支出、对下级政府的税收返还和转移支付。地方预算是保证地方政府职能实施的财力保证，在预算管理体系中居于基础性地位。

（二）从编制形式看，政府预算可分为单式预算和复式预算

1. 单式预算

单式预算是将政府的全部财政收支汇集编入一个统一的预算表之中，不区分各项财政收支的经济性质的预算形式。单式预算的优点是符合预算的完整性原则，整体性强，便于立法机关审批和社会公众了解；缺点是没有把全部的财政收支按经济性质分列和分别汇集平衡，不利于政府对复杂的经济活动进行深入分析。

2. 复式预算

复式预算是把预算年度内的全部财政收支按收入来源和支出性质的不同，分别汇集编入两个或两个以上的收支对照表，从而编成两个或两个以上的预算。复式预算的典型形式是双重预算，即按经济性质把财政收支分别编入经常预算和资本预算（又称普通预算和特别预算、经费预算和投资预算、统一基金预算和贷款基金预算等）。虽然各国使用的复式预算的名称和具体项目不尽相同，但从内容上看，经常预算包括政府一般财政收支。在一般情况下，经常预算的收支应保持平衡并力争有结余，结余转入资本预算。资本预算反映政府有关公共事业的投资支出及其借款和各种资金的结余。复式预算的另外一种形式是多重预算，即由一个主预算和若干个分预算组成。复式预算的优点是科学、严谨，便于政府对财政活动进行分析，有利于对收支的控制；缺点是复式预算总体功能较弱，编制和审批比较复杂，对预算管理水平有着较高的要求。

（1）复式预算的构成。

2014 年 8 月 31 日通过的新《预算法》第五条规定：预算包括一般公共预算、政府性基金预算、国有资本经营预算和社会保险基金预算。同时规定“一般公共预算、政府性基金预算、国有资本经营预算、社会保险基金预算应当保持完整、独立。政府性基金预算、国有资本经营预算、社会保险基金预算应当与一般公共预算相衔接”。从而形成了由四类预算组成的有机衔接的政府预算体系，以全面反映政府收支总量、结构和管理活动，实现政府预算的科学性、完整性和系统性。

一般公共预算是将以税收为主体的财政收入用于保障和改善民生、推动经济社会发展、维护国家安全、维持国家机构正常运转等方面的收支预算。

政府性基金预算是将依照法律、行政法规的规定在一定期限内向特定对象征收、收取或者以其他方式筹集的资金，专项用于特定公共事业发展的收支预算。政府性基金预算应当根据基金项目收入情况和实际支出需要，按基金项目编制，做到以收定支。我国从 1997 年开始向全国人民代表大会报告中央政府性基金收支情况，2010 年起全面编制中央和地方政府性基金预算。

国有资本经营预算是国家以所有者身份依法取得国有资本收益，并对国有资本收益做出支出安排的收支预算。国有资本经营预算应当按照收支平衡的原则编制，不列赤字，并安排资金调入一般公共预算。我国从 2008 年开始编制中央国有资本经营预算，地方政府国有资本经营预算编制情况各不相同。中央本级国有资本经营预算于 2010 年首次提交全国人民代表大会审查。

社会保险基金预算是将社会保险缴款、一般公共预算安排和其他方式筹集的资金，专项用于社会保险的收支预算。社会保险基金预算应当按照统筹层次和社会保险项目分别编制，做到收支平衡。我国自 2010 年开始试编社会保险基金预算，包括企业职工基本养老保险基金、失业保险基金、城镇职工基本医疗保险基金、工伤保险基金、生育保险基金等内容。2011 年之后编制范围进一步扩大到新型农村社会养老保险基金、城镇居民基本医疗保险基金和城镇居民养老保险基金。中央社会保险基金预算于 2013 年首次提交全国人民代表大会审查。至此，国务院向全国人民代表大会提交了完整的四本预算。

（2）四本预算之间的关系。

第一，四本预算相对独立。与传统的单式预算相比，复式预算体系下一般公共预算、政府性基金预算、国有资本经营预算、社会保险基金预算是相对独立的。四本预算在各自承担的预算功能、编制原则、编制方法等方面存在较大的差异。要按照各自功能和定位来编制四本预算。将应当统筹安排使用的资金统一纳入公共财政预算；将具有专款专用性质且不宜纳入一般公共预算管理的资金纳入政府性基金预算；将国家以所有者身份依法取得的国有资本经营收益，并对所得收益进行分配而发生的各项收支统筹纳入国有资本经营预算；将通过一般性税收、社会保障费（税）及其他渠道筹集和安排的、专门用于社会保障的各项收支纳入社会保险基金预算。四本预算的相对独立性主要体现在：从形式上看，国有资本经营预算、政府性基金预算和社会保险基金预算不再和一般公共预算混合编制，而是作为公共财政预算的附加预算上报人大；从平衡方式上看，四本预算力求分别实现收支平衡，继而在此基础上实现整体平衡。

第二，四本预算有机衔接。四本预算并非完全独立，而是有机衔接的整体。一般公共预算是国家预算体系的基础，政府性基金预算、国有资本经营预算和社会保险基金预算相对独立，各预算可进行适当调剂。例如，国有资本经营收益从根本上讲属于全体人民，一旦出于公共利益需要动用，可以将国有资本经营预算的部分或全部收入转入一般公共预算统筹使用。同时，国有资本经营预算部分收入可用于弥补社会保险基金预算支出不足部分。政府性基金预算实行专款专用、以收定支、自求平衡，其主要支出方向是保证国家重点基础设施建设和社会事业发展的资金需求，但若某项基金取消或结余，可转入一般公共预算统筹使用。

（三）从计划指标的确定方法上看，政府预算可分为增量预算和零基预算

增量预算是指财政收支计划指标是在以前预算年度基础上，按照新的预算年度的社会经济发展情况加以调整后确定的。增量预算采用基数加增长的预算编制方法，较为简便，但往往不能客观地反映各预算部门和单位的现实需求，各部门经费多少，不是取决于事业的发展，而是取决于原来的基数，造成财政资金在部门之间的分配格局的固化，不利于经济结构和社会事业发展布局的调整。

零基预算是指财政收支计划指标的确定只以社会经济在预算年度的发展状况为依据，不考虑以前年度的财政收支状况。零基预算的优点是有利于优化支出结构，提高预算效率，控制预算规模，但要求编制单位具备科学的预测和评估方法以及统一的标准，而且工作量较大。零基预算方法是由彼得·派尔于1969年在德州仪器公司创立的。1973年，吉米·卡特担任佐治亚州州长时将其引入美国的政府部门，并取得了一定成效。随后，蒙大拿州、阿肯色州、加利福尼亚州等也先后开始在政府部门实行零基预算。卡特入主白宫后，他决定在1978—1979财政年度联邦政府中全面采用零基预算法，但由于零基预算在实际实施过程中存在着工作量过于繁重等问题，并受到技术、政治和法律等多方面的制约，没有达到预期的效果。1981年，里根就任美国总统以后，宣布联邦政府取消零基预算编制方法。因此，目前世界各国的预算仍然主要采用增量预算方法，零基预算的理念一般体现在一些具体的项目预算中，但尚未成为确定的编制预算的一般方法。

（四）从预算能否反映执行效果来看，政府预算可分为投入预算和绩效预算

投入预算指只反映投入项目的用途和支出金额，而不考虑其支出的经济效果的预算。绩效预算是以产出和成果为导向的预算管理模式，一般根据成本-效益比较的原则，决定支出项目是否必要及其金额大小的预算形式。与以投入为导向的预算管理模式不同，绩效预算主要关注预算资源使用的“产出”和“成果”。所谓“产出”，是从产品和服务的供给数量角度描述公共职能，计算政府提供了多少公共服务，生产了多少公共产品。所谓“成果”，是指政府部门的工作对社会产生的实际影响。由以投入为导向的预算模式向以产出和成果为导向预算模式的转变，是预算管理理念在实践上的革命，标志着预算管理从传统的考虑财务合规性问题，更多地转移到考虑经济效益和政策目标问题。

（五）从预算作用时间长短来看，政府预算可分为年度预算和中长期预算

年度预算是指预算有效期为一年的财政收支预算。中长期预算实际是政府的中长期财政状况的预测。一般1年以上10年以下的预算称为中期预算，10年以上的称为长期预算。但在实践中编制10年以上长期预算的技术难度大，且不确定性很多，没有太大的实际意义，因此中期预算的期限多是3~5年，编制的技术难度较小。大多数经济合作与发展组织国家都采取了中期预算，如英国、德国采用了5年滚动预算，法国、澳大利亚采用3年滚动预算。

世界银行（1998年）把这种跨3~5个年度的预算规划称为中期支出框架（medium-term expenditure framework，MTEF）或者中期预算框架（medium-term budget framework，MTBF），也称中期财政规划、中期宏观经济框架和财政战略或多年度预算等。这个中期财政规划能够为政府和政府各部门提供每个未来财政年度中支出预算（申请）务必遵守的预算限额，并根据实际的政治和经济变化对各年度的预算情况不断做出修正。中期财政规划已成为20世纪中期，特别是20世纪90年代以来世界上很多国家为实现财政可持续发展而对年度预算管理制度实施的一项改革，构成了西方国家新型财政管理模式的基本组成部分。

2015年1月《国务院关于实行中期财政规划管理的意见》出台，对我国实施启动中期财政规划管理提出了明确的要求。中央政府和各省级政府相继出台中期财政规划管理的实施意见，规范其直属部门编制三年滚动预算的基本要求。

（六）从是否具有法律效力的角度来看，政府预算可分为正式预算和临时预算

正式预算是指政府依法将各预算年度的预计收支编成预算草案，经立法机关审核通过后宣告正式成立、取得法律地位的预算。

临时预算是指预算年度开始时，由于某种特殊原因使得政府编制的预算草案未能完成法律程序，因而不能依法成立，在这种情况下，为了保证正式预算成立前政府活动的正常进行而编制的暂时性的预算。这种临时性预算不具备法律效力，只是作为政府在正式预算成立前进行必要的财政收支活动的依据。

第二节　政府预算程序

预算程序又称为预算周期或预算过程，它起于一个预算年度开始以前，而讫于一个预算年度结束之后。就整个政府预算程序来说，根据各阶段的主体不同，可以分为如下几个阶段：政府预算编制、政府预算审批、政府预算执行与调整、政府决算、绩效评价、审计与监督等。本部分仅就政府预算编制、政府预算审批、政府预算执行与调整、政府决算四个环节进行阐述。

一、政府预算编制

一般地说，政府预算的编制由政府行政机关负责。政府预算的编制工作基本上可以分为两步：一是预算草案的具体编制；二是预算草案的核定。

预算草案是未经法定程序审查和批准的政府年度财政收支计划。预算草案的具体编制根据主持具体编制工作的机构不同可以分为两种类型：（1）由财政部门主持预算草案编制工作，内容包括收入和支出两个部分。财政部门负责指导政府各部门编制支出预算草案并审核和协调这些预算草案，同时根据种种经济统计资料和预测，编制收入预算草案，最后综合收入和支出两个部分，把预算草案交给有法定预算提案权或咨请国会审议权的个人或机构核定。这种类型的国家包括日本、中国等。（2）由政府特设的预算机关主持预算草案编制工作，财政部门只负责编制收入预算。分开编制的原因是想通过这一方式来加强预算草案编制工作，保证收入和支出预算的合理性和客观性，避免财政部门统编支出和收入预算可能带来的各种矛盾，法国等国家属于这种类型。

由财政部门或特设机构编成的预算草案要交给有法定预算提案权或咨请国会审议权的个人或机构进行核定，如内阁或总统，然后在下一预算年度开始前作为法律提案交付国家权力机关审批。预算草案的核定问题就是预算提案权或咨请审议权的分属问题。依预算提案权或咨请审议权的分属不同，可以把预算的编制分成三种类型：一是总统预算咨请审议权，即由总统核定预算草案，如美国。二是内阁、国务院预算提案权，属于这种类型的包括中国（国务院预算提案权）、日本（内阁预算提案权）等。三是委员会预算提案权，这主要指实行委员制共和政体国家，如瑞士。一般来说，预算提案权属于提出法案的权力，而提出法案的权力又属于议会立法权的一部分，它在总统制和内阁制国家中，在形式上有所不同。在总统制的国家里，宪法规定法律提案权属于国会议员，因而总统只有预算咨请审议权而没有预算提案权。而在内阁制的国家里，不仅议员有提出立法法案的提议权，内阁也同样享有这种权力，因而内阁也就拥有了预算提案权。

二、政府预算审批

（一）预算审批机构及程序

审批政府预算的机构是国家立法机构，立法机构的具体名称则随着各国政体的不同而不同。在实行民主共和制的国家中，审批政府预算的立法机构是议会，而在实行人民代表大会制的国家中，审批政府预算的立法机构是人民代表大会。

从议会制的结构看，可以分为两种类型：一院制和两院制。在实行一院制的国家中，政府预算直接由其批准，属于这种类型的国家包括瑞典、荷兰、西班牙、丹麦等国。而在实行两院制的国家中，大部分国家议会的两院都有批准政府预算的权力。一般来说，两院中的下议院（或众议院）在预算的批准上拥有比上议院（或参议院）更大的权力，往往拥有预算先议权和最后批准权。属于这种情况的有美国、法国、意大利、日本等国。但在另一些国家中，只有下议院才有批准政府预算的权力，上议院仅限于提出建议，属于这种情况的主要是英国。

在议会制（不论是一院制还是两院制）下，预算草案的具体审核是由议院中的各种常设委员会与其所属的各种小组委员会进行的。一般程序是将待议决的年度预算草案分发给负责预算收入和支出审议的各小组委员会，由小组委员会研究以后向预算委员会提出意见和报告书，由预算委员会提出决议，最后由议院大会审议表决。

因为各国的政体不同，各国立法机构的预算控制权也各有不同。如英国、德国和日本，议会的多数派才能组建政府，而且内阁成员本身就是议员，因此，虽然政府编制的预算要经议会的批准，但政府对国会的影响很大，政府总是能够利用其在议会中的多数优势使其预算方案得以通过。而在美国，由于总统是选民选举产生的，当选总统与其党派在国会中是否占多数没有必然联系，总统对国会预算审批权的影响较小。与英、德、日等国相比较，美国国会拥有的预算权力较大，不仅可以审议总统所提交的预算草案，而且可以自由增加或减少支出计划和经费额度，甚至可以自行起草预算案，这难免会导致立法和行政部门之间的预算争议与冲突。

我国实行人民代表大会制，各级政府预算由同级人民代表大会批准。审批的一般程序是：首先由财政部门代表本级政府向人民代表大会作预算报告并提交预算草案，然后由全国人民代表大会财政经济委员会进行具体审查并提出审查报告，最后提请大会审议表决。

（二）预算审批关系

预算审批关系是指各级政府编制的预算草案，应由哪级权力机关审批后才能成为执行的依据。这实际上是个预算审批级次问题，各国的政府预算都是由权力机关审批的，但在预算审批级次方面，做法不太一致。在实行单一政体的国家中，预算级次一般分为中央预算和地方预算。国家最高权力机关审批国家预算，既包括中央预算，也包括各级地方预算。但也有些国家如英国联邦议会只审批中央预算。在实行联邦制政体的国家中，预算一般分为联邦预算、州（邦、共和国）预算和各级地方预算。在这类国家中，各级权力机关只负责审批本级政府的预算，不审批下级预算。

在我国，多年来的实际做法是，全国人民代表大会审查和批准包括中央预算和地方预算在内的国家预算，县级以上的地方各级人民代表大会审查和批准包括本级政府预算和汇总的下一级总预算在内的本级总预算。这就出现了人民代表大会重复审批预算的问题，使预算审批关系不清。为解决这一问题，1995 年开始实施的《预算法》规定，全国人民代表大会审查中央预算草案，批准中央预算；县级以上地方各级人民代表大会审查本级总预算草案，批准本级预算。也就是说，全国人民代表大会只批准中央预算，不批准地方预算；县级以上地方各级人民代表大会只批准本级政府预算，不批准汇总的下一级总预算。这样的规定，可以较好地解决预算审批中存在的问题，同时也有利于增强各级人大和政府的责任。

三、政府预算执行与调整

预算执行是指经法定程序批准的预算进入具体实施阶段，包括组织预算收入、拨付预算资金和预算调整等内容。各级预算由本级政府组织执行，各级政府是预算执行的组织领导机关，各级政府财政部门在本级政府的领导下具体负责预算的组织实施，各级预算收入征收部门是负责预算收入的征收管理机关，国家金库是具体经办预算收入的收纳及库款支拨的机关，一般由本国中央银行经理或代理，实行委托国库制，有关各部门、各单位是部门预算和单位预算的执行主体。县级以上各级政府全部收入和支出都纳入国库单一账户体系进行管理，实行国库集中收付制度。

（一）政府预算收入的执行

预算收入征收部门必须依照法律、行政法规的规定，及时、正确、足额征收应征的预算收入，不得违反法律、行政法规规定，擅自减征、缓征或者免征应征的预算收入；有预算收入上缴任务的部门和单位，必须依照法律、行政法规和国务院财政部门规定，将应当上缴的预算资金及时、足额地上缴国家金库，不得截留、占用、挪用或者拖欠。按照法律、行政法规和国务院财政部门规定，对特定专用资金可以设立财政专户，但财政专户必须纳入国库单一账户体系管理。新《预算法》第六十六条规定：各级一般公共预算年度执行中有超收收入的，只能用于冲减赤字或者补充预算稳定调节基金。

（二）政府预算支出的执行

在财政部门拨付资金和主管部门转拨资金时，要做到按预算拨款、按预算级次拨款、按规定的程序拨款和按进度拨款。在保证资金供应的同时，财政部门和参与预算执行的各部门、各单位要加强预算支出的控制管理。如新《预算法》第十三条规定：经人民代表大会批准的预算，非经法定程序，不得调整。各级政府、各部门、各单位的支出必须以经批准的预算为依据，未列入预算的不得支出。具体来说，一是要控制支出用途，确保预算资金按预算规定的用途使用；二是要控制支出范围，不得任意扩大预算资金的开支范围；三是要控制支出标准，严格执行国家规定的开支标准；四是要建立健全控制管理体系，建立健全会计核算和财务管理制度，确定支出效果的考核标准，以有效发挥资金使用效益。

（三）预备费的设置

预备费是各级总预算中不规定具体用途的当年后备基金，主要用于解决预算执行过程中发生的某些临时急需和事前难以预料的特殊开支。在各国的预算中，一般都设有预备费，但名称不尽相同。如美国称为后备基金，日本称为预备费，罗马尼亚称为预算后备基金。对预备费的设置比例或额度，各国法律一般未作明确规定，一般由议会在审批预算时确定。我国在新《预算法》中明确规定：各级政府应当按照本级政府公共预算支出额的1%~3%设置预备费，用于当年预算执行过程中的严重自然灾害救灾、突发公共事件处理、重大政策调整增加的支出及其他难以预见的临时性支出。各级政府预备费的动用方案，由本级政府财政部门提出，报本级政府决定。

（四）预算调整

预算调整是预算执行中的一项重要工作内容。新《预算法》第六十七条规定：

经全国人民代表大会批准的中央预算和经地方各级人民代表大会批准的地方各级预算，在执行中出现下列情况之一的，就应当进行预算调整：一是需要增加或者减少预算总支出的；二是需要调入预算稳定调节基金的；三是需要调减预算安排的重点支出数额的；四是需要增加举借债务数额的。新《预算法》第六十九条规定：在预算执行中，各级政府对于必须进行的预算调整，应当编制预算调整方案。预算调整方案应当说明预算调整的理由、项目和数额。中央预算的调整方案应当提请全国人民代表大会常务委员会审查和批准；县级以上地方各级政府预算的调整方案应当提请本级人民代表大会常务委员会审查和批准；乡、民族乡、镇政府预算的调整方案应当提请本级人民代表大会审查和批准。未经批准，不得调整预算。新《预算法》第七十一条规定：在预算执行中，地方各级政府因上级政府增加不需要本级政府提供配套资金的专项转移支付而引起的预算支出变化，不属于预算调整。

各国关于预算调整权限的规定，大致有两种情况：

（1）预算调整权集中在议会，政府如果需要追加预算或增加临时拨款，必须提出预算调整方案，经议会审议批准。例如，法国的法律规定，政府追加预算或申请补助，要以调整财政案的方式提交议会审议批准；英国的法律规定，政府如要追加预算开支或临时拨款，必须向议会提交议案，由议会审议批准；日本的法律规定，政府需对预算进行调整并追加支出时，要由财务大臣向国会提出报告，提交国家财政状况的书面说明和追加支出的理由。内阁在法律规定的情况下，可以按制定预算的程序编制补正预算，由国会审批后实施。

（2）除了议会有预算调整权外，政府也有部分预算调整权。例如，德国的法律规定，一般情况下追加支出，必须经议会批准，但在出现对联邦政府有重大威胁或者重大危害的突发性事件时，联邦政府可按《促进经济稳定和增长法》的规定追加预算；西班牙的法律规定，政府如果需要支拨临时款项时，财政大臣应建议政府讨论通过并向议会提交一份法律草案，由议会批准。法案中应说明扩大公共支出的财力来源。政府根据财政大臣的建议，可以特殊例外地批准拨付不可拖延的支出。但每个年度的最高限额为国家预算的1%。

四、政府决算

政府决算是经法定程序批准的年度预算执行结果的会计报告。决算是预算管理过程中一个必不可少的阶段，是整个预算程序的总结和终结。

各级政府、各部门、各单位在每一预算年度终了后都要按规定的时间编制决算草案。决算草案是各级政府、各部门、各单位编制的未经法定程序审查和批准的预算收支的年度执行结果。编制决算草案必须符合法律、行政法规，做到收支数额准确、内容完整、报送及时。决算草案与预算草案相对应，按照预算数、调整预算数、决算数分别列出。

决算草案的审批与预算草案的审批程序相同。国务院财政部门编制中央决算草案，经国务院审计部门审计后，报国务院审定，由国务院提请全国人民代表大会常务委员会审查和批准；县级以上地方各级政府财政部门编制本级决算草案，经本级政府审计部门审计后，报本级政府审定，由本级政府提请本级人民代表大会常务委员会审查和批准；乡、民族乡、镇政府编制本级决算草案，提请本级人民代表大会审查和批准。

各级政府决算经批准后，财政部门应当在二十日内向本级各部门批复决算。财政部门向本级部门批复决算是为了让各部门了解本级财政部门、政府、人大常委会对本部门决算的审查结果，从而更好地总结过去一年预算执行情况，做好本年的预算管理工作。

地方各级政府应当将批准的决算及下一级政府上报备案的决算汇总，报上一级政府备案。县级以上各级政府应当将下一级政府报送备案的决算汇总后，报本级人民代表大会常务委员会备案。国务院和县级以上地方各级政府对下一级政府依照规定报送备案的决算，认为有同法律、行政法规相抵触或者有其他不当之处，需要撤销该项决算的决议时，应当提请本级人大常委会审议决定；经审议决定撤销的，该下级人大常委会应当责成本级政府重新编制决算草案，提请本级人大常委会审查和批准。实行决算的备案制度，可有效地保证上级政府对下级政府实施监督、上级人大对下级人大实施监督，保证决算的准确完整。

第三节　我国政府预算制度改革

在公共财政框架的构建过程中，对带有计划经济色彩的传统预算制度进行彻底改革，是实现我国政府与市场的关系从政府决定型向市场决定型转变的关键步骤。近年来，我国相继实施了多项预算改革措施，使得我国的预算管理水平和预算透明度有一定提高。但应当看到，由于政府预算制度改革涉及的范围广泛，再加上新旧体制转轨中一些深层次的矛盾尚未解决，我国的预算制度改革仍处于初级阶段，现行的政府预算制度与公共财政的要求还有一定差距。如何进一步增加预算的完整性、透明度以及提高预算管理的法治化程度，成为我国下一阶段政府预算改革的关键问题。

一、我国政府预算制度的改革演进历程

（一）初步改革阶段（1992—1998年）

1992年10月，中国共产党第十四次全国代表大会报告将我国经济体制改革的目标确定为“建立社会主义市场经济体制”，这标志着我国的改革开放进入一个新的时期。为了适应社会主义市场经济发展的要求，强化预算管理，我国开始对传统的政府预算制度进行改革。

1. 实施《国家预算管理条例》

针对当时预算管理中存在的问题，在总结几十年预算管理经验的基础上，国务

院于1991年10月21日颁布《国家预算管理条例》①，自1992年1月1日起施行。该条例的贯彻执行，对于加强预算管理、强化预算职能，起到了积极的规范作用。

2. 实行复式预算

《国家预算管理条例》规定，从1992年开始，政府预算采用复式预算的编制办法，将各项财政收支按照不同的经济性质分解为经常性预算和建设性预算两大部分。1994年3月22日，中华人民共和国第八届全国人民代表大会第二次会议通过《预算法》。其中，第二十六条规定："中央预算和地方各级政府预算按照复式预算编制。"根据1995年11月2日通过的《中华人民共和国预算法实施条例》规定，复式预算分为政府公共预算、国有资产经营预算、社会保障预算和其他预算。但是，从实际操作来看，复式预算的编制只是在原有收支的基础上对单式预算收支科目按性质和用途的简单划分，复式预算的功能并未能充分发挥。

3. 实施《预算法》

中华人民共和国第八届全国人民代表大会第二次会议通过了《预算法》，自1995年1月1日起实施。《预算法》共有十一章七十九条。《预算法》对预算管理的基本原则、预算管理级次、预算组成体系、预算年度、预算管理职权和预算收支范围等预算基本问题以及预算编制、预算审查与批准、预算调整、决算、监督等预算环节做了明确规定，对预算违法行为的具体表现和对违法单位的处罚措施也做出了原则规定。②《预算法》的颁布实施，对于健全预算的管理和监督有着十分重要的意义。

4. 实施新的预算会计制度

随着财政体制的重大改革，预算会计主体的业务内容和客体的运行方式也随之发生变化，在计划经济条件下形成的预算会计制度已不适应新形势的要求。1997年，财政部出台包括《财政总预算会计制度》、《行政单位会计制度》、《事业单位会计制度》和《事业单位会计准则（试行）》在内的新的预算会计制度，并于1998年1月起在全国范围内统一实施。③

5. 完善预算外资金管理办法

国务院于1996年7月发布了《关于加强预算外资金管理的决定》，将预算外资金严格定义为财政性资金，要求各单位向财政部门报送预算外资金收支计划，并提出"收支两条线"的基本管理模式，为预算外资金管理指明了基本方向。④与此相适应，财政部先后制定了《预算外资金管理实施办法》《中央预算外资金财政专户管理暂行规定》等配套文件。

6. 部分地方政府开始实施政府预算改革

安徽省（自1994年起）、河南省（自1994年起）、湖北省（自1993年起）、云

① 该条例于1995年1月1日废止，被同时生效的《中华人民共和国预算法》取代。
② 财政部预算司. 国家预算决算辑要［M］. 北京：中国财政经济出版社，2002：3-10.
③ 赵梦涵. 新中国财政税收史论纲［M］. 北京：经济科学出版社，2002：526.
④ 财政部预算司 . 国家预算决算辑要［M］. 北京：中国财政经济出版社，2002：52-57.

南省（自 1995 年起）、深圳市（自 1995 年起）等省市结合自身的财政预算现状，借鉴国外经验，突破传统的采用“基数法”编制预算的框架，实行零基预算改革。①

（二）改革深化阶段（1998—2013 年）

1998 年，随着建立公共财政框架这一财政改革目标的确立，我国的政府预算制度改革速度开始加快，其范围逐步扩大，改革措施逐步深入。此轮改革首先从一些省市开始，1998 年 8 月，河北省制定《改革预算管理推进依法理财的实施意见》，并于 1999 年 3 月按新模式编制 2000 年省级预算；天津市于 1999 年实行标准周期预算管理制度；陕西省率先在全国实行国库集中支付制度；安徽省从 1999 年起在全省实施综合财政预算。②

1999 年 9 月，财政部在《关于改进 2000 年中央预算编制的意见》中指出，2000 年将选择部分中央部门作为编制部门预算的试点单位，细化报送全国人民代表大会预算草案的内容。以此为标志，我国的预算制度改革全面进入深化阶段。为克服传统政府预算制度的弊端，财政部近年来相继实施了以下预算改革措施：

1. 编制部门预算

为克服传统预算编制内容不完整、编制方法落后等弊端，2000 年，财政部首先在教育部、农业部、科技部以及劳动和社会保障部等部门进行部门预算改革试点。2001 年，部门预算改革试点的部门由 4 个增加到 26 个，财政部还选择国家计委、外经贸部、科技部等 10 个部门进行基本支出和项目支出预算编制试点，试行按定员定额和项目库的方法编制部门预算。2002 年，中央各部门按照基本支出、项目支出分别编制部门预算，进一步细化中央部门预算，并在所有行政单位和部分比照国家公务员制度管理的事业单位（共计 102 个部门）实行试点，按照定员定额和项目库的方法编制部门预算，2003 年又增加了 127 个试点事业单位。③2004 年，财政部继续深化部门预算改革，完善定额标准体系，在人事部等 5 个中央部门进行实物费用定额试点，并对一些跨年度的重大支出项目进行绩效评价试点。2005 年，全国各省本级和计划单列市开始全面推行部门预算改革，部分地市县也开始试行部门预算编制方法，与公共财政相适应的部门预算框架已初步建立。

部门预算是指政府部门依据国家有关政策法规及其履行职能的需要，由基层预算单位开始编制，逐级上报、审核、汇总，经财政部门审核后提交立法机关依法批准的涵盖部门各项收支的年度财政收支计划。通俗地讲，就是“一个部门一本账”。部门预算由收入预算和支出预算组成，支出预算包括基本支出预算和项目支出预算，采取自下而上的编制方式，实行“二上二下”的编制程序。通过部门预算改革细化了预算编制，提高了预算编制的科学化水平，完善了预算分配机制，推进了预算支出标准体系建设，强化了预算执行管理，增强了预算执行的有效性。

---

① 楼继伟. 2002 年版中国政府预算：制度、管理与案例［M］. 北京：中国财政经济出版社，2002：7.
② 楼继伟. 2002 年版中国政府预算：制度、管理与案例［M］. 北京：中国财政经济出版社，2002：7.
③ 项怀诚. 国家财政在 10 年改革中与时俱进［J］. 财政研究，2004（1）.

2. 深化“收支两条线”管理改革

自20世纪90年代末以来，我国加大了“收支两条线”管理改革的力度。1999年颁布的《关于行政事业性收费和罚没收入实行收支两条线管理的若干规定》，对收支两条线管理办法做出了更为详细的规定。2001年，财政部发布《关于深化收支两条线改革，进一步加强财政管理意见》。2002年，财政部将100多项行政事业性收费和26项政府性基金全部纳入预算管理，取消了227项政府性基金，并将公安部、最高人民法院、海关总署、工商总局、环保总局5个行政执法部门按规定收取的所有预算外收入（不含所属院校收费）全部纳入预算，对国家质检总局、外经贸部、证监会、保监会等28个中央部门的预算外资金（不含所属院校收费）实行收支脱钩管理。[①]2004—2007年，在对部分预算外收入纳入预算或实行收支脱钩管理的基础上，总结经验，逐步扩大试点范围。

2011年起，将各级政府所有非税收入纳入预算管理，全面取消预算外资金。同时，健全非税收入预算管理制度。结合由一般公共预算、政府性基金预算、国有资本经营预算组成的政府预算体系建设，对非税收入实行分类预算管理，将属于一般公共预算收入性质的行政事业性收费、罚没收入、国有资源（资产）有偿使用收入、以政府名义接受的捐赠收入等纳入一般公共预算管理，与税收收入一起统筹安排使用；将具有以收定支、专款专用性质的政府性基金、土地出让收入、彩票公益金等纳入政府性基金预算管理，专项用于支持特定基础设施建设和社会事业发展；将国家以所有者身份从国家出资企业取得的国有资本经营收益纳入国有资本经营预算管理，主要用于支持国有企业改革发展和社会保障等民生支出，保证财政预算的统一性和完整性，提高预算约束力和透明度。

3. 改进政府收支分类体系

我国原有的政府预算收支科目分类方法是计划经济时期参照苏联模式确定的，虽然之后做过一些调整，但其基本分类方法一直与市场经济国家存在较大差别。从1999年起，财政部开始着手研究如何构建适应公共财政管理要求的政府收支分类体系。2004年，财政部完成新的《政府收支分类改革方案》的前期设计工作，2005年3月，开始在中纪委、科技部、水利部等中央部委和天津、河北、海南、湖南、湖北等省市进行试点，并于2007年1月1日起在全国范围内正式实施政府收支分类改革。

改革后的政府收支分类体系包括“收入分类”“支出功能分类”“支出经济分类”3部分。根据2007年政府收支分类科目，政府收支分类体系包括：[②]（1）收入分类。按收入来源和性质，将预算收入分为税收收入、社会保险基金收入、非税收入、贷款转贷回收本金收入、债务收入、转移性收入等6类。（2）支出功能分类。支出功能分类主要反映政府活动的不同功能和政策目标，具体分为：一般公共服务支出、外交支出、国防支出、公共安全支出、教育支出、科学技术支出、文化

① 项怀诚. 国家财政在10年改革中与时俱进［J］. 财政研究，2004（1）.
② 中华人民共和国财政部. 2007年政府收支分类科目［M］. 北京：中国财政经济出版社，2006：2-4.

体育与传媒支出、社会保障和就业支出、社会保险基金支出、医疗卫生支出、节能环保支出、城乡社区事务支出、农林水事务支出、交通运输支出、资源勘探电力信息等事务支出、商业服务业等事务支出、金融监管等事务支出、地震灾后恢复重建支出、国土资源气象等事务支出、住房保障支出、粮油物资储备事务支出、预备费、国债还本付息支出、其他支出和转移性支出等类级科目。（3）支出经济分类。支出经济分类主要反映政府支出的经济性质和具体用途，包括：工资福利支出、商品和服务支出、对个人和家庭的补助、对企事业单位的补贴、转移性支出、赠予、债务利息支出、债务还本支出、基本建设支出、其他资本性支出、贷款转贷及产权参股、其他支出。这次政府收支分类改革是中华人民共和国成立以来财政分类统计体系最为重大的一次调整，直接关系到政府预算的公开透明与政府职能的合理转换。

4. 实施国库集中收付制度

为克服传统分散收付制度的弊端，我国实施了国库集中收付制度改革。2000年，国库集中收付制度首先在粮库建设资金和车辆购置税交通专项基金上启动。此外，财政部选择水利部、科技部等6个中央部门进行国库集中收付改革试点。2001年，财政部按新的运行模式和管理办法，共拨付8 859笔、114亿元预算资金。2002年，试点部门增加到23个，共计有612个基层预算单位、486亿元的资金纳入了国库集中收付的范围。2003年，82个中央一级预算单位实行了集中支付。[①] 2004年，在中央级160多个预算部门中，纳入国库集中收付改革范围的部门已达140个，实施改革的基层预算单位达到2 600余个，涉及预算资金2 500多亿元。[②] 2005年，中央本级、省级、市级开始全面推行国库集中收付改革，并加快了县级改革的进度。2006年起，开始实施中央补助地方专项资金国库集中支付试点，并逐步完善财政国库管理信息系统建设和国库动态监控机制，健全国库集中收付制度法规体系。截至2010年年底，所有中央部门和地方所有省份的省本级均已实施了改革。

国库集中收付制度改革的基本目标是改革传统的财政资金银行账户管理体系和资金缴拨方式，建立以国库单一账户体系为基础、资金缴拨以国库集中收付为主要形式的财政国库管理制度。此项改革从根本上改变了传统的财政资金运行机制，实现了由层层“中转”变“直达”。财政资金运行过程通过电子化监控系统实时监控，有效提高了预算执行透明度，强化了预算监督。

5. 推行政府采购制度

我国传统的政府采购制度始于20世纪50年代，是一种由各机关和事业单位分散采购的制度。1996年，我国政府在向亚太经济合作组织提交的单边行动计划中，明确承诺最迟于2020年与亚太经济合作组织成员对等开放政府采购市场。我国在

---

① 项怀诚. 国家财政在10年改革中与时俱进 [J]. 财政研究，2004（1）.

② 夏祖军. 财政部副部长肖捷在全国财政国库管理改革工作会：明年改革全面推到地市 [N]. 中国财经报，2004-11-25.

加入世界贸易组织后，还面临签署《政府采购协议》的压力。在上述背景下，我国从 1996 年开始在上海、河北、深圳等地开展政府集中采购的改革试点工作，到 1998 年试点规模迅速扩大。随着 2003 年 1 月 1 日《中华人民共和国政府采购法》的正式施行，我国政府采购的基本制度框架已初步形成。

政府采购是指各级国家机关、事业单位和团体组织，使用财政性资金采购依法制定的集中采购目录以内的或者采购限额标准以上的货物、工程和服务的行为。由于政府采购按照公平、公正、公开的原则运作，便于社会各界监督，因而也被称为“阳光下”的采购。目前，我国政府采购的规模和范围不断扩大，取得了良好的经济效益和社会效益。政府采购规模由 2002 年的 1 009.6 亿元增加到 2013 年的 16 381.1 亿元，其中，2002—2011 年，我国政府采购累计节约财政资金 6 600 多亿元。政府采购政策的功能作用逐步显现，在推动节能环保、维护国家信息安全等方面发挥了积极作用，有力地促进了我国战略性新兴产业的发展，推动了经济发展方式转变。政府采购法制化建设不断加强，政府采购管理体制进一步完善。初步建立了以《中华人民共和国政府采购法》为统领、以部门规章为依托的政府采购法律制度体系，“采管分离、机构分设、政事分开、相互制约”的工作机制基本形成，以集中采购为主导、公开招标为主要采购方式的政府采购格局逐步强化，依法采购水平全面提升。

6. 加强预算绩效管理改革

预算绩效管理是将绩效理念融入预算管理的全过程，使之与预算编制、预算执行、预算监督一起成为预算管理的有机组成部分，是一种以绩效目标的实现为导向，以绩效监控为保障，以绩效评价为手段，以结果应用为关键，以改进预算管理、优化资源配置、控制节约成本、提高公共产品质量和公共服务水平为目的的预算管理模式。

随着我国财政支出规模不断增长，财政支出的效益问题越来越受到关注。一些西方国家的预算支出绩效理念开始引入我国，2002 年，湖北恩施进行绩效评价试点，开始了预算绩效管理的探索。2003 年起，财政部开始加强绩效评价工作，选取了一些支出项目进行绩效评价试点，探索提高财政资金使用效益的新方法、新途径。2005 年，财政部制定了《中央部门预算支出绩效考评管理办法（试行）》，为开展绩效评价工作提供了制度保障，树立了绩效理念，增强了部门责任，提高了财政决策的科学性。但这种绩效评价管理工作仅仅是事后评价，在一定程度上有其局限性。经过近几年的实践和发展，预算绩效管理已成为政府绩效管理的重要组成部分，绩效理念已融入我国预算编制、执行和监督等各环节中。2011 年我国召开了第一次全国预算绩效管理工作会议，首次正式提出全过程预算绩效管理思想，明确了预算绩效管理的评价主体、对象、方法和结果运用体系，实现财政资金使用过程由事后监督转向全过程的监督。随后，财政部出台了《关于推进预算绩效管理的指导意见》，对预算绩效管理工作进行具体部署。以此为标志，预算绩效管理工作开始在中央和地方开展起来，预算绩效管理组织机构不断健全，绩效评价范围不断扩大，绩效管理理念不断强化，部门支出责任意识不断增强，全过程的预算绩效管理框架逐渐清晰。2012年，财政部制定了《预算绩效管理工作规划（2012—2015年）》，极大地拓展了预算绩效管理各环节的广度和深度。2013年财政部印发了《预算绩效评价共性指标体系框架》，为绩效评价工作奠定了重要的技术基础。

（三）重点推动和改革攻坚阶段（2013年至今）

2013年11月，党的十八届三中全会召开，通过了《中共中央关于全面深化改革若干重大问题的决定》（以下简称《决定》）。关于财税改革，《决定》重点指出：财政是国家治理的基础和重要支柱，科学的财税体制是优化资源配置、维护市场统一、促进社会公平、实现国家长治久安的制度保障。必须完善立法、明确事权、改革税制、稳定税负、透明预算、提高效率，建立现代财政制度，发挥中央和地方两个积极性。要改进预算管理制度，完善税收制度，建立事权和支出责任相适应的制度。在历届三中全会中，首次将财政置于"国家治理的基础和重要支柱"的地位，并且明确提出了财税体制改革的三大领域：预算、税制、中央和地方财政关系，并将预算改革置于改革先锋的位置。

十八届三中全会之后，中共中央政治局于2014年6月30日审议通过《深化财税体制改革总体方案》，进一步强化预算制度改革的主要方向。2014年8月31日，酝酿十年，跨越三届人大，历经四次审议，有"经济宪法"之称的《预算法》修正案终于正式通过，于2015年1月1日起实施，为预算制度改革提供了强有力的法律依据。2014年9月26日国务院以国发〔2014〕45号印发《关于深化预算管理制度改革的决定》，彰显了预算制度改革在政府改革中的核心地位，同时明确了进一步预算制度改革的主要内容。

在《关于深化预算管理制度改革的决定》中预算制度改革内容主要包括7个方面：①完善政府预算体系，积极推进预算公开；②改进预算管理和控制，建立跨年度预算平衡机制；③加强财政收入管理，清理规范税收优惠政策；④优化财政支出结构，加强结转结余资金管理；⑤加强预算执行管理，提高财政支出绩效；⑥规范地方政府债务管理，防范化解财政风险；⑦规范理财行为，严肃财经纪律。7个方面包含的内容非常丰富，对新《预算法》修订的内容和《深化财税体制改革总体方案》相关内容做出了更为细化的规定，提出了明确的改革要求。

二、我国政府预算制度改革演进的特征

（一）政府预算制度改革和财政体制改革并不同步，政府预算制度的改革往往滞后于财政体制的改革

改革开放以后，财政体制改革成为我国财政改革的突破口，从20世纪80年代以"放权让利"为特征的财政包干制改革，到1994年的分税制改革，符合社会主义市场经济要求的分级财政体制框架已初步建立起来。财政体制虽然是影响政府预算制度的重要因素，但二者的发展进程并不完全一致。在财政体制发生变化的情况下，由于政府预算制度受到既有路径依赖的影响，往往还能维持很长一段时间。与

财政体制改革相比，政府预算制度改革较为滞后，在较长的一段时间内未从根本上触动政府预算制度的计划经济本质，从而导致政府预算管理中的预算约束软化、预算透明度不高、预算资金效率较低等一系列问题。政府预算制度改革滞后于财政体制改革的原因主要在于：一是财政体制处于经常变化的状态，导致政府预算制度改革缺少较为稳定的政策框架；二是我国改革开放后所进行的财政体制改革侧重于财政收入领域，主要是关注如何提高各级财政的增收积极性以及如何处理中央和地方政府之间的财政收入关系，而政府预算制度则更多地偏重于财政支出的安排和管理，涉及的地区、部门利益更加广泛和深入，属于财政改革中的深层次问题。政府预算制度改革的滞后阻碍了我国政府与市场的关系从政府决定型向市场决定型的转变进程。随着社会主义市场经济的发展和构建公共财政框架目标的确立，对传统政府预算制度进行彻底改革，成为公共财政框架建立过程中的必经环节。在此背景下，自 20 世纪 90 年代末，我国的政府预算制度改革进入全面深化阶段，与公共财政相适应的政府预算制度框架正在逐步建立起来。

（二）中央政府在政府预算制度改革中发挥着主导作用，地方政府预算制度创新的积极性也逐步提高

由于政府预算是政府财政收支活动的集中反映，政府预算制度改革更多涉及政府内部公共管理的范畴。在政府预算制度改革过程中，政府居于主导地位，加之我国实行的是中央集权制，在各级政府中，中央政府占据着特殊地位，其往往以命令颁布者的身份强制其他主体遵守。因此，中央政府在预算制度改革过程中发挥着主导作用。分税制改革后，地方政府初步具备了一定的预算自主权，也逐步成为预算制度创新主体。从我国的实际情况来看，率先进行政府预算制度创新的地区，大多是经济不发达地区或老工业基地。这些地区财政压力较大，对预算资金的需求却更为迫切。在中央与地方预算收入再分配关系已确定的前提下，只有通过预算制度的创新，提高有限资金的使用效率，才能满足本地区对预算资金的需要。预算制度改革属于公共管理领域的改革，对此必须慎重，因此，今后相当长时期内，应该既承认并鼓励地方政府的制度创新行动，并择其成功经验加以推广，又要针对各地普遍情况，适时提供制度供给，保持全国政府预算制度变迁方向的总体一致性。

（三）从制度变迁的策略选择来看，我国的政府预算制度演进属于“渐进性改革”

在传统计划经济体制向市场经济体制的过渡中，有两种可供选择的策略：“渐进性改革”和“休克疗法”。这两种改革策略的选择既涉及制度变迁方式的选择，也涉及原有制度安排结构和路径依赖的问题。基于我国政治、经济和社会的特点以及各地方、各部门已经强化的利益格局，考虑到制度变迁的收益与成本对比关系，我国的政府预算制度改革选择了一条渐进式道路。许多政府预算制度的改革措施都是首先从较小范围的试验开始，在取得成果并进行总结的基础上再进行逐步推广的，如部门预算改革、国库集中收付制度和政府采购制度的推进都是如此。渐进性的改革方式不仅降低了强制性制度变迁的成本，而且也降低了改革进程中发生的风险和不确定性。

（四）预算制度改革正在从“行政推动”转向“法治推动”

以十八届三中全会为转折点，预算制度的改革由过去行政力量作为主导转向法治的推动。在此之前的所有财税体制改革，基本上都是行政力量作为主要的推动力量。例如，1994 年我国进行的分税制财政体制改革、税制改革、转移支付制度建立和完善，都是通过行政力量和行政方法来实现的。十八届四中全会强调的“依法治国”，正是从预算法治开始的。新《预算法》的通过，正是通过法治来推动预算制度改革的强有力表现。

预算制度改革不仅仅是一个技术问题，也不是一个纯经济问题，还涉及包括立法机构、预算管理部门、预算资金使用部门、利益集团和社会公众等各预算参与者之间利益调整的问题，而且后者往往对预算过程和结果的影响更大。仅仅采用先进的预算技术和方法是远远不够的，虽然许多发展中国家引入了西方市场经济发达国家较为先进的预算技术和国际组织推荐的预算方法，但却未能取得满意的效果，出现了“南橘北枳”的现象。这说明，良好的预算程序和技术如不能与政府预算参与各方的利益协调机制实现整合，仍可能会产生不良的预算结果。因此，从发展的眼光看，我国的政府预算改革在完成一系列基础性工作之后，需要将改革适时引向更深层次的预算运行机制的改革，逐步将预算过程中各预算参与者的预算目标和预算偏好表达、各预算参与者之间的关系协调和职责合理划分等问题纳入改革日程，以期通过必要的制度设计最大限度地减少预算过程中的机会主义倾向与行为，从而实现预算资源配置的公平和效率。

□ 本章小结

* 政府预算，简单来说，是指政府在每一个财政年度的全部收支结构一览表，是经法律程序批准的具有法律效力的政府年度财政收支计划。具体来说，从内容上看，政府预算包括收入预算和支出预算两部分；从预算过程看，政府预算包括预算编制、预算审批、预算执行与调整、政府决算、绩效评价、审计与监督等预算管理程序。

* 现代预算制度最早产生于英国。现代预算制度确立与发展是在新兴资产阶级同封建君主进行斗争的过程中，作为一种经济斗争手段而出现的。这场斗争大体经历了 3 个阶段。

* 目前多数国家所接受的政府预算原则主要有以下 5 条：完整性原则；统一性原则；可靠性原则；公开性原则；年度性原则。

* 政府预算可以按照不同的标准进行分类：从政府级次看，政府预算可分为中央预算和地方预算；从编制形式看，政府预算可分为单式预算和复式预算；从计划指标的确定方法上看，政府预算可分为增量预算和零基预算；从预算能否反映执行效果来看，政府预算可分为投入预算和绩效预算；从预算作用时间长短来看，政府预算可分为年度预算和中长期预算；从是否具有法律效力的角度看，政府预算可分

为正式预算和临时预算。

* 政府预算程序主要阐述了 4 个阶段：政府预算编制；政府预算审批；政府预算执行；政府决算。

* 为克服传统政府预算制度的弊端，从 1999 年开始，财政部相继实施了一系列的预算改革措施，并取得了初步成效，但我国现行的政府预算制度与公共财政的要求还有着较大差距，需要进一步改革与完善。

□ 关键概念

政府预算　单式预算　复式预算　增量预算　零基预算　投入预算　绩效预算　年度预算　中期预算　正式预算　临时预算　部门预算　国库集中收付制度

□ 复习题

1. 比较分析单式预算和复式预算的优缺点。
2. 简述现代预算制度的产生。
3. 简述政府预算的原则。
3. 简述我国政府预算体系的构成。
4. 简述政府预算的管理流程。

□ 讨论及思考题

简述我国近年来的政府预算改革的内容及特点，并谈谈如何进一步完善我国的政府预算制度。

第十一章

政府间财政关系

本章要点

◇ 政府间事权与支出责任划分的依据与原则

◇ 政府间税收划分的依据

◇ 政府间税收权限的划分模式

◇ 政府间转移支付的依据、种类及基本模式

◇ 我国分税制改革的主要内容

◇ 分税制财政体制改革的深化

与多层级的政府组织结构相对应，世界上绝大多数国家政府间财政管理组织形式表现为分级财政体制。分级财政体制中的政府间财政关系所包含的是中央与地方以及地方上下级之间的多重性收支划分与往来关系。如何处理好政府间财政关系是各国政府所面临的一个重要研究课题。政府间财政关系的有效处理，对于充分发挥各级政府财政的职责，促进经济社会的可持续发展，具有极为重要的作用。

第一节　政府间的事权与支出责任划分

政府间事权与支出责任划分是政府间财政关系的重要内容，也是政府间税收划分和转移支付制度构建的逻辑前提。

一、政府间事权与支出责任划分的依据

（一）公共产品的层次性

公共产品的层次性标准是界定政府间事权与支出责任划分的首要依据。公共产品层次性理论不仅揭示了各种类型公共产品的区别和差异，而且也为分析财政体制和合理划分各级政府间事权与支出责任提供了必要的依据。政府所提供的公共产品必须尽量与受益区域内居民的消费偏好相一致是公共产品资源配置过程中应遵循的

基本原则。按照这一原则，全国性公共产品应由中央政府提供，地方性公共产品应由地方政府提供。

所谓全国性公共产品，是指能够满足全国范围内居民公共消费需求的产品和服务。从纯理论的意义上讲，全国性公共产品应该具有三个方面的突出特征：一是公共产品的受益范围被限定在整个国家的疆域之内，无论国土面积大小，都是如此；二是公共产品的受益范围在整个国家的疆域内分布得相当均匀（至少全国性公共产品的供给者的愿望如此），无论公共产品的内容如何及国土面积的大小如何都是如此；三是全国性公共产品的提供者为中央政府，而不可能是某一级地方政府。较为典型的全国性公共产品包括国防、外交、全国性立法、司法和宏观经济稳定等。

地方性公共产品是相对于全国性公共产品而言的。具体地讲，地方性公共产品是指由各级地方政府提供并只能满足某一特定区域（而非全国）范围内居民公共消费需求的产品和服务。地方性公共产品的特征主要表现在三个方面：一是地方性公共产品的提供者是各级地方政府，而不应该是中央政府；二是地方性公共产品的受益范围基本上被限定在某一区域之内，并且这种受益范围在本区域内分布得相当均匀（至少作为供给者的愿望如此）；三是地方性公共产品的受益者主要是本辖区内的居民。这就意味着，社会成员对地方性公共产品的享用程度，要受到来自地理和空间等因素的影响。例如，交通、道路、治安、路灯、电视广播节目、水利设施和防洪工程等地方性公共产品的受益范围是受地域限制的，超过这一范围的居民就无法或难以获得相应的利益。

（二）中央与地方政府的财政职能分工

中央与地方政府间财政职能的分工是合理界定各级政府事权与支出责任的另一个重要理论依据。现代市场经济中的财政职能通常有资源配置、收入分配和经济稳定三个职能，但是不同级次的政府所承担的侧重点有所不同。总体而言，中央与地方政府的职能分工是这样的：资源配置职能以地方政府为主，中央政府为辅；而收入分配职能和经济稳定职能以中央政府为主，地方政府为辅。

1. 资源配置职能的分工

与公共产品的受益范围相对应，各级政府作为不同的主体，分别在一定范围内提供用于满足社会成员不同偏好的公共产品和服务。受益范围遍及全国的公共产品，如国防、司法、航空、大规模交通运输主干设施等，应由中央政府提供。与中央政府相比，地方政府主要在较小的范围内进行资源配置，但这种配置的针对性却明显增强。地方政府提供的公共产品大致可以分为 4 类：

（1）具有区域性受益特征的基础设施，主要包括道路、交通、电力、电信、自来水、下水道、路灯、垃圾收集与处理、管道煤气，乃至港口、机场、车站等。基础设施为企业生产和居民生活提供了最基本的条件。

（2）地方社会服务，主要有基础教育、医疗卫生、社会保障、气象预报、消防、公园等。这一类型的公共产品，具有较为明显的社会公益性和半社会公益性的特征。而且，在许多社会服务的提供过程中，也可以通过定价的方式收取一定费用。

(3) 地方文化与传播媒介，主要包括广播、电视、报纸、杂志、出版、图书馆、文化艺术馆、博物馆、表演团体、文物与文化遗产的发掘等。当社会步入信息时代之后，人们比以往任何时候都更加关注和依赖于各种最新、最可靠的资讯。当物质需求得到一定程度的满足之后，人们会更希望拥有高层次的精神享受。在这样的背景下，与文化及传播媒介等方面相关的各类公共产品，无疑会释放出相当大的社会效应。

(4) 地方社会管理，具体包括地方政府提供的公共秩序、公共安全和实施的公共规制等。在各类地方性公共产品当中，与社会管理有关的公共产品更具有供给上的非排他性和消费上的非竞争性的特点，更能够体现地方政府的职能和行为，因而也就属于应由地方政府提供的纯公共产品，需要依靠强制性的征税来弥补其成本和耗费。

由于上述地方性公共产品的受益特征极强，而地方政府在了解本地居民的消费偏好方面具有优势，这会有助于使地方政府将来源于本地区的税收与本地利益切实结合起来，从而更为有效地提供地方性公共产品。

2. 收入分配职能的分工

从理论和实践结合的意义上讲，凡是具有调控性、全国性意义的职能，就应该由中央政府行使。可以说，收入再分配的职能具有全国性意义，主要应该由中央政府来承担。这样的结论是通过分析地方政府进行个人收入再分配的低效性甚至无效性而得出的。在市场经济条件下，一国内部各地区之间的商品、资金和人员的流动应该是没有任何障碍的，在这些生产要素可以自由流动的情况下，如果由地方政府实施收入分配职能，会引起“福利移民”现象。如果某地区想加大本地区的收入再分配力度，需要给予本地区低收入者各种补助，这就需要从高收入者那里多征税。但这样做的结果必然是：一方面，本地的高收入者不堪承受对他们的重税，而外迁到其他税负较轻的地区，这意味着税源的流失；另一方面，其他地区的低收入者就会蜂拥而来，享受这里的再分配政策的好处，这意味着支出增加。最终结果必然是地方财政的再分配政策失灵、被迫取消或调整。若想使收入分配政策真正奏效，就需要承认和发挥中央政府的作用，由中央政府在全国范围内统一实施收入分配政策，从而使区域间通过移居来避税或者通过移居来竞相享用社会保障补助的现象减轻乃至消失。

3. 经济稳定职能的分工

与收入分配的职能相似，实现经济的稳定同样也是中央政府义不容辞的职责。这样的结论，同样是通过分析地方政府实施经济稳定政策的低效性甚至无效性而得出的。由于在一国当中，各地区之间的经济是完全开放的，因此从理论和实践的角度来讲，经济稳定职能主要应由中央政府来执行。首先是因为地方政府缺乏或根本没有实施稳定宏观经济政策的动机，即使有的话，地方政府旨在稳定本地经济的财政措施会因“贸易漏损”的存在而变得无效。比如，如果某一地方政府想要单独地使用扩张性财政政策，通过减税或增加政府开支来刺激本地区经济的发展，在没有其他地区政策配合的情况下，最终它只会发现新增的购买力大量地用于对其他地区的商品和劳务的购买上了，好处可能被其他地区获得，从而形成了大量的贸易漏损，这样，该地区单独所实施的扩张型财政改策对本地区的收入和就业影响就要大打折扣。但若是由中央政府实行统一的财政政策，就会大大减少地区间贸易漏损问题的出现，财政政策目标可以更好地得以实现。其次，地方财政缺少可用于稳定经济的政策工具。经济稳定职能往往需要财政政策和货币政策等的相互配合才能起作用，但货币的发行、利率的调整、存款准备金率的调整、公开市场业务的操作都是由中央银行根据全国的经济形势来进行的，地方政府没有权力和能力来实施货币政策。相比之下，中央政府在同时运用财政政策和货币政策方面处于有利的地位。从上述意义上讲，调节宏观经济运行和促进经济稳定的职责应该由中央政府出面承担。

二、政府间事权与支出责任划分的原则

根据政府间事权与支出责任划分的理论依据，在通常情况下，应该按照如下原则来指导各级政府间的事权与支出责任划分：

（一）由全国居民享用的全国性公共产品应由中央政府负责提供

全国性公共产品主要包括国防、外交、外贸管理、全国性立法和司法、中央银行、中央税的征管、财政政策与货币政策的制定与实施等。上述事务属于纯中央事权，与此相关的支出责任应由中央政府承担。

（二）由本地居民享用的地方性公共产品应由地方政府负责提供

地方性公共产品主要包括：地区性交通、警察、消防、教育、环保、供水、下水道、垃圾处理、公园、对地区经济发展的支持、地方性法律的制定和实施等。为了达到资源配置最优的目标，地方性公共产品的决策应尽可能地留给地方政府。因为地方政府往往与当地居民朝夕相处，因而比上级政府能够更多地了解当地居民的需求，其所做出的关于资源配置的决策更为符合当地居民的利益。此外，将决策权下放到地方政府，也有利于促进地方政府间的竞争，推动政策创新。

（三）对跨地区以及具有外部效应的公共项目和工程，中央政府应出面组织或在一定程度上参与

一些跨地区的公路、铁路、水陆运输项目涉及多个地区，如果由沿线的地方政府联合举办，必然会矛盾重重，难以保证工程质量和工程进度，因此需要由中央政府出面组织建设。此外，还有一些项目，如机场、环保、教育等，虽然位于某一个地区之内，但其收益却并非仅仅局限于某一个区域之内。在这种情况下，也需要中央政府进行必要的参与。

（四）收入分配的调节在很大程度上是中央政府的职责

从理论上讲，在人口自由流动的情况下，中央政府应在全国范围内实行统一标准的社会保障制度，因为地区间标准不一致，会由于人口的流动而使得各地的收入

分配计划难以实现。因此需要中央政府制定统一的标准，由地方政府具体实施，因为地方政府与当地居民最为接近。当然，在各地区经济社会发展差异较大，人口不能做到自由、无成本地流动时，地方政府在收入分配方面还是可以有所作为的。

（五）坚持事权和支出责任划分的法律化原则

政府间事权和支出责任的划分是分级财政体制协调过程中的基础环节，要用法律的形式将事权划分和支出责任划分加以规范，从而为各级政府有效地行使职责创造良好的条件。与此同时，各级政府事权和支出责任的调整，也需要通过法律程序加以规范。

三、政府间事权与支出责任的具体划分

根据上述划分原则，可以对政府间事权与支出责任按具体项目进行详细划分(见表 11-1)。该表从一定程度上表明，各类公共产品的不同特征与其受益范围和责任主体有着十分密切的关系，并且在一定程度上决定着哪级政府是该种公共产品的最佳提供者。

表 11-1 中央和地方事权与支出责任划分的基本框架

内 容	责任归属	理 由
国防	中央	全国性公共产品
外交	中央	全国性公共产品
国际贸易	中央	全国性公共产品
金融与货币政策	中央	全国性公共产品
地区间贸易管制	中央	全国性公共产品
对个人的福利补贴	中央、地方	收入再分配
失业保险	中央、地方	收入再分配
全国性交通	中央、地方	全国性公共产品
地区性交通	地方	地方性公共产品
环境保护	地方、中央	地方性公共产品、外部效应
对工业、农业、科研的支持	地方、中央	地方性公共产品、外部效应
教育	地方、中央	地方性公共产品、外部效应
卫生	地方	地方性公共产品
公共住宅的修建	地方	地方性公共产品
供水、下水道	地方	地方性公共产品
垃圾处理	地方	地方性公共产品
社会治安	地方	地方性公共产品
消防	地方	地方性公共产品
公园等娱乐设施	地方	地方性公共产品

但表 11-1 只是提供了一个有关中央与地方事权与支出责任划分的基本框架。在实践当中，由于国情不同，中央与地方事权与支出责任的划分也各有不同。从各国的实践来看，国防、外交、国际贸易、金融与货币政策、地区间贸易管制均为中央政府的职责；立法、司法、对个人的福利补贴、失业保险、全国性交通是中央政府的职责，或是中央与地方政府的共同职责，但以中央政府为主；而地区性交通、环境保护、对工业农业科研的支持、教育、卫生、公共住宅的修建、供水、下水道、垃圾处理、社会治安、消防、公园等娱乐设施等均全部或部分为地方政府的职责，中央政府对于上述事务的介入程度却有着很大的区别。在财政分权程度（以地方税收占全国税收的比例来衡量）较高的国家，如美国、加拿大（地方政府税收占全国税收的 50% 以上），中央政府支出在这些项目上的比重较小，甚至为零。而在财政集权程度较高的国家，如澳大利亚、法国、英国、印度尼西亚（中央政府税收占全国税收的 80% 以上），中央政府在这些项目上支出的比重很大，其形式包括中央直接支出、无条件转移支付、有条件转移支付等。日本、德国则介于这两类国家之间。

第二节　政府间的税收划分

税收是政府提供公共产品和服务的财力保证，同时也是政府调节经济运行的重要手段。在由各级政府分别提供受益范围各异的公共产品的过程中，也需要对税收在各级政府之间进行适当的划分。这样，便引申出了政府间税收划分的问题。

一、政府间税收划分的依据

（一）将各税种的功能与各级政府的职责相结合

在划分中央税和地方税时，应该考虑到各个税种的不同功能和作用，力求使这种划分有利于各级政府有效行使其职责。按照这一原则，应该将有助于中央政府实行宏观调控（包括调节收入分配、稳定经济等）的税收划归中央政府所有，而对较明显的受益性税收、区域性税收和对宏观经济运行不产生直接影响的税收，则应根据实际情况将其划归地方政府所有。像个人所得税和企业所得税，都具有收入再分配和稳定经济的功能，因此应主要由中央政府掌握。

（二）注重多级财政间的相互协调

为了使中央和地方税制能够在各自有效运行的前提下为中央和各级地方政府提供充裕的财力，并产生良好的经济影响，必须协调好两级税收体系之间的相互关系，竭力减少和避免下述情况的出现：一是中央税制和地方税制间因税务行政方面的重复而出现的烦琐问题；二是中央政府和地方政府在制定税收政策过程中的相互矛盾；三是中央和地方政府在税收政策实施过程中可能出现的相互掣肘和摩擦。在中央和地方税收关系的协调过程中，中央政府应该毫无疑问处于主动的地位，从而为多级财政体制的有效运行创造条件。从各个国家的情况看，在一般情况下，主体税种（无论是所得税还是增值税）主要划归中央政府，是一个普遍性的规律。究其原因，首先，主体税种的大部分划归中央政府能够有助于保证中央财政收入数量的稳定性和入库的及时性；其次，是由于这种划分便于中央政府实施宏观经济调控政策，保持税收政策与国家经济政策导向的一致性。

（三）体现税收划分的便利性

税收划分最终也涉及由谁征收的问题，所以考虑税收的划分，不能不顾及征收难易的问题，或者说，是否便于课征应该成为划分中央税与地方税的标准之一。古老的房产税、土地税长期以来之所以毫无例外地成为各个国家的地方税收，在很大程度上是因为作为征税对象的房产和土地分布在各个辖区之内，便于地方政府（尤其是市、镇政府）掌握税源、核实房价地价，纳税人不易逃漏税款，课征效率较高。相反，若由中央政府出面课征房产税、土地税，其所面临的实际困难会明显增多。

（四）使税收划分有利于经济的运行与发展

从总体上讲，税收的划分应该有利于提高经济运行的效率和促进经济的健康发展。一般情况下，中央和地方政府均适合于对商品流转额进行课税。但若将经济效率因素考虑在内，就应把对商品流转额课税的职责主要赋予中央政府而不是地方政府。这是因为，若由地方政府出面课征，那么，由于追求本地利益，就很容易出现在商品课税方面各自为政的情况，加剧地区间经济割据和关卡林立的状况，从而增加交易成本，降低经济效率。若由中央政府出面课征或以中央政府为主、地方政府为辅进行课征，则可在一定程度上避免上述问题的出现，达到货畅其流。

二、政府间税收权限的划分

（一）税收权限的内容

1. 税收立法权

在税收权限当中，税收立法权居于核心的地位。税收立法权规定着税法的制定和颁布、税种的设立。从层次上看，税收立法权既包括国家立法机构本身所制定的税收法规，同时也包括由国家立法机构授权执行机构所制定和颁布的各项税收行政法规。这些税收行政法规同样也具有法律效力。

2. 税法解释权

作为对基本税法的补充说明和制定实施细则的一种权限，税法解释权的依据是税收基本条例，其方式是对税收法律和税收行政法规在实施过程中遇到的特殊问题加以说明，以达到实现税法意图的目的。

3. 征收管理权

征收管理权的重要组成部分之一是税种的开征和停征权。在税收基本法规确定之后，这种权限可以决定开征或停征税种的时间和范围。完整意义上的税收征收管理权还包括对税收稽征过程中产生的若干争议问题进行裁决的权限。征税机构的设置权限，一般也在征收管理权限的范围之内。

4. 税收调整权

税收调整权具体包括增加或减少征税科目、调整征税比率的权限以及减少税收负担方面的权限等。

（二）税收权限的基本划分模式

1. 分散型税权划分模式

分散型税收权限划分模式主要存在于政治和经济管理权限均比较分散的国家，其特点是赋予各级立法机构和执行机构较大的税收权限，尤其是地方政府在税权上的自主性相当大。这一模式的典型代表是美国。在美国，联邦、州和地方三级政权均各自行使归属于本级的税收权限，包括税收立法权、解释权、开停征权、调整权和优惠权等，因而便形成了统一的联邦税收制度和有差别的州和地方税收制度并存的特定格局。从功能上看，这种税收权限划分模式有助于保证各级财政（尤其是地方财政）自主地组织和支配财力，但它也对各级税权之间的协调性和衔接性提出了相当高的要求。如果各级政府之间的税权关系不能很好地加以协调的话，便很可能产生各级政府间税收政策上的矛盾，并会因此而导致负面效应的出现。与此相联系，美国《宪法》规定，联邦法律（包括税法）高于州和地方法律，这种规定的意义在于，当中央和地方政府间的税权及政策产生矛盾时，应以中央税权和政策的主导性为重。同是联邦制国家的加拿大的税收权限划分模式也很接近于这种类型。

2. 适度集中、相对分散型税权划分模式

所谓税权适度集中、相对分散是指立法权集中、执行权分散，或者大部分立法权掌握在中央，地方则负责征收管理。德国的税权划分模式就属于这一类型。德国联邦政府一级在对关税等联邦税收理所当然地拥有单独立法权的同时，也对共享税享有优先立法权。州和地方政府对隶属于自己的财产税等地方税种拥有较大的权限，可以自行规定税率、减免和加成等。德国的联邦税务管理部门负责征收关税和联邦消费税，其他一些联邦税以及地方税种由州、地方税务机构负责征收，可见其州政府具有比较大的税收执行权。日本也实行“立法权集中，执行权分散”的模式，地方可以在法律许可的范围之内制定详细、具体的征收管理条例及实施细则，并进行一定限度内的税收调整，但地方无权随意改动全国统一的法定税率。当各级地方政府财政出现入不敷出的拮据状况时，地方可以开设法定外的税种，当然这种税在开征之前需要履行严格而复杂的审批手续。

3. 集中型税权划分模式

所谓税收权限集中并不是十分绝对的，而主要指基本权限相对集中于中央。在发达国家当中，法国较为重视计划管理，同时又是一个国有经济比重较高的国家，它强调政府对经济的干预和影响，并且强调中央对地方的指导作用。与此相适应，法国也实行集中税权的方式，税收立法权和税收管理权基本上由中央统揽。具体地讲，无论中央税还是地方税，其主要的政策和法规，如立法权、开征权、税目确定权、征税范围等，均由中央统一制定，地方无税收立法权，而只能对地方税有一定的机动权限，如制定和调整地方税税率、制定和实施地方税的优惠措施等。从类型上看，英国和意大利也属于税收权限较为集中的国家。

三、政府间具体税种的划分

从市场经济发达国家的分税实践来看，主要税种在政府间的划分在各国具有很大的相似性。下面以表11-2列举若干国家中央与地方之间主要税种的划分。

表11-2 若干国家中央与地方之间主要税种的划分

税 种	美 国	加拿大	德 国	日 本	英 国
关 税	联邦	联邦	联邦	中央	中央
增值税		联邦	联邦、州	中央	中央
个人所得税	各级	联邦、省	各级	中央、地方	中央
公司所得税	联邦、州	联邦、省	联邦、州	中央、地方	中央
财产税	州、地方	地方	州、地方	地方	地方
使用费与规费	各级	各级	地方	各级	各级

（一）关税

关税包括进口关税和出口关税，体现了一个国家的主权，适宜于由中央政府统一管理，应该划归中央政府。

（二）增值税

增值税是对商品的增值额课税，数量大，由地方政府课征，容易产生地方保护主义，影响商品流通。此外，增值税是多环节征收的，如果让各级地方政府来征收这种税，征税对象的流动性会使征管具有很大的难度，因此应该由中央政府来征收。

（三）个人所得税

个人所得税的课税对象是个人的纯收入，具有再分配性质，而且其课税对象具有较强的流动性。所以，个人所得税作为一种调节收入差距、实现社会公平目标的税种更适合划归中央政府，或在中央政府统一政策协调下作为中央政府与地方政府的共享收入，大部分收入归中央政府。

（四）公司所得税

公司所得税的征税对象具有较强的流动性。如果由地方政府征收，那么企业就有可能通过转让定价将收入转移到税率较低的地方，以此来避税，或者利用各地方征收管理协调上的困难逃税。因此，公司所得税应由中央政府征收，或者采取主要由中央政府征收，地方政府以附加的形式课征一部分。

（五）财产税

财产税的征税对象如房屋具有不可流动性，且税源分散，核查困难，由地方政府征收更为合适。从税收征管效率考虑，由地方政府分散课征比由中央集中课征，征税和纳税的成本更低。地方政府可以对财产价值做出较为准确、客观的审核、评估，并具有连贯性和一致性。再加上，财产税的地域性较强，并且对宏观调控的影响不大。因而各个国家均将其划归省、州以下的地方政府进行征收和管理。

（六）使用费与规费

使用费和规费属于非税财政收入的主要内容，主要项目有：公立医院的收费，公立学校的学费，政府举办的博物馆、公园入场费，许可证费，法院裁定费，高速公路的收费，驾驶执照费等。这些收费因其能够按受益原则确定特定的消费者，适合于各级政府尤其是基层地方政府征收，因为大部分的公共产品是由地方政府向社会公众供给的。

第三节 政府间的转移支付

政府间转移支付制度是分级财政体制的重要组成内容，是对税收划分的必要补充，对于财政体制的正常运行发挥着不可或缺的作用。政府间转移支付制度不仅可以解决政府间纵向与横向的财政失衡，而且可以解决公共产品供给中的外部性问题。

一、政府间转移支付的依据

（一）解决纵向财政失衡问题

纵向财政失衡是针对多级财政体制中上下级政府之间财政收支差异状况而言的。在各级政府之间既定的支出范围和收入范围得以确定之后，当某些级次的政府财政面临着赤字，而其他级次政府却出现盈余时，就意味着纵向财政失衡问题的存在。具体地看，在许多国家，按照事权和财权划分的标准，将事关维护国家权益、税基广、增长快、潜力大和有利于实施宏观调控的税收划为中央收入，并将税源分散、与地方经济和社会发展密切相关且易于征管的税收划为地方收入，在这样的收支划分格局下，有可能使中央政府掌握较多的财力，而使地方财政处于收不抵支的境况。这是最为常见的一种纵向财政失衡形式。究其原因，主要是从历史和经验来看，任何一个国家，客观上都需要维护中央政府的权威，限制地方政府势力的过度扩张，以保证政令畅通、政局安定、经济协调稳定发展。通过中央政府掌握相对较多的财力份额，使得地方政府的财力在一定程度上有赖于中央政府的支持，就是达到上述目的的一种相对有效的手段。对于此种类型的纵向财政失衡，主要的解决办法，便是运用财政转移支付政策和手段协调上下级政府之间的资金往来关系，实现纵向财政平衡。此外，在财政实践过程中，也可能会出现地方财力相对较强，而中央财力相对不足的状况，这是第二种类型的纵向财政失衡。此种类型的纵向财政失衡是极为特殊的，必须尽快改变，如果长期如此，会影响国家的统一与稳定。

（二）解决横向财政失衡问题

从经济社会发展的视角来看，一个国家内各个地区之间各种要素禀赋条件的差异性是绝对的，而条件的同一性则是相对的，当国土面积较大时，更是如此。各个地区之间经济发展程度差异，必然导致横向财政失衡问题。横向财政失衡主要体现在：一方面，富裕地区财政收入充裕，出现财政盈余；而贫困地区税源狭小，财政状况拮据。另一方面，富裕地区能够为其居民提供较高水准的公共产品和服务；而贫困地区却难以提供最基本的公共产品和服务。显而易见，横向财政失衡状况的存在和加剧是不利于各地区均衡发展和社会共同进步的。在发达和落后地区之间通常是无法自动形成这种财政资金转移的，因为各地方财政的收支活动都会以本地利益为出发点和归宿点。中央政府代表着国家的整体利益，有责任运用倾斜性政策，采取转移支付的预算调剂方法，协调各个地区之间的经济发展。

（三）解决公共产品供给中的外部性问题

地方政府提供区域性公共产品的受益范围几乎不可能恰好被限定在地方政府的辖区之内。地方性公共产品的受益（或成本）范围很可能会超出地方政府辖区的界限，使其他地区在受益或受侵害的同时并不承担任何成本或得到补偿。此时会出现两种结果：（1）当存在着正外部性时，从本地利益出发，地方政府有可能高估公共产品的供给成本，而低估其整体效益，并有可能以无法完全负担成本为理由，减少此类具有正外部效应的公共产品的提供。（2）当公共产品附带着外部不经济时，地方政府则容易高估该公共产品的正效应，低估或者忽视提供该公共产品的成本，从而使这种附带的外部不经济继续存在乃至有所增加。这种扭曲性政策的实施，不仅影响着本地区及相关地区居民的利益，而且也不利于地区间经济关系的协调。在这种情况下，实施财政转移支付，由上级政府给予下级政府一定的财政补助，对具有外部性的公共产品的提供进行适当调节，便是一种较为有效的干预方式。

二、政府间转移支付的种类

政府间转移支付形式多样，根据地方政府使用补助时自主权的大小，可以分为无条件补助和有条件补助。

（一）无条件补助

无条件补助也称一般性补助、非选择性拨款或收入分享，中央政府对资金的使用方向等不做任何规定，也没有任何附加条件，地方政府有权自主决定补助的使用方向和方式。中央政府向地方政府提供无条件补助的最主要目的是解决横向财政失衡与纵向财政失衡问题。既保证地方政府作为一个整体能平衡预算，同时缓解地方政府间财政能力的差异，保证每个地区都能提供基本水准的公共服务。

无条件补助不要求下级政府拿出一定数额或比例的配套资金，也不规定资金的具体用途，无异于对地方政府的“赠款”，使地方财政增加了一笔净收入，地方政府可以依照本地情况，灵活地安排资金投向。

无条件补助的确定，往往需要考虑多种因素。其中主要的因素有三个：一是地方的收入能力；二是地方的支出需求；三是上级财政的承受能力。在具体测算地方财政收入能力和支出需求时，还需要考虑影响收入能力和支出需求的各种具体因素。由于上级政府不指定无条件补助的用途，这意味着下级政府可以自由使用，弥补自己的财力不足。因此，无条件补助受到下级政府的欢迎，下级政府偏好争取无条件补助，以获取更大的财力自主权。

但是，无条件补助的缺点也非常明显：其一，从上级政府来看，由于没有固定用途，因而就失去了对其的控制力。其二，无条件补助的政策意图主要是达到横向财政平衡的目标，具有抽肥补瘦的特点，如果一般性补助数额过大，财力过于平调，则会挫伤较富裕地区的积极性，同时也有可能使落后地区产生依赖性。因而无条件补助虽然有其优点，但其应用范围也受到一定限制，通常较为适用于对最低公共需求不足部分的补贴。

（二）有条件补助

有条件补助也称专项补助，中央政府指定这些拨款的用途，地方政府必须按指定的用途使用这些资金，专款专用，即所谓“打酱油的钱不能买醋”。有条件补助主要用来执行中央政府的政策和意图，用于有溢出效应的项目，如教育、环境保护、社会保障等。这种拨款对于地方来讲，虽增加了一定的财力，但在财权上并没有较高的自由度，要受中央意志的限制，要按中央意志落实转移支付资金的用途，达到预定的效果，同时还必须接受中央政府的监督和检查。

有条件补助又可以分为两种类型：

1. 非配套补助。中央政府向地方政府提供一笔固定数额的补助，并指定其具体用途，但不要求地方政府提供配套资金。这种拨款可以增加地方财政收入的来源，提高地方政府对指定项目投资的积极性。从中央政府角度看，非配套补助指定了支出的用途，有利于控制下级政府的支出方向；从地方政府角度看，由于没有地方资金配套的规定，其条件相对比较宽松，也受到地方政府的欢迎。因而，它是世界各国政府普遍采用的政府补助形式，成为上级政府对下级政府财政支持的重要形式。如中央政府对不发达地区的教育补助、卫生补助、社会保障补助、扶贫开发资金等，都是帮助经济欠发达地区发展经济和提高公共产品的供给水平的有力措施。

2. 配套补助。配套补助又称对称补助，因中央政府对地方财政进行补助时，同时也要求地方拿出相应的配套资金而得名。对称补助可能会限定资金的大致投向或具体的使用范围。这里所谓的“配套”，既可以是某一固定数额的资金，也可以是相当于补助金一定比例的资金，其意图在于促使下级政府与上级政府共同承担起提供某些公共产品的职责。对称补助所体现的，应该是“雪中送炭”，而不是“锦上添花”。对称补助中的配套数额或比例也是依照具体情况的不同而变化的。在下级财政较为拮据的情况下，补助金的配套数额或比例会低一些。

无条件补助和有条件补助均属于在不替代下级政府决策和不改变地方财政相对独立性的前提下，由上级政府对下级政府进行引导的一种经济手段。关于各种转移支付形式的特点，可用表 11-3 加以展示和比较。在实践过程中，根据具体情况的不同，可对不同的补助形式进行选择运用。

表 11-3　各种政府间转移支付形式的特点比较

程度＼形式 特征	无条件补助	非配套补助	配套补助
体现中央政府意图	弱	强	强
地方政府运用补助金的自由度	强	中	弱
促进特定效果的提高	弱	强	中

三、政府间转移支付的基本模式

（一）以有条件补助为主的转移支付模式

以有条件补助为主的转移支付模式的典型代表是美国。美国联邦财政的转移支付分为三种类型：分类补助、宽范围用途补助和一般目的补助。对于前两种补助，联邦政府有时要求州和地方政府财政拿出必要的配套资金，主要投入到环境保护、能源、社会保障、基础设施等项目上。这两种补助不仅规定了资金的用途，而且还可能要求州和地方财政拿出相应的配套资金。在美国，规定了用途的补助形式之所以受到重视，关键是由于它有助于体现联邦政府的政策意图，有助于产生比较好的补助效果。由于一般性补助并不具备这方面的优势，所以，它在联邦转移支付总量中只占很小的比重。美国联邦政府除了采取拨付款项的方式对州和地方政府进行补助之外，还采取联邦贷款和贷款担保等信贷形式的补助。

（二）以实行财政均等化为主的转移支付模式

以实行财政均等化为主的转移支付模式的典型代表有澳大利亚、加拿大和德国等国家。以澳大利亚为例，在这个地广人稀的国家，虽然各州之间在自然资源、人口密度、经济结构诸方面均存在着一定的差异，但各地居民却均可享用到水平相同或相近的公共产品和服务。这在很大程度上是由于该国实行了以财政均等化为目标的转移支付制度。澳大利亚财政均等化的依据在于，既然各地居民均按照同一个所得税法纳税，那么，他们所享用的公共产品和服务就不应该存在明显的差异。澳大利亚财政均等化的方案是由独立于政府之外的联邦拨款委员会负责制定的，并由联邦政府决定在多大程度上加以采纳。德国的财政均等化政策，体现在纵向和横向的转移支付制度当中。其中，横向转移支付制度的均等化特征更为明显。德国横向财政转移支付主要指各州之间的财政平衡计划，即由财力较强的州拿出一部分税收收入转移给财力较弱的州。为此，德国还专门制定了《财政均衡法》，作为进行横向财政转移支付的依据，并通过测算税收能力和标准税收需求，进行财政平衡关系的比较，最终实现各州之间财力状况的基本均衡。通过这种横向的财政转移支付，德国在一定程度上实现了上下级政府之间以及各个地区之间的均衡发展目标。

（三）无条件拨款和有条件拨款相结合的转移支付模式

无条件拨款和有条件拨款相结合的转移支付模式的典型代表是日本。日本中央政府掌握全国财政收入的三分之二左右，而其直接支出仅约为全国财政总支出的三分之一，因此中央财政收入的一半向地方进行转移支付。中央政府对地方政府的转移支付有地方交付税和国库支出金两类，前者为无条件拨款，后者是有条件拨款。地方交付税实质上是一种税收分享制度，作为一种均等化转移支付，由中央直接向两级地方政府分配。地方交付税的来源是五个主要中央税种的一定百分比。国库支出金是一种专项拨款，是中央政府根据特定目的和条件指定专门用途，由财务省（原大藏省）每年确定总额，由各个部门（教育部、卫生部等）具体分配并监督实施。国库支出金的拨款项目几乎覆盖了所有地方政府的活动，包括教育、社会福利、公众设施、交通、地区经济发展等。专项拨款中绝大部分是配套补助。

第四节 中国的分税制改革

中华人民共和国成立以来，伴随着各个历史阶段政治和经济形势的变化，财政体制经历了多次改革，总体的改革取向是由集权逐步走向分权。在中华人民共和国成立之初的国民经济恢复时期，实施的是高度集权的“统收统支”财政体制。从第一个五年计划开始，逐步过渡到“统一领导、分级管理”财政体制。改革开放后，为调动地方政府的积极性，实行了多种形式的“分级包干”财政体制。从 1994 年 1 月 1 日起，中央对各省、自治区、直辖市以及计划单列市实行分税制财政体制改革，初步构建起社会主义市场经济条件下的分级财政体制。其后，中央依据体制运行状况和宏观调控的需要从调整中央与地方收入划分格局、健全转移支付制度以及规范省以下财政体制等方面对分税制财政体制进行了多次调整与规范。从 1994 年运行至今，分税制财政体制显现出良好的经济与政策效应，基本适应了社会主义市场经济体制的内在要求。

一、1994 年分税制改革的主要内容

1992 年，财政部选择了天津、辽宁、沈阳、大连、浙江、青岛、武汉、重庆和新疆等九个地区进行了分税制财政管理体制改革试点，为全面推行分税制做了必要的前期准备。1993 年 12 月 15 日，国务院发布了《关于实行分税制财政管理体制的决定》(国发〔1993〕85 号)，决定从 1994 年 1 月 1 日起改革地方财政包干体制，对各省、自治区、直辖市以及计划单列市实行分税制财政管理体制。这次财税体制改革主要是针对包干体制的弊端提出的，是中华人民共和国成立以来改革力度最大、范围最广、影响最为深远的一次财税制度创新，是我国财政管理体制的一次重大调整。通过这次改革，基本上建立起了适应社会主义市场经济发展要求的财政管理体制框架。

具体而言，1994 年分税制财政体制改革的主要内容包括：

(一) 划分中央与地方的财政支出范围

中央财政主要承担国家安全、外交和中央国家机关运转所需经费，调整国民经济结构、协调地区发展、实施宏观调控所必需的支出以及由中央直接管理的事业发展支出；地方财政主要承担本地区政权机关运转所需支出以及本地区经济、社会事

业发展所需支出。具体支出划分情况见表 11-4：

表 11-4 1994 年中央与地方支出范围的划分

中央财政支出	国防费，武警经费，外交和援外经费，中央级行政管理费，中央统管的基本建设投资，中央直属企业的技术改造和新产品试制经费，地质勘探费，由中央财政安排的支农支出，由中央负担的国内外债务还本付息支出，以及由中央本级负担的公检法支出和文化、教育、卫生、科学等各项事业费支出
地方财政支出	地方行政管理费，公检法经费，民兵事业费，地方统筹安排的基本建设投资，地方企业的技术改造和新产品试制经费，地方安排的农业支出，城市维护和建设经费，地方文化、教育、卫生等各项事业费，价格补贴以及其他支出

（二）划分中央与地方收入

将维护国家权益、涉及全国性资源配置、实施宏观调控所必需的税种划归中央，中央收入占全国财政收入的大头；将同经济发展直接相关的主要税种划为共享税；将适合地方征管的税种划为地方税，并充实地方税税种，增加地方税收入（具体收入划分情况见表 11-5）。分设国税与地税两套税务机构，国税机构负责征收中央税和共享税，地税机构负责征收地方税。国税机构的设立强化了中央政府对中央税和共享税的征收管理，也在相当程度上消除了地方政府对中央税收收入的影响。

表 11-5 1994 年中央与地方的收入划分

中央固定收入	关税，海关代征的消费税和增值税，消费税，中央企业所得税，地方银行和外资银行及非银行金融企业所得税，铁道部门、各银行总行、各保险总公司等集中缴纳的收入（包括营业税、所得税、利润和城市维护建设税），中央企业上缴利润等。外贸企业出口退税，除 1993 年地方实际负担的 20% 部分列入地方财政上缴中央基数外，以后发生的出口退税全部由中央财政负担
中央与地方共享收入	增值税、资源税、证券交易（印花）税。增值税中央分享 75%，地方分享 25%。资源税按不同的资源品种划分，海洋石油资源税作为中央收入，其他资源税作为地方收入。证券交易（印花）税，中央与地方各分享 50%
地方固定收入	营业税（不含铁道部门、各银行总行、各保险总公司集中缴纳的营业税），地方企业所得税（不含上述地方银行和外资银行及非银行金融企业所得税），地方企业上缴利润，个人所得税，城镇土地使用税，固定资产投资方向调节税，城市维护建设税（不含铁道部门、各银行总行、各保险总公司集中缴纳的部分），房产税，车船使用税，印花税，屠宰税，农牧业税，对农业特产收入征收的农业税（简称农业特产税），耕地占用税，契税，土地增值税，国有土地有偿使用收入等

（三）建立中央对地方税收返还制度

为保证地方的既得利益，争取地方政府对分税制改革的支持，建立税收返还制度。税收返还数额的计算以 1994 年为基期，按分税后地方净上划中央的收入数额（消费税+75%的增值税-中央净下划收入），作为中央对地方税收返还的基数，基数部分全部返还给地方。为进一步确保地方的既得利益，设定税收返还"增长"与"扣减"办法①。将税收返还与各地区当年上缴中央金库的"两税"（消费税和增值税的75%）的增长率相挂钩。税收返还的增长率按各地区"两税"增长率的1：0.3系数确定。各地区的"两税"每增长1%，税收返还增长0.3%；如果1994年以后上划的中央收入达不到1993年的基数，则相应扣减税收返还数额。

（四）实行过渡期转移支付

考虑到实行公式化、规范化的财政转移支付制度的条件尚不成熟，从1995年起，中央对财力薄弱地区实施过渡期转移支付，作为分税制财政体制改革的配套措施。其基本思路是，从中央财政每年增收的收入中拿出一部分，试行按公式化分配方法，用于对少数民族地区和贫困地区的转移支付，以调节这些地区的最低公共服务水平。过渡时期转移支付办法在一定程度上调节了地区间最低公共服务水平差距，更重要的意义还在于进行了实行中央与地方之间规范化转移支付制度的实验，也推动了地方各级之间转移支付制度的建设。

（五）妥善处理原体制补助与上解事项

为保证新旧体制的顺利转换，原包干体制下的分配格局暂定不变。原体制中央对地方的补助继续按规定补助。原体制地方上解仍按不同体制类型执行：实行定额上解的地区，按原规定的上解额，继续定额上解；实行递增上解的地区，按原规定继续递增上解；实行总额分成的地区和分税制试点地区，暂按递增上解办法，即按1993年实际上解数，并核定4%的递增率，每年递增上解。为进一步规范分税制财政体制，从1995年起，凡实行递增上解的地区，一律取消递增上解，改为按各地区1994年的实际上解额实行定额上解。

二、分税制财政体制运行过程中的调整与规范

1994年后，中央根据分税制运行状况以及经济形势发展的需要，沿着1994年的改革思路与路径，对分税制财政体制进行了一系列的调整与完善。在分税制改革后的二十年间，财政体制的改革主要着重于对收入划分的调整与政府间转移支付的完善，并未对事权和支出责任划分进行大的调整。2013年11月，党的十八届三中全会提出建立现代财政制度，并明确了建立现代财政制度的三大任务："改进预算管理制度、完善税收制度、建立事权和支出责任相适应的制度。"自此，中央与地方事权与支出责任划分改革被提上重要议事日程。

（一）1994年后中央与地方收入划分的主要调整与变动

1. 提高证券交易印花税中央分享比例

证券交易印花税的税源来自全国各地，但仅在上海和深圳征收，并由上海和深

① 分税制改革后，增值税和消费税由国税局征收，所以，这种关于"增长"和"扣减"的规定的目的是将"两税"的增长和地方的利益联系起来，以促进各地方对"两税"增长的关注。

圳分享50%的收入。随着证券交易市场的迅速发展，证券交易印花税有了较大幅度的增长，其他地区对此种分享方式提出异议。为妥善处理不同地区间的财政分配关系，从1997年1月1日起，中央分享比例提高至80%，后又提高到88%；自2000年10月1日起，中央分享比例调整为91%，并分三年调整到97%。自2016年1月1日起，将证券交易印花税全部调整为中央收入。

2. 实施所得税收入分享改革

自2002年1月1日起，实施所得税收入分享改革，规定除铁路运输、中国邮政、中国工商银行、中国农业银行、中国银行、中国建设银行、国家开发银行、中国农业发展银行、中国进出口银行、中国石油天然气股份有限公司、中国石油化工股份有限公司以及海洋石油天然气企业等企业缴纳的企业所得税继续作为中央收入外，其他企业所得税和个人所得税收入实行中央和地方按比例分享。2002年的分享比例是中央政府和地方政府各50%；自2003年起，将中央政府的分享比例提高到60%。中央财政因此增加的收入全部用于对地方（主要是中西部地区）的一般性转移支付。

3. 建立中央和地方的出口退税共同负担机制

自2004年起，以2003年出口退税实退指标为基数，对超基数部分的应退税额，由中央与地方按75∶25的比例分别承担。但因沿海出口退税较多的省份，尤其是口岸城市反映出口退税负担过重，自2005年1月1日起，各地区出口货物所退增值税中，超基数部分的退税额，地方分担的比例从原来的25%降至7.5%。

4. 成品油税费改革

自2009年1月1日起，实施成品油价格和税费改革。此项改革取消了地方政府的公路养路费等六项收费，以提高成品油消费税单位税额、不再新设立燃油税的方式，利用现有税制、征收方式和征管手段，实现成品油税费改革。成品油税费改革的实施，有助于规范政府收费行为、促进节能减排和结构调整、平衡社会负担、依法筹措交通基础设施维护和建设资金。

5. 其他中央与地方政府间收入划分的调整

（1）营业税。1997年至2001年，将金融保险业营业税税率由5%提高至8%，增加的收入归中央财政；自2001年，为支持金融保险业改革，将金融保险业营业税税率每年下调一个百分点，由8%降至5%。2012年1月1日起，铁道部门集中缴纳的铁路运输企业营业税（不含铁路建设基金营业税）由中央收入调整为地方收入，铁道部门集中缴纳的铁路建设基金营业税仍作为中央收入。2016年5月1日起，全面推行“营改增”试点，取消营业税，过渡期（暂定2～3年）增值税收入中央与地方五五分成。

（2）增值税。为进一步完善分税制财政体制，从2016年起，中央对地方实施增值税定额返还，对增值税增长或下降地区不再增量返还或扣减。

（3）自2001年起开征车辆购置税，其收入全部归中央政府。

（4）船舶吨税自2001年重新纳入预算管理，收入全部归中央政府。

（5）自 2018 年 1 月 1 日开征环境保护税，其收入全部作为地方收入。

经多次调整后，现行中央与地方的收入划分情况见表 11-6：

表 11-6　现行中央与地方的收入划分

中央固定收入	关税、海关代征的消费税和增值税、消费税、船舶吨税、车辆购置税、未纳入共享范围的中央企业所得税、证券交易（印花）税、中央企业上缴的利润等
中央与地方共享收入	增值税（中央分享 50%，地方分享 50%）；纳入共享范围的企业所得税和个人所得税（中央分享 60%，地方分享 40%）；资源税按不同的资源品种划分，海洋石油资源税作为中央收入，其他资源税作为地方收入
地方固定收入	城镇土地使用税、城市维护建设税、房产税、车船税、印花税（不含证券交易印花税）、耕地占用税、契税、烟叶税、土地增值税、环境保护税、地方企业上缴的利润、国有土地有偿使用收入等

（二）改革国税地税征管体制

2015 年 12 月 24 日，中办、国办联合下发了《深化国税、地税征管体制改革方案》（以下简称《方案》）。《方案》要求，根据深化财税体制改革进程，结合建立健全地方税费收入体系，厘清国税与地税、地税与其他部门的税费征管职责划分，着力解决国税、地税征管职责交叉以及部分税费征管职责不清等问题。

2018 年 3 月 17 日，国务院机构改革方案经第十三届全国人大第一次会议第五次全体会议表决通过。《方案》明确规定，改革国税地税征管体制。将省级和省级以下国税地税机构合并，具体承担所辖区域内各项税收、非税收入征管等职责。国税地税机构合并后，实行以国家税务总局为主与省（区、市）人民政府双重领导管理体制。

（三）1994 年后中央对地方税收返还和转移支付制度的完善

1. 税收返还制度的发展与规范

（1）实施所得税基数返还。从 2002 年 1 月 1 日开始，改革原来按企业的行政隶属关系划分所得税收入的办法，对企业所得税和个人所得税收入实行中央和地方按比例分享。为照顾地方政府的既得利益，在所得税分享改革的同时，实施所得税基数返还。

（2）实施成品油税费改革税收返还。2009 年实施成品油价格和税费改革后，取消原有的公路养路费等六项收费。为了确保成品油价格和税费改革的平稳实施，保障交通基础设施养护和建设等需要，逐步推动全国交通均衡发展，中央财政对各地因取消“六费”减少的收入给予税收返还。

（3）将地方上解收入纳入税收返还。2009 年，简化中央与地方财政结算关系，将出口退税超基数地方负担部分专项上解等地方上解收入也纳入税收返还，将地方上解与中央对地方税收返还作对冲处理（冲抵返还额），相应取消地方上解中央收入科目。

2. 政府间转移支付制度的健全

1994 年分税制改革以后，我国逐步建立了以财力性转移支付和专项转移支付为主的转移支付制度。其中，财力性转移支付是中央财政为弥补欠发达地区的财力缺口、缩小地区间财力差距、实现基本公共服务均等化安排给地方财政的补助资金，以及中央出台减收增支政策对财力薄弱地区的补助。专项转移支付是中央财政为实现特定的宏观政策及事业发展战略目标，以及对委托地方政府代理的一些事务或中央地方共同承担事务进行补偿而设立的补助资金，需按规定用途使用。1995 年后，财力性转移支付和专项转移支付的规模逐步扩大，所占比重不断上升（参见表 11–7）。

表 11–7 1995—2008 年税收返还与财政转移支付的形式及比重

年份	中央对地方的税收返还和转移支付（亿元）	税收返还和体制补助与上解		财力性转移支付		专项转移支付	
		数量（亿元）	比重（%）	数量（亿元）	比重（%）	数量（亿元）	比重（%）
1995	2 534.06	1 867	73.68	291	11.48	375	14.80
1996	2 722.52	1 949	71.59	235	8.63	489	17.96
1997	2 856.67	2 012	70.43	273	9.56	516	18.06
1998	3 321.54	2 083	62.71	313	9.42	889	26.76
1999	4 086.61	2 121	51.90	511	12.50	1 360	33.28
2000	4 665.31	2 207	47.31	893	19.14	1 648	35.32
2001	6 001.95	2 309	38.47	1 605	26.74	2 204	36.72
2002	7 351.77	3 007	40.90	1 944	26.44	2 402	32.67
2003	8 261.41	3 425	41.46	2 241	27.13	2 392	28.95
2004	10 407.96	3 609	34.68	2 934	28.19	3 238	31.11
2005	11 473.68	4 143.71	36.11	3 812.72	33.23	3 517.25	30.65
2007	18 112.45	4 121.55	22.76	7 092.9	39.16	6 898	38.08
2008	22 990.76	4 282.16	18.63	8 746.21	38.04	9 962.39	43.33

资料来源：佚名 .1995—2008 年《全国财政决算》[EB/OL]. [2018-08-06]. http: //yss.mof.gov.cn/zhengwuxinxi/caizhengshuju/.

2009 年，中央进一步规范财政转移支付制度，将中央对地方的转移支付简化为：一般性转移支付、专项转移支付和税收返还。具体变化包括：将财力性转移支付改为一般性转移支付；将补助数额相对稳定、原列入专项转移支付的教育、社会保障和就业、公共安全、一般公共服务等支出纳入一般性转移支付；原体制补助列入一般性转移支付；原体制上解列入税收返还。“税收返还和体制补助与上解”简化为“税收返还”。

2009 年后，中央对地方的税收返还与转移支付结构继续优化。以保持既得利益为目的的税收返还的比重持续下降，自 2009 年的 17.11% 下降到 2015 年的 9.11%。中央政府加大了一般性转移支付力度，清理整合专项转移支付项目，将需要较长时期安排补助经费，且数额相对固定的项目，划转列入一般性转移支付，提高一般性转移支付的规模和比例，具有明显财政均等化效果的一般性转移支付增长较快。一般性转移支付的比重从 2009 年的 39.62% 上升至 2016 年的 53.64%（参见

表 11-8）。

表 11-8　2009—2016 年税收返还与财政转移支付的形式及比重

年 份	中央对地方的财政转移支付（亿元）	税收返还		一般性转移支付		专项转移支付	
		数 量（亿元）	比重（%）	数 量（亿元）	比重（%）	数 量（亿元）	比重（%）
2009	28 563.79	4 886.70	17.11	11 317.20	39.62	12 359.89	43.27
2010	32 341.09	4 993.37	15.44	13 235.66	40.93	14 112.1	43.64
2011	39 921.21	5 039.88	12.62	18 311.34	45.87	16 569.99	41.51
2012	45 383.47	5 120.77	11.28	21 471.18	47.31	18 791.52	41.41
2013	48 019.92	5 046.74	10.51	24 362.72	50.73	18 610.46	38.76
2014	51 591.04	5 081.55	9.85	27 568.37	53.44	18 941.12	36.71
2015	55 097.51	5 018.86	9.11	28 455.02	51.64	21 623.63	39.25
2016	59 400.7	6 826.84	11.49	31 864.93	53.64	20 708.93	34.86

资料来源：佚名 .2009—2016 年《全国财政决算》［EB/OL］．［2018-08-06］．http：//yss.mof.gov.cn/zhengwuxinxi/caizhengshuju/.

（四）1994 年后省以下财政体制的改革与规范

2000 年前后，虽然我国财政收入持续增长，但不少地方，尤其是西部欠发达地区出现了县乡财政困难。一些基层政府公用经费不足，甚至到了难以正常运转的地步。为化解县乡财政困境，财政部推进了以下改革：

1. 创新省对县、县对乡财政管理方式

2005 年后，在财政部的推动下，各地区不断探索创新省以下财政管理方式，推进了省直管县和乡财县管改革。省直管县财政管理模式能够更好地发挥省级财政在省辖区域内对财力差异的调控作用，有助于缓解县级财政困难，减少财政管理级次，降低行政成本；乡财县管改革有助于集中和加强乡镇收入管理，控制和约束乡镇支出需求，统一和规范乡镇财务核算，遏制和缩减乡镇债务规模，提高县乡财政管理水平。

2. 构建县级基本财力保障机制

2005 年，中央财政安排 150 亿元，建立“三奖一补”县乡财政困难激励约束机制[①]。此项政策的实施调动了省市财政向基层加大转移支付力度的积极性，对提高基层公共服务能力，保障基层政权运转能力发挥了积极作用。2010 年 9 月，为进一步增强财力薄弱地区基层财政保障能力，财政部印发了《关于建立和完善县级基本财力保障机制的意见》（财预〔2010〕443 号），全面部署建立和完善县级基本财力保障机制。这一机制以“保工资、保运转、保民生”为目标，按照“明确责任、以奖代补、动态调整”的基本原则，由中央财政根据工作实绩对地方实施奖励。

① 所谓“三奖”，一是指对财政困难县政府增加税收收入和省市级政府增加对财政困难县财力性转移支付给予奖励；二是对县乡政府精简机构和人员给予奖励；三是对产粮大县给予奖励。“一补”是对以前缓解县乡财政困难工作做得好的地区给予补助。

2011年2月，财政部向地方转发相关文件，要求地方各级政府在今后3年建立和完善县级基本财力保障机制。文件明确，地方财政是建立县级基本财力保障机制的责任主体。同时财力保障县自身也要加强收入征管，增加财政收入，并严格控制精简财政供养人员，优化支出结构。文件要求，到2013年仍存在县级基本财力缺口的地区，中央财政相应扣减该地方的均衡性转移支付或税收返还，直接用于补助财力缺口县。

在中央财政的引导和激励下，各地积极采取措施，努力提高县级基本财力保障水平，基本财力保障尚有缺口的县的个数和缺口额大幅减少。截至2012年年底，县级基本财力保障机制全面建立，基本消除了县级基本财力保障缺口，全面实现了基层政府“保工资、保运转、保民生”的既定政策目标。

（五）推进中央与地方财政事权和支出责任划分改革

改革开放以来，中央与地方财政关系经历了从高度集中的统收统支到“分灶吃饭”、包干制，再到分税制财政体制的变化，财政事权和支出责任划分逐渐明确，特别是1994年实施的分税制改革，初步构建了中国特色社会主义制度下中央与地方财政事权和支出责任划分的体系框架，为我国建立现代财政制度奠定了良好基础。但在很长的一段时期，我国的财政体制改革着重于中央与地方收入划分的调整与中央对地方税收返还与转移支付的规范，中央与地方财政事权和支出责任划分不同程度地存在不清晰、不合理、不规范等问题。

为科学、合理划分中央与地方财政事权和支出责任，2016年8月，国务院印发《关于推进中央与地方财政事权和支出责任划分改革的指导意见》（以下简称《意见》）。《意见》明确规定，财政事权是一级政府应承担的运用财政资金提供基本公共服务的任务和职责，支出责任是政府履行财政事权的支出义务和保障。合理划分中央与地方财政事权和支出责任是政府有效提供基本公共服务的前提和保障，是建立现代财政制度的重要内容，是推进国家治理体系和治理能力现代化的客观需要。

根据《意见》，推进中央与地方财政事权和支出责任划分改革的主要内容是：一是推进中央与地方财政事权划分。适度加强中央的财政事权，逐步将国防、外交、国家安全、出入境管理、国防公路、国界河湖治理、全国性重大传染病防治、全国性大通道、全国性战略性自然资源使用和保护等基本公共服务确定或上划为中央的财政事权；保障地方履行财政事权，逐步将社会治安、市政交通、农村公路、城乡社区事务等受益范围地域性强、信息较为复杂且主要与当地居民密切相关的基本公共服务确定为地方的财政事权；减少并规范中央与地方共同的财政事权，逐步将义务教育、高等教育、科技研发、公共文化、基本养老保险、基本医疗和公共卫生、城乡居民基本医疗保险、就业、粮食安全、跨省（区、市）重大基础设施项目建设和环境保护与治理等体现中央战略意图、跨省（区、市）且具有地域管理信息优势的基本公共服务确定为中央与地方的共同财政事权，并明确各承担主体的职责。二是完善中央与地方支出责任划分。中央的财政事权由中央承担支出责任，地方的财政事权由地方承担支出责任，中央与地方共同财政事权根据基本公共服务的属性，区分情况划分支出责任。

《意见》确定了推进中央与地方财政事权和支出责任划分改革的时间安排：（1）2016年。有关部门要按照本指导意见要求，研究制定相关基本公共服务领域改革具体实施方案。选取国防、国家安全、外交、公共安全等基本公共服务领域率先启动财政事权和支出责任划分改革。同时，部署推进省以下相关领域财政事权和支出责任划分改革。（2）2017—2018年。总结相关领域中央与地方财政事权和支出责任划分改革经验，结合实际、循序渐进，争取在教育、医疗卫生、环境保护、交通运输等基本公共服务领域取得突破性进展。参照中央改革进程，加快推进省以下相关领域财政事权和支出责任划分改革。（3）2019—2020年。基本完成主要领域改革，形成中央与地方财政事权和支出责任划分的清晰框架。及时总结改革成果，梳理需要上升为法律法规的内容，适时修订相关法律、行政法规，研究起草政府间财政关系法，推动形成保障财政事权和支出责任划分科学、合理的法律体系。督促地方完成主要领域改革，形成省以下财政事权和支出责任划分的清晰框架。

2018年2月，国务院办公厅印发《基本公共服务领域中央与地方共同财政事权和支出责任划分改革方案》（以下简称《方案》）。《方案》提出，要坚持以人民为中心，坚持财政事权划分由中央决定，坚持保障标准合理适度，坚持差别化分担，坚持积极稳妥推进，力争到2020年，逐步建立起权责清晰、财力协调、标准合理、保障有力的基本公共服务制度体系和保障机制。《方案》明确指出，一是将由中央与地方共同承担支出责任、涉及人民群众基本生活和发展需要的义务教育、学生资助、基本就业服务等基本公共服务事项，列入中央与地方共同财政事权范围。二是制定基本公共服务保障国家基础标准。参照现行财政保障或中央补助标准，制定义务教育公用经费保障、免费提供教科书、中等职业教育国家助学金、城乡居民基本养老保险补助等9项基本公共服务保障的国家基础标准。三是规范基本公共服务领域中央与地方共同财政事权和支出责任分担方式，主要实行中央与地方按比例分担。四是在一般性转移支付下设立共同财政事权分类分档转移支付，对共同财政事权基本公共服务事项予以优先保障。

三、分税制改革的成效

1994年实行的分税制改革搭建了社会主义市场经济条件下中央与地方财政分配关系的基本制度框架。分税制实施20余年来，其运行情况良好，基本达到预期的目标，主要表现在以下几个方面：

（一）构建了分级财政体制的基本框架，规范了各级政府间的财政关系

1994年分税制改革通过以事权划分为基础界定中央与地方的支出范围，按税种的归属划分中央与地方的收入范围，分设国税与地税机构，建立中央对地方的税收返还制度以及实行过渡期转移支付制度等措施，初步构建起社会主义市场经济条件下的分级财政体制。1994年后，中央根据分税制运行状况以及经济形势发展的

需要，沿着 1994 年的改革思路与路径，又对分税制财政体制进行了一系列的调整与完善。

分税制财政体制按照兼顾各方利益关系、事权与财权相结合的原则，以法律法规形式对中央与地方政府的事权、财权加以明确界定和划分，并以较为规范的政府间转移支付制度实现各级政府事权与财力的基本匹配，使各级财政都能够在法律规范的体制框架内行使各自的职责。显然，作为市场经济条件下政府间财政关系的承载体，分税制财政体制所顾及的利益范围较之前的财政包干体制更为完整，中央与地方的共同利益以及自身利益均得到承认与体现，从而跳出了传统财政体制下仅强调中央或地方某一方财政利益的限制，基本实现了财政体制的稳定与明晰。

（二）财政收入稳定增长机制已逐步建立，并确立了中央财政的主导地位

1994 年分税制改革较好地处理了国家与企业、个人的分配关系，规范了中央与地方的分配关系，调动了各级政府促进经济发展、加强税收征管、依法组织收入的积极性，建立起财政收入稳定增长机制。分税制改革后，我国财政收入保持了较快的增长势头，财政实力不断壮大（参见表 11-9）。1993—2016 年，全国财政收入由 4 348.95 亿元增加到 159 604.97 亿元；全国财政收入占国内生产总值的比重则由 12.3% 提高到 21.5%。

表 11-9　分税制改革后我国财政收入以及中央财政收入增长变化趋势

年份	全国财政收入（亿元）	全国财政收入占GDP的比重（%）	中央财政收入（亿元）	中央收入占财政收入的比重（%）
1993	4 348.95	12.3	957.51	22.0
1994	5 218.10	11.2	2 906.50	55.7
1995	6 242.20	10.7	3 256.62	52.2
1996	7 407.99	10.9	3 661.07	49.4
1997	8 651.14	11.6	4 226.92	48.9
1998	9 875.95	12.6	4 892.00	49.5
1999	11 444.08	13.9	5 849.21	51.1
2000	13 395.23	15.0	6 989.17	52.2
2001	16 386.04	17.1	8 582.74	52.4
2002	18 914.00	18.5	11 020.00	58.2
2003	21 691.00	18.5	12 465.00	57.5
2004	26 355.88	19.3	15 081.54	57.2
2005	31 649.29	17.2	16 548.53	52.3
2006	38 760.20	18.2	20 456.62	52.8
2007	51 321.78	20.4	27 749.16	54.1
2008	61 330.35	20.4	32 680.56	53.3
2009	68 518.30	20.1	35 915.71	52.4
2010	83 101.51	20.7	42 488.47	52.4
2011	103 874.43	22.0	51 327.32	49.4
2012	117 253.52	22.6	56 175.23	47.9
2013	129 209.64	21.7	60 198.48	46.6
2014	140 370.03	21.8	64 493.45	46.0
2015	152 269.23	22.1	69 267.19	45.5
2016	159 604.97	21.5	72 365.62	45.3

资料来源：中华人民共和国国家统计局．中国统计年鉴（2017）[M]．北京：中国统计出版社，2017.

实施分税制财政体制后，逐步建立了中央财政收入稳定增长机制，为提高中央本级收入占全国一般公共预算收入的比重提供了必要条件。通过实施1994年分税制改革和2002年所得税收入分享改革，中央财政集中了主体税种的大部分收入。在一般公共预算收入中，中央财政收入占全国财政收入的比重逐步上升，1993—2016年，中央本级收入占全国一般公共预算收入的比重由22.0%提高到45.3%[①]。中央财政收入规模的壮大，增强了中央政府的宏观调控能力，促进了国民经济的持续稳定快速发展和国家的长治久安。

（三）促进了资源优化配置和产业结构调整

现行的财政管理体制也在一定程度上促进了地方各级政府经济行为的合理化，推动了资源优化配置和产业结构调整。在财政包干制下，税收增量的大部分留给了地方，这在一定程度上刺激了地方政府发展税多利大的加工工业的积极性，从而导致经济结构趋同，地区封锁和条块分割现象愈演愈烈。实行分税制后，调整了中央和地方之间的收入分配格局。分税制改革将来自工业产品的增值税的大部分和消费税的全部均划归中央，这在很大程度上限制了地方盲目发展税多利大产业的倾向，从而为解决市场封锁和地方保护主义问题提供了较好的条件。过去一直难以解决的争上小酒厂、小烟厂、小棉厂等重复建设的状况，也得到了有效的控制。同时，现行分税制体制把与农业有关的税种和来自第三产业的税种划归地方，从而激发了地方发展第三产业的积极性，加大了这方面的资金投入。

从全国情况看，实行分税制后，各地普遍根据分税制后的财源结构和本地区的实际情况，寻找新的经济增长点，积极培植新的财源，并纷纷将投资重点转向了农业、基础产业、服务业和地方的优势、特色产业。分税制在引导地方政府经济行为和投资行为的合理化、促进资源优化配置和产业结构合理调整等方面发挥了良好作用。

（四）促进了财政资金供给范围合理调整和财政支出结构优化

分税制改革初步理顺了政府间的责权关系，在政府间初步建立了各司其职、各负其责、各得其利的约束机制和费用分担、利益共享的机制。税种、税源按财政管理体制划定的标准分属中央政府或地方政府，各级财政预算的财力来源、规模约束明显增强，自收自支、自求平衡的责任明显加重。因此，分税制财政体制强化了对地方财政的预算约束，提高了地方坚持财政平衡、注重收支管理的主动性和自主性。

四、分税制财政体制的完善

但需要看到，1994年分税制财政体制改革是基于当时的历史条件构建起的一个制度框架，为争取地方政府对改革的最大支持，采取了照顾地方既得利益的体制安排，在很大程度上仍带有旧体制的印记。虽然经过多年的调整与完善，但由于受

① 2011年，全面取消预算外资金，将所有政府性收入纳入预算管理。地方政府的非税收入增长较快，比2010年增长43.4%。因此造成地方财政收入占全国财政收入的比重有所上升。

到各种客观因素的制约，既有财政体制距离规范的分级财政体制仍有一定差距，主要表现在以下方面：政府间事权与支出责任划分不清晰、不合理和不规范；政府间收入划分不尽合理；政府间转移支付有待完善；省以下财政体制有待规范等[①]。

针对上述问题，2013年11月中共十八届三中全会提出，“必须完善立法、明确事权、改革税制、稳定税负、透明预算、提高效率，建立现代财政制度，发挥中央和地方两个积极性”。2014年6月中共中央政治局会议审议通过的《深化财税体制改革总体方案》明确指出，“调整中央和地方政府间财政关系，在保持中央和地方收入格局大体稳定的前提下，进一步理顺中央和地方收入划分，合理划分政府间事权和支出责任，促进权力和责任、办事和花钱相统一，建立事权和支出责任相适应的制度”。2016年3月通过的《国民经济和社会发展第十三个五年规划纲要》强调，“围绕解决中央地方事权和支出责任划分、完善地方税体系、增强地方发展能力、减轻企业负担等关键性问题，深化财税体制改革，建立健全现代财税制度”。2017年10月，习近平同志所做的党的十九大报告从全局和战略的高度强调加快建立现代财政制度，并明确了深化财税体制改革的目标要求和主要任务。党的十九大报告关于财税体制改革的论述集中在“贯彻新发展理念，建设现代化经济体系”部分，提出要“加快建立现代财政制度，建立权责清晰、财力协调、区域均衡的中央和地方财政关系。建立全面规范透明、标准科学、约束有力的预算制度，全面实施绩效管理。深化税收制度改革，健全地方税体系”。总之，深化分税制财政体制改革是建立现代财政制度的重要内容，是推进国家治理体系和治理能力现代化的客观需要。具体而言，还需要从以下方面深化分税制财政体制改革。

首先，积极稳妥推进中央与地方财政事权与支出责任划分改革。中央与地方财政事权和支出责任划分改革是建立科学规范政府间关系的核心内容，是完善国家治理结构的一项基础性、系统性工程，对全面深化经济体制改革具有重要的推动作用。各地区、各部门应遵照中央政策部署，切实履行职责，密切协调配合，积极稳妥推进中央与地方财政事权和支出责任划分改革。财政事权和支出责任划分与教育、社会保障、医疗卫生等各项改革紧密相连、不可分割。还要将财政事权和支出责任划分改革与加快推进相关领域改革相结合，既通过相关领域改革为推进财政事权和支出责任划分创造条件，又将财政事权和支出责任划分改革体现和充实到各领域改革中，形成良性互动、协同推进的局面。随着中央与地方财政事权和支出责任划分改革的推进，地方的财政事权将逐渐明确。对属于地方的财政事权，地方政府必须履行到位，确保基本公共服务的有效提供。中央要在法律法规的框架下加强监督考核和绩效评价，强化地方政府履行财政事权的责任。

其次，保持现有中央和地方财力格局总体稳定，结合税制改革，考虑税种属

① 楼继伟.中国政府间财政关系再思考［M］.北京：中国财政经济出版社，2013.

性，进一步理顺中央和地方收入划分。据税种属性特点，遵循公平、便利和效率等原则，合理划分税种，将收入周期性波动较大、具有较强再分配作用、税基分布不均衡、税基流动性较大、易转嫁的税种划为中央税，或中央分成比例多一些；将其余具有明显受益性、区域性特征、对宏观经济运行不产生直接重大影响的税种划为地方税，或地方分成比例多一些，以充分调动两个积极性。

再次，完善转移支付制度。合理划分中央和地方事权与支出责任，逐步推进转移支付制度改革，形成以均衡地区间基本财力、由地方政府统筹安排使用的一般性转移支付为主体，一般性转移支付和专项转移支付相结合的转移支付制度。属于中央事权的，由中央全额承担支出责任，原则上应通过中央本级支出安排，由中央直接实施；随着中央委托事权和支出责任的上收，应提高中央直接履行事权安排支出的比重，相应减少委托地方实施的专项转移支付。属于中央地方共同事权的，由中央和地方共同分担支出责任，中央分担部分通过专项转移支付委托地方实施。属于地方事权的，由地方承担支出责任，中央主要通过一般性转移支付给予支持，少量的引导类、救济类、应急类事务通过专项转移支付予以支持，以实现特定政策目标。[①]

最后，进一步完善省以下财政体制。为实现省域内财力均衡，增强基层保障能力，促进基本公共服务均等化，应从以下方面调整和完善省以下财政体制：一是加快省以下财政事权和支出责任划分。将部分适宜由更高一级政府承担的保持区域内经济社会稳定、促进经济协调发展等基本公共服务职能上移，将适宜由基层政府发挥信息、管理优势的基本公共服务职能下移，并根据省以下财政事权划分、财政体制及基层政府财力状况，合理确定省以下各级政府的支出责任，避免将过多支出责任交给基层政府承担[②]。二是加快地方税收体系建设，为地方政府提供持续、稳定的财力支持。结合我国实际，可以确定省级以零售环节销售税为主体税种，市县级以财产税和资源税为主体税种，适当简并现行房地产相关税种，开征统一的房地产税，适时开征遗产税和赠与税，以完善财产税体系，使地方政府及其财政有固定的能够基本满足其提供地方性纯公共产品与服务的需要[③]。三是完善省以下转移支付制度，实现省以下各级政府间基本财力的均衡。强化省级政府责任，省级政府应加大区域内财力调节力度，逐步缩小省以下地方政府财力差距。四是进一步健全县级基本财力保障机制，根据政策变化调整保障水平，不断完善奖补办法，加大对各地区的指导和帮助力度。五是继续推进省直管县财政管理方式改革，不断充实、完善改革的内容和方式，强化乡镇财政管理，充分发挥乡镇财政的职能作用。

---

① 《国务院关于改革和完善中央对地方转移支付制度的意见》（国发〔2014〕71 号），http://www.gov.cn/zhengce/content/2015-02/02/content_9445.htm。

② 《国务院关于推进中央与地方财政事权和支出责任划分改革的指导意见》（国发〔2016〕49 号），http://www.gov.cn/zhengce/content/2016-08/24/content_5101963.htm。

③ 寇铁军，任忠富．治理理念视角下财政管理体制改革的新思考［J］．东北财经大学学报，2016（3）．

□ 本章小结

* 与多层级的政府组织结构相对应，世界上绝大多数国家政府间财政管理组织形式表现为分级财政体制。分级财政体制中的政府间财政关系所包含的是中央与地方以及地方上下级之间的多重性收支划分与往来关系。

* 政府间事权与支出责任划分的依据有：公共产品的受益范围和财政职能在中央政府与地方政府之间的分工。在通常情况下，应该按照如下原则来指导各级政府间的事权与支出责任划分：由全国居民享用的全国性公共产品应由中央政府负责提供；由本地居民享用的地方性公共产品应由地方政府负责提供；对跨地区以及具有外部效应的公共项目和工程，中央政府应出面组织或在一定程度上参与；收入分配的调节在很大程度上是中央政府的职责；坚持事权和支出责任划分的法律化原则。

* 税收划分的依据主要包括以下内容：将各税种的功能与各级政府的职责相结合；注重多级财政间的相互协调；体现税收划分的便利性；使税收划分有利于经济的运行与发展。从集中与分散的角度来看，中央与地方的税收权限（即税权）目前大致有分散型、适度集中（相对分散）型、集中型 3 种划分类型。

* 政府间转移支付的依据主要有：解决纵向财政失衡；解决横向财政失衡；解决公共产品供给中的外部性问题。根据地方政府使用补助时自主权的大小，可以分为无条件补助和有条件补助。从世界各国形形色色的转移支付制度当中，可以大致概括出 3 种主要类型的转移支付模式，即以有条件补助为主的转移支付模式、以实行财政均等化为主的转移支付模式、有条件补助与无条件补助相结合的转移支付模式。

* 1994 年的分税制改革是中华人民共和国成立以来改革力度最大、范围最广、影响最为深远的一次财税制度创新，是我国财政体制的一次重大调整。通过这次改革，基本上建立起了适应社会主义市场经济发展要求的财政体制框架。

* 从 1994 年运行至今，分税制财政体制显现出良好的经济与政策效应，基本适应了社会主义市场经济体制的内在要求。应坚持分税制改革的基本方向，完善以“分税制”为基础的分级财政体制，建立事权和支出责任相适应的财政体制。

□ 关键概念

全国性公共产品　地方性公共产品　纵向财政失衡　横向财政失衡　无条件补助　配套补助　非配套补助

□ 复习题

1. 试分析政府间事权与支出责任划分的依据。
2. 政府间税收划分的依据是什么?
3. 简述税收权限的基本划分模式。

4. 简述政府间转移支付制度的依据。
5. 政府间转移支付具体包括哪些种类?
6. 简述政府间转移支付的基本模式。
7. 简述 1994 年分税制改革的主要内容及其后的调整与规范。
8. 试分析分税制改革的成效与存在的问题。

□ 讨论及思考题

如何深化财政体制改革，进一步完善分税制财政管理体制?

第十二章

财政政策

本章要点

◇ 财政政策概述

◇ 财政政策原理

◇ 财政政策运作

财政政策是现代市场经济国家调节宏观经济运行的主要经济政策工具之一，在政府的经济管理中发挥着重要的作用。财政政策实施与否及其效果是根据政府在财政支出和税收等方面采取的相应措施对宏观经济所产生的影响来进行考量的；财政政策的研究一般包括其政策目标、政策工具、政策作用领域、政策介入社会经济的程度以及政策的有效性等。以西方宏观经济学为理论背景的财政政策研究在不同学派中的政策原理与政策运用存在较大的差异，其争论的焦点主要集中在财政政策作用的领域以及政策的有效性上。从中西方的实践可以看出，各个国家在面临宏观经济波动时，一直都在做出一些有益的尝试，财政政策也在不断地调整中，其结果也不尽相同，因此，截至目前，财政政策还缺乏具有十足说服力的经验检验，各理论学派的争论也将继续。

第一节　财政政策概述

英国 20 世纪 20 年代的长期慢性萧条和随后爆发的 1929—1933 年世界性大萧条粉碎了古典经济学派对市场机制过分乐观的假说，建筑在充分就业假设前提下的古典经济学对已经到了崩溃边缘的资本主义经济一筹莫展。自 20 世纪 20 年代中期开始，凯恩斯开始致力于寻找英国经济长期慢性萧条的原因和解救之策，1924 年上半年，凯恩斯发表了《失业需要猛剂吗》《英国政府与失业》等多篇文章，第一次将政府实施大规模公共工程计划看作是救治失业的根本疗法，他的政策思想明确由自由放任转向了政府干预。自此，在西方经济学领域中，政府的地位从“夜警”

提升到了宏观经济的调控者，政府针对宏观经济运行所进行的收支行为形成的财政政策也开始成为西方宏观经济学研究中的重要议题。

一、财政政策含义

1936年凯恩斯编著的《就业、利息和货币通论》出版后，建立在凯恩斯宏观经济学基础上的现代财政政策开始日臻成熟。如何定义财政政策，理论界在认识上也经历了一个不断发展的过程。20世纪60年代初，财政学者V.阿盖迪指出财政政策可以被认为是税制、公共支出、举债等种种措施的整体，通过这些手段，作为整个国家支出组成部分的公共消费与投资在总量和配置上得以确定下来，而且私人投资的总量与配置受到直接或间接的影响。此时的定义着重于财政政策的工具和手段，对于实现的目标还未进行明确。之后，随着宏观经济学的深入发展，财政政策的各种手段理所当然地成了实现宏观经济目标的有力工具之一，因此对财政政策的理解也开始从政策目标的角度进行界定。J.F.都教授提出了财政政策的新观点："所谓财政政策即政府收支的调整，以达到经济更加稳定，实现预期经济增长率。"而格劳维斯教授一直认为："财政政策即研究有关国家资源的充分、有效利用以及维持价格水平稳定等问题。其短期目标是消除经济周期；而长期目标则是防止长期停滞和通货膨胀，与此同时，为经济增长提供一个有利的环境。"美国财政学家O.埃克斯坦教授认为："政府为了实现充分就业和稳定物价水平这些短期目标而实行的各种税收和财政支出的变化，通常叫作财政政策。"而作为新凯恩斯主义的代表人物格里高利·曼昆（2013）在他的《经济学原理——宏观经济学分册》中认为财政政策（fisical policy）是指政府对政府购买和税收总水平的选择，从而实现对经济行为的影响。

综上，财政政策可以定义为国家以一定的宏观经济理论为依据，为实现既定时期内的经济社会总体目标，而对政府支出和收入等各种财政手段的选择以及综合运用。这一定义表明：

1.财政政策以一定的宏观经济理论为依据

对宏观经济运行规律的不同认识会引申出不同的政策主张，国家对某一经济理论的赞同必然导致其特定的政策选择。例如，凯恩斯认为解决非充分就业要依靠"需求管理"，政府在其理论指导下就应扩大其公共支出规模从而拉动社会的消费需求和投资需求；而供给学派则认为，解决经济问题应从供给而非需求入手，政府应大幅度减税，才能充分调动社会投资和生产的积极性，以恢复经济动力。

2.财政政策以多重的宏观经济指标为目标

宏观经济指标一般包括经济总量、失业率、通货膨胀率、收入分配公平度等，财政政策的实施通常是从宏观经济的层面进行考量的，而非关注微观层面的资源配置问题。但财政政策是否能够起到调节宏观经济的作用，不同的学派持有不尽相同的观点和理论依据，例如：新古典宏观经济学就认为凯恩斯主义积极干预市场的经济政策是无效且有害的。

3. 财政政策是多种财政政策手段的综合运用

财政政策手段一般包括税收、公债、投资、补贴、预算等，各种政策手段的实施机制、实施效果对经济存在何种影响，如何使之密切配合，形成合力，以实现特定的目标是在选择财政手段时的关键问题。凯恩斯主义者就认为，政府为了扩大开支，通过征税和发行债券筹资，对总需求从而对经济的影响是不同的；而李嘉图则认为增加税收和发行公债的后果是等价的，因为这两者都会减少个人可支配的收入或财富。

二、与财政政策相关的几个概念

新古典综合派继承并发扬了凯恩斯主义的理论，在凯恩斯的基础上把《通论》进行了通俗化和系统化，并将凯恩斯的政策思路进行了具体化和政策化。新古典综合派的经济学家们用相机抉择的财政政策取代了凯恩斯的扩张性财政政策，用补偿性财政政策取代了凯恩斯的赤字财政政策，进而又提出了“充分就业预算”政策。

（一）相机抉择的财政政策

相机抉择的（discretionary）财政政策又叫作积极的（active）财政政策，是指政府根据当前的经济形势和对经济未来走向的预测判断，在政府的财政支出和税收方面采取相应措施，逆转经济的运行趋势，以实现一定的宏观经济目标。这种政策的特点是“逆向调节”；为了防止经济过热和通货膨胀，政府在财政预算时紧缩开支并且提高税收，总需求将减少，在短期内就会抑制生产和就业；当总需求不足以维持充分就业水平的生产时，也就是经济出现衰退和大规模失业时，政府应通过扩大开支并减税积极刺激总需求。因此，积极的财政政策实际上不只是扩张的财政政策，它还包括扩张的、收缩的和中性的其他三种操作方式。

（二）补偿性财政政策

这一概念是 20 世纪 50 年代由汉森等人提出的。补偿性财政政策有两个层次的含义，一是从经济总量的角度来看，经济波动时，政府用财政支出的增加或减少来补偿私人投资和消费的减少或增加，从而达到经济总量的平衡；二是从政府预算周期的角度来看，政府不再追求每个财政年度的预算平衡，而是用经济繁荣期的预算盈余来补偿经济低迷年份的财政赤字，保证每一个经济波动周期财政收支在总体上的大致平衡。现在通常所说的补偿性财政政策主要指这种追求经济波动周期中预算平衡的财政政策。

（三）“充分就业预算”政策

1962 年海勒提出旨在实现和保持充分就业的“充分就业预算”政策，他认为财政政策的目标应该是经济增长和充分就业，而不是赤字的大小，因此，政府没有必要关注预算是否平衡。他的理由是，即使经济走出低迷处于扩张阶段，但实际的国民收入仍然有可能低于潜在的国民收入，仍需要继续扩大总需求；根据哈罗德-多马增长模型，要保持经济按照一定的速度不断增长，也需要逐年扩大总需求。因此，“充分就业预算”政策也被叫作“增长性财政政策”。

（四）"自动稳定器"政策

与前三种政府有意图的主动调节不同的是，财政政策中还存在一些具有自动稳定功能的手段，即指某些税收和政府支出项目，随着经济周期的变化，会自动发生增减效应，从而抵消经济波动的影响，这种抵消作用被称为"自动稳定器"。曼昆将其定义为，在经济进入衰退时，决策者不必采取任何有意的行动就可以刺激总需求的财政政策变动。而税制则是最重要的自动稳定器，当经济进入衰退时，政府所征收的税收额会自动地减少，因为几乎所有的税收都与经济活动密切相关；这种自动地减税在一定程度上会刺激总需求，降低经济波动的程度。同时，政府支出也作为自动稳定器发挥作用，特别是当经济衰退引发失业，更多的失业者申请失业保险、福利补助等时，政府的这种补助支出可弥补总需求的不足。

三、财政政策的目标

国家财政政策目标的选择是随着该国经济社会的发展阶段以及所处经济状况的改变而发生变化的。古典经济学的传统财政政策目标注重财政收支平衡，或以最少的费用满足国家行政职能的运转，其代表人物亚当·斯密认为政府不应当干预经济，反对财政赤字，反对发行公债。而资本主义垄断时期的经济学家代表凯恩斯则主张政府干预与市场机制自动调节相结合，建议通过政府的财政政策，刺激社会总需求，从而实现充分就业的均衡。可见，财政政策目标在不同的国家或同一国家的不同时期是不同的，它是由多方面的因素共同决定的。根据蒙代尔提出的宏观经济政策搭配原则，货币政策主要用于外部平衡，即国际收支平衡；而财政政策主要用于内部均衡，其目标一般包括充分就业、物价稳定、经济稳定和增长等。

（一）充分就业

充分就业是指有工作能力并且有意愿工作的人，都能够按照现行工资水平得到工作。英国自 1920 年起开始了长达 10 年的慢性萧条，失业率在 10% 以上居高不下，这一严峻的现实问题沉重打击了以充分就业假设为前提的"市场有效论"。凯恩斯认为经济体系的自发运行通常由于有效需求不足而处于小于充分就业的均衡，而扩大这种总需求的责任落在了政府的身上；同时，相比较货币政策，凯恩斯更加倾向于财政政策在扩大总需求、创造就业岗位上的重要性。例如，美国 2008—2009 年的经济衰退期间，决策者就将财政支出主要集中用于"现建现用"项目的支出，这些项目是修复高速公路和桥梁这类公共工程项目，这类工程可以马上开工，让失业者回来工作，在一定程度上缓解了经济衰退期的失业问题。

（二）物价稳定

物价相对稳定，可以理解为避免过度的通货膨胀和通货紧缩，而通胀是实际经济领域中最为普遍的现象，一般把通货膨胀界定为一个价格持续上涨的过程，或者说是货币价值持续下跌的过程。20 世纪 60 年代，西方国家的政策制定者依据菲利普斯曲线在不同的通胀率和失业率的政策组合中进行权衡和选择；但之后出现的"滞胀"打破了此理论的有效性，也让货币学派找到了攻击凯恩斯主义的突破口，弗里德曼就认为高通胀“是作为增加政府支出的充分就业政策与福利国家政策的结果而出现的”，控制通胀的唯一办法就是减少货币供应量的增长。由此看来，财政政策在实现物价稳定方面的作用并不确定，根据弗里德曼的观点，在考虑到通胀因素时，财政政策的制定和实施应慎之又慎。

（三）经济稳定和增长

经济稳定和增长可以看作是充分就业、物价稳定等因素的一个综合结果。宏观经济理论的发展表明决策者可以减轻经济波动的严重程度，通过财政政策和其他政策的配合进行“逆经济变动风向行事”，稳定总需求，从而稳定生产和就业，减少衰退（代表着资源的绝对浪费）对社会的无益影响。而反对者认为虽然财政政策在理论上可以用来稳定经济，但在实践中运用这种政策有重大的障碍，其中，最大的问题在于财政政策和其他政策并不能立即影响经济，其发生要有一个相当长的时滞。在一种政策开始实施到它发生作用的这段时间内，经济状况很容易发生变动，无形中可能会加剧而不是减轻经济波动的程度。

四、衡量财政政策的两个指标

财政政策是一国政府利用财政收入和支出等手段对经济的干预和介入，尽管政策效果难以估量，但通过财政赤字和宏观税负这两大指标，一般可以大致判断一国政府在一定时期内对本国社会经济的介入程度以及财政政策的调控方向和力度。

（一）财政赤字

从财政平衡的角度看，财政政策也可以理解为，为推动处于衰退期的经济回到充分就业状态，政府利用财政预算来稳定经济的政策，而政府预算余额出现赤字是这一政策的必然结果。财政赤字或预算赤字是指超过政府用税收、收费等收入取得的收入之外的政府过度支出；或者定义为财政支出大于财政收入的差额，会计上将其用红字表示，所以称为财政赤字。

1. 财政赤字的类型——结构性赤字和周期性赤字

从财政赤字与经济运行状况相关的角度，财政赤字可以分为结构性赤字和周期性赤字。结构性赤字是指非周期性因素引起的财政赤字，换言之，是指在其他条件不变，经济活动保持在“潜在”水平时，预算赤字依然存在的情形。结构性赤字与“高度就业赤字”或“充分就业赤字”是同一概念，这种赤字剔除了经济波动对预算余额的影响，“如果国民收入在充分就业下实现，而且达到了相应的税收收入水平，则在这种情况下出现的赤字就是结构性赤字”（马斯格雷夫，1996）。而周期性赤字是指经济运行的周期性引起的赤字，当经济出现衰退，预算赤字往往会由于两个方面的原因而增加：一方面是由“自动稳定器”引发的由经济衰退自然导致的税收等收入的减少，就业率和收入减少使得更多人有资格获得转移支付而导致的社会福利项目支出的增加；另一方面“赤字财政”会引致政府的临时紧急支出，财政支出会出现大规模的增加。不同于“财政赤字”所表示的政府支出大于收入的客观结果，“赤字财政”是指经济衰退期，政府有意识、有计划地利用预算收支，实现干预经济预期目的的财政行为，相当于相机抉择财政政策中的扩张性财政政策。

2. 财政赤字的口径——硬赤字和软赤字

如何计算财政赤字的数额，不同国家使用的口径有所不同，最常见的有以下两种口径：第一种：赤字（结余）=（经常收入+债务收入）-（经常支出+投资支出+债务支出），这一公式又可表示为：赤字（结余）=经常收入-经常支出-投资支出+（债务收入-债务支出）。这里首先明确一下公式中的概念：经常收入是指政府通过税收等法定渠道所取得的财政收入；经常支出是发挥政府基本职能所安排的支出；投资支出是与固定资产形成直接有关的支出；债务收入包括国家在国内外发行的债券收入、向国外或银行的借款收入；债务支出是指还本付息的支出。显然这一公式所表示的赤字就是我国通常所说的“硬赤字”，即国家通过举债手段仍未能弥补上的入不敷出硬缺口。第二种：赤字（结余）=经常收入-经常支出-投资支出。按照这一口径计算，如果出现了财政赤字，说明财政在其正常收入的数量规模之外，多支出了一部分资金，这部分资金通常是通过政府举债来弥补的，也就是我们所说的“软赤字”。可以看出，这两种口径的差别就在于是否把年度债务收支计入正常财政收支的范围。[①]

3. 财政赤字的规模——赤字比率和赤字依存度

衡量一个国家财政状况的好坏，进行财政赤字的年度间或国际比较时，与财政赤字的绝对数额相比，赤字的相对数额更能够衡量其规模及财政政策对经济的影响。赤字比率是指财政赤字额占 GDP 的比重，它反映财政收支入不敷出的程度和财政稳固状态的区间，一般认为这一指标的警戒线是 3%～5%。赤字依存度则是指财政赤字占财政支出的比例，它说明一国在当年的总支出中有多大比例是依赖赤字支出实现的，这一指标反映了财政本身状况的好坏。赤字依存度越高，说明在财政支出需求大的前提下，税收收入和其他非税收入相对短缺；反之，赤字依存度越低，说明在财政支出需求大的前提下，税收收入和其他非税收入相对充足。

（二）宏观税负

根据经典财税理论的相关概念以及主要国际组织发布的相关指标，宏观税负的概念可以从以下三个角度进行界定：一是财税理论中广泛使用的税收宏观归宿（tax macro-incidence）的概念，其表示一国当年的税收总额与一国总产出（GDP 或 GNP）之比。二是国际货币基金组织（IMF）提出的财政负担（fiscal burden），其表示一国包含社会保障缴款的税收总额占 GDP 的比重。三是经济合作与发展组织（OECD）采用的税收比率（tax ratio），其具体含义是一国社会保障缴款、个人所得税、公司所得税、财产税、商品劳务税（包含关税）以及工资薪金税等税收之和占 GDP 的比重。宏观税负数值的高低直接表明了国民经济总量的分配集中程度，同时也体现着政府与企业、居民个人之间占有和支配社会资源的关系、政府社会经济

① 各国对债务收支的处理方法是不相同的，日本把国债收入列入国家岁入之中，而美国等西方国家大多不把公债收入作为正常的财政收入。1993 年之前，我国是采用第一种口径计算财政赤字的。1993 年以后，已经改为采用第二种口径了（但在付息支出的处理上仍与西方通行口径有差别）。

调节能力大小，反映财政功能的强弱，以及政府在经济社会生活中的地位和作用。

1. 不同口径的宏观税负

在上述定义的基础上，安体富和岳树民、杨灿明和詹新宇等在测算宏观税负时进一步区分了三类不同的测算口径。一是小口径宏观税负，即税收占 GDP 的比重。二是中口径宏观税负，即财政收入占 GDP 的比重，其中，财政收入指的是政府的一般公共预算收入，其不仅包含税收，还包括专项收入、行政事业性收费和罚没收入等一般公共预算中的非税收入。三是大口径宏观税负，即政府全部收入占 GDP 的比重，其中，政府全部收入是财政一般公共预算收入、政府性基金预算收入、国有资本经营预算收入以及社会保险基金预算收入之和。可见，大口径宏观税负在中口径的基础上进一步纳入了政府性基金预算收入、国有资本经营预算收入以及社会保险基金预算收入之和占 GDP 的比重。在这三个指标中，大口径的指标最为真实、全面地反映了政府集中财力的程度和整个国民经济的负担水平。而中、小口径指标则更能说明在政府取得的收入中，财政真正能够有效管理和控制的水平。

2. 不同归宿的宏观税负

从政府收入的代际归宿来看，政府财政收入有两大来源：一是当期税费收入，由当期的经济主体和居民直接承担，税费收入占 GDP 的比重是直接宏观税负，即我们通常所指的宏观税负（上文中的小口径宏观税负）。二是债务收入，主要用于弥补当期的财政赤字，债务收入占 GDP 的比重就是转移宏观税负。转移宏观税负是指当前经济主体把应承担的税费转移给下一期主体承担的部分，衡量的是政府收入来源的年度转移、代际转移的规模。一般来讲，转移宏观税负主要通过发行国债来实现，除此之外，还存在通过隐性债务、透支赤字等方式把当期的税负转移给下一期、下一代的情况；转移宏观税负规模可用国债负担率或者政府债务负担率进行衡量。

第二节 财政政策原理

财政政策是西方宏观经济学研究的重要议题之一，因此，财政政策原理随着西方宏观经济学主流内容的变化而发生变化。20—21 世纪，西方经济学中的主流学派先后包括古典经济学、凯恩斯主义、货币主义、新古典宏观经济学、供给学派经济学和新凯恩斯主义；其中，新古典宏观经济学和新凯恩斯主义共同占据了当前西方经济学主流学派的地位，两大学派截然不同的财政政策原理及政策建议都颇具影响力。

一、新古典宏观经济学的财政政策原理

新古典宏观经济学（the New Classical Macroeconomics，NCM 或 NC）形成于 20 世纪 70 年代，是由货币主义和理性预期学派发展演化而来的一个经济学流派，这

个学派遵循古典经济学（以亚当·斯密为代表）的传统，相信市场力量的有效性。20世纪80年代以后，该学派发展到第二个阶段，以哈佛大学教授巴罗（Robert J. Barro）、明尼苏达大学教授基得兰德（Finn E.Kydland）和普雷斯考特（Edward C. Prescott）等为代表的经济学家们提出了“政策无效论”的命题，并进一步用巴罗-李嘉图等价定理和政策的“时间不一致性”问题来否定凯恩斯主义的财政政策有效性，认为让市场机制自发发挥作用，就可以解决失业、衰退等一系列宏观经济问题。

（一）巴罗-李嘉图等价定理

早在1817年，英国古典经济学家大卫·李嘉图（David Ricardo）在他的代表作《政治经济学及赋税原理》里就提出，政府无论选用一次性总付税（lump-sum tax），还是发行公债来为政府筹措资金，均不会影响消费者的消费支出，也不会影响资本形成。公共选择理论的代表人物詹姆斯·布坎南把李嘉图的这一观点总结为“李嘉图等价定理”（Ricardian Equivalence Theorem）。

1. 李嘉图等价定理的内容

李嘉图认为征税和政府借款对经济的影响是相同的。在某个t_1时刻政府如果向每个家庭提供数量为D的债券，并且在以后的t_2时刻偿还这些债务，这就意味着在t_2时刻，每个家庭要被征收数量为eR（t_2）-R（t_1）D的税收。这样一种政策对代表性家庭会产生两种效应，首先，家庭已拥有一种资产——债券——它在t_1时刻的现值是D。其次，它要求一个负债——未来税收的负担——它在t_1时刻的现值也是D。因此，债券并不代表家庭的“净财富”，它并不会影响到家庭的消费行为。实际上，到t_2时刻，家庭只是利用他前期储蓄的债券和积累的债券利息去支付政府为偿还到期的债券而征收的税收而已。李嘉图等价定理的意义在于，公众是否会将政府发行的债券视为其总财富的一部分，关系到对国民收入水平的决定。按照李嘉图定理的含义，如果公众意识到，现期手中持有的政府债券是要通过未来再度征税来进行偿还的，政府债券就不会被看作总财富的一部分，公众也不会因为持有的债券而不是缴税来增加当期的消费。在这种情况下，政府通过举债或是税收来筹集财政资金效果是相同的，都不会引起人们消费水平的变化。

2. 巴罗“利他主义”的遗产动机

李嘉图等价性在现实中可能并不十分正确，其理由是人口存在着代际问题。假如一些或全部消费者在政府偿还公债前去世，这些人既享受到了政府举债减税的好处，同时又无须承担由此带来的未来税收负担，那么他们的当期消费行为同样不会发生变化吗？如果消费者是完全利己主义者，只要有部分债券是在持有人去世后兑付的，那么因其死亡而带来的对未来税收的逃避，会增加其总财富，当期的消费也会随之增加，这样的结果使得李嘉图等价定理失效。1974年，罗伯特·巴罗在他的《政府债券是净财富吗？》一文中认为，即使消费者在政府增加税收来偿还债券前去世，李嘉图等价定理仍然能够成立。巴罗假设消费者具有“利他主义”的遗产动机，这种利他主义的消费者既从他自己的消费中获得满足，也从他子女的消费中获得效用，因此，消费者会关心自己以及子女的消费水平，这种代际的遗产动机意味着父母会把一部分财富留给儿女，而不是只关注自己本身的消费和负担情况；当父母意识到当期的债务是要由增加儿女的税收负担来偿还时，父母不会选择在当期多消费，即使对于父母而言他们的总财富是增加的。因此，在巴罗的“利他主义”遗产动机下，李嘉图等价定理依然成立。

3. 对凯恩斯主义的冲击

征税和发行公债是政府获取财政收入的两种主要方式，凯恩斯主义者认为，这两种方式对于总需求的影响是不同的。传统的消费分析常把消费建模为只依存于现期可支配收入 Y-T，增加政府税收收入的同时就意味着减少了消费者的消费需求和生产者的投资需求，其结果只是把一部分总需求由私人部门转移到了公共部门，总需求在数量上没有增加，只是改变了需求的结构。而将与征税数量相等的债券出售给个人，则不会减少其可支配收入，因为政府是要进行偿还的，因此，政府发行债券既可以筹集到等量的资金，同时也不会减少个人的消费或者储蓄。凯恩斯认为，要扩张总需求，赤字财政政策（即发行公债）比平衡预算政策（即增加税收）有效，公债融资在削减税收的同时可以提高消费水平。新古典宏观经济学通过重新表述“李嘉图等价定理”来否定凯恩斯主义扩张性财政政策的有效性。也就是说理性个人为应对未来增加的税收负担，不会加大当期的消费，而更倾向于保持不变的消费模式，会把相当于目前减税数额的那一部分收入储蓄起来而不是消费掉，这就导致人们当前消费量的减少，对总需求的效果同政府对公众征税是相同的。因此，对于总需求而言，政府只要确定其购买商品和服务的数量，而非区分这些购买性支出是通过税收还是债券融资对经济产生的影响，即政府的融资方式不会影响到社会总需求。

（二）时间不一致性问题

所谓“时间不一致性”（time inconsistency）问题是指，政府在某一时期制定并执行一项最优政策，随着时间的推移，由于政策环境的变化或政府受到某种诱惑，原来是最优的政策现在被认为不是最优的了，如果政府的行动可以不受约束或允许政府采用相机抉择的话，这项政策没有被贯彻到底就会被修改或放弃，政府转而选择另一种被认为是最优的政策。“时间不一致性”问题最初由基得兰德和普雷斯考特提出，他们认为在政府行为缺乏约束的环境中，最优的政策很可能存在时间不一致性；表现为政策多变，政府为表面上的增进私人福利而破坏政策规则。

1. “时间不一致性”问题的原因

新古典宏观经济学家认为，政策的时间不一致性是由于经济环境和形势的变化所造成的，同一政策在引致事情发生之前和之后几乎不可能同时是最优的政策。例如，最常见的专利保护政策。在技术没有研发之前，为鼓励诱导人们进行发明创造，将来的最优政策是保护专利；而在专利发明出来之后，为了使公众能够以更低的价格享受专利的成果，最优的政策是推广技术成果，而不是对专利进行保护。当条件发生变化，政府的行为又没有任何约束的情况下，政府就会按照当下的最优选择来制定政策，而之前政策的可信度无法为继，政府在政策可信度与灵活性之间的权衡选择，产生了最优政策的时间不一致性。

2. “时间不一致性”问题的结果

如果政府总是在经济环境改变时，根据当时的最优决策来改变政策，即“相机抉择”，私人决策者（无论是消费还是投资）就不会再相信政府的政策承诺，这就会使政府的任何一项决策都失去信誉，政府政策就不可能达到其预期的目标；也就是说，一旦经济当事人对政府政策的时间不一致性形成理性预期，他们会采取相应的行动来化解这种政策的时间不一致性给他们的利益造成的损害，其结果是政府政策失效。

3. 结论

政府的相机抉择财政政策无法取信于民，在这种情况下，政府政策不可能达到预期的效果，因此，必须从制度上对政府行为做出有效的限制，政府行为要服从政策规则。例如，政府为了防止通货膨胀发生，就应该制定并实施一些不变的规则，如制定一个平均来说能使预算平衡的税率等，使经济行为主体不会因为政策的频繁干预而产生持续的通货膨胀预期，从而达到实现价格水平稳定的目的。可见，新古典学派全盘否定了需求稳定政策的有效性，主张用规则的财政政策抑制通货膨胀。新古典宏观经济学的支持者认为，无论规则的准确形式是什么，让政府服从于某项规则可以通过限制缺乏能力、滥用权力和政策实施过程中的前后不一致而得到益处。

根据新古典主义的分析，可以得出这样的结论：经济当事人会按照理性预期来行动，政府所采取的政策只有在经济当事人预期失误时才会有效，例如，当消费者不能意识到当前的债务是远期的税收时，政府刺激社会总需求的财政政策才能实现既定目标。正如保罗·萨缪尔森对新古典宏观经济学做出的评价：“新古典宏观经济学提出了许多颇有成效的见解。最重要的是，它提醒我们注意，经济中充满着聪明的信息处理者，他们对政策做出反应，有时甚至能够预期到政策，而这种作用和反作用实际上能改变经济行为的方式。”但遗憾的是，现实经济运行中还缺乏支持巴罗-李嘉图等价定理的经验证据。而部分经济学家通过实证分析否定了李嘉图等价定理，例如，伯恩黑姆（Bernheim，1987）利用来自26个国家（其中包括一些发展中国家）的数据，估计了一组消费方程，结论是财政赤字刺激了私人消费，估计出来的边际消费倾向在0.3~0.5。

二、新凯恩斯主义的财政政策原理

20世纪80年代，西方主流经济学中出现了一个既继承凯恩斯主义传统，同时又吸收了新古典宏观经济学有用成果的学派，即以美国哈佛大学教授格里高利·曼昆和时为斯坦福大学教授的约瑟夫·斯蒂格利茨（Joseph Stiglitz）等人为代表的新凯恩斯主义（New Keynesianism，NK）。新凯恩斯主义接受凯恩斯主义的观点，认为“失业和非市场出清是经济常态”，赞成政府干预经济活动，但同时也吸收了新古典宏观经济学货币主义的分析框架和理性预期的基本假设。由于新凯恩斯主义是一种新的综合，美国经济学家多恩布什和费希尔在他们合著的《宏观经济学》教科书第6版中又把新凯恩斯主义者称作“第三代凯恩斯主义者”。

（一）新凯恩斯主义对新古典学派的反驳

首先，新凯恩斯学派反驳了货币学派的一个核心观点，即规则可以创造经济快速稳定增长的环境。新凯恩斯学派认为，需求会受到内外部诸多因素的影响，有时还会受到外部因素的猛烈冲击，这些外部因素包括预期变化、政治事件、世界性经济因素（如亚洲经济危机）或世界性政治事件（如伊拉克战争）等。由于这些影响需求的外生变化常常是不规则的，而且变化的程度很不相同，所以经济增长很可能经历时期长短不规则且程度不同的周期波动。因而，恪守规则就会引起经济运行的不确定性和不稳定性。因此，新凯恩斯学派认为相机抉择的政策不仅是有用的，而且是有效的。其次，新凯恩斯学派对新古典学派中理性预期会使财政政策无效的观点提出质疑。新凯恩斯学派承认具有理性预期的个人的反应会部分抵消政府采取的政策效果，政府需要考虑私人部门对政府政策措施的预期反应，但是也认为由于信息的不完全和人们预期的异质性，公众不可能总是理性地、及时而迅速地对政府政策做出抵消性反应。例如，在经济衰退时期，政府通常会采取刺激投资需求的税收优惠政策，理性的消费者如果知道税收优惠刺激了投资从而导致他们的未来收入会提高的话，就可能把未来收益的一部分拿到现在来消费，而增加现在消费正是政府政策所要达到的目的。因此，新凯恩斯学派认为，总的来说，政府在稳定经济方面做出的贡献要大于其在使经济不稳定方面产生的影响。

（二）新凯恩斯主义对财政政策效应的分析

1. 政府购买的效应。凯恩斯主义认为政府在改变货币供给量或税收水平时，这种政策的变化会通过影响企业或家庭的支出决策间接地使总需求曲线发生移动。但是如果政府扩大或缩小用于购买商品和劳务的公共支出规模，则会直接使需求曲线移动。例如，假设政府向某企业采购10亿元的商品，这笔订单增加了该企业生产产品的需求，这种需求又使得该企业雇佣更多的员工、购进更多的原材料进行生产，结果社会总需求曲线向右发生位移。那么，总需求曲线向右移动恰好是10亿元吗？结果分为两种，有两种宏观经济效应使得总需求移动的幅度不同于政府购买的变动：第一种为乘数效应，表明总需求的移动会大于10亿元；第二种为挤出效应，表明总需求的移动会小于10亿元。

（1）乘数效应。乘数效应（multiplier effect）指当扩张性财政政策增加了收入，从而增加了消费支出时引起的总需求的额外变动。当政府的购买性支出增加10亿元，这种购买会产生一系列影响，而并非仅仅局限于政府支出本身的数额。政府的购买性支出直接增加了被采购企业的就业和利润，当雇员的收入和企业主利润增加时，他们会相应地增加消费、扩大投资，结果是政府的一笔支出同时还增加了经济中许多其他的产品需求。乘数效应还表现在第一轮刺激后，这种效应仍在继续。当较高的需求引起较高收入时，存在一种正的反馈，这种正的反馈又会引起更高的需求。把多轮的效应加总在一起，对商品和劳务需求量的总影响就远远大于最初来自政府支出的刺激。

边际消费倾向（MPC）。政府支出会产生乘数效应，而乘数效应的决定因素中的一个重要数字是边际消费倾向——家庭额外收入中用于消费而不是用于储蓄的比例。假设边际消费倾向是1/2，这就意味着，家庭每增加1元的收入，就会将其中的0.5元用于消费，0.5元用于储蓄。政府支出增加10亿元，意味着国民收入（工资和利润）也增加了10亿元；这种收入的增加会引发支出按照MPC×10亿元的数量增加，这又提高了生产企业企业主和雇员的收入。第二轮收入的增加又会引发新一轮支出的增加，此次的增加量为MPC_2×10亿元，而这种正的反馈效应会持续下去。其中，令$-1 < MPC < 1$，则乘数$=1+ MPC + MPC_2 + MPC_3 +\cdots=1/（1- MPC）$，也就是说，当MPC=1/2时，支出乘数等于2，在上面的例子中，政府购买性支出10亿元，将产生20亿元的对商品和劳务的需求。边际消费倾向（MPC）越大，消费支出对于收入变动的反应越大，因此，乘数也越大。同时，需要指出的是，乘数效应的逻辑并不仅仅局限于政府购买性支出的变动，它适用于改变GDP的任何一个组成部分——消费、投资、政府购买或净出口，也就是任何经济实体的任一支出行为通过多轮循环都会扩大其对经济的影响。

（2）挤出效应。乘数效应是政府支出对经济产生的影响之一，但在政府购买性支出增加刺激需求的同时，也会使利率上升，而利率上升往往会减少消费和投资的支出，反过来又阻止了总需求的增加。凯恩斯主义者将财政扩张使利率上升所引起的总需求的减少称为挤出效应（crowding-out effect）。原因在于，在分析乘数效应时，每一轮的支出增加都意味着消费者、生产者的收入增加，收入增加引起的购买增加导致消费者会以流动性形式持有更多的财富，因此，财政扩张引起的收入增加提高了货币的需求量。如果国家没有因此改变货币的供给，即货币供给曲线保持垂直不变。当货币的需求量增加时，为了保持货币供求平衡，其利率必然要升高。而利率的上升又会减少商品和劳务的需求量，这就是说，当政府购买增加直接提高了对商品和劳务的需求时，也会挤出投资，挤出效应与政府购买对总需求的影响呈反向变动。所以，政府支出对总需求的影响，一方面取决于乘数效应，另一方面取决于挤出效应。

2. 政府征税的效应。政府除了增加购买性支出直接刺激总需求外，还可以通过调整税收水平实现对社会总需求的影响。政府减税，就可以增加消费者和企业的收入，提高其支出数额；反之，增税则会抑制消费支出。税收变动引起的总需求的变动幅度也要受到乘数效应和挤出效应的影响。另外，消费者对税收变动持续时间的预期也会影响税收变动所引起的总需求的变动幅度。如果消费者认为减税是持久的，他们会认为减税将大大增加其财富，从而大量增加他们的支出；在这种情况下，政府减税将对总需求产生重大影响。与此相反，如果预期减税是暂时的，则不会对总需求产生太多的影响。

第三节 财政政策运作

一、一般的财政政策工具

财政理论的演化和财政政策的运作彼此之间相互依存、相互影响，例如，凯恩斯主义的需求管理主张最先影响的是20世纪30年代的罗斯福“新政”，这种新经济学由于1937年大幅度削减政府开支随之就发生衰退，而增加国防开支会出现繁荣，获得牢固的认同。但之后出现的“滞胀”又催生了新的经济学流派以及实践中新的政策运作方式。但遗憾的是，迄今为止，还没有出现使用同样的财政政策刺激计划的相同经济情况，因此，财政政策运作的效用到底有多大，实践中还无法提供经验支持。

（一）税收

税收可以作为宏观经济调节的重要工具之一，凯恩斯主义者认为，税收既有自动稳定器的功能，同时也可以作为政府相机抉择的财政政策的手段之一。自动稳定器的功能体现在经济衰退时，税收（尤其是收入税）会自动地减少，通过减少任何扰动对总需求的乘数效应来稳定经济。反之，同理。虽然内在稳定器能够起到一定的稳定经济的作用，但其不能负担太多而又不影响整体经济运行。GNP中的自发支出变化的乘数效应与收入税率呈反方向变化，也就是说，假如增加税率到100%，乘数可以减少到1，从理论上看是对经济起到了平稳的作用。但在100%的边际税率下，工作的欲望和由此造成的产量水平将减少到零。因此，税收的自动稳定功能对平稳经济所起到的作用是被限制在一定范围内的。对于相机抉择的财政政策而言，凯恩斯主义者认为，短期内主要是通过总需求发生作用，然而这些政策也会潜在地影响商品与劳务的供给。例如，被称为供给学派的经济学家认为，减税对总供给的影响是很大的。通过缩小税基、降低税率、增加税收优惠，可以刺激更多的产量和收入的增加，同时反过来会增加税收收入，这种可能性在理论上是成立的（详见拉弗定理），但在实践中，税率下降的效应通常不足以引起税收收入的增加。

（二）公债

公债是国家或政府以其信用为基础，在向国内外筹集资金的过程中所形成的债权债务关系。最初，公债是政府弥补财政赤字的重要手段，随着经济环境的变化和宏观经济学的发展，公债逐渐成了政府实行相机抉择的主要政策工具。在经济衰退时期，无论是增加公共项目支出，还是减轻投资者和消费者的税收负担，表现在预算上都有可能是赤字，最终需要通过发行公债来弥补。凯恩斯主义者认为，通过举债而不是增税的方式来弥补扩大公共支出所产生的赤字是较为恰当的，因为，与增税方式相比，举债不会减少消费者的收入，更适合用于扩大总需求。而李嘉图等价定理则认为举债同课税一样，不会引起人们消费水平的变化，对于总需求的影响是相同的。因此，面对征税和发行公债，公众是否会采取不同的行为反应，对政府财政政策的制定具有重要的意义。

（三）公共支出

公共支出一般分为购买性支出和转移性支出。购买性支出的增加会直接影响社会的总需求，其影响程度取决于政府购买的乘数效应和挤出效应的大小。传统的凯恩斯主义表明，政府购买增加是一种比减税更有潜力的工具。当政府为家庭减税一元时，其中一部分可能用于储蓄，而不是直接支出，用于储蓄的那部分资金对商品和劳务的总需求并没有什么贡献。与此相反，政府支出一元购买商品和劳务时，这一元就直接且完全地增加了总需求。而转移性支出对于宏观经济而言，一般具有内在稳定器的作用，尤其是社会保障中的失业保险部分。

而从扩大公共支出的目的来看，可将其分为汲水性支出和补偿性支出。汲水性支出只是通过增加财政支出的方式注入新的购买力，以启动民间投资，其目的只是刺激私人投资，而不是补充私人投资。相反，补偿性支出却是针对私人投资的下降予以投资的补足。汲水性支出政策和补偿性支出政策虽然都是政府有意识的干预政策，但它们有明显的区别：第一，汲水性支出政策的载体是公共投资，以扩大公共投资规模作为启动民间投资活跃的手段；而补偿性支出政策的载体，除了公共投资以外，还有转移支付、财政补贴等。第二，汲水性支出政策的公共投资增加，只能是在支出规模既定的前提下，通过调整支出结构来实现；而补偿性支出政策的财政支出增加，是全面的财政支出规模增加。第三，汲水性支出政策的调节对象是民间投资，而补偿性支出政策的调节对象是整个社会的总需求。

二、西方国家财政政策运作的实践

从 19 世纪末 20 世纪初开始，自由放任主义就开始受到政府干预的冲击；“凯恩斯革命”以后，政府对经济干预的广度和深度都在不断扩大，但是，西方发达经济仍然是一种以市场调节为主的经济，政府干预是在市场自由基础上的一种宏观政策调节。各发达国家在不同时期、不同学派的宏观经济政策影响下，为减少经济波动，对市场经济的运行都进行了或多或少的干预；经济形势的发展变化使得政府干预经济的方式、手段、领域等也随之发生变化。

（一）政府干预，维持充分就业

第二次世界大战以后，凯恩斯的思想渗透到了发达国家的经济政策中，发达国家纷纷制订充分就业计划。例如，英国在 1944—1945 年间出版的《自由社会的充分就业》、《就业政策白皮书》和《充分就业经济学》所强调的主题就是：通过国家就业政策来实现充分就业。1946 年，美国通过了《就业法》，其中规定：“……促进就业、生产和购买力达到最高水平，是联邦政府的持续政策和职责。”这意味着政府已经确定其对短期宏观经济表现负有责任。1962 年，美国总统肯尼迪在《总统经济报告》中明确倡导凯恩斯的稳定政策，宣称政府政策的目的是“保持总需求与经济的生产潜力同步变动”。肯尼迪在其执政期间实施了减税，减税带来的高投资直接刺激了总需求，而且还增加了经济中长期的生产能力，肯尼迪的减税促成了一个经济高速增长的时期。从第二次世界大战结束以后到1973年石油危机爆发之前，英、美等主要发达资本主义国家经历了长达25年的高就业率、高增长率和低通胀率的长期繁荣时期；尽管这一长期繁荣并不能完全归因于凯恩斯理论，科技的发展、战后重建的需要、和平宽松的经济环境也为经济繁荣提供了可能。但詹姆斯·托宾认为凯恩斯主义政策的成功可以从各发达资本主义国家的实践中得到坚强有力的支持。事实上，自从1964年减税以来，决策者不时地主张把财政政策作为控制总需求的工具。2001年美国遭受"9·11"恐怖袭击以后，小布什政府立即做出要求国会增加财政拨款的反应，一方面用于反恐怖，一方面用于拯救经济和增加就业；巴拉克·奥巴马总统2009入主白宫的第一个政策建议就是一个包括大幅度增加政府支出的刺激提案。因此，只要经济运行和发展需要政府介入，凯恩斯思想的影响就不会消失。

同时，推行凯恩斯主义政策也带来了不少副作用，主要表现在政府预算规模不断膨胀，财政赤字和政府债务不断增加；当然这也是凯恩斯所能预见到的，但凯恩斯认为，只要能够扩大就业，财政赤字无关紧要。在这期间，美国政府支出占GDP的比例由1946年的10%上升到1998年的21%，1981年前后，美国开始出现严重的赤字问题，整个80年代美国联邦政府的财政赤字占GDP的比例平均为4.1%；到1992年美国联邦政府的赤字已达到2 900多亿美元，占当年美国GDP的4.973%。

（二）实施减税，更多依靠市场力量

1973年和1979年两次国际石油危机导致美国经济陷入了滞胀，即经济停滞（伴随高失业率）和通货膨胀并存；凯恩斯主义随即面临致命打击，因为在凯恩斯体系中，失业和通胀是不会同时出现的。新的经济形势催生了新的经济学理论，例如强调财政政策在决定经济增长和总供给方面重要性的供给学派。与研究需求管理的凯恩斯主义不同，供给学派认为引起经济停滞和通货膨胀的原因是供给不足，而改变这种情况的正确做法应该是削减不必要的政府管制和过高的税率，其中，减税是供给学派经济学的核心。美国第40任总统（1981—1989年）就以供给学派经济学为主要理论依据提出并实施了《经济复兴计划》，其主要内容包括：削减个人所得税和企业所得税的税率，重点是削减个人非劳动收入的税率；同时，为平衡预算，也削减了联邦政府支出，重点是削减社会福利开支。里根承诺，此计划的实施，将能解决失业、控制通货膨胀和提高经济增长率。后来的事实证明，供给学派和里根政府做出的大多数预言或承诺并没有兑现。供给学派预言，减税将会刺激供给增加，这会使税源增加，因而政府收入不但不会减少，还会大幅度增加。但事实是，美国联邦政府1985年的政府收入占GDP的比例从1980—1982年的19.7%下降到18.6%。供给学派还预言，减税可以刺激人们储蓄和投资的积极性，但是似乎并没有出现这样的效果，20世纪80年代美国的国民储蓄率在大幅度下降，并在1987年达到第二次世界大战以来的最低水平；80年代的投资率也比70年代下降许多。

尽管供给学派是20世纪西方经济学中较为短命的一个学派，许多观点没有得到经验支持，其影响力也随着里根的卸任而消失；但供给学派强调通过减税、放松管制给劳动者和投资者提供足够的刺激来增加工作、储蓄、投资和产量，从长期来看是正确的。而且后来的新凯恩斯主义经济学家们也承认要从总需求和总供给两个方面来关注宏观经济的稳定问题。

第四节　中国财政政策的实践

一、中国的两次积极财政政策

随着改革开放进程的加快，中国经济社会的发展越来越多地受到世界经济波动的影响。截至目前，中国两次比较显著地运用财政政策进行的宏观调控都和世界经济的波动密不可分，中国经济也逐渐和世界经济融为一体。1998年，亚洲金融危机爆发，中国开始实施积极的财政政策和稳健的货币政策；从2004年始，中国实行了“双稳健”的财政、货币政策；之后由于国内经济形势的变化，2007年中央经济工作会议明确提出，2008年要实施稳健的财政政策和从紧的货币政策；但2008年下半年，美国次贷危机引起的复杂国际经济形势，让中央宏观调控政策再次改弦易辙，开始实施十年后的又一次积极财政政策。

（一）1998年的积极财政政策

1998年实施的积极财政政策是特殊时期采取的特殊政策，是中国政府在市场经济条件下反周期调节的一次较为成功的尝试。1997年，亚洲金融风暴首先在泰国爆发，迅速席卷了马来西亚、新加坡、印度尼西亚、菲律宾等东南亚国家，随后波及中国香港、拉美、大洋洲及东欧和日本等地，全球经济和贸易的增长步伐明显减慢。在亚洲金融危机爆发时期，中国正处于经济发展周期的低谷阶段，金融危机的影响明显加深。长期以来盲目建设带来的结构不合理等深层次矛盾，在国际经济环境急剧变化和国内市场约束双重因素作用下，更加突出地显现出来，内需不振，出口下降，投资增长乏力，国内物价持续走低，经济增长速度回落，中国国内经济形势非常严峻。1998年上半年，政府当局针对当时国内外严峻的经济形势，为了进一步扩大内需，确保当年经济增长8%目标的实现，审时度势，果断做出较大力度地调整宏观经济政策的决策，即实施积极的财政政策。由于在逐渐市场化进程中结构性矛盾加剧，宏观调控手段中的货币政策作用和效果已经被限制，财政政策成为货币政策之外强有力的政策工具和手段。

1998年实施的积极财政政策基本内容包括：一是通过增发国债或者特别国债来筹措资金，并且改善财政支出结构，大幅度增加基础设施建设的投资。表12-1列出了1998—2003年国债的用途，可以看到我国这段时期积极财政政策中国债的使用主要是在基础设施、产业结构升级等方面，为国家重大项目建设、拉动内需做出了很大的贡献。二是根据形势需要，调整税收政策。在增加税收收入的前提下，采取结构性减税措施，一方面减少与投资直接相关的税收；另一方面通过税费改革，取消大量收费项目，调整的详细内容见表 12-2。三是增加社会保障、救灾和科教等重点领域支出。通过对公务员加薪、提高社会保障水平以及农村税费改革等手段，增加居民的可支配性收入，拉动消费需求。其中，1999 年下半年，国家财政增加 540 亿元专项支出用于提高城镇中低收入居民的收入水平；另外，2000 年以来多次对公务员加薪，这种加薪的示范效应可以促使其他非政府制定工资的部门和行业效仿这种行为，从而增加社会居民总体收入水平。统计数据显示，自 1998 年国有、集体和其他单位的人均实际工资水平都有明显的快速增长趋势。在社会保障方面，政府支出中用于抚恤和社会救济支出部分，2001 年达 266.68 亿元，远高于 1990 年的 55.04 亿元和 1997 年的 142.14 亿元。

表 12-1　　**1998—2003 年国债用途**　　单位：亿元

年　份	发行规模	主要措施
1998	1 000	全部用于基础设施建设：农林水利建设、交通通信建设、城市基础设施建设、城乡电网改造和国家直属储备粮库建设等
1999	1 100	用于固定资产投资，包括技术改造项目贷款的贴息；支持传统工业的技术改造和设备更新、推动产业结构升级，进一步调整税收政策等
2000	1 500	发行长期国债，专项用于西部大开发和其他未完成项目；增加对西部地区的财政补助；停征固定资产投资方向调节税；继续推进税费改革，减轻企业负担；实行债转股；加快社会保障体系建设步伐
2001	1 500	增发建设国债，以弥补前期基础设施在建项目后续资金的不足；发行特种国债用于西气东输、西电东送、青藏铁路、南水北调、生态建设等一些重大基础设施建设；继续调整收入分配政策，提高机关事业单位职工工资和离休人员的养老金
2002	1 500	加大基础设施建设投资力度，带动固定资产投资增长，继续发行建设国债，主要用于在建项目、西部开发项目、重点企业技术改造、知识创新工程、环境治理工程、公检法司和高校扩招所需基础设施等方面的建设
2003	1 400	确保重大项目的投入和建设，改善农村生产生活条件，增加农民收入，促进技术进步和企业技术改造，增强经济发展的后劲，继续为加快西部地区发展创造条件，加快实施退耕还林，促进可持续发展

资料来源：（1）项怀诚 . 积极的财政政策在中国的四年实践［N］. 人民日报，2001-09-05；（2）国家计委宏观经济研究院课题组 .2003 年国债政策研究［J］. 经济研究参考，2003（3）：4-17；（3）项怀诚 . 关于 2002 年中央和地方预算执行情况及 2003 年中央和地方预算草案的报告［N］. 人民日报，2003-03-21.

表 12-2 1998—2003 年主要税收政策的调整

年 份	调整内容
1998	为了支持外贸出口，国家先后分批提高了纺织原料、纺织机械、煤炭、水泥、钢材、船舶和部分机电轻工产品的出口退税率，对一般贸易出口收汇实行了贴息的办法，并正式开始使用中央外贸发展基金有偿使用专项资金来支持出口贸易的发展。另外，还通过调整进口设备税收政策，降低关税税率，对国家鼓励发展的外商投资项目和国内投资项目实行一定程度上免征关税和进口环节增值税
1999	为鼓励企业投资，从1999年7月1日起，减半征收固定资产投资方向调节税；为吸引外商投资和支持技术改造实行多项税收优惠政策；为鼓励消费并调节个人收入差距，从1999年11月1日起，对储蓄存款利息恢复征收个人所得税
2000	2000年对税收政策的调整主要着眼于刺激投资，鼓励高新技术产业发展和产业结构升级，因此从2000年年初开始，暂停征收固定资产投资方向调节税
2002	一方面，为履行加入世界贸易组织承诺，关税总水平由15.3%下调到12%；证券交易印花税税率由4%（A股）和3%（B股）统一降为2%；金融保险营业税税率，由7%下调为6%。另一方面，积极支持农村税费改革，将农村税费改革试点范围扩大到20个省、自治区、直辖市，试点地区农民负担平均减轻30%
2003	2003年10月13日国务院宣布对出口退税政策进行调整，平均出口退税率下调约3个百分点，而平均进口税率从12%减至10.4%，更多的生产设备与机电产品的进口税率降低为零。在调整成品进口税率的同时，零部件的进口税率也进行了同步的调整，大大缓解了IT产业部分产品“关税倒挂”的现象

从 1998 年至 2003 年实施积极财政政策期间，中国的经济保持较高速度的增长，5 年平均达 7.6%，积极财政政策对中国经济增长起到了显著的带动效应。据有关部门测算，积极财政政策对于 GDP 增幅的贡献率，1998 年为 1.5 个百分点，1999 年为 2 个百分点，2000 年为 1.7 个百分点，2001 年为 1.8 个百分点。2002—2004 年，也保持在 1.5~2 个百分点的水平。

（二）2008 年的积极财政政策

2007 年下半年，美国次级抵押贷款机构破产，投资基金被迫关闭，股市剧烈震荡，引发了华尔街金融风暴。2008 年，美国次贷危机发展成为影响全球经济的严重性金融危机，并沿循投资品、耐用消费品、一般消费品等价格以及就业等路径向实体经济领域传递，全球经济危机的风险陡然加大，越来越多的国家和地区卷入其中，引发了世界性的经济危机。尽管我国外汇制度中资本账户管制和我国金融机构对外投资比例较小，这场危机未对我国金融体系产生大的影响，但是随着危机的蔓延，危机通过贸易投资和市场预期等渠道影响我国的实体经济发展，尤其是对我国经济增长有较大贡献的对外贸易，受到严重打击，宏观经济形势严峻。同时，2008 年国内的宏观经济表现也是错综复杂，其中贸易顺差出现波动，贸易增长进入不稳定期；工业生产增速缓慢，企业利润增幅回落，工业增加值大幅度降低，物价水平大幅度波动，经济增长放缓。为防范国际经济环境对我国的不利影响，有效克服国内经济增长中的困难，我国及时调整宏观经济政策，制订一系列调控方案。2008 年 11 月 5 日国务院召开常务会议，决定实行积极的财政政策和适度宽松的货币政策，启动了直接作用于实体经济的积极财政政策，开始了十年后的新一轮反周期调控。

2008 年开始实施的积极财政政策基本内容包括：一是扩大政府公共投资，着力加强重点建设。在 2008 年第四季度增加安排保障性住房、灾后恢复重建等中央政府公共投资 1 040 亿元的基础上，2009 年中央政府公共投资支出 9 243 亿元，完成预算 101.8%，比上年预算增加 5 038 亿元。其中：农业基础设施以及农村民生工程的建设投资 2 567 亿元，保障性住房建设投资 551 亿元，教育、医疗卫生等方面的社会事业建设投资 965 亿元，地震灾后恢复重建资金 970 亿元，节能减排以及生态环境建设投资 777 亿元。企业自主创新，进行技术改造，促进服务业发展等方面的建设投资 681 亿元，以及铁路、公路、机场、港口等重大基础设施建设投资 2 151 亿元，发行 2 000 亿元地方政府债券，保障地方政府的配套资金需要。这些投资增加了即期需求，带动了民间投资和消费，加强了经济社会发展的薄弱环节。二是推进税费改革，实行结构性减税。结合改革和优化税制，实行结构性减税，减轻企业和居民税收负担，扩大企业投资，增强居民消费能力。2009 年 1 月 1 日，在全国全面实施消费型增值税，也就是允许企业将新购入的机器设备所含的增值税税款实施抵扣，这样可以比较大地减轻企业的税收负担，促进企业增加投资，推进技术改造和技术创新。实施成品油税费改革，公平税费负担，推动节能减排。三是提高低收入群体收入，大力促进消费需求。调整国民收入分配格局，提高居民收入在国民收入分配中的比重和劳动报酬在初次分配中的比重，增强居民消费能力，扩大消费对经济增长的拉动效应。充分发挥财税政策作用，增加财政补助规模，重点增加中低收入者收入。四是进一步优化财政支出结构，保障和改善民生。中央财政用于“三农”支出和民生支出安排分别达到 7 161.4 亿元和 7 284.63 亿元。严格控制一般性支出，进一步降低行政成本。五是大力支持科技创新和节能减排，推动经济结构调整和发展方式转变。加大科技投入，促进企业加快技术改造和技术进步。增加节能减排投入，稳步推进资源有偿使用制度和生态环境补偿机制改革。改革完善资源税制度，促进资源合理利用。

自从 2008 年年底国家实施积极财政政策以来，经济运行态势在 2009 年比较顺利地从“前低”转入“后高”。2009 年第一季度 GDP 增长出现 6.1% 的探底，第二季度经济开始企稳回升，GDP 增长迅速回升至 7.9%，第三季度 GDP 增长至 8.9%，第四季度增长高达 10.7%，2009 年全年 GDP 增长为 8.7%，实现保八的经济目标。2009 年，全国财政收入 68 476 亿元，比 2008 年增加 7 146.5 亿元，同比增长 11.7%，从 9 月开始扭转了年初以来的下降趋势。2009 年全年全社会固定资产投资 224 846 亿元，比上年增长 30.1%。全年社会消费品零售总额 125 343 亿元，比上年增长 15.5%。全年货物进出口总额 22 072 亿美元，比上年下降 13.9%。这一轮我国经济走势呈现“V”形，我国经济在全球经济中率先复苏和发展，积极财政政策的实施效果非常显著。

二、中国财政赤字与宏观税负

（一）中国的财政赤字

财政赤字和债务政策是财政政策的重要组成部分，也是市场经济下国家宏观调控的必要手段。从理论上分析，一定时期的赤字和债务政策既应考虑国家调节经济运行的需要，也需考虑财政风险。关键是应根据国民经济形势的变化，适时适度地运用这一政策，并将财政赤字及其债务控制在一个较为合理的范围之内。

2015 年全年，我国一般公共预算收支相抵后，财政赤字首次突破 2 万亿元，达到 23 551 亿元，高于年初预算数字（16 200 亿元）7 351 亿元。在 GDP 和财政收入增长双双减速的压力下，为了让扩张性财政政策更好地发挥作用，2016 年我国提高了财政赤字率，财政赤字安排为 2.18 万亿元（其中，中央财政赤字 1.4 万亿元，地方财政赤字 7 800 亿元），比 2015 年增加 5 600 亿元，财政赤字率为 3%；政府债务规模也进一步扩大，2016 年，中央财政国债余额限额为 12.59 万亿元，地方政府一般债务余额限额为 10.71 万亿元，安排地方专项债券 4 000 亿元，继续发行地方政府置换债券，若按照债务上限计算，债务负担率为 32%。如果再考虑到地方专项债务余额限额为 6.48 万亿元，将三种债务余额限额加总后得到的债务余额限额之和为 29.78 万亿元，政府综合债务负担率约为 41%。目前，较为流行的欧盟财政赤字率和债务负担率警戒线分别为 3% 和 60%。我国财政赤字率 3% 也只是与警戒线持平，而 41% 的政府综合债务负担率和 60% 的警戒线之间还有较大距离。这说明，我国既有的债务规模是安全的，而且还有较大的发债空间。在实践中，不少国家超越了债务负担率 60% 的警戒线，财政运行也保持了正常，经济安全未受到大的影响。也就是说，只要政府债务能够正常偿还，较大的债务规模就不会影响财政运行。我国拥有庞大的国有资源，应债能力远高于一般市场经济国家，这也是社会主义制度的一个优势。也就是说，即使欧盟财政赤字率和债务负担率警戒线为 3% 和 60% 是合理的，我国的警戒线水平也应高于这两个指标。

那么，现阶段我国为什么要适度提高财政赤字率呢？因为适度提高财政赤字率能够为供给侧结构性改革提供更加宽松的财政政策环境。一是实施减税的空间更大。减税有助于为企业减负，增强企业竞争力，推动经济发展。例如，全面推开“营改增”试点，新增不动产进项税额可以抵扣，就是实实在在的减税措施，有助于释放经济增长潜力。这同时还有利于增值税税制的完善，让增值税的中性作用得到更好的发挥。当然，减税是有限度的，必须提高减税措施的针对性。针对性强的减税措施特别是鼓励创新的税收优惠政策有助于进一步提高我国的自主创新能力。二是有利于满足人们对公共产品和服务不断增长的需求。推进供给侧结构性改革意味着一部分资源需要重新配置，下岗分流职工需要得到妥善安置，还要进一步健全社会保障制度，满足人们对公共产品和服务不断增长的需求。财政支出的适度增长和政府债务规模的适度扩大有利于满足上述需求。财政部党组书记、部长楼继伟在2015年12月28日全国财政工作会议上表示，2016年及今后一个时期，要继续实施积极的财政政策并加大力度，阶段性提高财政赤字率，合理确定地方政府新增债务余额限额，进一步实施减税降费政策，加大统筹财政资金和盘活存量资金力度，调整优化支出结构，压缩“三公”经费等一般性支出。

总体而言，我国政府的债务负担率不高，经济安全具有强大保障。当然，加强防范和化解经济风险的意识和举措仍然是非常必要的。我国经济发展进入新常态，经济运行方式已发生变化，影响经济增长的因素越来越复杂，保持宏观经济稳定所要做的事也越来越多，宏观经济决策难度在不断增加。要保持经济中高速增长和财政运行安全，需要全面观察经济的变化，尤其要采取科学的债务监测手段来密切关注债务监测指标的变化。还应认识到，尽管我国总体上财政运行正常，但各地情况不一，有些地方政府债务风险较大，如果不及时采取措施，也可能产生风险传染效应，由局部扩散到整体。除了关注政府债务风险，还要关注企业债务风险，特别是注意其中可能转化为政府或有负债的风险。只要对风险有充分的估计并有相应的预案，经济安全运行就有保证。

当然，从长远看，财政赤字率不可能持续提高，政府债务规模也不可能无限度地扩大，扩张性财政政策终有退出之日，经济繁荣最终要依靠市场的力量。不发生政府债务危机只是最低要求。一个运行良好的经济体应注意政府发债的挤出效应，不应让政府发债影响企业融资，也不宜让市场利率处在过高的水平上。

（二）中国的宏观税负

新常态以来中国大口径宏观税负平均为34.2%，而中小口径宏观税负的平均水平分别为21.7%和18.3%，均低于大口径宏观税负10个百分点以上，可见，在全面考虑中国的广义政府收入之后，中国宏观税负的实际水平明显更高。2013年和2014年中国大口径宏观税负相比2012年分别上升了0.4%和0.3%。而2015—2016年受“营改增”等减税措施在全国大范围推行的影响，宏观税负虽有所下降，但与2012年相比下降幅度也不足2%。从总体上看，2012—2016年中国宏观税负基本保持稳定。就与发达国家的比较而言，新常态以来中国宏观税负的平均水平仅小幅高于美国（31.1%），而法国、瑞典等国平均宏观税负接近50%，高于中国10个百分点以上。就与发展中国家的比较而言，新常态以来中国宏观税负的平均水平同样低于巴西（40.4%）、俄罗斯（40.7%）等国6个百分点左右。由此可见，中国宏观税负并未如一些研究所说已在世界上处于绝对高位，更不存在所谓的“死亡税率”。

中国宏观税负不高，但为何企业和居民的税负感依然较重？事实上，宏观税负与税负感虽然密切相关，但二者的内涵并不完全相同。宏观税负仅从政府收入端衡量税费对企业和居民造成的负担。税负感指的是企业或居民对征税行为的反应和主观评价，其影响因素主要有三类：一是缴纳税费所导致的损失，这一因素可由宏观税负的高低反映；二是不同企业和居民税费负担的公平性；三是企业和居民缴纳税费的直接获益。据此分析可知，造成中国企业和居民税负感较重的主要原因有以下三方面：一是经济下行背景下宏观税负并未显著降低，宏观税负的自动稳定器效果不佳。新常态以来中国经济增速大幅下滑。同一时期宏观税负不仅没有明显下降，反而在2013—2014年上升了约0.3个百分点。二是小微企业和恩格尔系数高的中低收入群体承担的税负较高。2011年中国小型企业税收负担大约是大型企业的2.3倍，2014年大型上市公司纳税额占公司利润的比重为28.4%，相比之下，小微企业纳税额占企业利润的比重为35.8%，比大型企业高出7.4%。这说明大型企业不仅经营所得利润较高，所承担税负也较轻，而小微企业经营所得利润较低，但仍需承担较高的税负。三是财政在民生领域的支出占比较低，导致居民缴纳税费的直接获益较少。现实中，瑞典等北欧国家虽然宏观税负较高，但居民在缴纳税费的同时能够享受到政府提供的教育、医疗以及养老等各方面的服务，居民对税费负担的实际感受较低。因此，即使中国的宏观税负相比上述国家仍然较低，但若税费收入没有较好地用于改善民生，居民税负感也难以真正降低。

2013年，中共十八届三中全会将“稳定税负”写入《中共中央关于全面深化改革若干重大问题的决定》之中。2015年以来，财政部门继续全面贯彻党中央、国务院的决策部署，认真落实积极财政政策，结合税制改革总体方向实施减税。同时，实施普遍性降费，及时部署涉企收费专项清理工作，全面清理全国性及中央部门和单位行政事业性收费等。上述一系列减税降费措施包括：两次扩大小型微利企业减半征收企业所得税的优惠范围；简化大学生创业享受税收优惠程序；将个人转让住房免征营业税政策年限由5年调整为2年；对小排量汽车减半征收车辆购置税等。进入2016年以来，减税降费力度依旧不减。财政部已取消、停征和整合部分政府性基金项目。将新菜地开发建设基金、育林基金征收标准降为零；停征价格调节基金等。财政部表示，下一步，按照党中央、国务院的战略部署，将在认真落实已出台的支持小微企业、鼓励创新、改善民生等减税降费措施的基础上，进一步研究实施减税降费措施，激活经济增长动力，支持经济结构性调整。

2016年年末，中国社会科学院在京先后发布了《经济蓝皮书》与《世界经济黄皮书》两本年度报告，分别对2016—2017年的中国经济和2017年的世界经济形势进行了分析与预测。社科院预测，2017年中国GDP增长率在6.5%左右，世界GDP增长率约为3.0%。面对经济下行压力，社科院建议未来应加大积极财政政策的实施力度，政策的重心从结构性减税深化为降低宏观税负。在当前我国经济增速减缓、企业利润增速下滑的形势下，降低企业税费负担有利于增强企业活力，同时也是顺应中央精神的要求。从长期看，有必要降低增值税税率尤其是制造业的增值税税率，并且要进一步大力清理不合理收费为企业减负；同时，推进个人所得税改革势在必行，个人所得税改革应按结构性减税的方向进行，即应以降低中低收入群体的个人所得税水平、提高高收入群体所得税水平为基本方向。

□ 本章小结

* 财政政策是现代市场经济国家调节宏观经济运行的主要经济政策工具之一，在政府的经济管理中发挥着重要的作用。财政政策实施与否及其效果是根据政府在财政支出和税收等方面采取的相应措施对宏观经济所产生的影响来进行考量的。

* 财政政策可以定义为国家以一定的宏观经济理论为依据，为实现既定时期内的经济社会总体目标，而对政府支出和收入等各种财政手段的选择以及综合运用。

* 古典综合派继承并发扬了凯恩斯主义的理论，在凯恩斯的基础上把《通论》进行了通俗化和系统化，并将凯恩斯的政策思路进行了具体化和政策化。新古典学派的经济学家们用相机抉择的财政政策取代了凯恩斯的扩张性财政政策，用补偿性财政政策取代了凯恩斯的赤字财政政策，进而又提出了“充分就业预算”政策。

* 财政政策主要用于内部均衡，其目标一般包括充分就业、物价稳定、经济稳定和增长等。

* 新古典宏观经济学和新凯恩斯主义共同占据了当前西方经济学主流学派的地位，两大学派截然不同的财政政策原理及政策建议都颇具影响力。新古典宏观经济学的经济学家们提出了“政策无效论”的命题，并进一步用巴罗-李嘉图等价定理和政策的“时间不一致性”问题来否定凯恩斯主义的财政政策有效性，认为让市场机制自发发挥作用，就可以解决失业、衰退等一系列宏观经济问题。而新凯恩斯主义者反驳了新古典宏观经济学派的观点，认为相机抉择的财政政策不仅是有用的，而且是有效的。

* 财政政策的政策工具一般包括税收、公共支出、公债。

* 各发达国家在不同时期、不同学派的宏观经济政策影响下，为减少经济波动，对市场经济的运行都进行了或多或少的干预；经济形势的发展变化使得政府干预经济的方式、手段、领域等也随之发生变化。其中，凯恩斯主义和供给学派的政策主张在西方国家的实践中得到了一定的运用和检验。

* 1998 年和 2008 年，中国在世界经济严重波动的背景下，结合国内的具体经济形势，较为成功地实施了两轮以扩大内需、调整经济结构为目的的积极财政政策。

* 当前财政政策以适度提高财政赤字率和降低宏观税负为主要内容。

□ 关键概念

财政政策　相机抉择　自动稳定器　新古典宏观经济学　巴罗-李嘉图等价定理　新凯恩斯主义　乘数效应　挤出效应　供给学派　财政赤字　宏观税负

□复习题

1. 如何理解财政政策的含义?
2. 政府主动调节经济波动的财政政策有几种类型?
3. 自动稳定器是如何发挥作用的?
4. 财政政策的目标一般包括哪些?
5. 新古典宏观经济学的财政政策观点是什么?
6. 新凯恩斯主义关于财政政策有哪些主张?
7. 财政政策工具有哪些? 都是怎样发挥作用的?
8. 简述凯恩斯主义和供给学派的政策主张在西方社会经济实践中的运用。
9. 中国 1998 年和 2008 年实施的积极财政政策具体包括哪些内容?
10. 宏观税负的统计口径。

□ 讨论及思考题

结合不同学派的观点，谈谈你更支持财政政策的哪种观点以及原因。

第十三章

财政透明度与财政监督

本章要点

◇财政透明度的基本界定

◇提高财政透明的意义

◇提高我国财政透明度的基本要求

◇财政监督的基本内涵

◇财政监督的原则

◇财政监督的必然性

◇财政监督的形式与内容

◇我国财政监督理念的转变

提高财政透明度能为财政监督提供可靠的信息与监督的依据。财政监督是财政管理的重要组成部分，是国家经济监督的重要方面。财政监督是财政职能得以实现的有力保障，也是各类财政活动规范化的必然要求。财政监督的主要任务是为财政管理服务，确保财政政策顺利实施和预算任务圆满完成，维护财政资金的安全与完整。

第一节　财政透明度

一、财政透明度概述

（一）财政透明度的内涵

财政透明度是公共财政的本质特征之一，是实现财政民主的重要制度安排，也是现代公共管理的必然要求。

1998 年，George Kopits 和 Jon Craig 提出了财政透明度的概念：“向公众（公众被定义为包括所有与制定和实施财政政策有关的个人与组织）最大限度地公开关于政府结构和职能、财政政策意向、公共部门账户和财政预测的信息，并且这些信息是可靠的、详细的、及时的、容易理解并且可以进行比较的。”根据这一定义，财政透明度的核心要求是以及时、系统的方式对所有相关的财政信息（包括政务信息、财政预决算信息、部门预算信息、财政转移支付信息、政府采购信息、税务信息和非税收入信息等）进行充分披露。因此，提高财政透明度的前提条件和基础环节是财政信息公开，它既是财政透明度的重要内容，又是财政透明度的根本性特征。

随着新公共管理运动的兴起，财政透明度得到世界各国政府及相关组织的重视。国际货币基金组织认为，财政透明度是优化政府管理的重要方面。1998 年，国际货币基金组织为所有成员制定了《财政透明度手册》，其核心思想是政府应当定期向公众提供全面且真实的财政信息，并对公开财政信息的内容、程序以及如何确保信息的质量进行了具体规范。2000 年，经济合作与发展组织发布了《经合组织关于预算透明度的最佳做法》，比《财政透明度手册》又前进了一步，不仅对中央政府和预算规范、透明做出了规定，而且包括了全部财政和准财政活动。2006 年年底，已经有 70 多个国家和地区制定了信息公开法，财政信息公开的内容日益增加，公开的范围日益拓展，公开的程序日益规范。

（二）财政透明度的基本特征

（1）完整性（充分披露性）。财政透明度要求政府必须公开、准确、系统地提供财政活动的全部历史信息和即时信息，以方便公众获得。

（2）及时性。在财政信息失去决策作用之前就被决策者所拥有。

（3）可靠性。政府向公众报告的财政收支、政策取向与具体制度等信息必须如实，不能无中生有、扭曲事实或夸大其词。

（4）可理解性。财政信息在易被公众获得的同时也应易被公众理解。

（5）一贯性。财政透明度是财政监督的前提和基础，应保证定期更新。

（6）可比性。公开的财政信息不仅可以进行国内的历史比较，还应该考虑在统计口径方面可进行国际比较。

二、提高财政透明度的意义

财政透明度对于财政监督、公共财政建设具有极其重要的意义，也是实现财政监督和公共财政建设的必然要求。从公民权利保障来看，财政透明度是公民行使知情权的体现；从公共财政体系构建框架来看，财政透明度是建设公共财政的必经之路，是公共财政的重要特征；从政府层面来看，财政透明度有利于增强政府的责任感，是实行良好政府治理的前提条件；从财政理论与政策研究角度来看，财政透明度有利于政策理论研究者进行客观、正确的科学研究。因此，提高财政透明度是实行财政监督的前提和保障，是我国政府财政管理的重要任务，是强化政府公共受托责任，保障公众知情权，建立透明、廉洁、高效政府的内在要求。

（一）提高财政透明度有利于保障公民知情权

知情权是公民的一项基本民主权利，是公民参与权和监督权的前提。社会公众只有充分了解财政政策与财政管理的重大决定过程、财政资金和财政政策的执行情况，才能激发参政议政的积极性，从而构筑更加民主的政治体系。同时，财政决策的民意基础越广泛，决策就越趋科学、合理和公平，政策的执行力也会得到极大的提高，从而实现保障公民民主权利和提高财政管理效率的目标。

对纳税人本身来说，增强财政透明度有助于其了解与自身利益相关的政策措施，知晓所享受的社会公共服务，以便采取相应的方式更好地保障自身权益。

总之，提高财政透明度、积极打造“阳光财政”是保障公众知情权、参与权和监督权的最有效途径。

（二）提高财政透明度有利于监督政府履行受托责任

政府与社会公众之间的社会契约内容主要体现为政府如何按照纳税人的意愿有效支配和使用从社会公众手中集中起来的公共资源。财政透明度可以使公众了解政府受托提供公众产品的效率和效果，督促政府在公共产品生产和提供过程中更好地满足社会公共的要求。透明度的提高还可以降低作为委托人的公众与作为代理人的政府之间的信息不对称，使公众能够更好地监督和评价政府的行为，进而强化政府的治理。

同时，财政透明能够让公众及时了解政府做了什么，为什么这样做，以及如何做的，这是提高财政监督效力，有效减少腐败行为，实现社会公平的重要措施。

（三）提高财政透明度是建立良好治理政府的前提

公共财政是民主财政，应该由民主决策，体现公共意志，实现公共利益。所以公共财政的重要特征就是公开、透明，确保财政的民主决策和民主监督，从而建立具有参与性、民意导向性、责任性、透明度、回应性、有效性、公正化和法治化特征的良好治理政府。因此，较高的财政透明度是良好政府治理的必要条件，透明的政府能够使公众全面、及时地了解政府财政活动，有利于社会公众评估政府财政政策的意图，监督政府行为。

（四）提高财政透明度是建立高效政府的保证

首先，财政透明有助于宏观政策的制定。政府财政活动的信息是政府制定相关政策的基本依据，是政府有效地做出相关决策的重要保障。财政透明度直接影响公众、立法机关以及政府本身对社会经济的运行情况和有关政策执行情况的了解，是制定正确的经济政策的前提。如果财政透明度低，会误导资源的配置，进而导致经济的不稳定。

其次，财政透明有助于提高公共财务管理的效率。公众和立法机关在财政透明的条件下对政府的财政行为进行有效的监督，能够促使政府部门减少浪费，提高财政资金的使用效率和质量，进而提高公共财务管理的水平。

再次，财政透明有助于防范财政风险。在正确核算的基础上，财政状况及其意图等信息的公开将有助于提高从国际资本市场融资的能力，并能在面对重大经济形势变化时更早且更平滑地调整财政政策，从而降低财政风险。

最后，财政透明是建设法治政府的需要。政务公开、透明和公众参与是建立法治政府的关键。财政活动不仅是政府活动的组成部分，也是各个国家机关、各单位从事政务活动、行使公共事务管理职能的物质基础。通过公开财政信息，公众和立法机构能更有效地评价和监督政府。

三、提高我国财政透明度的基本要求

我国财政信息披露始于改革开放，但直到 2007 年，我国才有了由国务院制定实施的第一部关于政府信息公开的法规——《中华人民共和国政府信息公开条例》以下简称《政府信息公开条例》。在充分肯定省级和地市级以上政府财政信息的公开已经取得显著进展的同时，不得不承认，我国的财政信息总体上仍然有过重的保密色彩。因此，提高我国财政透明度并进而提高财政监督的有效性，需要在把握原则的基础上加速推进。

（一）推动财政信息公开的法制化

目前，我国在政府信息公开方面的法律文件主要是《政府信息公开条例》和《中华人民共和国预算法》。2014 年 8 月新修订的《预算法》明确规定将政府的全部收入和支出纳入预算，并对除涉及国家秘密的事项之外的预决算相关情况在经本级人大或其常委会批准后 20 日内向社会公开。

虽然有关规章明确界定了财政信息的范围、属性、公开方式与程序等内容，并对预算信息公开作了具体说明，但按照财政监督的要求，以及与发达国家相比，其规定仍显粗略。主要问题有二：一是法律规定不够细化。比如，在公开内容方面，《政府信息公开条例》中对县级以上人民政府应公开的信息内容只简单罗列了 11 条，使得实践中公开的信息内容不全面、不彻底，导致公众不明白。二是缺乏单独的、规范的明确财政透明度的相关法律。目前涉及政府信息公开的法律有《中华人民共和国预算法》、《中华人民共和国档案法》、《中华人民共和国统计法》以及《中华人民共和国保守国家秘密法》等，这些法规之间既有交叉地带，又有真空地带，没有形成统一、规范的明确财政信息公开的法律体系，难以建立公开、透明的财政政策环境，以对政府行为形成有效的约束力。

（二）完善财政信息公开体系

1. 扩展财政信息公开种类，提高信息公开的充分性

财政信息公开的种类一般包括：（1）财政预算编制及其执行情况和审计结果；（2）政府的资产、负债、净资产及其变动情况；（3）国有资产经营情况；（4）重大基本建设项目和政府投资建设的社会公益事业情况；（5）政府债务、税式支出以及准财政活动等其他重要信息。

当前我国财政信息的公开应注重披露财政决策和财政运行信息，与财政精细化管理工作结合起来，主要公开五项财政信息：（1）预算编制和执行情况。政府应定期将年度预决算情况和季度、月度预算执行情况在新闻媒体上公开。（2）政府采购公开。对采购事项应公开招标，对采购目录应在政府采购监督管理部门指定的媒体

上及时向社会公布，公开采购标准和采购结果。(3) 专项资金使用公开。对涉及公众切身利益的城市最低生活保障、粮食直接补贴等财政专项资金，应公开所有资金的发放标准和每位受益人的领取情况；对农业和新增中央投资计划项目管理，应公开工程预算和资金使用情况。(4) 非税收入公开。对非税收入的法律依据、项目、标准、范围应公开，对执收执罚部门的财政收入返还数额也应公开，并对返还资金的使用情况进行跟踪检查。(5) 政府债务发行余额情况。对中央政府和地方政府债券的发行情况和债务余额情况定期公开，并根据管理办法和用途进行分类。

2. 保证财政信息披露的质量

高质量的财政信息是提高财政透明度的关键。如果财政信息虚假失真，财政透明度就失去了意义。对财政信息质量的要求主要体现在完整性、真实性和时效性三个方面。

(1) 完整性。政府公开的财政信息除各项资金的运行情况之外，还应具有连续性。这就要求财政信息详尽、完整且统计口径一致，使信息具有可比性。

(2) 真实性。在加大公开力度的基础上，政府提供的财政信息应准确无差，能够接受公开、独立的监督。这就要求预算数据能与其他来源的数据相协调，且随时接受独立行政机关、国家审计机构以及独立专家的审计和评估。

(3) 时效性。对预算执行情况，应予以月度、季度和年度的信息披露；对于重大事项，应自报告之日起一定时日内及时披露；对于公众申请获得的财政信息，应在限定之日内给予答复。

3. 明确财政信息公开的主体

为促使有关各部门、单位确实承担其财政信息公开的责任，公开的主体应是法律上的权利义务主体。这个主体既要负责财政信息的披露、对所披露的财政信息的法律后果负责，也要对各方面依法提出的咨询进行解答。所以，财政公开的主体应是受托筹集、分配和使用财政资金的政府职能部门和单位，既包括负责财政资金筹集、分配的财政部门，使用财政资金的政府职能部门和单位，也包括负责社保资金管理的机关和单位，还应包括负责国有资本金运营管理的国有资产机构组织。

4. 强化财政信息披露方式的监督性

财政信息的披露方式决定了公众和监督机构是否能够有效且便利地获得财政信息。随着现代通信方式和媒体渠道的发展，财政信息的披露方式日益畅通、多样。目前主要的披露方式是向权力机关书面报告、举行新闻发布会、听证会等，更为大众接受且发展迅速的方式是通过广播、电视、报纸和网络公布财政信息。其中，网络因其丰富的承载量和更新速度，已成为政府向社会公众披露信息的主要渠道。但在实践中，部分地区和地方层级的财政部门网站并没有发挥应有的作用，网络的优越性仍有待于在公开财政信息中充分显现出来。此外，在披露过程中，媒体不仅是传播信息的介质，更应当成为监督财政信息公开的力量。可见，披露方式需要多渠道配合，同时保证披露的连续性，才能加强对财政信息披露的监督。

（三）加强财政信息化建设

现代信息技术的迅速发展和应用为提高财政透明度提供了更为有效且便利的实

现条件。随着“金财工程”建设的全面推进，我国各级地方政府都已经建成了以部门预算为基础、以所有财政收支全部进入国库单一账户为基本模式的财政综合管理信息系统。在继续完成“金财工程”的整合工作的同时，应进一步推进财政监督信息化建设。

虽然多种现代信息技术手段的运用已经能够以比传统手段更低的成本、更快捷的方式向公众公开财政信息，但现实中财政信息的易得性远没有达到财政信息化管理建设的预期目标，公众甚至是职能部门仍然面临着较高的信息获取门槛。

进一步提升财政信息的可获得性和便利性的重点在于：(1) 细化公开的财政数据，提高相关信息的使用质量；(2) 进一步拓宽财政管理部门与公众间的沟通渠道，以满足不同群体的信息获取偏好；(3) 增加财政信息公布的渠道，保障知情权和监督权；(4) 充分利用网络、报纸等披露手段，降低信息获取成本，并提高信息更新的频率，尽量与财政活动同步。

（四）建立健全政府财务报告体系

政府财务报告是为信息需求者编制的能够全面、系统地反映政府受托责任的综合报告。完善的政府财务报告体系是公共财政改革的必然要求，也是政府绩效评价制度建设的保障，同时也是财政监督的重要依据。然而，目前我国尚未建立政府财务报告制度，政府的会计信息仅以与预算收支有直接关系的内容为主，无法全面反映政府的资产和债务情况。总体来说，我国现行的政府会计存在 3 方面的问题：(1) 政府财务报告内容分散。虽然我国的财政总预算会计、行政单位会计和事业单位会计中均规定了相应的一套会计报表，但各会计报表自成体系、分别编报，没有一套能完整、集中地反映各级政府的资产、负债和净资产全貌的合并会计报表，使人大等政府财务报告的主要使用者难以全面、系统地考核和评价政府财务受托责任的履行情况。与此同时，政府也难以向人大等政府财务报告的主要使用者全面解除财务受托责任。(2) 政府财务报告的内容不够完整，披露的信息过于简单。现行财务报告只能反映预算收支执行情况，这只是政府会计的一个侧面，而不能充分反映整个政府和行政事业单位的财务状况，一些资产、产权、股权、债权、债务的情况没有核算或者核算得比较粗略，即使是收支情况也未能与预算项目协调配合，难以充分反映预算收支的执行结果。(3) 现金制的预算会计基础不能客观反映政府成本与风险。总预算会计报表不能反映当期已发生，但尚未用现金支付的政府债务（政府隐性债务），加之现金制下不能公正、客观地核算公共部门提供公共产品的成本，因而无法进行公共部门的绩效考核。

政府财务报告是政府信息公开的重要手段，为提高财政透明度，我国建立健全政府财务报告制度可以从以下 3 方面着手：(1) 在各级政府层面上编制合并、统一的政府财务报告，并增加审计报告，借以保证政府财务报告披露内容的真实性和可靠性，使政府财务报告取信于使用者，以解除其受托责任。(2) 扩展政府会计的核算对象和范围。政府会计核算的对象应扩展到政府的全部资金，不仅包括政府的财政性资金，还应包括投资性资金以及政府的债权债务；不仅包括自身及其所属行政、事业单位的资金运动，还包括其所管理的社保基金、公益领域中关系国计民生的大型国有企业的资金运动。(3) 逐步采用权责发生制基础。权责发生制基础会计比现金制基础会计能够提供更全面、更有价值的公共财政信息，在客观、公正评价财政效率的基础上，有助于明确划分政府的代际责任。

(五) 进一步加强政府审计制度

2012 年 11 月，财政部颁布了《行政事业单位内部控制规范（试行）》（以下简称《规范（试行）》），并在 2014 年 1 月 1 日起开始施行。《规范（试行）》以保证单位经济活动合法合规、资产安全和使用有效、财务信息真实完整、有效防范舞弊和预防腐败、提高公共服务的效率和效果为主要目标，分别从单位层面和经济活动业务层面进行风险评估，建立了信息内部公开和内部监督制度。《规范（试行）》的出台进一步提高了行政事业单位内部管理水平，规范了内部控制，加强了廉政风险防控机制建设。

但在财政领域，政府审计仍然存在着两大方面的问题，降低了财政透明度：一是各级财政部门编制的预算执行情况报告在提交人大之前缺少审计部门的审计鉴证；二是我国并没有形成统一的、具有强制力的政府审计结果公开制度。因此，作为财政透明度的保障机制，我国的政府审计仍然需从两个方面加强：(1) 建立政府信息审计鉴证制度。在建立政府财务报告制度的同时，为保其真实性，还应建立相应的审计鉴证制度。(2) 完善政府审计结果公开制度。为促使政府努力提高财政透明度，必须通过严格的法律程序来规范政府审计结果的公开。

(六) 继续深化预算管理改革

1. 继续完善政府预算体系，积极推进预算公开

在明确一般公共预算、政府性基金预算、国有资本经营预算、社会保险基金预算的收支范围的基础上，建立定位清晰、分工明确的政府预算体系。全面规范、公开、透明的预算制度是国家治理体系和治理能力现代化的基础和重要标志，是强化预算约束、规范政府行为、实施有效监督，把权力关进制度笼子的重大改革举措。当前我国预算公开已取得实质性进展：一是预算公开法制框架已基本确立。初步形成了以《预算法》《政府信息公开条例》为统领，以《国务院关于深化预算管理制度改革的决定》和《关于进一步推进预算公开工作的意见》为指南，涵盖政府预算、部门预算和转移支付预算多层次、多方位、具有中国特色的预算公开法制模式。二是预算公开体系基本形成。形成了由财政部门公开政府预算、转移支付预算，各部门公开部门预算的预算公开体系。在此基础上，各级财政部门、各部门按照谁制作、谁公开要求，主动公开预算管理法规和政策、预算编制办法及流程等，进一步充实了预算公开信息。三是预算公开方式日益完善。形成了以表格、文字、视频等为主要公开内容，以政府网站为主体，政府公报、报刊、广播、电视、实体政务服务中心为补充，政府网站与新闻网站、商业网站等合作协同的多平台、多渠道公开格局，公开和获取预算信息更加快捷、便利。

虽然目前我国预算公开进展明显、成效显著，但仍然存在公开渠道多、内容分

散，数字表格多、图文解释少，法规政策多、解读说明少，群众难理解等问题。为继续完善政府预算体系，积极推进预算公开，确保公开的预算信息公众找得到、看得懂、能监督，政府应从以下方面着手：(1) 改进公开手段。继续推行“互联网+政务”，逐步实现实体公开平台资源向网络平台过渡，提高网络化、信息化、集中化水平，加强网上公开资源分类分级和目录管理，继续促进门户网站与实体政务服务中心、综合新闻网站、商业网站互动，多管齐下，相互配合，互相补充，解决预算公开信息想找不好找问题。(2) 充实公开内容。一是在公开政府预算的基础上，进一步公开预算政策、编制依据、执行结果等，实现政府预算信息公开的全覆盖。二是逐步将部门预算细化到具体用钱单位、具体用钱项目，实现部门预算公开到部门、到单位、到项目的全覆盖。三是除公开转移支付项目、分配办法、分配结果外，进一步公开使用和绩效情况。(3) 提高公开实效。第一是更加重视社会需求，加大教育、医疗、环保、社会保障等财税政策公开力度，确保公开有效服务公众生产、生活。第二是落实谁制作、谁公开、谁清理要求，及时清理、更新预算信息。第三是加强解读，做到表格、文字、图表等相配合，切实做好解释说明工作。(4) 继续完善管理机制。推动研究制定统一的预算公开办法，进一步规范公开内容、标准、方式、程序等，解决目前各地区、各部门、各单位预算公开进度不协调、内容不一致、口径不统一、不利于监督等问题。

2. 加强预算执行管理，提高财政支出绩效

为做好预算执行工作，硬化预算约束，应从以下方面着手：规范国库资金管理，提高国库资金收支运行效率；规范权责发生制核算，严格权责发生制核算范围，控制核算规模；各级政府应当加强对本级国库的管理和监督，健全预算绩效管理机制，全面推进预算绩效管理工作，强化支出责任和效率意识，逐步将绩效管理范围覆盖各级预算单位和所有财政资金，将绩效评价重点由项目支出拓展到部门整体支出、政策、制度、管理等方面；加强绩效评价结果应用，将评价结果作为调整支出结构、完善财政政策和科学安排预算的重要依据；建立以权责发生制为基础的政府综合财务报告制度，政府综合财务报告应向本级人大或其常委会报告，逐步建立政府综合财务报告公开机制。

第二节　财政监督

一、财政监督概述

（一）财政监督的概念

财政监督是指各类财政监督主体，依据相关法律、法规的规定，对行政机关、企事业单位及其他组织执行财税法律法规和政策情况，以及对涉及财政收支、会计资料和国有资本金管理等事项实施的全方位的监督检查，以保证财政资金使用的安

全性、规范性、有效性和公平性，以及财政运行全过程的合法性、合规性以及效益性。财政监督是实现财政职能的重要手段，也是公共财政的本质特征。

理解财政监督的概念，要把握以下几方面：

1. 财政监督的主体

政府财政活动的根本目的在于满足社会公共需要，因此，财政监督应是作为委托方的社会公众对作为受托方的政府进行的监督，即财政监督的主体应是社会公众。社会公众将监督职能授权给有形的机构和组织代为履行，如国家立法机关、司法机关、政府相关机构和各类社会组织，由此形成财政监督的具体主体。

2. 财政监督的客体

从狭义和广义两个角度，财政监督的客体可以有两种理解。狭义的财政监督客体仅仅是各级政府财税部门，而广义的财政监督客体既包括各级政府财税部门，还包括财务收支列入政府预算的政府非财税部门、社会团体、企事业单位等，即凡与财政发生分配关系（各类预算缴拨款）的部门、企事业单位、社会团体，不管其所有制性质是什么，都属于财政监督的范围，都要接受强制性的财政监督。

从具体的监督对象看，财政监督的是财政性资金的筹措与使用方向，以及使用的效率，其标准主要是财政性资金的筹措与使用是否合法与合规。各级政府财政部门的收支活动自然是财政监督的应有之义。可以说，财政监督是对财政分配全过程的监督。

3. 财政监督的依据

财政监督凭借国家政治权力，以国家整个行政权力所制定的法令、制度为依据。具体来说，财政监督的依据就是各类财政监督主体在实施财政监督过程中所执行的标准。财政监督的根本目的是维护各类财政活动和财经秩序的健康、有序，这也对其自身提出了更高的规范性要求。作为一种具有制约、纠正效能的财政管理活动，财政监督的实施必须严格依据国家有关法律、法规和部门规章，遵循一定的原则，按照一定的程序来进行。

具体的法规依据包括 3 个层次：（1）立法机关制定的有关法律，如《预算法》《中华人民共和国会计法》《中华人民共和国税收征收管理法》《中华人民共和国注册会计师法》《中华人民共和国行政处罚法》；（2）国务院颁布的行政法规，如《国有企业财产监督管理办法》《事业单位财务规则》《国务院关于违反财政法规处罚的暂行规定》等；（3）国务院财税主管部门颁布的规章，如财政部颁布的《关于对行政性收费、罚没收入实行预算管理的规定》《财政监察专员办事机构工作暂行规定》等。

（二）财政监督的范围与基本目标

1. 财政监督的范围

根据我国现行财政管理体制和有关法律法规的规定，财政监督的范围包括预算执行、税收征管与解缴、财务会计、国有资本金基础管理等方面，具体体现在：

（1）对本级各部门及下一级政府预决算的真实性、准确性、合法性进行审查稽核，并根据本级政府授权对下级政府预算执行情况进行监督。

（2）对本级各部门及其所属各单位的预算执行情况进行监督。

（3）对本级预算收入征收部门征收、退付预算收入情况，本级国库办理预算收入的收纳、划分、留解、退付和预算支出的拨付情况进行监督，重点对税收征管质量和非税收入的征收进行监督。

（4）对本级财政投资资金的分配、管理、使用效益情况进行监督。通过单位预算的编报、执行、报账和财政部门审批、拨款、检查、审核等工作，对行政事业经费的使用和管理进行监督。

（5）对国有资本金管理、成本管理、利润分配活动及国家基本建设项目预算执行情况进行监督。

（6）对会计信息质量和社会审计机构贯彻执行财税政策、法律法规情况及其在执业活动中的公正性、合法性进行监督。

2. 财政监督的基本目标

（1）积极预防财政预算和财政决策过程中出现的各种失误，促进财政预算、税收和国有资产管理的科学化、民主化和高效率。

（2）及时分析、综合反映和评判财政运行状态与预期标准的偏差，分析研究偏差产生的原因以及可能带来的危害，为各级政府及其财政部门有效地实施宏观财政调控提供可靠的信息和依据。

（3）有效制约和纠正不合法或不合理的经济行为，增强财政监督客体的自我约束力，维护健康、正常的社会主义市场经济秩序和财政分配、调控秩序，有效地实现财政目标。

（三）财政监督的原则

作为一项法治性、政策性较强的财政管理活动，财政监督必须坚持一定的原则。一般来说，财政监督应遵循以下六项原则：

1. 依法监督

加强财政监督是为了维护市场经济运行的正常秩序，确保财政活动的合法性和有效性，而市场秩序和财政分配秩序必须通过法律、法规予以规范。人们对本地区、本单位的行为是否符合市场经济秩序和财政规范的要求，在认识上和行动上存在差异。因此，必须根据国家的财政法规和相关法规进行检查、监督和处理，充分发挥财政监督的权威性和有效性。

2. 以事实为依据

财政监督涉及面广、内容复杂、政策性强。所以，财政监督主体必须深入实际，调查研究，掌握第一手材料，以事实为依据。

3. 监督与服务相结合

财政监督的根本目的是促进财政经济工作和各项事业的健康、有序发展，因此在履行职责过程中，还具有对经济发展提供服务的职能。财政监督和服务是财政管理工作中相辅相成的两个方面，服务离不开监督，监督是为了有效地提供服务。为了更好地发挥财政监督的作用，就必须强化服务功能，使财政监督与服务相统一。

如果只强调监督而忽略了服务，不利于被监督单位建立自我约束机制和强化管理；反之，片面强调服务而忽略了监督，也不利于法制建设。所以，在开展财政监督工作过程中，正确认识和处理监督与服务的关系，把财政监督与服务有机地结合起来，才能够提高财政监督的质量和效果，更好地为经济建设服务。

4. 专业监督与群众监督相结合

财政专职监督机构进行的检查、审计和监督是财政监督的基本方面，在财政监督中起主导作用。群众监督主要是指各部门、各单位及广大职工群众对财政及相关的经济活动进行的监督，是财政监督的基础。将专业监督与群众监督结合起来，在专业监督的指导下，广泛地开展群众监督，在群众监督的基础上，进一步加强专业监督。两者相互补充、相互促进，片面强调任何一方，都会影响财政监督的效果。

5. 一般监督与重点监督相结合

一般监督是通过对书面报告和统计资料的综合分析对比，判别其中产生问题的主、客观因素，针对普遍存在的问题，采取有效措施进行纠正。重点监督是对通过一般监督措施发现的问题做出正确判断后，进一步找出主攻方向，抓住影响全局的或带有普遍性的重点地区、部门或问题，深入调查研究，以提出切实可行的解决办法和措施。一般监督解决的是财政监督的广度问题，重点监督解决的是财政监督的深度问题。二者相辅相成才能取得良好的监督效果。目前财政监督的重点主要体现在密切跟踪和积极推进重大财税政策和民生资金的落实，以及财政资金使用的合规性与效益性，促进财政管理向科学化、精细化发展。

6. 道德教育与法纪制裁相结合

财政监督以预防为主，通过财政法纪宣传教育，努力提高全体公民的财政法制观念，加强财政工作人员的职业道德教育，为依法使用财政资金创造良好的外部环境，从而真正实现财政监督的根本目的。对通过检举、调查、检查、审计所发现的证据确凿的违纪违法事件，必须严格予以处理，触犯刑律的应提请司法机关依法处理，以维护财经法纪的严肃性。

二、新时代市场经济中加强和改进财政监督的必要性

习近平总书记在党的十九大报告中强调，要“建立全面规范透明、标准科学、约束有力的预算制度，全面实施绩效管理”；要“构建党统一指挥、全面覆盖、权威高效的监督体系，把党内监督同国家机关监督、民主监督、司法监督、群众监督、舆论监督贯通起来，增强监督合力”。财政监督是增强预算制度约束力的有力武器，是国家机关监督的重要形式，是党和国家监督体系的重要组成部分，总书记的重要论断为新时代加强和改进财政监督指明了方向，具有十分重大的现实意义和深远的历史影响。市场经济与财政监督存在着内在和必然的联系，市场经济制约着财政监督的内容和形式，财政监督影响着市场经济的效率和公平。建立有效的财政监督机制，强化财政监督的职能，是完善社会主义市场经济体制和建立健全公共财政框架的内在要求。

（一）财政监督是市场经济中高效合理配置资源的客观要求

市场经济以市场为中心配置资源和组织社会经济活动，以市场机制为基础调节社会经济的运行。市场机制在提高资源配置效率方面客观上存在着优越性，但同时也存在着偏重短期性、微观经济的调节，难以有效反映国民经济的长远结构和战略目标的局限性。因此，必须建立健全财政监督体系，通过发挥财政宏观调控的重要作用，正确引导、决定和影响资源配置的数量和方向，从而纠正市场的盲目性。

（二）财政监督是市场经济正常运行的客观要求

财政监督是保证市场主体平等竞争的重要外部环境之一。在法律规范和引导市场主体、市场行为和分配秩序的同时，作为经济监督的重要方式，财政监督能够促进财政政策、法规的顺利实施，约束和规范经营实体的经营行为，引导市场主体之间的自由、公平竞争，避免垄断和纠正不正当竞争，确保政府对市场的必要干预，使等价交换、平等竞争在体制公平、政策公平、制度公平中得到有效贯彻。

（三）财政监督是市场经济法制化的内在要求

市场经济是法制经济，客观上要求必须在健全的法律保护和约束下按照一定的规则运作。由于我国的市场经济尚处于完善过程中，法律法规建设尚不健全，各市场主体行为还带有种种的盲目性和随意性，经济的无序状况在一定范围内还严重存在。因此，要保证市场经济的有序运行，必须建立健全各项财政法规制度，将各种经济活动纳入法制轨道，依法实施财政监督，促进财政法规制度的有效实施。

（四）财政监督是市场经济中实现政府理财目标的现实要求

在市场经济条件下，政府理财的主线就是实现效率与公平的相对统一和兼顾。效率和公平分别从资源配置和收入再分配两个方面对社会经济运行产生影响，并且成为政府理财的基本目标。因此，监督不断提高的资源配置效率和收入的公平分配就成为财政监督的核心。通过财政监督，政府理财能够保证国民收入在政府、企业、居民之间形成合理的分配格局，促使经济增长从粗放型向集约型（即效益型）转变。

（五）财政监督是市场经济中强化财政职能的必然要求

财政监督职能是指财政在分配和调节社会产品和国民收入的过程中，对国民经济各个方面活动进行综合反映与规范制约的客观功能，是国家管理经济，实行经济监督的一个主要方面。如果没有监督职能作保证，财政的各项职能不可能得到应有的发挥，所以，财政的监督职能是一项保障职能。在市场经济条件下，财政监督职能的方向将日益侧重于宏观经济运行层面，通过运用经济杠杆、行政约束和法律手段发挥财政政策工具的应有作用，保证财政政策与财政宏观调控的有效实施。

（六）财政监督是建立和完善公共财政运行机制的内在要求

财政监督是公共财政及财政管理体系的重要组成部分，因此，财政监督应服从并服务于财政体制改革以及公共财政框架建立的需要。公共财政的目标是实现财政管理的规范化和法制化，提高财政资金运行的质量和效益。只有进一步加强财政监督，才能规范财政管理，才能更好地维护政府预算的完整性和严肃性。这是公共财政作为民主财政和效率财政的基本内涵之一。在市场经济条件下，对政府财政行为进行有效的约束，确保政府财政行为严格限定于国家法律规定范围之内，实现政府财政资源的有效利用，维护财政经济秩序是公共财政理论的内在逻辑要求。

（七）财政监督是整顿经济秩序、严肃财经纪律的迫切需要

目前我国经济领域违法违纪势头尚未彻底遏制，财经纪律松弛的状况尚未根本好转。偷、逃、骗、抗、随意减免税等现象大量存在；预算约束软化，随意突破预算，违规挤占、挪用、挥霍财政资金的行为时有发生；企业会计基础工作薄弱和会计信息失真的问题较为普遍，设立“账外账”、账外资金的问题十分突出；社会审计机构执业质量参差不齐，无序竞争的状况非常严重。财经秩序的混乱状况，严重地影响了我国财税政策的贯彻落实，影响了政府宏观调控功能的发挥，不利于经济质量的进一步提高，这些问题也在一定程度上反映出当前我国财政监督的薄弱环节和真空地带。因此，从我国现实看，加强财政监督势在必行。

三、财政监督的形式与内容

财政监督的形式是指围绕着财政监督的目的而形成的一种专业工作形态。财政监督的内容是指财政监督工作中包含的实质所在。财政监督的形式是财政监督内容的外在表现，财政监督的内容决定着财政监督的形式，而财政监督的形式又会反作用于财政监督的内容，对财政监督内容的完成质量产生相应的影响。

（一）财政监督的形式

对财政监督形式的划分标准有多种，可以根据财政监督的工作职责划分，可以根据财政监督的工作范围划分，也可以根据财政监督的工作目的和工作内容划分。一般情况下，财政监督的形式主要包括：

1. 按照监督客体与财政部门之间的隶属关系，财政监督分为内部监督和外部监督

（1）内部监督。内部监督主要是指由财政部门中履行财政监督职责的机构及其检查人员，根据本部门决策层的授权，对财政部门内部设置的其他机构、业务单位开展的管理活动和业务行为的合法性、合规性、真实性、完整性实施监督检查的一种经济管理活动。

内部监督的重点是财政部门业务机构履行职责的执法质量，包括是否按照既定的法规政策开展工作，工作程序是否规范有效，财政资金分配使用是否合规合理等。内部监督是基于各个部门、各个单位在市场经济环境中根据加强内部经济活动控制工作的需要而产生的，是为了更好地适应不断改善经济管理工作环境和不断提高经济管理工作质量的要求而发展起来的。从经济监督工作的实践过程来看，内部监督既是一个通过规章制度体系实施自我约束的过程，又是一个不断完善规章制度体系并使之不断增强约束效力的过程。

（2）外部监督。外部监督是指由财政部门的监督机构和管理机构，共同依法对国家机关、企事业单位、其他经济组织等财政管理相对人（监督客体）在资金的筹

集、分配以及使用过程中所发生的财政收入、财政支出、国有资产管理行为，及其经济活动过程和成果的合法性、合规性、真实性、完整性实施检查与监控的一种经济管理活动。外部监督与社会经济管理活动密切相关，既源于管理者与监督者职责相互分离的要求，又围绕着管理的内容开展工作。

2. 按照财政部门内部设置机构的工作职责范围，财政监督分为日常监督和专项监督

（1）日常监督。日常监督是指对预算的编制、执行和财政管理过程中的重要事项进行日常监控。由财政部门中以履行管理职责为主的机构，对国家机关、企事业单位、其他经济组织等监督客体发生的经济行为、财务及会计行为、国有资产管理行为及其经济活动过程与结果的合法性、合规性、真实性、完整性依法进行常规的、连续的、系统的检查的一种经济管理活动。

日常监督方式的特点主要是财政机关业务机构结合预算编制与执行的程序，对财政资金分配进行事前的审查、稽核，对资金拨付使用进行事中的审核、控制，对财政资金运行和预算执行中重要环节进行必要的延伸检查、核证，对资金的去向和使用效果进行事后的审查，以及及时进行重点监控和实地检查。

（2）专项监督。专项监督是指由财政部门中专司监督职责的机构，针对国家机关、企事业单位、经济组织等监督客体的某种经济活动、某类经济行为、某一具体业务项目的实施和结果的合法性、合规性、真实性、完整性，以及出现的某些特定问题进行检查的一种经济管理活动。通常是财政机关根据财政管理和监督检查工作中暴露的难点、热点和重大问题，有针对性地开展的专项监督检查。它是强化财政管理、制定相关政策、加强法治管理的重要手段，同时也是日常监督的有益和必要补充。

3. 按照经济事项运行过程中不同的阶段，财政监督分为事前监督、事中监督和事后监督

（1）事前监督。事前监督是指财政部门对国家机关、企事业单位、其他经济组织等监督客体中将要发生的经济事项，包括正在酝酿之中的经济事项和准备付诸实施的经济事项，以及相关行为的合法性、合规性、合理性依法进行审核，进而保障经济事项步入预定轨道的一种经济管理活动。事前监督属于制度监管型的监督形式，其特点是发挥规章制度的约束力，对既定规章制度管理效用的再规范。

从预算的角度看，事前监督就是在各级政府预算和单位预算成立之前，对预算编制、审核和批准的过程进行的检查监督，目的在于防患于未然，确保预算编制的合法性、科学性、真实性和可靠性。事前监督是损失最小、效益最大的监督，其方法主要是通过对预算收支指标的预测、分析和核算，审核各部门的单位预算和财务计划，看其是否与国民经济和社会发展计划指标协调，能否避免执行中出现突破预算、造成浪费等现象。

（2）事中监督。事中监督是指财政部门通过对国家机关、企事业单位、其他经

济组织等监督客体中已经发生但尚未完结的经济事项的运行过程，以及其中发生的各类行为的合法性、合规性依法进行审查，进而保障经济事项在预定轨道中正常运行的一种经济管理活动。事中监督属于措施监控型的监督形式，充分利用好各种预防措施对经济事项的运行情况进行控制是事中监督的集中反映。

从预算的角度看，事中监督就是在财政总预算、单位预算和各项财务计划执行过程中的监督，是在预算正式成立、执行到预算年度结束的整个过程中进行的经常性监督工作。事中监督贯穿于日常的财政收支业务工作中，其任务是检查监督各项收入是否按政策及时、足额上缴，制止少缴、欠缴、挪用、截留的现象，监督、检查财政资金的供应进度和使用情况；其目的在于及时分析和监督检查预算执行中存在的问题，及时采取措施，确保预算目标和各项预算收支任务的顺利完成；其方法主要是通过审查、分析财政收支月报和会计报表等，深入实际调查研究，现场检查，交流信息等，防止和杜绝挪用、少缴或截留国家财政收入的现象，监督和帮助各支出单位严格按照国家计划和预算使用资金。

（3）事后监督。事后监督是指财政部门通过对国家机关、企事业单位、其他经济组织等监督客体中已经完结的经济事项和运行的结果以及相关各类行为的合法性、合规性依法进行审查，进而保障经济活动不脱离运行轨道的一种经济管理活动。事后监督的主要目的是要通过对监督客体的经济事项的结果进行检查，分析经济管理的运行轨迹，研究管理制度的健全程度，完善管理工作的各个环节，改进经济工作的管理系统。事后监督属于机制监护型的监督形式，通过检查经济活动的结果来监控经济管理系统的状况是财政事后监督最为突出的特点。

从预算的角度看，事后监督就是政府预算和单位财务收支事项发生后，对执行结果进行的一种定期或不定期的检查分析，其目的在于发现问题，揭露矛盾，总结财政管理过程中的经验教训，纠正预算和财务收支计划执行中的偏差，处罚违法违纪行为，不断改进和加强财政监督工作。事后监督的方法主要是检查各地区、各部门和各单位预算和财务收支活动中是否正确贯彻执行有关财经方针政策和法律制度，检查预算收入的征管情况和预算支出的安排情况，审查节约原则贯彻情况及其实际效果，并应审查财务手续是否完备，财务会计核算是否正确。

4. 按照财政监督的侧重点不同，财政监督分为合规性监督和效益性监督

（1）合规性监督。合规性监督以保证财政活动的合法性、合规性为目的，财政监督主体以财政、财务和会计政策法规为依据，对使用财政资金的行政机关、企事业单位及其他组织执行财税法律法规和政策情况实施的监督检查，通过对单位违规违纪行为的查处，保障国家财经政策法规的贯彻实施。

（2）效益性监督。效益性监督是在保证财政活动合法合规的前提下，通过科学的效益评价指标体系，运用多种效益分析方法，对财政资金的使用直接效益和综合效益进行评价，进而达到提高政府财政活动效率的目的。财政资金使用的直接效益是指通过财政资金使用完成的实际工作量，达到的预期目标和现实的经济收益；财政资金使用的综合效益是指通过财政资金使用，改善生态和地方经济发展环境，促

进社会稳定，刺激或调节经济发展以及改善社会福利等方面的效益。

具体来说，财政效益性监督就是对财政资金使用的规模效益、结构效益、方式效益和管理效益进行评价监督。财政资金使用的规模效益要求以财政的供给能力为依据，对某项资金的安排是否适当，项目资金量的大小在整个财政支出中占的比重是否适度，与财政的总体支出水平是否适应做出评价；财政资金使用的结构效益要求以公共财政理论为指导，对某项支出是否应该由财政负担，以及在该项总支出中，财政资金所占的份额是否适度做出评价；财政资金使用的方式效益要求对不同的支出方式（有偿、无偿、部分有偿和部分无偿、全额投资或部分投资、直接投资或贴息资助等）及其效果做出相应评价；财政资金使用的管理效益要求对财政资金使用的安全性和有效性，包括管理制度是否完善，资金到位是否及时，有无挤占挪用和损失浪费等做出相应评价。

同合规性监督相比，评价和监督财政资金使用效益的管理过程更为复杂，特别是对具有不确定性的综合效益的分析，需要运用特定的方法手段。直接效益可以进行定量评价，而综合效益则需要借助调查分析。概括起来讲，对财政资金使用效益的评定，大致可采用投资-效益分析法、社会功能分析法、因素分析法和动态比较分析法等进行比较分析。

（二）财政监督的内容

财政监督的内容是监督客体（监督对象）的外延。财政分配和调节的宏观性和综合性决定了财政监督内容的复杂性和广泛性。一般来说，财政监督应该包括如下内容：

1. 政府预算的监督

政府预算的监督是指由履行财政内部监督职责的机构及其检查人员对预算编制机构在依据《中华人民共和国预算法》，根据预计取得的财政资金总量以及政府管理、社会公共事业发展的资金需要，制订集中和分配预算资金计划的过程中发生的行为实施的检查。政府预算监督应紧紧围绕预算编制、执行和决算的合法性、合理性和有效性来进行。

2. 收入与支出的监督

加强财政收入监督就是保障财政收入的安全和完整，重点是加强税收和非税收入征缴质量的日常监督。在公共财政框架下，财政支出监督日益成为财政监督的重点内容之一。支出监督主要包括对行政事业费支出、基本建设支出、社会保障资金、转移支付资金的监督。目前我国的财政支出监督应重点关注“三农”、教育、科技、医疗卫生、扶贫救灾专项资金等重点支出领域。

3. 政府采购的监督

政府采购的监督，是指由履行财政内部监督职责的机构及其检查人员，以法定的方式、方法和程序，对政府采购管理机构及其实体在从事政务活动和为社会公众提供公共产品或提供公共服务时，从市场上为政府部门及其所属的公共事业部门购买其从事组织管理活动或业务工作时所需要的货物、劳务、工程等商品的过程中发生的行为，所实施的检查。

4. 财务收支管理的监督

财务收支管理的监督是指财政部门对国家机关、有关企事业单位、其他经济组织等监督客体，在为实现其经济工作目标时，依照国家的财经法律、法规、规章和财务及会计制度的规定对筹集、分配、运用资金的活动加以组织和控制，以及对在筹集、分配、运用资金过程中形成的经济事项进行核算的过程中发生的行为依法实施的检查。

根据监督客体的性质及其执行的财务及会计规章制度的不同，对财务收支管理活动实施的监督检查可分为对国有企业财务收支情况的监督检查和对行政事业单位财务收支情况的监督检查。

5. 国有资产的监督

国有资产的监督是财政部门对国家机关、企事业单位等监督客体在使用和管理国有资产过程中发生的行为，包括国家投资形成的经营性资产以及使用国家拨款购置的非经营性资产的使用和管理行为依法实施的检查。加强国有资产监督，防止国有资产损失浪费，确保其保值增值并使国家获得资产收益，是国有资产管理的重要内容，也是国有资产监督的最终目标。

6. 支出绩效的监督

财政支出绩效评价是财政监督的工具，财政支出绩效监督是对财政资金的使用范围、规模、结构和效益进行监督，关注重点应从财政资金使用的安全性、规范性向有效性转变。通过建立财政支出绩效评价指标体系，强化财政支出使用效果的考核和分析，完善财政监督的反馈机制，达到服务财政决策，提高财政管理效果的目的。

7. 会计监督

会计监督是指财政部门根据《中华人民共和国会计法》、《中华人民共和国注册会计师法》和《财政部门实施会计监督办法》对会计主体执行国家统一的会计制度情况、会计资料真实完整、会计核算合规性、资产真实性进行监督检查，对注册会计师及会计师事务所的内部管理制度和执业质量进行监督。

四、我国财政监督理念的转变

财政监督是为加强和完善财政管理、提高财政监督效果服务的。在新的财政经济形势下，我国的财政监督应逐步树立全员参与、全面覆盖、全程控制和全部关联的理念。全员参与，即财政部门每一个业务部门都是财政监督的主体；全面覆盖，即对涉及财政监督内容的财政收支监督、会计监督、内部监督等方面通过日常管理与专职检查进行全方位的监督；全程控制，即对财政资金运行全过程的跟踪监督管理；全部关联，即实现专职监督与日常管理、个体监督与全面管理的信息共享与成果运用。将强化财政监督理念作为转变财政监督方式的着力点，具体包括五个方面：

（一）由重资金分配轻监督问效向“预算、执行、监督”三位一体转变

以往财政监督重组织收入和财政资金分配，而轻财政资金使用效益和效果。而今，财政监督通过规范预算的编制与执行，逐步建立从财政预算支出的申报、拨付到使用全过程的跟踪监督机制。

（二）由重事后监督向全过程监督转变

为适应市场经济发展，各级财政部门在监督模式方面进行了有效的探索，以改变监督方式以事后检查为主的模式。财政监督应适应部门预算管理改革，从注重事后监督向“事前审核、事中监控、事后检查”全过程的监督转变。通过对预算收入解缴、征管、入库、退库全过程的监督，实行对本级预算支出的申报、拨付、使用的事前、事中和事后全过程跟踪监督，及时发现财政经济运行过程中存在的问题。

（三）由合规性监督向效益性监督转变

财政监督主要是以保证财政活动的合法合规性为目的，然而现实中，财政资金运用的合规性与财政资金运用的效益性并非两个等同的概念、合法的不一定就是有效的。如果对财政资金的监督领域只是局限于资金运用的合法合规性，而忽视资金运用的效益性，显然不符合市场经济的效率原则。因此，各级政府财政部门在加强合规性监督降低财政风险的同时，纷纷开展效益性监督，以提高财政资金使用效益。开展效益性财政监督的关键是建立科学的效益评价指标体系，对财政资金的使用进行直接效益和综合效益评判。直接效益可以进行定量评价，而综合效益则需要借助调查分析。

（四）由对外监督向内外并重监督转变

开展财政内部监督是财政部门内部对权力的制约，因此，必须从注重对外监督检查向内外监督检查并举转变．通过对财政部门内部的监督，可以促进财政政策、法规、制度的正确贯彻落实，要对财政部门内部机构预算资金、专项资金以及财务收支活动进行定期的监督检查，加强自我约束，规范行政行为。

（五）由监督与管理脱节向贴近管理强化监督转变

在市场经济体制下，财政管理和财政监督是辩证统一的有机整体，财政监督以加强管理为主，寓监督于管理之中。因此，要立足财政管理，坚持将财政监督贯穿于财政管理全过程之中，逐步由突击性监督检查转变到日常监督上来。通过进行日常监督检查，发现财政管理过程中存在的问题，及时提出整改意见，完善制度，堵塞漏洞，不断提高财政管理水平，真正形成监督与管理并重，日常监督管理与专项监督检查相结合的财政监督工作新格局。

□ 本章小结

*财政透明度，是向公众（公众被定义为包括所有与制定和实施财政政策有关的个人与组织）最大限度地公开关于政府结构和职能、财政政策意向、公共部门账户和财政预测的信息，并且这些信息是可靠的、详细的、及时的、容易理解并且可以进行比较的。财政透明度的核心是要求以及时的、系统的方式对所有相关的财政

信息（包括政务信息、财政预决算信息、部门预算信息、财政转移支付信息、政府采购信息、税务信息和非税收入信息等）进行充分披露。

* 提高财政透明度有利于保障公民知情权，监督政府履行受托责任，建立良好治理的政府和高效的政府。

* 提高财政透明度要求推动财政信息公开的法制化，完善财政信息公开体系，加强财政信息化建设，建立健全政府财务报告体系，进一步加强政府审计制度，以及继续深化预算管理改革。

* 财政监督是指各类财政监督主体依据相关法律、法规的规定，对行政机关、企事业单位及其他组织执行财税法律法规和政策情况，以及对涉及财政收支、会计资料和国有资本金管理等事项实施的全方位的监督检查，以保证财政资金使用的安全性、规范性、有效性和公平性，以及财政运行全过程的合法性、合规性以及效益性。

* 在新时代市场经济中，加强财政监督是高效合理配置资源，维护市场经济正常运行，增强市场经济法制化，实现政府理财目标，强化财政职能，建立和完善公共财政运行机制，以及整顿经济秩序、严肃财经纪律的必然要求。

* 财政监督一般应遵循以下几条原则：依法监督原则；以事实为依据的原则；监督与服务相结合的原则；专业监督与群众监督相结合的原则；一般监督与重点监督相结合的原则；道德教育与法纪制裁相结合的原则。

* 财政监督形式的划分标准有多种：按照监督客体与财政部门之间的隶属关系来划分，可以分为内部监督和外部监督；按照财政部门内部设置机构的工作职责范围来划分，可分为日常监督和专项监督；按照经济事项运行过程中不同的阶段，可以分为事前监督、事中监督和事后监督；按照财政监督的侧重点不同来划分，可以分为合规性监督和效益性监督。

* 财政监督的内容实际上就是监督客体（监督对象）的外延。一般来说，财政监督的内容主要包括政府预算监督、收入与支出监督、政府采购监督、财务收支管理监督、国有资产监督、支出绩效监督和会计监督。

□ 关键概念

财政透明度　财政监督

□ 复习题

1. 简述财政透明度的基本特征。
2. 论述提高财政透明度的意义。
3. 如何完善财政信息公开体系？
4. 论述如何完善我国政府财政报告体系。
5. 如何理解财政监督的含义。
6. 简述财政监督的范围。

7. 简述财政监督的原则。
8. 论述市场经济条件下财政监督的必要性。
9. 财政监督按不同的标准分为哪些形式?
10. 简述财政监督的主要内容。

□ 讨论及思考题

1. 新形势下应树立什么样的财政监督理念?
2. 我国现行财政监督机制存在的主要问题及完善对策是什么?

主要参考文献

［1］陈共．财政学［M］．7 版．北京：中国人民大学出版社，2012.

［2］邓子基，林致远．财政学［M］．北京：清华大学出版社，2009.

［3］吴俊培．公共经济学［M］．武汉：武汉大学出版社，2005.

［4］张馨，杨志勇，郝联峰，等．当代财政与财政学主流［M］．大连：东北财经大学出版社，2000.

［5］蒋洪．财政学［M］．2 版．北京：高等教育出版社，2004.

［6］丛树海．公共支出分析［M］．上海：上海财经大学出版社，1999.

［7］华民．公共经济学教程［M］．上海：复旦大学出版社，1996.

［8］张晓红，张海星．财政学［M］．大连：大连理工大学出版社，1995.

［9］罗森，盖亚．财政学［M］．郭庆旺，赵志耘，译．8 版．北京：中国人民大学出版社，2009.

［10］寇铁军．财政学教程［M］．3 版．大连：东北财经大学出版社，2012.

［11］孙开．公共经济学［M］．武汉：武汉大学出版社，2007.

［12］方福前．当代西方经济学主要流派［M］．北京：中国人民大学出版社，2004.

［13］王国清，马骁，程谦．财政学［M］．北京：高等教育出版社，2010.

［14］王晟．财政监督理论探索与制度设计研究［M］．2 版．北京：中国经济出版社，2013.

［15］杨志勇，张馨．公共经济学［M］．3 版．北京：清华大学出版社，2013.

［16］刘明远．财政学［M］．北京：中国财政经济出版社，1995.

［17］寇铁军．财政学［M］．大连：东北财经大学出版社，2001.

［18］中国注册会计师协会．税法［M］．北京：经济科学出版社，2014.

［19］马国强．中国税收［M］．大连：东北财经大学出版社，2017.

［20］王传纶，高培勇．当代西方财政经济理论［M］．北京：商务印书馆，2002.

［21］刘宇飞．当代西方财政学［M］．北京：北京大学出版社，2011.

［22］高培勇．财政学［M］．北京：中国财政经济出版社，2004.

［23］刘怡．财政学［M］．北京：北京大学出版社，2010.

［24］高培勇．公共经济学［M］．北京：中国人民大学出版社，2012.

［25］陈共．财政学［M］．9 版．北京：中国人民大学出版社，2017.

［26］寇铁军，任忠富．治理理念视角下财政管理体制改革的新思考［J］．东

北财经大学学报，2016（3）.

［27］楼继伟. 中国政府间财政关系再思考［M］. 北京：中国财政经济出版社，2013.

［28］财政部财政科学研究所. 60 年来中国财政发展历程与若干重要节点［J］. 改革，2009（10）.